U0785679

纪念中国经济特区成立30周年丛书

纪念中国经济特区成立30周年丛书

移民文化及其伦理价值

刘志山　主编
马云驰　副主编

商务印书馆

2010年 · 北京

图书在版编目(CIP)数据

移民文化及其伦理价值/刘志山主编.—北京：商务印书馆，2010
（纪念中国经济特区成立30周年丛书）
ISBN 978-7-100-07214-4

Ⅰ.移… Ⅱ.刘… Ⅲ.移民-研究-深圳市
Ⅳ.D632.4

中国版本图书馆CIP数据核字(2010)第109679号

所有权利保留。

未经许可，不得以任何方式使用。

移民文化及其伦理价值

刘志山 主编

马云驰 副主编

商 务 印 书 馆 出 版
（北京王府井大街36号 邮政编码 100710）
商 务 印 书 馆 发 行
三河市尚艺印装有限公司印刷
ISBN 978-7-100-07214-4

2010年5月第1版 开本 787×1092 1/16
2010年5月北京第1次印刷 印张 21½
定价：38.00元

“纪念中国经济特区成立30周年丛书”编委会

主　　任： 章必功

副 主 任： 陶一桃　李凤亮

委　　员：（按姓氏笔画为序）

刘志山　李凤亮　吴予敏　吴俊忠　苏东斌　陈家喜

姜　安　相南翔　郝　睿　钟　坚　钟若愚　袁易明

章必功　陶一桃　黄卫平　鲁志国　魏达志

主　　编： 李凤亮

副 主 编： 苏东斌　姜　安

组织策划： 王　瑜

总序

2008年是中国改革开放30周年，2010年是中国经济特区创办30周年。相隔有岁，但特区之建立与改革开放之推行有如孪生弟兄，相继着力，共推中国走向现代文明。若言中国新一轮现代化自改革开放始，其坚实之第一步，则从建立经济特区起。1980年，党中央、国务院以非凡勇气建立经济特区，30年过去，如今各级各类经济开发区已遍地开花，与当年的先行者——经济特区一道，映射中国经济发展之跫然足音。其中，尤以深圳经济特区最具代表性。特区的价值难以尽数，最重要莫过于其试验性。“摸着石头过河”，社会之变革无法在电脑上模拟，任何不慎都可能导致不菲的代价。特区之试验性，上至决策者的政令，下至创业者们义无反顾地“南下”，热血满腔，而前途难知。所幸家国有幸，大事得成。今日，经济特区的建设已是成绩斐然，堪称伟业。凡此种种，无须赘言。

先贤语：“三十而立。”30年中，特区在争议声里昂然前行，以速度迅捷与财富累积彰显优势。30年之后，昔日之茁壮少年已成长为成熟稳重的青年，提高城市现代化水平、注重社会综合协调发展成为摆在特区建设者面前新的课题。年岁的增加给了我们盘点的机会，角色的转换更需我们多加理性审视。回顾30年来之成就与缺陷，斟酌当下纠结之矛盾与困境，对于特区而言，此种反思与审视，大有裨益。30年历程，固非一帆风顺，个中甘苦，非回顾，无以显其曲折与别致，面对当今，则无从知晓成就与困顿之所由来。“疏通知远，书教也”，贯通30年历史，恰可观其中之丰赡与缺漏，正可作今天与明日之风帆。而此举，于深圳大学，更是当仁不让之责任。

深圳大学作为深圳经济特区目前唯一一所综合性大学，本身即改革开放之产物。建校虽略晚于特区，但深圳大学自创立始，即秉承“脚踏实地、自强不息”之精神，与特区之发展同声气，为特区之进步尽心力。大学诸君虽身处“滚滚天下财富，岁岁人心浮动”之境地，但能力戒浮躁、潜心向学，自觉加强学养、恪守学范，以做真学问为研究之精义，以追求独立思想为著述之信仰，以回馈社会、造福人民为修学之旨归。历时二十七载，孜孜不倦，本套丛书即为研究成果之一束。

丛书以“纪念中国经济特区成立30周年”为统摄，既宏观中国，又微观深圳，以特区经济研究为主，兼及政治、文学、文化、传媒等社会发展诸方面的论述。各位著者均为学林翘楚，术有专攻，又多在深圳特区工作、生活有年，耳闻目睹鹏城扶摇之历程，切身感知特区变革之硕果，可谓学界中有实力亦最恰当之发言者。丛书之编纂，既为展示深圳大学特区研究这一特色学科之部分成果，更乃致贺深圳特区而立嘉年之薄仪寸礼。丛书本欲涵盖特区教育、法律、艺术等诸方面，但因另有他述，或限于条件，未能周全，亦存憾意。

雄关漫道，迈步从头。特区发展30年为一节，30年之后亦为一始。年初汪洋书记曾三问深圳：而立之年，立起了什么？迎接30年，深圳要做什么？未来30年，深圳要干什么？诚然，30年之中，成绩彪炳，但年岁日增，积年必有陈陋。如何总结过往，破旧立新，谋大格局，成大事业，领航未来，任重道远。

期冀本套丛书能引起关注、批评，并为特区之继续发展略尽薄力。

是为序。

章必功

2010年5月

目录 Contents

第一章

中国移民文化与伦理道德关系的历史考察

中国移民史，可谓源远流长，绵延不断。历史上的移民所创造的移民文化，成为中国传统文化的重要组成部分。深入分析我国历史上移民文化的不同样态及其伦理价值，对于研究当代移民文化及其伦理价值无疑具有重要的借鉴意义。

考虑到篇幅的限制，我们这里不可能对历史上移民文化的所有样态进行详细的论述，只能选择其中的一部分典型样态——客家文化、潮汕文化、广府文化和海派文化——进行剖析，从而在一定程度上揭示出我国历史上移民文化的基本特征及其伦理价值。

一、移民、移民社会和移民文化

研究移民文化，应首先厘清“移民”、“移民社会”和“移民文化”的内涵和基本特征。

(一) 移民

因为本书主题的限制，我们不可能对移民问题进行系统的探讨，这里仅分析其含义和基本类型。

1. 移民的含义

什么是移民？国内外学界众说纷纭，莫衷一是，至今还没有一种确切的、权威的、公认的定义。

《英国大百科全书》对“移民”作了如下解释：

> 移民通常是指居住地发生了经常性的变更的个人或团体。由于这一定义取决于“经常性”的含义，统计学者在收集移民数据时或多或少会作出各自的不同解释。例如，一个声明他的目的是在迁入国居留至少一年的人通常被列为移民。
>
> 各类专家还会对这一词的定义加上不同的限制，一些人特别强调出于强制的迁移不能包括在移民的概念中，尽管要确定一次迁移是否出于强制同样是相当不容易的。同样，一些社会学家将移民的概念限于从一种社会制度迁至另一种社会制度，但最成问题的是，现代人往往同时参与不同的社会团体，一些社会团体的成员只集中在小的地区范围内，而另一些团体（如罗马天主教）却遍于世界。因而，有些人在迁移后就不得不离开原来的社会团体，而另一些人却能够在新居住地找到他原来所属的团体。这就意味着，如果移民必须根据是否从一种社会制度迁入了另一种社会制度来确定的话，困难就在于所属团体转变到了什么程度才能算改变了社会制度。[1]

《美国大百科全书》对“移民”（human migration）一词的释义是：

> 广义的移民是指个人或团体有相当长的距离的比较经常性的迁移行动。这一定义中的“相当长的距离”和“比较经常性的”两个关键定语，因人们使用的标准不同，而有各种不同的解释。
>
> 在国际移民的统计中，一般把声称将在接受国居留至少一年的人列为移民，而不问其实际是否居留了多么久。但对迁入移民或一个国家内部移民的统计，要作国际性的比较就很困难，因为各国对移民的定义不尽相同。在美国，经常性迁移的定义实际上是由州或地方的法规确定的，如选举的居住资格。美国国家人口普查局收集在12个月的时间内改变原来地址的人的名单，如改变的范围不出一县就列为流动人口，如已超出一县范围则列为移民。

---

[1] *Encyclopedia Britannica*（《英国大百科全书》）第12册，1984年版，第185页。

尽管距离的意义一般是就地理角度而言，但也可由社会条件来决定。例如，一位农民迁至本县一座城市公寓所引起的他的生活状况的变化，可能比一个人从纽约一座公寓迁至旧金山一座公寓所产生的变化还大得多。一个人从东柏林迁至近在咫尺的西柏林，实际上却是社会制度的改变。考虑到这种短距离迁移的社会意义，大多数分析家同意．移民至少应有永久性的社区变更。[1]

《新编韦氏大辞典》对“移民”（emigrant）的释义是：

与“迁入”一词意义相反：离开一个国家、州或地区并居住于另一国家、州或地区；出于定居的目的而从一个国家或州迁往另一国家或州。

我国的《辞海》则将“移民”解释为：

（1）迁往国外某一地区永久定居的人。

（2）较大数量的、有组织的人口迁移。[2]

上述释义中，第一种是指国家之间的定居性人口迁移，第二种是指一般意义的移民，但有三点值得商榷：移民固然应有一定的数量，但不一定要有较大的数量；移民可以有组织，但自发性的移民也大量存在；有组织的迁移人口不一定以定居为目的，事实上也不一定在迁入地定居，这一部分人只是流动人口，算不上移民。

台湾省出版的《云五社会科学大辞典》将“移民”解释为：

移民是人口动态的一种，“普通限于涉及有较长居住变更的人口迁徙”，并非指任何一种人口移动。如甲地人口移往乙地从事较长期的居留，这才叫做移民。从甲地的立场看，这是人口外移；从乙地的立场看，这叫人口内移。就其迁徙所及的区域看，国与国间的人口迁徙名为国际移民；一国内部的人口迁徙名为国内

---

[1] *The Encyclopedia American*, International Edition（《美国大百科全书》国际版）第 19 册，1980 年版，第 97—98 页。

[2] 辞海编辑委员会编：《辞海》，上海辞书出版社 1989 年版，第 1973 页。

移民，又可分为区域移民和农村都市移民。[1]

一般来说，移民是指迁离了原来的居住地而在其他地方定居或居住了较长时间的人口。任何参加了这一迁移过程的人都是这次移民中的一员，都具有移民的身份。但作为研究的对象或一种社会现象，移民一般都是指人口，即一群人或一个群体。除了极个别的特殊例子外，即使是以个人为单位的迁移，也可以归纳为某一类型的移民。因此，我们对移民作如下界定：具有一定数量、一定距离、在迁入地居住了一定时间的迁移人口。

2. 移民的类型

以不同的视角进行观察，移民可分为不同的类型，具体如下：

第一，根据移民迁移的动机，可区分为主动型移民和被动型移民。

所谓主动型移民，指迁徙是由自己主观自由选择的那一类移民。这类移民在成行前是有思想准备的，移民是他们在没有外界压力的情况下，经过权衡思考后采取的行动，这完全是一种自由的生活选择。

所谓被动型的移民，指的是为形势与环境所迫，或在其他人的倡议诱导下迁居的那部分人。这些人对移入地不一定很了解，对今后如何生活也没有预定的目标和计划。他们的移民行为是被动的，带有盲目性。这部分人是移民中的不稳定因素，移民社会的高度流动性，也主要是由于这部分人的行为造成的。

历史上以行政或军事手段推行的强制性移民也属于被动型移民。如，在我国封建社会，为了政权控制的需要，凡是一个政权被另一政权所灭，无不随之进行一次规模不等的移民，亡国君主（如未被杀的话）及其家属、臣僚以至都城百姓，甚至某一重要地区的主要人口被迁至战胜国的首都或某一指定的地点，人数少者数百十户，多者数万至十余万户。又如，封建政权为了加强自己的统治、巩固边防或达到某项军事目的，往往需要将部分人口迁至边疆或军事要地。由于那些迁入地一般生活条件较差，又有一定的危险性，仅仅依靠招募和资助还难以得到足够的人数，所以经常采用强制手段，或者就以罪犯充数。

---

[1] 王云五主编：《云五社会科学大辞典》第 11 册，台湾商务印书馆 1974 年版，第 195 页。

第二，根据移民迁移的性质，可分为生存型移民和发展型移民。

所谓生存型移民，就是为维持自身的生存而不得不迁入其他地区定居的人口，或者说是以改变居住地点来维持生存的移民。产生这类移民的主要原因是迁出地的推力，如自然灾害、战争动乱、土地矛盾、人口压力等，而不是迁入地区更好的生活环境、生产条件、发展机会等拉力或吸引力。移民的主要目的是生存，是离开原居住地，而不论迁入何处，或迁入地的条件。实际上，供这类移民选择的余地一般都很有限，往往只有唯一的迁移方向或地区。这类移民中的大多数是不自觉的，他们或者根本不愿意迁移，或者只有暂时迁离故乡的准备，只是迁移后的客观条件不允许他们返回故乡才最终成为移民。

中国移民史上大多数移民都属于这一类型。例如，汉族人口的南迁基本上都是出于生存压力，如北方的战争动乱、游牧民族的南下、地主豪强对土地的霸占、人口压力造成的土地匮乏、无法抵御的自然灾害、官府或豪强对赋税的追索等，都是迁出地的推力。即使是统治阶级上层人士也是如此，他们的南迁虽然也有维护自己政治地位和经济利益的考虑，但置于首位的同样是生命的安全。被用行政手段或军事手段强制迁移的移民，他们在原地本来并不存在生存的威胁，却受到了来自统治者的威胁，也属于生存型。

所谓发展型移民，就是为了物质生活或精神生活状况的改善而迁入其他地区定居的人口，或者说是以提高物质生活或精神生活的水平为目的的移民。产生这类移民的主要原因不是迁出地区的推力，而是迁入地区的拉力或吸引力。如，富于远大志向和冒险精神的人，在并不面临生存危机的情况下，或者在自身的生存还没有充分保证的情况下，为了追求个人的理想、物质或精神生活的进步而成为移民。他们是为了改善生活条件而迁移，是一种“创新”的迁移。在这样的迁移过程中，困难和障碍较多，因此，此类移民的人数较少。

第三，根据移民迁移的地理范围，可分为国内移民与国际移民。

国内移民是指发生在一个国家领土范围以内的人口迁移。它可以根据行政单位的大小又进一步划分为省际迁移、县际迁移和县内迁移等。国际移民是指发生在不同国家之间的人口迁移。如，我国东南沿海地区迁往海外的移民等。

第四，根据迁移方向，可分为城市化移民和农业移民。

城市化移民是指由农村到城市的人口迁移。由于社会发展的总方向是人口的城市化和劳动力由第一产业向第二产业并进而向第三产业转移，因此，城市化移民是发达国家历史上和发展中国家当前移民的主要类型。农业移民是指由农村到农村的人口迁移和由城市到农村的人口迁移。农业移民具体包括边疆移民和水库移民等形式，如，中国近代以来对边疆的开发移民和当代三峡库区移民。

(二) 移民社会

所谓移民社会，是以移民为基本成员的地区或国家。它具有两方面特征：

1.“客强主弱”

“客”指外来移民，“主”指土著居民。“客强主弱”表现在量与质两个方面：在量的方面，移民人口占移民社会总人口的50%以上，多于土著居民的人口量；在质的方面，移民所带来的文化在移民社会中处于优势，而土著居民的文化则在移民社会中处于劣势，甚至被优势文化所同化。这一特征鲜明地体现在各移民社会之中。如，在世界上最大的移民社会——美国，欧洲白人到来之前，北美大陆上散居着上百万土著即印第安人。经过一个多世纪的移民，到1776年即美国宣布正式独立这一年，美国大陆总人口已达300万人，而印第安人只有70万人左右，其余均为来自英国、德国、法国、荷兰以及非洲的移民。美国社会主流文化是移民特别是英裔白人的文化，而印第安人的文化则不断受到主流文化的强大冲击，处于极其微弱的地位。被称为“骑在羊背上的国家”的澳大利亚，也是一个典型的移民社会。据1991年澳大利亚人口普查统计，澳大利亚的土著人口包括托雷斯海峡岛人共265492人，约占澳大利亚总人口的1.5%（《澳大利亚简介》，澳大利亚外交、贸易和国际事务部编，1995年4月），其余均为来自英国、法国、德国、波兰、南欧国家以及亚洲国家的移民。澳大利亚的主流文化也非土著文化，而是外来移民移植的文化。

在中国，包括香港、台湾、澳门在内的岭南地区以及近代上海等区域亦为移民社会。香港的土著居民系畲族、瑶族等南越少数民族。在宋代便有部分汉人因战乱等原因南下迁入香港新界。据1841年5月15日《香港公报》的人口统计数字，香港岛有7450人。此后经过一个多世纪的移民过程，至1998年，香港人口约为688.72万人，其中华人移民及后裔占全港人口的98%，其余大部分来自欧洲和东南亚的移民及后裔。[1] 清朝光绪二十年（1894），台湾人口为254万，其中，土著居民只有10万人左右。[2] 同样，岭南地区的广府文化、客家文化和潮汕文化所在区域，在西晋末年“永嘉之乱”和“五胡乱华”之前，其土著居民为越人及其后裔（被称为俚人）、瑶族、畲族等少数民族。东晋以后，特别是唐宋时期，北方战祸频繁，动乱不已，致使北方汉人大规模向南迁徙，与南方当地土著居民相互交往、融合，至宋元之际，分别在珠江三角洲、潮汕地区和闽、粤、赣之交三角地带形成了我国古代三大移民社会：广府民系、潮汕民系和客家民系。由于自中原南迁汉民的人口数量多于岭南土著的人口数量，而且汉文化比土著文化更先进、更优越，所以，无论是广府文化、潮汕文化，还是客家文化，汉文化都处于主体文化地位。同样，澳门、近代上海以及当代的深圳、珠海等移民社会也均存在着“客强主弱”的特征。

2. 人口高度流动

与非移民社会的人口较稳定不同，移民社会由于移民的主观动机和社会政治、经济环境的变化，其社会成员处于高度流动状态。这可从两方面来分析：一方面，移民社会经济、政治环境的开放性吸引移民一代又一代地持续移入，从而使人口高度流动。例如，美国自从被欧洲人发现开始，就一直不间断地接收外来移民。从1861年到1914年平均每年有50多万移民移居美国。[3] 从1820年至1990年，美国所接纳的外来移民达5700万人，占同一时期全国人口增长数的23.8%。[4] 而且当代美国的移民浪潮仍无衰歇的迹象，仅1980年至1990年的10年间，移居美国的外来人口就多达870万人。[5] 又如，深圳市的前身宝安县城区人口只有4万，全宝安县人口不足70万。但它以其独特的地理条件、崭新的社会体制环境、开放的思想意识氛围，在短短的20年间便吸引寻求更大生存和发展空间的数百万移民纷纷南下，如今深圳已发展成为400多万人的现代化城市，其人口的90%以上是来自外地的移民。另一方面，一旦移民社会的社会环境发生负面变化，如社会政治、经济环境出现失衡、动荡的情形，将

---

[1] 《广州日报》1998年9月17日。

[2] 葛剑雄：《中国移民史》，福建人民出版社1997年版，第329—330页。

[3] Gary、B. Nash，*The American People*：*Creating a Nation and a Society*，vol.2，附表National origins of U.S. Immigrants.1821—1980。

[4] 《世界年鉴·1992年》，纽约：1992年，第74—75页。

[5] 美国《商业周报》1992年7月13日。

极大地冲击移民特别是被动型移民的迁入热情和居留信心。例如，太平天国时期从江南各地涌入上海的人数曾达上百万，但其中一大半在太平天国运动失败后又离开上海返回故土。

(三) 移民文化

无论是古代还是现代，移民社会创造了丰富多彩的文化。移民文化植根于各具特色的移民社会之中，是对各移民社会所创造的文化的抽象和概括。

1. 移民文化的含义

所谓移民文化，是指移民社会产生的观念形态文化，即移民社会中人们的精神活动及其产品，主要包括伦理道德、宗教、哲学、艺术、政治法律思想、教育观念等组成部分。

移民文化从结构上表现为两大基本层次：首先是移民心理，是指移民社会人们的情感、意志、风俗习惯、道德风尚和审美情趣等要素，以及以价值观为核心，包含在经济、政治、道德、文学、艺术、宗教、哲学等诸方面的观念因素。其中，以价值观为核心的观念因素是移民心理的深层结构，制约着情感、意志、风俗习惯等其他要素。其次是直接反映移民心理的各种社会意识形式，即以移民心理为基础，理论化、系统化的思想体系，包括政治法律思想、道德伦理学说以及宗教、哲学等思想体系。

为了全面地揭示移民文化的含义，我们对上述界定作如下阐释：

第一，这一界定表明，移民文化属于狭义的文化范畴。我们知道，文化是一个众说纷纭、见仁见智的概念。据国内外有关学者的研究统计，1920 年以前，文化的定义只有 6 种，到 1952 年便增加至 160 多种。但总体说来，国内外学者主要在以下四个层次上使用“文化”概念：

（1）是指人类在社会实践过程中所创造的全部物质财富和精神财富的总和，涉及人类社会生活的各个领域，囊括了人类社会一切物质和精神创造活动及其创造物，分为物质文化和精神文化（含制度文化）两大部分。如《苏联大百科全书》（1973 年版）认为，广义的文化概念“是社会和人在历史上一定的发展水平，它表现为人们进行生活和活动的种种类型和形式，以及人们所创造的物质和精神财富”。《大英百科全书》

(1973—1974）也将文化定义为：文化等同于“总体的人类社会遗产”。这是一种从人的劳动、实践和活动角度，对文化所作出的含义最宽泛的定义。

(2）是指精神文化，指人类的精神生活过程和精神生产的成果，以及依据精神文化成果建立起来的制度和社会结构。它既包括哲学、艺术、宗教、语言和逻辑、自然科学以及其他人文、社会科学的知识等，也包括人们的思想意识、思维方式、行为方式、生活方式、风俗习惯以及教育、文化制度和社会组织形式等。如英国人类学家泰勒 1871 年在其专著《原始文化》中给文化下的定义：“所谓文化或文明，就其广泛的民族学的意义上来说，乃包括知识、信仰、艺术、道德、法律、习俗和任何人作为一名社会成员而获得的能力和习惯在内的复杂整体。”《苏联大百科全书》也认为狭义的文化“仅指人们的精神生活领域”。

(3）是指精神文化中的观念形态文化，即建立在一定的经济基础之上，与一定的政治制度相适应，以知识为载体的精神活动要素、结构及其产品，主要包括哲学、艺术、宗教、伦理道德、政治思想、法律思想等社会意识形式。其中，人们的世界观、价值观、人生观是它的核心。

(4）是最狭义的文化概念，专指文学、艺术、教育等方面的知识和设施，与世界观、伦理道德等意识形态相区别。

这里笔者所指的文化，是观念形态的文化。它以研究精神生产和精神生活为对象，其主要内容是人类精神方面的产品，属于社会意识领域。

第二，上述界定还揭示出，移民文化属于类型文化概念。移民文化是相对于非移民文化而言的。与地域文化、民族文化不同，移民文化与非移民文化的分水岭并非其所处的地理位置或所属民族的悬殊，而是其内在特征之差异。而导致这一点的原因，则是移民社会与非移民社会的内在结构及变迁之殊异。移民文化植根于移民社会之中，是移民社会人们心态、观念和思想的体现；而非移民文化则以非移民社会为根基，不能反映移民社会人们的心态、观念和思想状况及其变迁。

2. 移民文化的特征

基于自然与社会环境的特殊性，移民文化具有显著的特征。正如美国文化学家克罗伯和克拉克洪在他们著名的《文化：概念和定义的批判性回顾》一书中所说的，历史上形成的价值观念是文化的核心，不同质的文化，可根据价值观念的不同进行区别，移民社会所形成的特殊的价值观，是移民文化的核心，也标志着移民文化的特征所在。具体而言，移民文化的特征体现在如下几方面：

第一，冒险、拼搏、开拓、进取的移民精神是移民文化最核心的内容，也是最大的特点。

这一特征是移民社会面临的严酷的自然和社会环境所赋予的。世界上的移民社会，无一不是产生于穷乡僻壤、蛮荒之地，而非富庶之所。面临环境的严峻挑战，移民们只有敢冒风险、搏命劳作、勇于开拓、锐意进取，才能得以生存与发展。每一个移民社会的崛起，都是移民精神的生动写照。美国史学家 H.S. 康马杰在其名著《美国精神》中曾描述道："他们（美国早期移民——引者）从来不知道失败、贫困或是压迫；他们认为这些不幸是旧世界所特有的。……他们野心勃勃，甚至最不着边际的计划他们也认为能够实现。他们终于得到这样一个信念：没有什么事是办不到的，而且除非得到彻底胜利就决不罢休。"[1]"他们的信条是艰苦工作，并认为偷懒是一种罪恶，比不道德还要坏。"[2] 正是通过一代又一代移民艰辛的拓荒，才创造出一个又一个"美国神话"，使昔日蛮荒的新大陆变成了现代化国家。

移民精神在新加坡的开发中也得到了充分的体现。新加坡地少人多，水、矿等自然资源极为贫乏，包括粮食在内的所有农产品全靠进口，连饮用水都是从外国进口。这一"先天不足"使新加坡移民怀着"不努力则灭亡"的危机意识，奋力拼搏，积极进取。这种移民精神感召和激励着一代又一代新加坡移民，成为新加坡不断发展的精神支柱。1965 年 10 月 26 日，李光耀在向高级公务员讲话时强调，"新加坡要生存，唯一的办法是'刻苦干练'四个字"。正基于此，经过 30 年的时间，新加坡从一个欠发达的国家跻身于"新兴工业化国家"之列。

有关香港与深圳的历史叙述，大都有如下描写："从一个荒凉的渔村发展到现代都市。"而香港完成现代化进程，只用了 40 余年的时间；深圳的腾飞则时间更短，只有 10 多年的历史。究其根源，如此令人惊异的超常发展均出于一批又一批移民的艰苦卓绝的开拓和奋斗。在香港，移民们对自身潜力的发挥往往到了极限，以其超强度、超负荷的劳动完成着香港经济的积累过程。香港人猝死病例居高不下，就是因为

---

[1]　[美] H.S. 康马杰：《美国精神》，光明日报出版社 1988 年版，第 6 页。

[2]　同上，第 8 页。

搏命的劳作在超越了极限之后而导致身体的突然崩溃。尽管这种近乎“非人性”、“非人道”的搏命，曾受到西方舆论界的谴责，但恰恰就是这种“搏命”所带来的成就为香港经济起飞打下了厚实的基础。而深圳移民不仅有自然环境的严峻挑战，同时也面临社会环境的沉重压力。一方面，南方自然环境中那些恶劣的因素，如水涝、台风、炎热、蚊蟑等，使初期的创业者饱受打击，恶劣的生存环境和艰辛的开拓随时可能使人累垮以至一病不起；另一方面，制度创新的巨大风险又随时可能导致违法违纪的指控。但是，深圳移民凭借顽强拼搏，凭借令人崇敬的劳作和令人惊叹的智慧，终于将昔日的边陲小镇变成了现代化的大都市。正是这种冒险、拼搏、开拓、进取的移民精神造就了深圳的辉煌，也使“拓荒牛”的雕塑成为深圳的象征。《深圳商报》2000 年 6 月 26 日“深圳特区 20 年”的“经典深圳”特刊关于“深圳人移民经历”的一组报道，“深圳新移民——动听的故事讲不完”，可作为移民精神的最生动的图解。

第二，移民文化具有开放性的特征。

移民社会因具有人口高度流动性特征，来自不同国家或地区的移民带来了各自的地域文化，这些色彩多样的地域文化在移民社会中互相交流、融合，从而使移民社会形成了一种开放的文化心态。在移民社会，人们与外界进行频繁的交往活动，很少具有排外、封闭的心理；同时，人们漠视出身背景，注重个人的实力和创造潜能的发挥。开放性使移民文化的生长拥有了自由的空间，从而保持着恒久的活力。

正是缘于移民文化所具有的开放性的魅力，自 17 世纪开始的三四百年间，世界上凡是有人群的地方，总会有人不避辛苦移民美国。“美国是由那些为了建立纯粹的资产阶级社会而从欧洲的封建制度下逃出来的小资产者和农民建立起来的。”在这里，没有贵族，没有特权，它“从一诞生起就是现代的，资产阶级的”[1]。在这里，一个穷人或普通劳动者，有平等的经济机会可以利用。他可以通过个人的勤俭奋斗，发家致富，上升到富人或资本家的地位。正像林肯所说的：“开始时是一文不名的人，他暂时为工资而劳动，用节省下来的钱为自己购买工具或土地，然后再为自己劳动一个时期，最后雇佣另外一个一文不名的人来帮助自己干活”，“在我们中间没有永恒的雇佣劳动者阶级。25 年前，我就是一个雇佣劳动者。昨天的劳动者，到今天就为自己

[1] 《马克思恩格斯全集》第 39 卷，人民出版社 1974 年版，第 147 页。

劳动，而明天将雇别人为他劳动”。[1]

在中国的当代移民社会——深圳，移民文化的开放性表现得更为突出。深圳既是中国改革开放的最前沿，又是中西文化的汇集地和交流的“窗口”。深圳的对外开放，既吸收西方文化的积极成分，又传播中国文化优良传统。在这里，尽管多种方言混杂，但普通话还是第一语言。这显然与粤语过于流行、地域性过强的广州有较大区别。正是这种开放性，使深圳人扩大了交往、开阔了眼界，提高了人们的进取意识，也为深圳移民文化提供了更大的发展空间。

第三，移民文化具有兼容性的特征。

兼容来自开放，兼收并蓄的开放格局，必然使移民文化表现为多元化的文化形态，从而带有强烈的兼容性特征。美国移民文化的多元化形态首次显现于独立战争前夕。一方面，当各个民族集团在抵抗外敌入侵和威胁，在参与美国的对外活动时，都是从大的民族整体利益出发，而不是在本民族集团立场上患得患失，并且随着族际社会联系的不断加强，日益同美国的主干民族集团文化（美国早期的西欧、北欧移民，特别是英吉利移民及其新教文化形态）进行程度不一的互补和认同。另一方面，各个民族集团均不同程度地保持着各自的传统语言文化。在这个移民社会中，无论哪个民族集团，都可以实现自主，保持其独特的宗教信仰，用自己的语言出版报刊和书籍，创建自己的学校，从而使美国社会能够呈现出千姿百态、一体多元的文化景象。

同样，在中国，香港、澳门的移民文化都是华洋杂处、中西交汇、多元发展的文化形态。香港的移民不仅包括内地人（以广东人为主），也包括英国人、菲律宾人、日本人、澳大利亚人等，堪称国际化移民。长达150年的殖民统治，令西方文化影响了几代香港人。同时，大部分香港移民来自内地，中国式的思维方式、思想观念在广大移民中产生着强大的社会维系力量，从而赋予香港文化以深厚的根基。文化交汇的结果使香港社会既重和谐，又重竞争；既重家族主义，又重个人拼搏精神；既重人情，又重法治；既重伦理道德，又重物质利益。多元化特征尤为显著。香港移民文化的多元性还体现在宗教信仰中。香港地区流行着各种宗教，如佛教、道教、基督教（新教）、天主教、伊斯兰教、锡克教、犹太教等，各宗教的信仰者共处一地，相互容

---

[1] 刘祚昌：《论林肯的伟大气度》，中国美国史研究会第六届年会论文集，第3—5页。

纳。许多寺观庙堂对民众喜欢的神灵都供奉，如供奉黄大仙的啬色园，不仅仅是道教的场所，园中还供奉着孔子的画像、燃灯古佛，藏有道教、佛教和儒家经典。而且，广大信众的宗教热忱往往并不专注于某一宗教、某一神灵，而是不分教别、兼收并蓄，寻求众多神灵的帮助与保佑。

第四，移民文化还具有先导性的特征。

移民文化以其特有的移民精神和开放性、兼收性的特征，必然孕育出勇于探索、敢为天下先、求新求异的精神气质，率先形成新的思维方式和生活方式，提出新的思想观念，从而成为现代文化的先导。

新的环境对于移民抛弃旧的落后的行为模式与观念，寻求新的生活方式与理念，无疑是非常有利的。康马杰对美国移民作了如下描述："他们不喜欢老一套，总爱花样翻新，而且爱去干别人不曾干过的事情。除了法律之外，其他一切传统和先例他们都认为是障碍，对新奇事物则乐意接受挑战。"[1] 与美国移民社会一样，其他移民社会也都十分推崇创新精神。在深圳，创新是这一当代移民社会生存与发展的强大动力。深圳建市之初，便摆脱传统的社会体制，在全国率先进行了一系列体制改革，如：率先改革计划管理体制，减少指令性计划和实物指标；率先进行物价改革，放开一部分商品和劳动的价格，随行就市；率先改革劳动用工制度和工资制；率先试行国有企业的股份制改造和董事会领导下的经理（厂长）负责制；率先实行国有土地使用权有偿转让制度等。20 世纪 90 年代以后，深圳率先进行现代企业制度、新型社会保障制度以及公务员制度、政府审批与采购制度、基层民主制度的改革。对此，1992 年邓小平在南方谈话中作出了精辟的概括："深圳的重要经验就是敢闯，没有一点闯的精神，没有一点'冒'的精神，没有一股气呀、劲呀，就走不出一条好路，走不出一条新路，就干不出新的事业。"深圳的建设者还率先提出了"时间就是金钱，效率就是生命"的口号，表达了新的时效意识；而后，与社会主义市场经济相适应的市场观念、人才观念、竞争观念、信息观念、法治观念等一系列新观念、新思想，形成了一个巨大的冲击波，迅速向内地辐射，在全国引起了强烈的反响，起到了良好的示范作用。

---

[1] ［美］H.S. 康马杰：《美国精神》，第 15 页。

二、客家文化及其伦理价值

客家文化是我们所探讨的历史上移民文化的第一个样态。客家，是一个具有显著特性的汉族民系，也是汉族中在世界上分布范围最广阔、影响最深远的民系之一。在上下1000多年的迁徙过程中，客家民系创造了在语言、民情、风俗、精神特质等方面颇具特征的客家文化。历史上，客家人英才辈出，在中国近现代的一系列重大社会变革中发挥了重要作用；在当代，客家文化经历了由“原生态”向“再生态”的转型，客家儿女又活跃在世界舞台上，对中国和各国的经济、政治和文化的发展，作出了重大贡献。

（一）客家文化及其源流

关于客家文化、客家民系的形成过程，是学界争论较多的问题。厘清这一问题，是进一步研究客家文化的重要前提。

1. 客家文化及其形成

所谓客家文化，是指客家民系在征服自然、改造社会和改造客家人自身中所形成的观念形态的精神成果的总和。这表现在语言（客家话）、风俗（如客家人的婚嫁礼俗、丧葬礼俗、寿辰礼俗、祭扫礼俗、人际交往礼俗、岁时节日风俗等）、宗教信仰、生产生活习惯、性格、气质和心态等方面。

在文化诸要素中，方言被视为民系文化最重要的标志，其分布区也被认定为民系分布区。按照中国方言区划分，以使用客家方言为标志的客家民系，在国内主要分布在粤东和粤东北的梅州、韶关、惠州、河源等地区以及桂东南、桂东北和桂中南的部分地区。

客家文化是随着客家民系的形成而形成的。客家民系是如何形成的，这在学界有不同的看法。以著名学者罗香林为代表的观点认为，客家的先民是“中原衣冠旧族”，因战乱等经过五次大迁移，依然保持传统语言和习俗，“仍为纯粹自体”，最终在闽、赣、粤之交形成客家民系。他说，唐末五代中原南迁的“南系汉人不能不分别和他们（按：指南方诸部族）发生交涉，交涉日多，影响日深，以是而这南系汉人，又复分化为若干不同的民系。其最显著的，一为越海系，即今日浙江系；二为湘赣系；三为南海系，即今日两广的本地系；四为闽海系，即今日闽粤的福佬系；五为闽赣粤系，即我们所述的客家系。……客家民系……保持了传统的语言和习俗，而与其四围的民系相较，则一者已为各别混化，一者仍为纯粹自体，对照起来，便觉二者有点不同。因此而他人遂觉其为另一系统，而其人亦自觉其是另一系统，这样在意识上和观念上便成了客家这个民系”，“客家人是十分纯粹的华人，他们可以说，完全没有和外族的血统发生过混合”，“客家民系实在是一群强者的血统”，“他们有优者的遗业”，他们是“一群适者”，“一群勇者”。[1]

这一观点在客家研究史上曾产生重大的影响和作用，消除了历史上对客家人的偏见和歧视。但 20 世纪 70 年代之后，国内外不少学者相继提出不同的看法以匡正这一观点的局限性。李默然、张博祥认为：“中原汉民南迁岭南，必然有一个客人与土著居民的关系问题。因而可以说，客家的形成过程，也存在汉族移民与土著的融合过程。关于客家这一民族融合的问题，向来很少为客家研究者包括罗香林先生在内的学者所涉及，然而，它却是客家民系形成中的一个十分重要的问题。”作者还指出：“包括罗香林先生在内的一些有影响的客家学者，在其客家学研究论著中，极力回避客家与俚、僚、峒僚、畲、瑶等民族之间的融合关系……种族偏见局限了客家先民南移与岭南土著融合的历史状况的研究。”作者进一步提出：“中原汉文化在与当地土著文化的排斥和融合中形成了独特的客家文化。……客家文化更多地保持着中原汉文化的基本特征，但在不少方面也受到土著文化的影响，这就使客家成为既不同于土著又不完全等同于中原汉民的一个汉族民系。”[2] 房学嘉也提出，客家人“既不是全是蛮，也不完全是汉，而是由古越族残存者后裔与秦统一中国以来来自中国北部及中部的中原流人，互相混化而形成的人们共同群”[3]。

我们认同后面的观点。客家民系如同两支源流汇合而成的一条历史长河。一支源流是南迁汉民，另一支是本地土著。由于南迁汉民在经济、政治和文化等方面均处于优势，因而在客家民系源流汇合中处于主导地位。

---

[1] 罗香林：《客家源流考》，中国华侨出版公司 1989 年版，第 41、105、106 页。

[2] 李默然、张博祥：《论客家的形成及民族的融合》，载《客家历史文化纵横谈》，广西教育出版社 1993 年版，第 13、14 页。

[3] 房学嘉：《客家源流探奥》，广东高等教育出版社 1994 年版，第 2、155 页。

客家民系的形成是一个动态的过程，在不同的地区经历了孕育、发育和诞生的过程。唐朝后期至北宋末年的二三百年间，为避战乱而由中原、江淮南迁的汉民进驻赣南地区，与本地土著在交往中相互融合，开始了客家民系的孕育过程。赣州可称为客家民系的发祥地。南宋年间，南迁汉民又由赣南或福建宁化（主要是石壁）迁入福建汀州。客家先民在汀州与本地土著融合，加快了客家民系的成长过程，客家民系的许多特征在这里逐步形成。元明之间，特别是明朝初年，客家先民由汀州、赣州大量迁入广东梅州，经过几百年的客、土融合，明朝后期至清初期间，最终形成了客家民系。

“客家”是一个文化概念，而不是一个种族概念。客家先民与土著的融合过程，形成了一种新的文化——既迥异于当地土著的文化，也不雷同于客家先民原有文化的新型文化，即客家文化。客家文化形成的标志表现为语言、经济生活、社会心理素质等方面：

在语言方面，客家先民南迁离开了中原和江淮，进入比较封闭、与中原和江淮隔绝的赣、闽、粤山区，通过与土著民族的交流、融合，其语言呈现出与中原、江淮语言不同的特点，逐步形成了客家民系所独有的“客家话”。一种语言从它脱离祖语而独自演变开始，到正式形成一种与祖语有一定差别的方言，需要一个相当漫长的历史时期。据考察发现，客家方言是在明朝后期正式形成于梅州地区。与梅州地区相比，赣南地区的客家话有更多的中州话、吴语成分，不是地道的、纯正的客家话；汀州（指闽西客家地区）话的方言成分比赣州多；梅州客家方言中，“北方话”的成分有所减少，方言的成分更增加了。目前国家认定的标准客家话是梅州话。

在经济生活方面，客家先民自中原、江淮等地迁移赣、闽、粤交界山区，所处的自然条件变化很大。客家先民们适应环境的巨变，在极其艰苦的条件下重建家园，既发挥中原、江淮带来的经济、文化优势，又努力学习久居此地的土著居民的经验，逐渐形成了带有浓郁山区特色的新的经济生活面貌。其主要特点有：

第一，带有山区特色的稻作农业，农耕为主，山林经济为辅。

第二，商业不发达，自给自足的自然经济色彩极浓。

第三，山区矿产丰富，矿冶业成为农业的重要补充成分。

第四，由于自然条件差，农民付出的劳动多而收入少，故人民生活普遍比较艰苦、贫困。

在社会心理素质方面，客家民系形成了“重宗法礼仪、家族伦理”、“重名节、信义，轻功利、薄工商”、“尊师重教”、“刻苦勤劳”等客家文化特征，特别是享有以“开拓进取、艰苦奋斗、崇文重教、爱国爱乡”为内涵的客家精神。（这一点将在后面作具体论述。）

客家民系具有浓厚的客家意识。据考证，梅州地区的客家意识最浓（历史上粤西土客斗争，“客”一方主要是从梅州迁去的客家人。随后的客家源流大论战，客家人参战的多是梅州人。凡此种种均为例证）；汀州的客家意识为次；赣州的客家意识则很淡了，特别是所谓“老客”，他们过去不知道也不愿意承认自己是客家人。

2. 客家文化的发展与传播

从清朝初年开始，客家人进一步拓展生存空间，向西迁移四川、广西、海南等地，向东向南则漂洋过海，向台湾地区、南洋群岛发展，有的更远至南北美洲，客家文化得到进一步发展与传播。

向西迁移四川发生在清朝康熙年间。由于明末清初的一系列战争，四川人口大量减少，田园荒芜。于是朝廷谕令准许各地人民入川开垦，历史上称为“湖广填四川”。但实际上入川的不只是湖南、湖北（即所谓湖广）人民，也有大量闽粤赣客家人辗转入川垦殖。今日四川省东自涪陵，西至成都、华阳、新都、广汉等，均有客家人居住。

客家人迁移广西、海南发生在同治以后，是广东台山、开平、四会一带“土客械斗”的产物。此次“土客械斗”持续12年，死伤人数五六十万。此后，部分客家人南下进入广西，远者则渡海抵海南岛崖县、安定县等地。

客家人移居台湾始于康熙二十二年（1683）。最初清廷对于大陆人迁移台湾有种种限制，尤其禁止惠州和潮州人渡台，因此较早迁入台湾的客家人主要来自梅州。康熙末年朱一贵起义被平定后，当局解除了粤人渡台的禁令，于是潮州、惠州的客家人大量迁移台湾。[1]

客家人漂洋过海迁移南洋群岛诸国和世界各地，始于宋末元初。一部分参加抗元斗争失败的客家人，为躲避元朝的迫害，冒险逃往南洋，成为客家人向海外发展的先

[1] 陈运栋：《客家人》，台湾联亚出版社1987年版，第51页。

驱。明末清初又有一部分客家人赴海外经营工商业。19世纪中叶之后，由于太平天国运动失败，以及广东西部的“土客械斗”，又驱使更多的客家人漂洋过海。从此，客家人以各种途径到南洋乃至世界各国求发展的活动从未中断，逐步形成今日客籍华侨、华人遍布世界五大洲近百个国家和地区的局面。1994年12月，在广东省梅州市召开的世界客属第十二次恳亲大会，举办了客家人口分布展览，展示客家人目前主要分布在世界85个国家和地区，人口总数达6561万多人。其中，中国内地5512万人，港、澳、台地区595万人，海外各国（地区）454万人。[1]

（二）客家文化的特征

如前所述，客家文化是客家民系在长期的历史发展中所形成的观念形态的文化。特殊的生存与发展环境，使客家文化积淀出特有的精神底蕴。具体而言，客家文化表现为如下特征：

1.“开拓进取、艰苦奋斗、崇文重教、爱国爱乡”的客家精神是客家文化的最核心的内容，也是最大的特征

如前所述，客家先民为了逃避战乱或寻求安定的生存生活环境，多次迁徙，最后只好在无人居住的荒山僻岭安家落户。广东有句俗话说：“逢山必有客，无客不住山”，就是对客家人居住和分布情况的真实写照。客家先祖在兵荒马乱、风餐露宿、跋山涉水的长期迁徙中，其旅程之艰难困苦是可以想见的；经长期迁徙后，在东南沿海的偏僻山区定居下来，自然环境的恶劣以及与当地土著关系的生疏，其面临的严峻生存考验也是可以想见的。为了生存和发展的需要，客家人养成了一种筚路蓝缕、勇于开拓的创业精神。在客家民间，留下了不少鼓励开拓、激励进取的风俗习惯。例如在客家人的祖先崇拜中，最尊崇的是开基祖。客家人对先祖不畏艰险、开创基业的敬仰之情，寄寓着对开拓精神的颂扬与传播。

一位泰国学者指出：“客家精神最明显的是刻苦耐劳、克勤克俭、喜爱劳动。”[2]

---

[1] 胡希张等：《客家风华》，广东人民出版社1997年版，第105页。

[2] ［泰国］伍启芳：《什么是客家精神》，梅州《客家人》创刊号，1990年3月，第48页。

客家人自己也有“扎起毛辫做赢人”和“勤劳耕作，有食有着”的说法。客家青年大都走出家门，四处谋生，不少人甚至不惜卖身为奴，到海外谋求生路，而客家妇女则操持家务，耕种劳作，具有一种无私奉献的美德。艰苦奋斗、克勤克俭是中国人的一种美德，但客家人在这方面表现得更为突出，他们能吃苦，但不蛮干，在提倡节俭的同时也不忘积极开源，既充满自信又能客观务实。

崇文重教的风气，使客家地区学风长盛不衰。在宋朝，梅州等地“人无植产，持以为生者，读书一事耳”[1]。乾隆《嘉应州志》也说：“士善读书，多舌耕，虽穷困至老，不肯辍业。近代应童子试者至万有余人。前制府改设州治，疏称文风极盛，盖其验也。”[2] 清代状元吴鸿督学广东时，盛赞梅州“人文为岭南之冠”。乾隆时期广东一连五科解元都是嘉应州人，其中宋湘曾被嘉庆帝誉为广东才子。乾隆十三年（1748）河北人王之正任嘉应州知州，极赞其地文风之盛，在州衙照壁上题“人文秀区”四个大字。由于客家人重视教育，因而历代英才辈出，产生了许多杰出的人物，如清代杰出诗人、书法家宋湘，中国近代卓越的外交家、启蒙思想家、诗人黄遵宪，著名教育家、诗人、爱国志士丘逢甲，中国近代四大藏书家之一丁日昌，著名爱国华侨实业家姚德盛、张弼士，著名历史学家、客家研究的开拓者罗香林等。客家人最密集的梅县因此享有“文化之乡”的美誉。爱国爱乡是客家精神的又一重要表现。历史上，客家人的爱国爱乡精神十分突出，涌现出许多可歌可泣的爱国志士和民族英雄。例如，宋末江西客家人文天祥，他起兵抗击元军入侵，不幸兵败被俘，他作诗拒绝投降：“人生自古谁无死，留取丹心照汗青。”近现代的客家民族英雄更多。除刘永福、丘逢甲等爱国志士外，抗日战争时期，率领800壮士，孤军固守上海四行仓库，与日军浴血奋战的谢晋元，也是广东蕉岭客家人。

客家人虽迁居他乡或移居海外，但时时惦念家乡，常常为家乡的建设慷慨解囊，如捐资建学校、兴水利、修道路、架桥梁、办工厂及其他造福乡亲的善行义举。如香港的曾宪梓、田家炳、姚美良，美国的熊德龙，印尼的郑贵勋，新加坡的赖德操等都为祖国、为家乡捐赠巨款兴办各种事业。

---

[1]　司徒尚纪：《广东文化地理》，广东人民出版社1993年版，第400页。

[2]　同上，第401页。

2. 重宗法礼仪、家族伦理

中国的小农经济一直是与大家族的“田连阡陌”、“聚族而居”并存的。魏晋时期，士族的政治经济地位得到加强，所谓“上品无寒门，下品无士族”、宗法性的“庄园经济”是其政治经济地位的写照。汉末的黄巾起义、群雄并起，西晋统一后的“八王之乱”、“五胡乱华”，又使“富室强族”处于风雨飘摇之中。客家先祖就是带着这样的历史记忆和家族伦理观念避乱南迁，而后在新的生存环境下“聚族而居”、“客而家焉”。客家的民居如同一个汉民族国家的缩影：大的围墙（长城）和一个个分立的城地成为客家的围堡式建筑，皇室的太庙、社稷成为客家“围龙屋”中的宗祠、神台，以血缘的辈分和亲疏关系来排序的家族伦理则物化为“围龙屋”中层层相围的“差序结构”。聚族而居是客家文化的物化形式，家族伦理则是其文化的内在灵魂。家族伦理使客家久迁而不散，相围而凝聚。为了强化家族伦理，汉民族的敬神祭祖风俗在客家民系中也表现得更加浓烈。

有的研究者指出：“客家是一个最讲木本水源的民系，他们在迁移的时候往往把上代的骸骨也背着出走，一同迁葬。或在避难迁移兄弟将要分散的时候，也必分抄族谱，以备将来还得敬宗睦族。……在祭祖的时候，也必仍操客语，谓这样才能报答祖宗。”[1] 客家人长期接受“孝悌”的思想，忠于家庭和孝顺父母、友爱兄弟，对自己的祖宗始终念念不忘。具体表现在：一是不忘祖宗盛德，以族谱、家谱、堂联等方式，向子孙宣扬本族先人世为富室贵族的荣耀，以此代代相传，引以为荣。客家人的族谱、家谱，大都具体记录着先辈的家世、官职、煊赫地位及南迁过程，好让后代人牢牢记住祖上的功德，并以此为荣和鞭策自己。同时客家人为表彰祖宗盛德，以示继往开来，不辱祖先名誉，几乎每家每户，都在大门楣上大书本族的堂号，每年除夕，总是按时在大门两侧贴出堂联。如梅县王氏，堂号为“三槐堂”，堂联为“三槐世德，两晋家声”[2]。二是客家人始终保持着乡音。“宁卖祖宗田，莫忘祖宗言”就很能说明客家人敬祖和不忘传统的心态。他们即使与广府民系和福佬民系的人混居在一起，也较少改变其方言俚语，与广府民系的人那种积极学习，取人之长、补己之短的精神形成鲜明的对比。三是客家人把光宗耀祖、发扬家声看得比自己都重要，或者说把自己

[1] 李关仁：《客家人》，吴泽编：《客家研究》第 2 辑，上海人民出版社 1990 年版，第 21 页。
[2] 陈乃纲：《岭南文化》，同济大学出版社 1990 年版，第 198 页。

的事业和成功与自己的祖宗、父老乡亲自觉或不自觉地联系在一起，“光宗耀祖、发扬家声”成了客家人创业立业的潜在动力。客家人无论是在国内还是在国外，总是念念不忘自己的家和祖先，总是不忘服务乡梓，造福乡亲。

3. 重名节、信义，轻功利、薄工商

客家人视个人名节比钱财更为重要。他们认为：对个人的不仁不义，对祖先、父母的不敬不孝，对夫妻之间的不忠不节，对国家民族的背叛，以及男盗女娼、懒惰、赌博等行为是不道德的、有辱祖先、有损人格和气节的。客家人有这样的格言：“人带面目树带皮”，“莫做亏心事，莫食不义之财”，“钱财如粪土、仁义值千金”等。他们认为：“无情非君子，无义不丈夫。”他们把信义视为社会交往中为人处世的基本品德，并把它作为判别朋友或“小人”的价值标准。历史上客家人流落异地谋生，在政治上、经济上都处于较不利的地位，为求生存和立足，他们首先要取信于人，也需要得到朋友以信义相助，把一切损人利己、欺诈、蒙骗、陷害、背信弃义等行为都看作是“小人”之举，并以“亲君子、远小人”作为座右铭。在他们的眼中，与名节、信义相比，物质利益则淡薄一些。再有钱的人，如果没有功名、地位和品格，人们也是不屑于与其交往的。在世代相传的习俗中，凡是谁中了举，就可以在自己的家族的祠堂前立上一对石笔，名声愈大，石笔就愈高。有的客家地区还专门辟有“学田”，专门赐予学业有成的人，钱再多也买不到。客家人这种“贵义轻利”的道德价值取向，反映到他们的社会行为中，就是重文轻商，万物皆下品，唯有读书高，把经商的贬为“无文化的铜臭气”。这种儒生自视高傲的观念，使客家人顽强地排斥商品意识，因此客家人经商总比潮汕人要逊一筹，以致有“客家人开埠，潮汕人旺埠”之评语。

4. 具有排他倾向

如前所述，客家人的自信、自强、自我奋斗意识是很可贵的。但自我意识太强了，必然群体意识淡薄，他们甚至视群体为发展自我的障碍，产生一种排他倾向。自信过了头，便是自负、自傲，这也是构成排他倾向的因素。这种排他倾向，往往既表现在本民系内部，也表现在对外方面。首先，对内排他的问题。客家地区流行这样一些俗谚：“熟鬼打熟人”、“愈熟愈见鬼”、“同行生意便是贼”、“鱼食鱼，唔嫌腥”、

“讨食莫同路，同路打饿肚”、“出门无老大，各人包袱各人带”、“亲戚莫共财，共财无往来”等等，这都是“对内排他”、“自我奋斗”意识和世态的生动写照。对内排他性，必然热衷于“窝里斗”，造成无穷的“内耗”。在客家历史上，曾有许多房姓之间、宗族之间的械斗，特别是闽西、粤北、粤西和广西，都发生过大规模的械斗。再说对外排他的问题。客家人与周边的民系相处，往往以“正统”、“纯粹”、“精华”自居，关系不易融洽；客家地区的事，往往不喜欢外面的人参与，有谁做了，就有可能听到不少闲言碎语。这也是“士族”孤傲、清高、个人奋斗、互相倾轧等劣根性的表现，说明客家民性包含了对“衣冠世家”特性的承袭因素。

5. 安于现状、封闭保守

客家民系由于落籍之处山多地少，客家青壮年素有远走他乡谋生发展的传统，因而具有坚忍的开拓创业精神。但是，往往由于强烈的自信心，对于传统的东西陷入盲目的自信与自豪，而固守不移，“所谓保留了多少代的老传统，实际上是旧习遗传，久无进步，总是重复陈旧的基因，没有新鲜的因素成长”[1]。同样由于强烈的自信自强、优越感以及所派生的虚荣心，而不容易承认自己的落后并予改进，不容易承认别人别地的先进而吸取它。于是，就经常看到了开拓与保守双重品格并显的情况。客家谚语说：“别人的龙床，不如自家的狗窝”、“日求三餐，夜求一宿”，即反映了这一点。当生活条件日趋稳定时，客家人的开拓、开放意识就相对削弱，保守、封闭的特征便凸显出来。

（三）客家文化与市场经济

市场经济是以市场为导向的经济形式。在市场经济发展中，客家文化既表现出适应市场经济的一面，又有阻碍市场经济的一面，呈现为利与弊双重作用。

尽管各个国家或区域中的市场经济各有特点，存在千差万别，但它们也有共同点：第一，市场是社会资源配置的基础和主要方式。市场经济的一切经济活动都直接或间接地处在市场关系中，依靠市场的导向作用去组织生产和经营，市场机制是推动生产要素流动和促进资源优化配置的基本运行机制。第二，市场经济是竞争经济，竞

[1] 许怀林：《客家研究的一些思考》，江西省赣南中华客家研究会编：《客家源》1994 年第 2 期。

争是市场经济的活力所在。第三，市场经济主体处于平等、独立的地位，各经济主体之间平等地交换商品，平等地参与各种市场竞争。第四，市场经济是开放型经济。市场经济的发展推动了经济一体化，世界各国都必然地融入这一进程，因此，任何形式的地区封锁和行政垄断都成为不可能，世界范围内的统一市场的形成已是大势所趋。第五，市场经济具有自发性、盲目性，客观上要求政府宏观调控，以免出现“市场失灵”，但政府对经济的宏观调控功能必须在法律的规范下进行，受到法律的严格限制。第六，市场经济是法治经济。为了规范市场主体的行为，维护市场公平竞争和保护各方面合理经济利益，必须建构健全的法律体系，以保证市场规范有序地进行。

市场经济的基本经济属性彰显出它特有的文化价值原则，内蕴着它对新的价值观念的追求。一是平等观念。平等不是结果的平等，而是机会的平等。市场经济要求不同的经济主体参与经济活动的机会均等、竞争的条件均等，在法律面前的平等。二是独立观念。市场经济的主体是独立的，不承认任何依附关系。在市场经济中，“人的依赖纽带、血统差别、教育差别等等，事实上都被打破了，被粉碎了”[1]。三是自由观念。市场经济是自由多元化的经济。市场主体享有充分的自由意志。自主经营，自主决策，自主选择，自由平等地参与市场竞争。四是主体观念。市场经济的主体性的确认，是市场经济走向成熟的标志。肯定参与市场竞争的主体性地位，就必然承认，主体基于自身利益而进行竞争的合理性，主体自身的利益必须得到承认。五是法律观念。市场经济是法治经济。市场主体一方面要遵守法律，另一方面，其自身的利益也受到法律的保护。这些价值原则对中国传统的价值观念及在计划经济条件下形成的价值观念都将是强烈的冲击，在这种冲突中，新的价值观念将逐步形成和确立，造就新一代具有现代意识的公民。

客家文化所蕴涵的开拓进取、艰苦奋斗意识和重信义、崇道德、尊师重教等观念，是促进市场经济发展的。发展市场经济，仍然需要自力更生、艰苦奋斗的精神，而客家民性正具有这方面的长处。市场经济是自由竞争和公平竞争的经济，掌握竞争机制是非常重要的。客家人具有较强的独立竞争意识，所以在这方面是很容易与市场经济接轨的。市场经济又是德治经济，信用是市场经济的基石，客家文化重信义、崇道德的品性对市场经济的发展具有重要的促进作用。市场经济又是瞬息万变的，只有

---

[1] 《马克思恩格斯全集》第46卷上册，人民出版社1979年版，第110页。

充满自信的人才能不失时机地作出决断，这也是客家文化的特征之一。所以，客家地区在努力建立市场经济的今天，仍然需要弘扬客家文化的优秀品质。

同时，客家文化也包含有不少阻碍市场经济的因素。这表现为如下几方面：

第一，客家文化的“轻利、薄商”特征是发展市场经济的否定因素。“轻利、薄商”的思想是建立在农业社会自然经济基础之上的，在这一基础上形成的封建集权社会，经济活动没有相对独立的社会地位，只能依附政治。所以，通过政治体制手段获取的经济利益被称之为取之有道，相反，直接谋求经济利益的活动被视为非义之举。社会主义市场经济则以义利统一为基础，尊重个人合法利益，把“利”字引入基础范畴，要求形成把国家和人民利益放在首位而又充分尊重公民个人合法利益的社会主义义利观。物质利益是人们从事一切社会活动的基本动因，在社会关系中，最根本的是人们之间的各种利益关系，它是决定当代社会道德规范产生与发展的基础。客家人所谓“钱财如粪土、仁义值千金”的思想，实质上是一种封建小农社会意识。“重名节、薄功利”也是小农意识价值观的一种反映。这种意识和价值观在小农社会中是高尚的，是维护小农社会的稳定所不可缺少的。然而，它在现代社会中却成为发展市场经济的障碍。在这方面，客家人与毗邻的广府人和潮汕人相比显然有相当大的差距。在客家人的文化意识中，由于存在“名节仁义”重于“钱财”的心理意识，对“仁义”的道德观念又受着封建传统观念的制约，因而形成一种“患得患失”的心理障碍。这是客家人近百年来在国内和世界的经济活动中缺乏竞争力的内在原因。客家的华侨历来乐意为建设家乡的公益事业慷慨捐献，却很少有为发展家乡经济投资办企业的，同样是存在类似的心理障碍，担心会是“赚家乡的钱，是不义之财”。这与客家文化中的小农意识和宗亲观念的局限性也不无关系。

第二，客家文化的“封闭、保守、排他”倾向不利于市场经济的发展。市场经济是开放性经济，要求眼光远大、敢冒风险，客家人则安土重迁、安平庸、易满足，倾向于小本求小利，既不敢大赔，也不敢大赚，满足于小富即安。市场经济重视联合的作用，趋向集团经营，而客家人惯于排他的孤军奋战，不利于经济发展向大规模、高层次延伸。正如香港企业家刘锦庆所指出的：“客家人和广府人、潮州人比较起来，团结互助是比较差的，我们见到潮州人和福建人有了成就之后，往往都乐于帮助尚不如自己的‘自己人’，使之共同提高，共同发达。而我们客家人则比较缺乏这种精神，有好像怕‘自己人’会后来居上的顾虑心态。在客家社会的许多激烈竞争中，往往会处于劣势，这样的教训是很多的。”[1]

第三，客家文化中强烈的宗法思想、等级观念不适应市场经济的要求。市场经济要求人们具有主体意识、平等意识，客家文化中则深深铭刻着中国传统社会的宗法意识和等级观念。中国古代社会是以“君为臣纲，父为子纲”、“官为父、民为子”的宗法制度构建的，贯穿着“社会本位”意识，一切都以“社会”为本位，个体的地位和作用被忽视甚至被抹杀。家是宗法社会的基本细胞，由家庭而家族，由家族而宗族，由宗族而成社会，进而成为国家。这种以家国为本位的原则，强调群体利益，个人必须服从群体，个人只是作为血缘家族整体中的一部分而存在，没有社会独立意义。在这样的社会中，人与人之间不是平等的。中国古代的家庭呈现出一个等级分明的金字塔结构，论大小、排座次、讲辈分、分亲疏，平等意识在人之初的血缘关系中便招致扼杀。随着社会主义市场经济的发展，客家民性中的这一消极因素必将带来社会和经济发展中的矛盾和冲突，是客家人在当代必然面临的挑战。

第四，客家文化残存的封建蒙昧思想，是市场经济发展的阻碍因素。客家民俗活动中对妇女的某些戒律清规、包办婚姻、旧婚丧礼俗，以及迷信风水、鬼神，敬奉社官、土地、财神等，这些源于封建旧宗法和原始宗教迷信的观念，仍在一部分人的头脑中存在，并且成为人们熟视无睹的社会现象。面对市场经济大潮，这是客家文化必须予以克服的重大缺陷。

(四) 客家文化的现代转型与嬗变

客家文化与中原文化有密切的传承关系。然而，其承传是在变异中实现的，往往伴随社会现实情况的变化而变化。进入现代社会以来，受海洋文化、商业文化的熏陶，作为客家文化表现形式的客家社会风俗、思维方式及生活习惯等方面，均随着近代中国社会的急剧变革而发生极大变化，出现了客家文化的现代转型，产生了客家文化的新形态或“再生态”。

如果说，客家文化的“原生态”是农耕文化，那么，客家文化的“再生态”，则应是现代文化，是受海洋文化深刻影响后产生的一种兼收并蓄的文化。这种新型客

[1] 胡希张等：《客家风华》，广东人民出版社 1997 年版，第 301 页。

家文化既继承了传统客家文化的精华，如“开拓进取、艰苦奋斗、崇文重教、爱国爱乡”的客家精神，又抛弃了客家文化中的糟粕，如重农轻商、保守求稳、固执板滞、气量狭小、封闭排他、目光短浅等等客家文化中的消极落后部分；同时还融进了海洋文化、商业文化的优秀品质。这具体表现在如下方面：

1. 客家精神得到了进一步彰显，并增加了新的时代内涵

客家人走出山区迁至沿海地区，进而又涉波涛、越重洋，远征异域他邦后，山区文化便与海洋文化接触、碰撞，两种文化的交融便造成了客家文化质的飞跃。海洋文化固有的阔大气象和英勇无畏精神与山区文化吃苦耐劳、坚忍不拔精神融为一体，便使客家文化增添了包括冒险进取和开拓创业精神在内的丰富内涵。海洋文化之所以蕴含着强烈的冒险进取精神和开拓创业意识，一方面是因为海洋的浩瀚辽阔、变幻莫测，可以潜移默化地影响人的气质，使人胸襟开阔，眼光远大，思路灵活；更重要的是因为海滨和海岛的人们，由于交通便利，一贯比较重视商业。而商业的本质是交换、流通、不断地开拓市场，敢于冒险进取。尤其是海外客家人住在海岛、海港和滨海地区的多，从事工商业的多，受环境的熏染、职业的驱使，大多表现出较强的进取和开创精神。梅州一带虽然也是山区，但它靠近潮汕，靠近海洋，历史上漂洋过海谋生的多，与属于海洋文化区的潮汕人交流接触多，所以受海洋文化的影响较大，比起处于内陆山区与海洋素少联系的赣南客家人，开创性要大些。

2. 从封闭、半封闭走向开放

随着与海外信息交流的增多，客家人从以往的封闭、半封闭走向了开放，这表现在客家人在生活习俗、语言、宗教信仰等多方面。

首先表现在生活习俗方面。客家人的衣着、饮食、民居及生活用具等，大量吸收西方的因素。如，客家地区不少男人喜欢戴一种帽子，称之为“荷兰帽”，是从国外传进的，有人说是从荷兰传来，故有此名。在清末民初，客家男子就有不少穿西装、皮鞋。这些西装、皮鞋是从国外传进的。客家人在春节时均做“番鬼饭”吃，这一民俗是从印度尼西亚引进的。20 世纪 30 年代，客家地区出现了中西合璧的民居建筑，其风格兼具中国传统建筑特点和外国洋房特点。如粤东梅县白宫镇的联芳楼、梅县程江的万秋楼及大埔县的蓝森堂等民居。

其次表现在语言方面。进入现代社会以后，客家方言受国外语言的影响，词汇、发音、称谓等均出现某些变异现象。如：打球谓“打波”（来自英语），汽车谓“罗哩车”（来自印尼语），大公共汽车谓“巴士”（来自英语），小提琴谓“歪啊令”（来自英语），小块饼干谓“罗帝”、皮箱谓“甲闭”（均来自印尼语），治疗疟疾的奎宁丸称“荷兰丸”或“万隆丸”，治腹痛的药水谓“荷兰水”，雪豆谓“荷兰豆”，工头为“马争”（印尼语）等。

再次表现在宗教信仰方面。客家人多信佛教，但进入近代以后，有不少人信道教、基督教和天主教。在闽、粤、赣边区各县，均可看到规模大小不等的寺庙和教堂。

这种开放性在深圳的客家人中得到了充分的体现。深圳地区地处珠江三角洲，是客家文化与广府文化的交汇点；又与香港接壤，受香港文化影响较大。在历史上，深圳的客家文化不断地融合广府文化、香港文化。随着深圳成为中国改革开放的窗口，深圳的客家文化又与西方文化进一步融合，因而体现出鲜明的开放性、多元化特征。

3. 从重学轻商转变为重学重商

传统客家文化把“重义轻利”、“重学轻商”看成是天经地义，然而新形态的客家文化却否定了这一“天经地义”。

从龙岗“鹤湖新居”遗存下来的祠堂堂联，可以看到关于其祖先用开商铺积累的钱财兴建客家围堡的记录。龙岗“长隆世居”祠堂大门的对联是：“创业难守业难知难不难，耕也好读也好学好更好”。还有一副祖先留下来的对联作为遗训，其下联是：“士农工商各事一业方为济世完人”，从中可以看出“既重学又重商”的龙岗客家文化理念。这是对传统客家文化的一大突破，也是龙岗客家文化的特色。改革开放以来，龙岗客家人紧跟时代步伐，提出了“科教兴村”的口号，将龙岗建设成为全国客家地区中经济最繁荣、文化最发达的地区之一。

被誉为“当代客家第一村”的深圳市龙岗区南岭村，在改革开放初期，得到了政府征地补给的 200 万元，他们没有把钱分给村民，而是把这笔钱用于扩大生产规模。如今南岭村办起各类型工厂 29 家、“三来一补”工厂 20 家、内联厂 3 家、自营工厂 1 家。产品以电子、各类玩具、钟表、鞋业为主，全部销往港澳和欧美等地。目前，该村经济发展呈现出高增长的态势。2001 年，全村集体经济总收入达 1.7 亿元，比上年增长15.3%；纯收入7600万元，比上年增长13%；人均纯收入9.5万元，比上年增长14%；集体固定资产达10亿元，比上年增长25%。高速增长的经济，使群众的生活水平得到了进一步提高。南岭村还提出，不仅要成为富裕村，而且要成为教育村、文化村。该村有个叫“无良坑”的地方，面积5万平方米。1992年，先后有三位港商找上门来，希望村里能出让这块土地给他们兴办工厂。港商提出的价格达到每平方米1000多元，总价5000万元，但仍被村民婉言拒绝。不久，南岭村将这块土地无偿划给了布吉镇政府兴建职业中专。如今，这所学校已为深圳培养各类专业技术人才数百名，也为南岭村村民素质的提高发挥了重大作用。

三、潮汕文化及其伦理价值

在漫长的历史发展过程中，原来属于不同种族、不同血缘的人们，在粤东南背山面海的地理环境中，碰撞、交流、融合，逐渐形成了潮汕民系，产生了颇具特色的潮汕文化。受潮汕文化长期浸淫的一代又一代海内外潮人，为祖国、家乡和所在国、地区社会和经济的繁荣与发展作出了重大的贡献。随着现代社会的到来，潮汕文化面临着从传统向现代的转型，只有不断地弘扬潮汕文化的优秀特质，克服消极因素，才能使潮汕文化在新的时期获得长足发展。

（一）潮汕文化及其源流

潮汕文化是本地原住民文化和移民文化经过多次互相影响、互相吸收、逐渐融合而形成的。它是一个动态的开放体系，由潮汕人的迁徙而不断向外传播，同时吸收其他文化的因素，不断发展。

1. 潮汕文化及其形成

所谓潮汕文化，是指潮汕民系在征服自然、改造自然和改造潮汕人自身中所形成的观念形态的精神成果的总和。它具体表现为潮汕民系特有的文化心态和气质，以及孕育和维系此心态和气质的潮汕民俗、潮州话、潮州戏、潮州音乐、功夫茶、潮州菜、潮州工艺品等。脱离开孕育和维系潮人心态和气质的诸因素，则潮人的心态和气质就会成为无源之水，无本之木；而离开了历史上形成的潮人心态和气质，上述诸因素则只能作为潮汕地区内的一种文化形式而存在，从而也就没有“潮汕文化”了。

按照中国方言区划分，以使用潮汕方言为标志的潮汕民系，在国内主要分布在潮汕地区、雷州半岛和海南岛沿海等地区。在古代，居住潮汕地区的土著是百越族。公元前214年，秦始皇统一中原后，派兵征服了南越地，并发配50万“罪人”充军，驻守五岭。今潮汕地区西北部的揭阳岭（在今揭西县境之西北）就是五岭之一。这是北方人首次南迁潮州，与本地的百越族人杂居。同年，秦在岭南建立南海、桂林、象郡三个郡，潮州（当时称揭阳县）属南海郡。

两晋以后，中原主流文化在潮汕地区的影响逐渐扩大，主流文化与本地土著文化交流融合的进程加快了。从永嘉年间（307—312）晋王朝东迁，一直到南朝宋元嘉年间（424—453），大批中原汉人移民长江以南地区。根据历史学家谭其骧先生的考证，这次移民潮的浪头，涌到长江中下游沿岸就停住了，其边缘大致在今天四川盆地中部、湖南和江西的北部、浙江的中部一线。但是，也有少量分散的移民越过了这条线，继续南迁，其中，有部分移民进入了潮汕地区。[1]

唐朝时期，南迁的中原汉人与本地土著进一步加强交往，推动了潮汕地区的民族融合，加速了汉文化在当地的传播。但这一时期，土著文化仍然在潮汕地区占据优势地位。

宋元时期，闽文化空前繁荣，闽文化的西渐和潮汕文化的福佬化是潮汕民系和潮汕文化形成的重要环节。福佬亦称福老，是指居住在福建漳州和潮汕一带、讲闽南方言的汉族人。饶宗颐教授说：“福老初非潮州土著，大率来自福建，而间接徙自晋豫，与客家同为中原遗族，惟客家播迁于山岳地带。而福建老则循海岸线由闽迁粤。”[2] 闽人大规模移民潮汕，从而“虽境土有闽广之异，而风俗无潮漳之分”[3]。另外，本地土著在这一时期也加速与移民融合，潮汕民系进入发育阶段。

宋元时期闽文化影响潮汕地区，主要通过两个途径：

[1] 谭其骧：《晋永嘉丧乱后之民族南迁》，载《长水集》上册，人民出版社1987年版，第65页。
[2] 潮州修志委员会：《潮州志·民族志稿》，第123页。
[3] 《方舆胜览·潮州》。

一是闽籍士人出仕潮州。宋代潮州官员大多数为福建人，以知州为例，北宋知州籍贯可考者31人，其中，福建人18人；南宋知州籍贯可考者91人，其中，福建人60人。[1]这些闽籍官员，继承韩愈开启的兴学传统，兴建州县学宫学舍，创办书院，普遍重视教育。在这些官员的努力下，宋代潮州民众的教育程度有了很大的提高。

二是福建人移民潮州。宋代闽南人口的迅猛增长，造成了这一地区人口对土地的巨大压力，向外移民以缓解人地矛盾便成为历史的必然。这一时期，潮州在经济文化上虽然也有很大进步，但与闽南相比仍然落后许多，由于人口较少，技术落后，潮汕平原大片荒滩沼泽尚未得到开垦。基于闽潮自古以来在地缘上和文化上的密切关系，潮州很自然成为闽南向外移民的最佳选择。于是，自北宋开始，闽南人特别是泉州和兴化人成批地移居潮汕，在宋、元、明三代都曾形成移民的高潮。

福建人移民潮州，将先进的农业生产技术经验和从事工商业的传统带到潮汕地区。宋代的福建，地狭人稠的矛盾已经相当严重。因此，农民非常讲究耕作技术，注意水利建设，从而积累了技术和经验。同时，又有大批人口另求生路，从事手工业和商业活动。他们移民潮州，促使了本地农业和手工业生产水平的提高，活跃了海上运输和贸易。

移民还将闽地风俗，从方言、宗教信仰到日常生活习惯带入潮汕地区，促进了潮汕地区的福佬化。如，在语言方面，自秦汉到唐五代，潮汕地区与广府地区的关系，要比它同闽南地区的关系密切得多。当时居民的语言，与闽南方言有一定的距离。宋代以后，福建人特别是泉州、兴化二地的居民移民潮汕，潮汕居民原先所使用语言被覆盖了，俗称“福佬话”的闽南方言成为本地区通行的语言。在风俗方面，宋代的福建地狭人稠，除做工经商之外，许多人均选择读书或出家。福建人迁移潮州，把这些风俗也带到了潮汕地区。在宗教信仰方面，宋代福建宗教信仰风气特别浓烈，《宋史·地理志》说“其俗信鬼尚祀”。移民大量进入潮州，不少福建民间信仰也传播到了潮汕地区，如妈祖信仰和陈元光信仰等。

明清时期，是潮汕文化的最终形成阶段，特别是明清时期的海防政策对潮汕文化的形成起了决定性作用。

明朝建国初期，实行闭关锁国政策，对潮汕地区的社会、经济和文化等各个方面

[1]　谢重光：《福佬人论略（下）》，《广西民族学院学报》2001年第5期。

产生了重大影响。由于实行海禁，深受地狭人稠压力、多以贸易为业的福建人，大量迁入潮州。在人口增长的刺激下，农业商品化的倾向明显加强，又促进了潮汕地区的手工业和商业的繁荣。民间贸易日益活跃，从事手工业生产和商业活动的人口剧增，潮汕人重商的特点，因此而进一步加强。

嘉靖以后，潮州海寇猖獗，潮汕居民聚族自保，或一村筑一堡，或数村合一寨，武装自卫以御敌。这使潮州农村形成一批人口高度密集的大聚落。大型村寨的形成和自立，导致宗族势力的强大，潮汕人的宗族观念进一步得到强化。

康熙二十三年（1684），清朝平定台湾，解除海禁，潮汕地区进入一个相对稳定的时期。此后五六十年，人口增长速度较快，到乾隆中叶，潮汕地区的粮食产出已经不敷自给。为了解决粮食短缺的问题，有着悠久海外贸易传统的潮州商人，打造洋船，从暹罗等地转运稻米进口。同时，由于人均耕地面积日益减少，农民为了获取更高的收入，扩大了经济作物种植，农业生产进一步商品化。制糖、棉纺业更加发达起来，潮糖、潮毯、潮蓝布等商品闻名遐迩。人口增加、农业商品化和手工业的发展，使得更多的潮汕人专业从事商贸活动。

总体而言，明末清初时期，潮汕人在语言、风俗、形态、观念和行为方式等方面均有了自己的特点，潮汕民系和潮汕文化得以最终形成。具体而言，潮汕文化的形成具有如下标志：

一是潮汕话。维系潮人凝聚力之一的潮州话，属于闽方言。潮汕地区在秦汉时代接受中原汉语和古闽语的影响，至魏晋六朝时期，闽语已在潮汕地区流行。由于宋元时代的战乱、移民等原因，潮汕话形成了区别于闽南方言其他土话（如漳州话、泉州话等）的特点，从明朝起，开始与闽南话分离，入清以后，真正形成独立的方言——潮州话。

二是潮州戏。潮州戏被誉为潮汕文化的精华，是联系海内外潮人的纽带。它源自宋元南戏，到明代逐步形成潮腔潮调，到清代发展成独特的潮州戏。

三是潮州音乐。潮汕音乐源于唐宋中原古乐，同时又与地方民间乐调相渗透、融合，承袭融汇了“正字”、“昆腔”、“西秦”诸种剧种的音乐，至明代中叶已形成一种曲目丰富、形式多样、自成体系的音乐艺术。

四是“善于经商，冒险拼搏”的特性。这是潮汕文化最突出的特征，均于明末清初形成。自宋末有大批福建移民人潮后，人多地少的矛盾开始显露出来，至明代，韩江三角洲已经成为当时广东人口密度最高的地区。人口迅速增长，地区经济的发展，促进了明代潮州商业的突飞猛进。明末清初，潮州人迫于生计，开始大量向海外移民，尤以清康熙二十七年解除海禁以后，是潮州早期移民最多的时期，潮汕人的冒险、拼搏特征也是在此时开始形成的。

2. 潮汕民系在海外的拓展和潮汕文化的发展

潮汕人较大规模的海外拓展，开始于明朝嘉靖万历年间。当时，以吴平、林风、林道乾为首领的潮州海寇商人集团，在明政府军事高压的逼迫下，出走东南亚，定居在菲律宾和暹罗，成为早期潮籍移民。这些海寇商人的移居海外虽然出于无奈，但他们在东南亚的开拓，为清代以后的潮汕地区海外移民奠定了基础。

清代康熙至嘉庆年间，出现了潮汕地区向东南亚的第一次移民潮。如前所述，随着人口的增长，潮汕地区已经从唐宋的地旷人稀，逐渐变为清朝时的人多地少，谋生艰难，潮汕地区许多地方（尤其是沿海）粮食无法自给，而东南亚一带的泰国、马来西亚、越南等许多国家尚待开发，急需劳动力，而且对外来移民没有限制。因此，清初解除“海禁”之后，潮汕地区便开始大量地向海外移民。

清朝乾隆年间，潮汕地区海外移民已形成颇具规模的海外潮人社会，潮汕地区也已初步形成一批侨乡。有些华侨在海外已颇有经济实力和社会地位。如泰国大城王朝第 34 世王时，首都被缅甸军队攻陷，潮人后裔郑信率领华侨和泰人赶走入侵缅军，并建立吞武里王朝，在位 14 年（1767—1781）。

1860 年汕头开埠后至 1949 年，人口压力、地方动荡等因素又造成潮汕人向东南亚的第二次大规模移民。1840 年鸦片战争之后，中国已沦为半封建半殖民地社会，清政府腐败无能，群众生活日益艰难，城乡破产的农民、渔民和手工业者不得不向海外寻求新的生活，同时，许多华侨经过艰苦创业发达起来，对后来者具有很大吸引力。因此，潮汕地区向海外移民人数日益增加。在 80 多年的时间里，全国有大约 140 万人经过汕头口岸移民东南亚，其中多数是潮汕人。

清代以来的两次移民潮，特别是近代开始的第二次移民潮，形成了东南亚潮人社会。目前，在海外的潮汕人有一千多万人，遍布世界五大洲、40 多个国家和地区。潮汕人在世界各国和地区的拓展，促进了潮汕文化和其他民族文化的交流。这种交流表现在语言、文艺、生活习俗以至思想观念各个方面，也推动了潮汕文化的新发展。

（二）潮汕文化的特征

潮汕地区特殊的地理环境使潮汕文化深深地打上了海洋文化的烙印，形成了冒险、拼搏、务实、精明、崇利、重商、精诚团结、凝聚力强等文化特征。

1. 冒险、拼搏

潮汕地区没有肥沃的土地，只有众多的港湾、岛屿，恶劣的自然环境培育了潮汕人冒险拼搏的特征。在该地区经济发展中，渔猎、捕捞经济占有很大的比重。在古代科学技术并不十分发达的条件下，人们主要是依靠风帆船进行艰苦的海上航行。他们整天漂泊在大海中，在大海的风浪面前，如果退缩、投降，就只有死亡。因此，大海不仅为他们提供生存条件和生活的空间，也赋予他们特别能吃苦的品质和抓住机会、敢于冒险的性格。

潮汕文化的这种冒险拼搏特征更充分地体现在海外移民身上。由于该地区地少人多，为求生存，人们又冒险向海外扩展，纷纷到东南亚各地谋生，开拓新家园，成为这些地区的侨民。出国移民是许多潮汕地区家庭的传统，几乎每家都有一部海外移民史，每家都有亲人在海外。一代代的青年人，对海外有成就的亲人有着浓厚的神秘感和崇拜心理，积淀了日益浓厚的文化心态特征。

这种冒险精神与经商结合起来，往往取得重大的成功。“尤不可及者为商业冒险进行之精神。其赢而入，一遇眼光所达之点，辄悉投其资于中，万一失败，犹足自立，一旦胜利，倍延其赢，而商业之辉斥乃益。”[1] 如，海外潮人的著名人物郑智勇，1851年出生于暹罗，13岁时流浪乡间，只身来到汕头，漂流出海，来到泰国。他以加入海外华侨社会秘密会党而起家，结交泰国本地上层人物，承包泰国政府的“赠饷”，开设“花会”赌场，办企业、航运、银行乃至报纸等，并把业务扩展到中国的香港、汕头、上海等地，以及新加坡等东南亚国家和地区，成为当时泰国海外潮人中最显赫的人物。

2. 务实、精明

务实，即面对现实，从实际出发，实事求是地把握人生。这是潮汕人基本的价值

---

[1]　马风：《也谈潮汕民性》，载《汕头史志》1993年第1期，第28页。

取向。由于历史上很少世袭的贵族，潮人即使出身微贱，也可以通过商业等途径获得财富和地位，赢得社会大众的承认，因此潮汕人不像客家人那样注重渊源，而是“英雄不问出处”，着眼现实，把握现在。

潮汕人一向不尚空谈，而是正确估量自己在现实中的位置，根据环境条件的利弊，考虑适应环境的对策，寻求发展的机会；强调办实事，学真本领；处于逆境，随遇而安，不气馁，不陷入不切实际的空谈和幻想；潮汕人提倡团结互助，但不强求于人、勉为其难，关键靠自己。潮汕人的务实观念，充满理性精神，虽然其主旨在于实用和应用，但不等同于实用主义。精明，则是潮汕人在所处环境中长期锻炼造就出来的素质。从思维方法到工作作风，以至种田和日常生活的饮食、工艺品，处处表现出精明的特点。

3. 崇利、重商

潮汕人在商业意识上是先行者。历史上，潮汕人所处的韩江三角洲农业生产所占比例一直较少，史称“粤东滨海之区，耕三渔七”[1]。多元化的经济，使从事打鱼晒盐和行船运输的人，以及手工业者，必须通过商品交换，才能换得生活的其他必需品和扩大再生产的生产资料。因此，在潮汕人眼中，一切都是以商品形态出现的。

潮汕地区自唐代开始发展国内和海外贸易，在清代已成为岭南除广州外最重要的贸易商埠，商品经济得到迅速发展。在平原地区，农民的生产生活早就与商业贸易息息相关，人们注意精耕细作，实行多种经营，大量种植蔬菜、水果、甘蔗和茶叶等经济作物，为城乡的商业贸易提供了更多的商品。农业生产的发展及海上运输的发展，也带动了当地的手工业生产，冶铁、造船、炼锡、陶瓷、制盐、制糖、制茶、刺绣、木雕等成为潮州重要的手工业。明清时期，潮州的造船业已有相当规模，且技术较高，所造的大船坚固耐用，载重量大、抗风性能好，这为潮商进行海上贩运提供了条件。潮州出产的锡器、陶瓷、糖等成为重要的外销品，行销国内外。

潮州帮商人闻名全国，他们经商的范围遍及省内外。在世界许多地方都有他们的足迹。如潮州府属海阳县的商人在“康雍时，服贾极远，止及苏、松、乍浦、汀、赣

---

[1]　李权时：《岭南文化》，广东人民出版社 1993 年版，第 59 页。

广惠之间”，到嘉道年间，“则海帮遍历，而新嘉坡、暹罗多，列肆而居”。[1] 长期的商业贸易实践，使交换的价值观念渗透到潮人社会的每一个角落，“崇利”的商品思想使传统文化的“贵义贱利”观念逐渐淡化。

4. 精诚团结，凝聚力强

作为潮汕人先民主体的中原汉人，经过碾转入潮，面对的是当地的土著以及濒临南海、台风海潮等自然灾害较多的自然环境，因此，潮汕人通过聚族而居，靠血缘宗亲关系的纽带团结起来，继而从血缘扩大到地缘，靠血缘、地缘的纽带凝聚在一起，以利于与当地少数民族共处，克服自然条件带来的困难，求得生存和发展。以后，随着移民海外，到异国他乡更需要靠血缘、地缘的纽带团结起来。长期以来，潮人的家乡观念、宗亲感、团结互助精神特别浓，潮汕文化的凝聚力特别强。潮汕人不管走到哪里，总是离不开老乡，只要是讲潮汕话的，彼此格外亲热和信任。当然，中国人都有一种所谓的乡土情结，乡土观念比较强，但很少有像潮汕人那样强烈的思乡、爱乡、回乡观念。世人都说“潮洲帮特别团结，有凝聚力”，尤其是走出潮汕，到国内外其他地方，潮汕人遇到讲潮州话的人倍感亲切。

这一特征鲜明地体现在海外潮汕人特别是东南亚潮汕人身上。由于潮汕地区海外移民的模式主要是乡亲互相牵引，形成移民的移出地和移居地集中的现象。海外潮人到达东南亚后，人地生疏，必须依靠地缘、血缘的关系，成为华侨组织的成员，才能有能力反对当地政权和西方殖民者的剥削压迫，以及应付与当地土著的冲突。这些海外潮人社会组织，建立了一些政治、经济、军事、司法及文化方面的制度，在控制的大片地区中几乎华侨社会所有的一切问题，诸如就业、福利、纠纷等，都由公司本身解决，是带有政权色彩的社会自治组织。随着海外潮人社会组织的发展壮大，潮汕地区海外移民的规模也不断扩大。

在当代社会，东南亚潮人为了有效管理产业和资金，还成立了产业、信托、基金会等管理机构。通过社团组织，海外潮人对内联络友情、互助互利，对外则推动与友族的相互交流，争取合法权益，参政议政。为了适应国际形势的变化，社团的国际化趋势日益加强，以联络宗亲感情，加强经济信息的交流和合作。1980 年成立的国际

---

[1] 《海阳县志》卷 7。

潮团联谊会，以“沟通贸易，促进文化，繁荣经济，互相交流”为宗旨，为海外潮人的国际化活动提供了更广阔的天地。[1]

5. 狭隘与排他

潮汕地区的地域和独特的社会因素局限了潮汕人的视野，形成了潮汕人狭隘、保守、排他的集体性心理特点。潮汕的地域狭小，一万平方公里土地居住着一千万人口，人均只有 3 分耕地。在这样狭小的生活空间进行生存与发展的竞争，必然矛盾很多。前面所述的潮汕人浓厚的家乡观念和凝聚力，其原发因素是建立在血缘宗亲关系上，进而从血缘扩大到地缘、业缘、神缘、物缘，带有一定狭隘性和排他性。潮汕人越是向外扩延扩展，圈子越大，越团结，越有凝聚力；越往内层收缩，圈子越小，越有排斥力，其狭隘的缺陷、排他性的弊端就越暴露出来。因此，常常看到这样一种矛盾的现象：潮汕人在外很团结，在家乡则常常内讧，为某些利益、矛盾而闹纠纷，以至姓氏房界之间进行械斗，甚至兄弟也难以合伙做生意，彼此互相排斥。

在 1997 年 11 月召开的国际潮学研究会上，学者陈景熙通过分析“林监臣破坏潮州风水”的传说，对潮汕人“排他”的集体无意识进行了剖析。传说的梗概是：福建来潮州做官的林监臣破坏了潮州的风水，潮州的某文化英雄借林之手对林的故乡实施了报复。

陈景熙认为，这则大约从明代流传至今的传说，直接体现了潮人的地域集团意识，表露了潮人对地域集团外人士的防范乃至仇恨。被陈先生引述的潮州海关税务司的海关报告甚至说，“潮汕人甚至为了排除一个外来者，也常用最微小的借口团结在一块”，这深刻地表明了潮汕人的排他性。[2]

6. 迷信天命、宗教意识浓厚

恶劣的自然环境给潮汕人带来了生活上的种种困难。这产生了双重效应：一方面驱使人们冒险拼搏、吃苦耐劳；另一方面，又导致人们求助于神灵，笃信神鬼，求助于超自然力量的保护，相信冥冥中有许多神灵在操纵人类的命运。在“万物有灵”的观念中，形成了各种崇拜的形式，也因此滋生出许多鬼神迷信活动，如，崇拜一系列

[1]　翁奕波：《战后海外华人宗族社团的演变及其特征》，《汕头大学学报》1997 年第 2 期。

[2]　陈明洋：《你知道潮人吗？》，《民族团结》1997 年第 12 期。

自然神：太阳公（三月十九日为太阳公诞）、月神（八月十五日拜月娘）、土地神（奉祀后土、城隍，各地有城隍庙、后土庙、土地洞）、火神（奉为光明洁净之神）等。由于河海航行经常会遇到风涛激浪及急流险滩，风险较大，人们为祈求平安，一般都在码头与急流险滩处的岸边筑庙膜拜，因此在沿江沿海处多建有天后庙（或称天妃庙、妈祖庙等），船家开航，渡客下水出行，必先入庙烧香祈祷。

(三) 潮汕文化与市场经济

从总体上看，潮汕文化是适应市场经济发展的，其冒险、拼搏、务实、精明、崇利、重商、精诚团结、凝聚力强等特征，对市场经济的发展具有重要的促进作用。但其狭隘与排他意识和浓厚的迷信观念则成为市场经济发展的负面因素。

1. 潮汕民系商品经济意识比较强，潮汕人经商具有长久的历史根源和广泛的群众基础。所以，潮汕地区自唐代开始就有对外贸易，一直延至今天。改革开放以来，潮汕人进一步向外拓展，生意几乎做到了全国各地。这是被人称为“东方犹太人”的潮汕人特有的人文传统，这种特有的人文传统正是潮汕地区具有商贸优势的内在动力。同时，潮汕人尊重经济规律，善于按市场规则进行经营活动，促进了市场经济的有序发展。

2. 潮汕文化冒险、拼搏的特征，培养了潮汕人敢于竞争、勇于开拓的意识。《潮州志》记载：“潮人善经商，屡空之子，只身出洋，皮枕毡衾以外无长物。受雇数年，稍稍谋独立之业，再越数年，几无一不作海外巨商矣。”生动地记叙了潮人的开拓精神。这种敢于竞争、勇于开拓的意识，无疑是市场经济存在与发展的内在要素。但是，少数潮汕人将“冒险、拼搏”推至极端，他们崇尚“以小搏大”，梦想暴发，把暴发户视为英雄，因此往往成为掠夺、走私、贩毒、唯利是图的动机，从而走向市场经济有序发展的反面。

3. 潮汕文化的狭隘与排他意识和浓厚的封建迷信思想阻碍了市场经济的发展。市场经济是开放性经济，要求眼光远大，狭隘性与排他性则不利于经济发展向大规模、高层次延伸。潮汕人信奉鬼神，是同工业化社会的要求格格不入的，也是市场经济发展的阻碍因素。

(四) 现代社会中的潮汕文化

随着现代社会的到来，潮汕文化在许多方面都展现出新的特征，最显著的是以下两方面：

一是拼搏、开拓精神的发扬光大。如前所述，明清时期，潮汕人出海经商和移民海外的风气日见炽盛，形成一种不避艰险、向海外发展的传统和勇于拼搏、开拓的心态。在现代社会，潮汕人的拼搏、开拓精神得到进一步发扬光大。这突出体现在潮商经营方式的转型和业务的拓展。与中国乡土社会的传统观念相应，早期潮商的经营，采取家族管理的方式，所有权和经营管理权合一。自20世纪30年代起，已经有一定经营规模的潮人工商业，逐渐采用现代化的股份制管理形式，任用有能力有经验的高层干部进行管理，把所有权和经营管理权分开，使企业管理模式更加开放。与此同时，很多潮人企业家积极拓展经营领域，从传统工商业向金融地产、交通能源、高新技术等行业进军，进而打破行业与地域界线，组成国际性大集团公司，加强了竞争能力，取得了卓越成就。

二是狭隘宗族观念的逐步消除。明清时期潮汕地区的社会历史条件，使潮汕人形成了十分强烈而又狭隘的宗族观念。在这种观念的笼罩下，当一个潮汕移民赤手空拳来到异乡，首先想到的是投靠自己的宗亲，再谋求发展，而后者也会义不容辞地接纳他。易于立足无疑是海外潮人社会得以迅速扩大的重要原因之一。但是，这种狭隘的宗亲关系，也使早期海外潮人社会处于“小群可合，大群不可合”的松散状态。海外潮团的创立，远后于福建、客家和广府诸帮，就是明证。

从20世纪初起，这种情况开始得到改善。在有识之士的倡导下，海外潮团组织纷纷成立。海外潮人在加强团结的同时，更加关心祖国和家乡。他们在潮汕办工厂，建学校，热心慈善事业。有不少海外潮人在辛亥革命和抗日战争中，倾斥家资，甚至献出生命。随着时代的进步，海外潮人狭隘的宗族观念转化为爱乡爱国思想，从而形成更加积极的有效的凝聚力。

但是，我们也要清醒地看到，在由传统农业向现代工业化社会的转型过程中，潮汕文化的发展还存在着不容忽视的问题。如，有的学者提出：潮汕文化的缺点“一是封建迷信思想浓厚；二是小农经济小生产者小市民意识严重”；在现代社会运作方式的冲击下，潮汕人显得“眼光短浅，精了头，容易自满，喜赶潮流，嫉贤妒能，同行相欺，重商轻工，信奉鬼神……”[1] 这些问题同工业化社会的要求都是格格不入的。

为了使潮汕文化在新的时期获得长足发展，我们应做好如下两方面工作：

第一，以现代城市文明为标准，革新人文心态和陋习，确立社会新秩序。在工业化经济方式下，人的自由发展有了更广阔的空间和可能，人的独立人格有了展示无遗的机会，小农社会中的积习不加以及时纠正，就会像脱缰的野马难以拘束，从而加剧社会的无序和失控。汕头目前已有深受其害的例证。因此，如何以现代城市文明为标准，对汕头市民从思维—行为方式进行洗心革面式的除旧换新，是社会转型期潮汕文化发展的紧迫课题。

第二，以更开放的气魄，扩大文化交流，增强潮汕文化的共融性。中国加入WTO、全球化浪潮的推进，必将把潮汕地区推向更开放的前沿。面对五湖四海的商人、游客和支援潮汕建设的各界人士，我们不能提倡“讲必潮汕方言、喝必功夫茶、听必潮乐、观必潮剧”，有意识地将潮汕的“主”、“客”隔离开来。这些作为潮汕传统文化的主要传承形式，具有浓厚的地方特色，确有弘扬之必要。但过分强调文化的地方特色，无异于自弃共享社会进步果实的权利。对此，我们必须有清醒的认识。切实从推广普通话、告别陋习、订立市民公约、学习现代文化科技知识、有选择地介绍外来优秀文化、加大对外宣传的力度做起，破除文化交融的障碍，使潮汕现代文化在频繁的文化交融中获得观念、内容和形式等各方面更深更广的超越。

四、广府文化及其伦理价值

在岭南历史上三大移民社会中，广府民系拥有最多地域和最多人口，较之其他民系的发展处于相对优势地位。特殊的地理环境使广府文化既承接中原文化的辐射，又深受外来文化的影响，其文化特色较之其他民系更为丰富多彩。在近代史上，广府文化首得海外风气之先，培育出一批最早觉醒、拯救国家民族于水火的志士仁人。在当代社会，广府地区处于改革开放的前沿，其经济的发展、市场体系的完善、宽松和谐的政治环境和人文环境以及毗邻港澳的地理条件，使广府文化获得了长足的发展。当

---

[1] 杜松年：《潮人文化心态》，《潮人》1996 年第 1 期。

代广府地区应充分利用这些优势，抓住历史的机遇，使当代广府文化成为中国新文化的生长点。

(一) 广府文化及其源流

广府文化是在南迁汉族与粤地土著族群的互动、融和中逐步形成的。随着近代历史上中西文化的碰撞与交流，广府文化逐步向内地辐射、向海外传播。

1. 广府文化及其形成

广府文化是指广府民系在征服自然、改造社会和改造自身中所形成的观念形态的精神成果的总和，包括广府民系的语言、风俗、宗教、观念意识、思维方式和行为模式等。按照中国方言区划分，以使用粤方言为标志的广府民系，在国内主要分布在粤中、粤西南、桂东和桂南，包括广州、佛山、肇庆、江门、深圳、珠海、中山、东莞、清远、茂名、云浮、阳江、梧州、北海、钦州、玉林、南宁、柳州等地区和惠州、韶关、湛江的部分县市，以及香港、澳门两个特别行政区。

广府文化形成过程具体可分为孕育、发育和形成三个阶段。

自秦至汉为孕育阶段。秦朝以前，广府民系所在地是越族人，各部越人互不统属，各自为政。秦始皇统一中国后，为扩大疆域、实现最终的统一大业，先后派屠睢和任嚣、赵佗出兵岭南。据《史记·秦始皇本纪》记载，公元前214年，秦始皇“南取百越之地”，在岭南设置桂林、象、南海三郡，南海郡治在番禺。在任嚣、赵佗率军南下之时，秦始皇已命一批游民、商人随军移民。岭南统一后，政府派50万大军驻守设防。设南海郡的次年，秦又发配一批罪人到南海郡建屋筑城，其中有一部分便来到今珠江三角洲。秦二世元年（公元前209年），赵佗上书皇帝，奏请拨3万名无夫家的女性来南海郡为士兵补衣和照顾生活，秦二世拨给1.5万名女性。这一系列举措，使南海郡的汉族人大大增加。随着汉族人入粤，也就开始了入粤汉族与土著族群的互动。汉人带来了中原文化，也带来中原的先进生产工具与技术，大大促进了南海郡的经济、政治和文化的发展。

任嚣、赵佗采取民族和睦政策，使汉、越民族融洽相处。为了改变南越落后的火耕水褥的农耕与渔猎并行的原始生活，任嚣、赵佗一方面向南越人提供铁器农具、耕牛，并介绍中原地区先进的耕作技术，派士兵帮助某些部落开垦原始荒原，尝试建立冶铁、自制铁器等手工业；另一方面积极推行汉民族的礼乐典章，办学教民，推广汉文字等。古越族土著语言属壮侗语系，由于交流的需要，土著语言逐渐吸收古汉语，出现雏形粤语，广府文化的形成过程便由此开始。

秦朝末期，随着陈胜、吴广起义和楚汉相争，政府对岭南边远地区的统治鞭长莫及。赵佗接替任嚣为南海郡尉，并用武力兼并了象郡和桂林郡。公元前206年，自立南越国。

赵佗立国后，刘邦战胜项羽，建立了汉王朝。由于中原战乱后经济残破，对南越国只能用和平方式解决。赵佗也接受朝廷封号，名义上作为汉朝属国，实际上仍保留独立的政治权力。南越与汉廷关系虽曾经有所反复，但基本上是推行汉朝制度，各级官吏和军队既有中原人士，也有当地越人，南越政权对民族融合和经济文化交流，起到了一定的促进作用。

公元前111年，南越国终为汉朝所灭。汉武帝平定南越后，不少中原人士南下，进行儒家礼法教化的传播。其中有的是汉王朝委任的地方官吏，有的是由于中原动乱迁徙而来。他们通过开发经济、改革社会习俗和办学施教等途径，传播中原文化，加速了汉文化与土著文化的融合过程。

晋代至唐朝为广府文化的发育阶段。在这一时期，汉人继续大批入粤，并出现了两次高潮。第一次高潮是西晋“永嘉之乱”后。西晋后期，由于“八王之乱”以及北方匈奴贵族的大举入侵，造成社会动荡，人民无法安居，中原人只好纷纷携家带口逃往岭南，寻找一块安居乐业的净土。由于入粤者较多，曾在新置的晋康郡（在今广东德庆）立侨宁县。[1] 前几年，在广州、佛山等地发现的一些西晋遗址、墓穴，都有当时移民情况的物证。其中最能说明问题的是刻着“永嘉世，九州荒，如广州，平且康”一类歌谣的晋代砖刻。

西晋时期的中原移民，给珠江人带来了先进的冶铁技术、耕作技术和水利建设技术，使珠江农业生产能普遍使用铁犁耙和牛耕，在水利设施上也有了更具实效的排灌工具，从而确立了以农业经济为主的较为稳定的社会经济基础。

第二次高潮是唐代“安史之乱”后，此时“天下大乱，中朝人士以岭外最远，可

[1] 《宋书·州郡志》。

以辟地，多游焉”[1]。这时入粤汉族多分布在韶州、广州、桂州和连州。其中尤其是韶州，成为唐末入粤汉族大聚居的地方。

隋唐时期，海外文化的传入也是广府文化形成过程中的重要因素。隋统一不久，文帝即鼓励对外交流，促进通商，他曾告诫广州地方政府：“外国使人欲来京邑，使有船舶沿泝江河，任其载运，有司不得搜检。”[2] 到了唐代，随着海上交通进一步发展，来自异国他乡的民族文化更多地传入珠江三角洲地区，丰富了广府地区的文化内涵。一些外国僧人由海路来广州，译经弘佛，推动佛教在中国的发展，广州成为佛教重要的传播中心。唐开元初，印度密宗大师金刚智由海路来到广州，建大曼拏罗灌顶场，宣扬密藏。印度僧人极量于神龙元年（705）来到广州，与前宰相房融等人翻译《灌顶部》中的《楞严经》，对唐代佛学理论影响极大。

与佛教几乎同时流传的还有伊斯兰教。伴随着当时海外贸易的兴旺，始创于7世纪阿拉伯国家的伊斯兰教，也通过阿拉伯商人传入岭南。广州是伊斯兰教传入我国最早的地方。广州的“怀圣寺”是伊斯兰教传入我国后最早兴建的清真寺。寺内的光塔，不仅是岭南对外交通史上的重要遗迹，也是伊斯兰教传入岭南的宗教象征。佛教的兴盛和伊斯兰教的传入，是广府文化与海外文化碰撞、融合的先声，为广府文化进入与海外文化的碰撞期打下了基础。

宋末元初为广府文化的形成时期。从北宋初年到南宋末年的300年间，中原以及江南的移民陆续不断地通过大庾新道迁往岭南，其规模之大，人数之多，超过了历史上的任何时期。

1115年兴起的金国，迅速吞并辽国，并于1126年攻陷北宋京城开封，掳走徽宗、钦宗两帝，致使北宋王朝灭亡，大批的难民与仓皇南渡的康王赵构一起，掀起了一场国破家亡的大逃亡。无数平民百姓和豪门大户，渡过长江以后继续南下，他们通过大庾岭路，直奔岭南，形成了两宋时期中原移民岭南高潮的第一个高峰。

1276年，元军攻陷南京京城临安后，分别从海陆两路追击南逃的南宋王室，大批难民随南宋王室涌向南疆，越过五岭进入岭南，形成了移民高潮的第二个浪峰。

入粤汉族多以南雄县珠玑巷为进入广东的第一站，在战乱波及岭南以后又大规模

[1] 《新五代史·南汉世家》。

[2] 李德林：《隋文帝安边诏》，见许敬宗：《文馆词林》卷664。

地向珠江三角洲南迁，从而跨出了广府民系和广府文化形成史上具有决定意义的一步。

对于从珠玑巷南迁的原因，不少广府人的家谱和民间传说都流传着一个大同小异的故事：

> 在南宋末年（有的记为宋度宗咸淳九年），一位失宠皇妃逃出皇宫来到码头，遇着到京城经商的南雄县珠玑巷黄姓富商。黄爱其美色，不问来历而纳为妾，载她南归。后朝臣察觉此事，派兵南下珠玑巷搜查。那位皇妃见官兵追索甚急，愤而投井自尽。但官兵仍不罢休。于是，珠玑巷 33 姓、97 户人家便集体南迁，后散居珠江三角洲一带，开村立族，繁衍子孙。

在历史上，这皇妃故事虽未得到确证，但一大批珠玑巷百姓迁徙到珠江三角洲确是事实，故至今珠江三角洲的居民还有不少到珠玑巷寻根。而珠玑巷至今仍保存着的古门楼上也镶嵌着刻有“珠玑古巷，吾家故乡”文字的石匾。

据考证[1]，分布在今珠江三角洲广府人的 211 个氏族中有 191 个氏族是从南雄迁入的，而其中有 187 个氏族是宋代从南雄迁入珠江三角洲的，占了总数的 98%。据《南海志》记载，南宋时，南海县居民户数达 195713 户，与唐代比，700 多年间人口增加了 153470 户，唐代时珠江三角洲每平方公里有 1.2 户，到宋时已有 4.8 户。北宋时，广州的主客户比为 45∶55，客户超过主户，南宋时为 44∶56，客户仍然超过主户，而客户大多是从南雄珠玑巷迁去的。[2]

北宋初年，珠江三角洲人口还相当稀少，原有居民主要居住在城市周围，大量荒地、河滩、沙洲尚未开发利用。由北方迁移的移民纷纷筑堤开垦河滩、荒地为农田。围堤的兴筑保护了新垦农田，避免了洪水淹没之害，也在不损害原有居民利益的前提下扩充了耕地，不仅保证了移民的基本需求，还为他们的发展提供了条件。这样的信息对滞留在南雄的移民无疑具有巨大的吸引力，于是新的移民源源不断地南下珠江三角洲。

两宋时期的移民，已不再是单纯的黄河流域中原人，而是被吴越或荆楚文化濡染

---

[1]　黄慈博：《珠玑巷民族南迁记》，中山大学出版社 1991 年版，第 75 页。

[2]　徐杰舜：《广府人的形成及人文特征》，《广西民族研究》2000 年第 4 期。

的中原人，以及大量的与岭南文化习俗相对接近的江南人。他们对广府地区的社会经济和文化的发展产生了重要影响。这主要表现在：第一，对岭南的农业生产和手工业发展起到了很大的促进作用。江南人民具有丰富的水田耕作经验，促进了岭南农业的发展。同时，在南迁人口中，江、浙、闽的一些能工巧匠，给岭南带来了先进的手工工艺技术，特别是陶瓷、冶炼工艺，推动了岭南手工业生产的发展。第二，宋代商品经济有了新的发展，《清明上河图》即反映了当时京城开封的繁荣景象。到南宋时期，江南的商业更加繁盛。广州在宋代又是全国三大贸易港中最大的一个，是商人云集的地方。大量人口南迁，加强了南北的商业联系，为商人提供了更多经商的机会。在南北商品交换中，广府地区商业得到进一步发展。第三，南迁人口中有不少官绅和宿儒，他们入籍岭南后创办州学、县学和书院，使广府地区的文化教育事业空前繁荣。

总之，这次移民高潮融合了黄河文化和长江文化的精华，使岭南越族具有更为亲切的古吴、楚文化的气质，加速了南迁汉人与本地土著融合的过程，从而在宋末元初最终形成广府文化。

2. 广府文化的发展与传播

元末明初，由于南雄战乱频频，人祸与天灾并至，再次掀起了南雄珠玑巷人南迁的移民潮。这些移民进一步充实了珠江三角洲，明政府便新置顺德、三水、开平、恩平、新安、从化等县安置南迁的移民。随着明初改路为府，广州府辖南海、番禺、顺德、东莞、新会（今宝安）、三水、增城、龙门、香山（今中山市）、连州（今连县）等 1 州 15 县，“广府”之名遂成为广州府一带汉族的俗称。

明朝初期，政府大兴屯田，奖励开荒，减轻赋役，惩治贪污，并放松对手工业者的控制，广府地区的经济、文化有了较大发展，逐渐接近中原、江淮等先进地区。

明末清初，由于社会大变动，掀起了我国历史上最后一次南下移民高潮。移入珠江三角洲的居民，对广府地区后期的开发发挥了一定作用，使广府文化得到了进一步发展。因岭南地区广府、客家、福佬三大民系已经形成，此次移入岭南的居民已不可能再产生新的民系，只能因来源或迁入地不同，分别加入既有的民系队伍，使各民系在人数、地域分布上发生变化。广府民系得益于珠江三角洲经济崛起和广州作为当时全国唯一的对外通商口岸，吸引了更多外来人口，融合了更多的外来文化而日益发展壮大，成为岭南最大族群。这时取道大庾岭道南下的移民主要定居于珠江三角洲，部分流入城市，这为大面积的珠江三角洲开发和城市商业经济繁荣注入新的力量，也使广府民系较之其他民系处于优势地位。

近代历史上中西文化的碰撞与交流，也对广府文化的发展路向产生了巨大影响。

在近代史上，广府文化的中西文化碰撞期始于清朝中期延至20世纪初。从康熙前后至鸦片战争，是西方文化刚刚传入的阶段。岭南人开始大量接触西方物质文明，原已较为发达的商品意识得到强化。手工业中产生资本主义萌芽，城乡商业空前繁荣。西方制度文化刚刚渗入，岭南封建制度仍然根深蒂固。观念文化上的冲突已十分明显，如鸦片对中国人的精神麻醉；许多西方传教士在广东办教堂，办学堂和办报，传播西方科学技术、制度文化和观念文化；早期维新派引入西方文化，要求在政治上、经济方式和观念文化上反对封建文化，实行改良等。

鸦片战争后，东渐西风更加强劲，猛烈地冲击着儒家文化在广东的统治地位，为移植近代西方制度和观念文化廓清道路。通过办新式教育和多元化报刊、人员往来、学会活动等渠道，西方政治、经济制度，语言，风俗，礼仪，文学艺术，以及精神观念文化各个方面，源源深入广府地区各阶层人群。这一方面是帝国主义文化侵略的一部分，另一方面，对传播西方近代文化科学知识，开拓人们文化视野，打破封闭沉闷空气，正视和批判现实，起到了一定作用。它们作为一种凝聚着西方近代文明的高势能文化，不但给近代广府文化增添了新的要素，而且它们广泛传播所产生的结果和影响，也有助于推动广府文化的发展，并使广东成为近代中国新文化中心之一。在广府文化发展壮大之时，我国经贸中心虽然转移到上海，但经过近代历史洗礼、中外文化融合的广府文化，对全国大多数亚文化来说，是一种高势能和先进文化，故能以高屋建瓴之势，形成向国内外辐射格局。

粤湘两地源远流长的文化往来在鸦片战争之后发展到一个更紧密的阶段。直到19世纪90年代中期，湖南仍是中国传统文化中心区域之一，而与其相邻的南方却是一个近代文化先进的广府地区，两地文化反差如此之大，广府文化向北倾泻势在必然。包括物质、观念和制度等方面的文化，通过各种途径进入湖南，使当地人的物质生活方式、思想、价值观念和习俗都发生改变。以观念文化而言，从戊戌变法到辛亥革命，湖湘文化并没有提出新的思想武器，反倒是谭嗣同、黄兴等志士仁人从广东接受先进思想，推动湖南维新运动。除了湘人南下，广府人也北上宣传广府文化。如维新变法前梁启超等在长沙创办时务学堂，就给当时顽固保守的湖南社会以猛烈冲击，此后湖南新式学堂日渐增多。近代发生许多重大历史事件，也往往是广东倡之，湖南和之，然后扩散到湖北、河南以及长江中下游其他地区，从太平天国到北伐战争莫不如此。

鸦片战争后，大量广府人出国，带动了广府文化在海外的传播。他们在侨居地形成华人社区，保持着广府人语言、风俗、宗教建筑、艺术和人际关系，充满了广府文化风格，成为广府文化在海外的延伸。在与当地人接触、交往中，广府文化也会直接或间接地影响到侨居地文化风貌。例如粤菜扩散到美国，赢得当地人交口赞赏，广府人年节风俗也在海外大行其道。有些广府人经过艰苦奋斗，成为杰出企业家、种植园主或科技人才。他们在当地所创的业绩，也不无广府文化基因，或者可以说是广府文化在海外结成的丰硕之果。

（二）广府文化的特征

珠江三角洲地处沿海，自古以来对外关系发达，华侨众多，作为中外文化的交汇点，它对内接受中原文化，对外吸收外来文化，经过不断的扬弃、融汇、拓展、创新，形成了具有浓郁地方色彩和时代特色的广府文化。广府文化的这种历史地理背景，使她具有开放性、兼容性、重商性和进取性等文化特征。

1. 广府文化具有开放性特征

广府地区地处我国南疆边陲，自古以来就是我国对外交流的窗口。历史上，广州是外国人居住和出入最多的城市之一。同样，广府人也不断走出家门，向海外开拓。频繁的贸易交流和人口流动，使广府地区呈现出一种开放的文化态势。自汉朝以来，广府地区不仅从海外引进了众多的花果和农作物品种，同时，佛教、伊斯兰教、基督教及大量的西方科学知识也都由广府地区传入，并辐射内地。鸦片战争后，中西文化交流更为普遍，郑观应、容闳、康有为、梁启超、孙中山等人引进并介绍西方社会的政治学说，从而使广府地区成为近代中国民族资本的摇篮和资产阶级维新思想的启蒙之地，继而成为资产阶级民主革命的策源地和根据地。辛亥革命之后，孙中山又主张“取开放主义”，提出引进外国的资金、技术和人才，一切对振兴中华有利的都“来者不拒”。他第一个把开放主义定为近代中国的国策，第一个把广府人的开放意识升华为中华民族的时代精神，从而推动近代中国经济社会的现代转型。新中国成立后，特别是党的十一届三中全会以来，珠江三角洲又成为改革开放的试验基地和“窗口”，其文化的开放性更加明显。

这种开放性特征表现在日常生活中，就是对于西方生活方式的毫无顾忌，任意吸收、模仿、学习和改造。如在饮食方面，广州是全国最先开创中西美点、西餐馆、咖啡馆等的城市；在穿着打扮和居住环境方面，广府人也是较早的一批学习西方的人群；在娱乐生活方面，西方的夜总会、歌厅舞榭、西洋的管弦乐器和歌剧与本土的粤剧和音乐一起充实丰富和调节着广府人的生活。

2. 广府文化具有兼容性特征

广府地区背倚大庾岭，面向大海，处于一个山与海之间的过渡地带。从文化范畴来说，则是大陆文化和海洋文化的中间阶段。这种地理位置既决定了广府文化的边缘性，也形成了广府文化在不同文化碰撞中的兼容特色。

如前所述，广府文化正是在与海内外各种文化交流碰撞中，兼容并蓄、融汇升华而形成、发展的。从广府文化的构成来看，它以当地南越文化为底本，既接受并融汇了中原文化、楚文化、吴越文化、巴蜀文化等其他地域文化的深刻影响；又包含了基督教文化、阿拉伯文化、波斯文化、日本文化等外来文化的因素，尤其是近代西方文化，对广府文化产生了广泛而深入的影响。广府文化的兼容性表现在社会心理与民众习俗上，便是古与今、土与洋、中与西的“大杂烩”，特别是开放带来的西方生活方式与习俗，很快被融入当地的生活方式之中。

广府文化的兼容性使广府人能积极、主动地对待传统文化和外来文化，并在继承中国传统文化和融汇西方文化的基础上建构新的文化。例如，康有为把西方进化论与儒家公羊三世说融合建构成历史进化论，把西方空想社会主义思想与儒家大同学说融汇建构成大同理论；孙中山融汇了中西文化独创了“三民主义”。

3. 广府文化具有重商性特征

在封建社会小农经济条件下，中国传统文化历来就存在有“重农抑商”、“贵义贱利”的价值观念，社会经济一直以自给自足、单一化生产的农业经济为主。而广府文化在这一点上与中国传统文化存在明显的差异。历史上，珠江三角洲一直是商业贸易比较发达的地区，“崇利”的商品价值观念渗透到广府社会各个阶层。

广州是我国历史上最早、规模最大的重要对外通商口岸之一，自三国时代以来，广州就已是中国海上“丝绸之路”的起点；到唐代已成为世界著名商埠；宋代广州与50多个国家有通商及政治关系；元代广州与140多个国家有贸易关系；明清时岭南商品经济迅猛发展，当时浙商、徽商、晋商、闽商争相“走广”，广州城南的濠畔街成为天下富商聚集的闹市区。人们纷纷离开土地走向商业贸易与手工业，把经济作物和其他产品推向国外市场。清代乾隆二十三年（1758），政府封闭了闽、浙、江三海关，仅保留粤海关对外通商，使广州成为全国唯一的通商口岸；并建立了半官半商的“十三行”专门负责对外贸易业务。

广府人由于广州所处的中国对外贸易的传统口岸的地位优势，跳出了“重农抑商”的束缚，崇商之俗一脉相传，从而铸造了广府人的崇商精神。在广府地区，上至官僚、地主，下至士子农人，经商活动十分普遍。经商在平民中成为令人羡慕的职业。屈大均说，“无官不贾，且又无贾而不官”，“民之贾十三，而官之贾十七”[1]，“广州望县，人多务贾与时逐”[2]。与之相适应，广府社会的经济结构也向多元化、商品化方向发展。明代时，珠江三角洲就成为商品性农业区，土地经营方式已呈多样化特点，经济作物生产成为最发达的农业部门，人们纷纷离开土地转向商业贸易和手工业。农业生产已带有较强的商业性，手工业生产也具有相当高的水平，以品种繁多、工艺先进而远销海内外。

4. 广府文化具有创新性特征

由于五岭之隔，广府地区一直是中央封建政权鞭长莫及之地，文化一统和文化专制受到限制，较少思想禁锢，没有沉重的历史包袱。同时，广府地区已形成一定规模的商业社会，这在无形中打破了农业社会的封闭格局，强有力地冲击着保守观念，为创新、开拓精神提供了充满活力的社会基础。广府人在开放、兼容的同时，具有创新的文化心态。求新与创新是解读近百年来广府人社会与思想变迁的真谛所在。

在中国近代历史上，许多新的事物与现象都是由广府人率先推出，进而扩展到全

---

[1] 屈大均：《广东新语》，中华书局1997年版，第304—305页。

[2] 同上，第371页。

国的。如，种牛痘，西式医院和医疗技术，西式学校，新闻报刊，先进的铁路、航空技术，都是最先在珠江三角洲地区出现。因此，广府人在中国近代史上出现了许多全国之最：最早编著英美专史、比较系统介绍资产阶级民主制度的学者是南海县的梁廷枏；最早具有系统的改良主义思想的实业家是中山的郑观应；“史学革命”和资产阶级史学理论的首创者是新会的梁启超；率先引进外国军事技术、仿制火轮船和制造水雷的是番禺的梁仕成；制造我国第一台照相机的发明家是南海的邹伯奇；第一个著名的铁路工程师是南海的詹天佑；第一个进行个人画展并首创“岭南画派”的画家是番禺的高剑父；第一个留美大学生和首次率领留学生赴美的是珠海的容闳等。

5. 广府文化具有勇猛顽强的品格

广府地区地处亚热带，境内温湿多雨，直到明代仍被视为蛮烟瘴疠之地、官宦谪逐之所。这样的环境远不及中原舒适、滋润。但生于斯、长于斯的粤人及迁徙而来的移民则别无选择，只有在这种险恶的自然环境里，勇猛顽强，奋发开拓，才能求得生存，获得发展。同时，广府地区又有浩渺的南海环绕其南，大海在孕育了广府人商业因子的同时，也铸造他们勇敢的性格。正如黑格尔所说的：“大海给了我们茫茫无定、浩浩无际和渺渺无限的观念；人类在大海的无限里感到他自己底无限的时候，他们就被激起了勇气，要去超越那有限的一切。”[1] 近代著名思想家梁启超也曾指出：“海也者，能发人进取之雄心……彼航海者，其所求固有利也，但求利之始，都不可不先置利害以度外，以性命财产为孤注，冒万险而一掷之。故久于海上者，能使其精神日以勇气，日以高尚，此古来濒海之民，所以比于陆居者活气较胜，进取较锐。”[2]

广府人这种勇猛顽强的精神在商务活动中表现得相当充分。从唐代开始，广府人陆续前往南洋、澳洲和南北美洲等地，从事商业经营，开辟新的家园。即使在明清实行海禁的年代，广府人也敢冲破“寸板不许下海”的禁令，出洋贸易。近代中国被迫对外开放后，广府人更是捷足先登，积极主动学习西方先进的管理经验和先进技术，修铁路、办工厂、设医院、引进技术设备，著名改良思想家、商人郑观应更是力主“商战”，写下了启迪国人的《盛世危言》。

---

[1]　[德] 黑格尔著、王造时译：《历史哲学》，商务印书馆 1963 年版，第 154 页。

[2]　辛向阳等：《人文中国（一）》，中国社会出版社 1996 年版，第 510 页。

这一精神特质淋漓尽致地体现在中国近代史上广府人抗击外敌侵略、推进国家变革的革命斗争中。如,1840 年 5 月，广州三元里人民奋起抗击英军，发誓“旗进人进，旗退人退，打死无怨”[1]；南海的康有为，上书皇帝，掀起了中国近代史上有名的“百日维新”；中山的孙中山，建立兴中会，提出了“驱除鞑虏，恢复中华，创立合众政府”的口号，成功地领导了辛亥革命，推翻了腐朽的清王朝。

6. 广府文化具有务实性特征

广府文化的重商特征必然产生重利不务虚的务实精神。广府人摈弃了“耻于言利”的中国传统意识，形成了重实利、务实的特征。他们在经济生活中循序渐进，不好高骛远，讲求实际，少说空话，更倾向于实在的内容和价值，更看重行动的可能性与现实性。深圳在当代提出的“时间就是金钱，效率就是生命”，“实干兴邦、空谈误国”等口号就是广府人务实传统的遗传和实干精神的写照。

广府文化务实的特征鲜明地体现于思想家的治学风格与方向，使岭南学派具有偏重实用和功利的倾向。著名学者陈澧研究经学完全是一种实用主义态度，反对学者陷入历史上长期纠缠不清的经学与理学的争端。他说：“惟求有益于身，有用于世，有功于古人，有裨于后人，此之谓经学也。”[2] 南海大学者朱次琦也认为：“读书者何也？读书以明理，明理以处事。先以自治其身心，随而应天下国家之用。”[3] 康有为评价朱次琦，谓其“主济人经世，不为无用之空谈高论”。这一倾向使得这一地区的思想家们较少理论思辨，亦少一种哲学高度的系统化，没有建构过体系严密、富于逻辑的理论体系，而是显示出较多的直观、浅显和实用的特色。

7. 广府文化具有享乐性特征

与落后地区的“生存文明”不同，广府人则是干得更欢，活得更好。特别是广府人离开土地发展起商品经济以后，出现了一批不同于农耕社会的文化主体，即以工商手工业者为主体的市民阶层，他们的生产方式、生活方式和审美意识、价值观念融于

[1]　蒋祖缘等：《简明广东史》，广东人民出版社 1993 年版，第 443 页。
[2]　袁钟仁：《岭南文化》，辽宁教育出版社 1998 年版，第 27 页。
[3]　同上。

广府文化的众多领域之中，从而使岭南文化充满了世俗享乐的人性和情调。广府文化的享乐性不仅表现在舒适、快乐等美的生活追求，企求幸福生活，更重要的表现为通过劳动，获得成功、实现人生价值。成功、自豪、满足是一种莫大享受。拼命地干活，尽情地享受，就是这种享乐型的真实写照。这种享乐性的文化，其主导方面是积极的，它催人上进、开拓，建设美好的生活，追求幸福的人生。但也有一些消极因素，如，过于追求刺激和物质享受，甚至奢侈的物质生活。

（三）广府文化与市场经济

基于广府文化与市场经济的内在适应性，进入市场经济的大潮，广府文化如鱼得水，展示出强劲的发展势头，极大地促进了市场经济的发展。

1. 广府文化开放、进取、创新等特征对市场经济的发展具有重大的促进作用

在中国现代史上，特别是改革开放以来，广府人创新、求新的精神进一步发扬光大。靠这种精神，深圳经济特区在中国经济体制的改革与创新道路上，敢为天下先，开创出众多的全国第一——1984 年 11 月 1 日，深圳率先在全国进行价格体制改革，取消一切购物票证；1987 年底，深圳参考香港等发达地区的先例，举行首次土地拍卖大会，率先在全国实行有偿转让国有土地，换取建设资金；90 年代以后，深圳继续率先进行建立现代企业制度、新型社会保障制度、政府公务员制度的各项改革，同时改革科技体制与教育体制等。这些创新举措直接推动了深圳社会主义市场经济体制框架的基本形式的建立。

在珠江三角洲，不仅有深圳、珠海两个经济特区成为中国改革开放的开路先锋，还有中山、佛山、顺德、东莞 4 小龙腾空而飞，更有珠江三角洲的乡村都市化的日新月异。所以，有人说："要看中国的两千年，请到西安；要看中国的五百年，请到北京；要看中国的一百年，请到上海；要看中国的近十年，请到广东。"[1] 正是广府人不断创新而写出了中国当代改革开放史上最辉煌的一页。

---

[1]　杨东平：《城市季风》，东方出版社 1994 年版，第 11 页。

2. 广府文化的重商特征直接刺激着商品经济和商品意识的孕育和发展

基于广府文化的重商特征，明清时期，广府地区率先突破自给自足的传统自然经济，迈向了以赢利为目的的较为发达的商品经济。由于对外贸易日益发展，人们“逐番舶之利，不务本业”，“不务农田”，祖祖辈辈从事农业生产的农民们，开始不再从自身的日常需要去考虑耕织，而着眼于是否“赢利”去安排生产。于是，珠江三角洲一带出现了弃稻谷农田生产而种果、养鱼、植桑的风气。“稻田—果基鱼塘—桑基鱼塘”的农业生产商品化的历程，正是自然经济逐步解体与商品经济逐步孕育和发展的过程。明万历年间，南海九江乡基塘面积已占全乡耕地面积的70%以上。当时的民俗唱道：“九江估客，鱼种为先，左手数鱼，右手数钱”，非常形象地描绘了从自然经济条件下解脱出来的岭南新农民形象。

晚清时期，广府地区的工商业发展曾一度居全国领先地位，商品化程度较高。果基鱼塘、桑基鱼塘的出现使农业生产商品化，由农业提供的生活资料逐渐以商品形式出现于市场，连人们每天必不可少的粮食也需要通过市场交换才能取得。粮食的商品化是岭南地区告别自然经济走向发达的商品经济的重要标志。

3. 广府文化的兼容性特征使当代广府地区更快地适应市场经济的发展，在全国率先建立社会主义市场经济体系

秉承了历史上海纳百川的兼容性特征，自我国改革开放以来，广府地区吸收了大量的新移民。这些被称为“新客家”的人，迅速适应了广府文化的氛围，同时也带入不同的文化因子，对广府文化形成了有力的碰撞。由于广府文化的兼容性，也由于南下的移民对广府地区的发展表示认同，并且具备重新适应的思想准备。所以，广府文化在与移民交会之际，融合的一面大大胜于冲突的一面，形成了20世纪末广府文化的一轮大融合。这一轮融合的过程并不长，但是依然在继续，并对广府地区的社会经济文化发展产生重要影响。

为了达到新的兼容，广府文化形成了自己的吸纳机制，这主要体现在以下几个方面：

一是建立庞大的人才交流网络。广府地区在全国最早成立人才市场，开始只是以一种集市的形式出现，渐渐走向常规化、规范化。如今，既有每天“营业”的人才市场、人才交流中心，比如深圳的人才服务中心，也有各种应时应季的人才交流大会或

者招聘会、供需见面会。无论是“市场”还是“交流中心”，都为广府地区积聚了大批有用之才。

二是营造移民的归属感。在现阶段的中国，户口问题依然是移民无法轻易解开的一个情结。广府地区在这方面做出了最大限度的努力。如，深圳规定：在深圳工作两年以上的本科毕业生可以将户口迁入深圳。至 1999 年，共青团广州市委和广州市劳动局已经举办四届“十佳百优”外来青工评选活动。每届的“十佳”都获得免城市增容费入户广州的奖励。

三是减少移民与当地百姓的差距。如，广州专为外来工的孩子办了一所不收赞助费的“金雁学校”，以解决移民的后顾之忧；广州市人事局于 1998 年 12 月颁布了《广州市流动人员申报专业技术资格暂行办法》，以免除知识分子的流动顾虑；番禺建了个“金雁生活区”，商业、食堂、医疗、娱乐一应俱全，以方便外来工的生活；顺德的一些企业规定：有一年以上工龄的外来工可以享受探亲假，还可以根据不同职位报销部分路费等。

这种开放、兼容的人才吸纳机制使市场经济获得了充分发展的极好环境。它以社会活力为引导，以开放体系为基础，充满了社会活力，形成了“近者悦，远者来”的良好局面。

4. 如前所述，广府文化具有积极与消极二重性，它对社会主义市场经济的发展也具有消极的影响

这具体表现为两个方面：

一是形成了崇尚奢侈、讲究排场的社会风气。历史上广府地区上层统治者对大量海外消费品、奢侈品的享受和挥霍，穷奢极侈的生活方式，通过人数众多的商人阶层对广大群众的消费生活产生了很大的影响，使热衷消费、过度消费在民间相习成风，从而成为市场经济发展的阻碍因素。特别是当今广府地区“黄、赌、毒”的泛滥令人深思和担忧，这是与现代商业精神及现代文明背道而驰的。

二是讲迷信、重意头，凸现了广府文化的负面影响。广府人虽然敢为天下先，但又讲究迷信，喜好意头。他们对星象、算命、风水及黄道吉日等表示出特殊的兴趣，笃信神佛，迷信吉祥数字，讨口彩，看风水，在现代化的企业和商厦中供设佛龛等，已成为城市一景。

(四) 现代社会中的广府文化

中国正处在确立市场经济体制的重大转型时期，市场经济对文化生活以至个人的观念和思想感情，都产生了巨大的影响。广府地区处在改革开放的前沿地带，率先进入社会转型时期，广府人的观念也较早地发生变化，广府文化本来就具有开放、兼容、重商等特征，在市场经济大潮的推动下，其特点更加明显：

第一，竞争意识的强化。社会的改革使得企业或个人的生产劳动与收入紧密联系起来，因而产生了竞争意识。为了提高竞争能力，人们非常重视继续教育，纷纷参加各种不同层次的业余学校，学习各种专业技术。深圳人率先提出“时间就是金钱，效率就是生命”，就是这种竞争意识的强烈表现。

第二，平等参与和民主法制意识的确立。随着社会的开放，人们从维护自身的权益出发，反对等级特权现象，产生了强烈的平等意识。人们以平等的身份面对现实，必然也要求参与公共事务，要求社会的民主化、法制化。社会民主化的深入，人们的平等意识的萌生，法治就成为保护自身权益的手段。如今，自觉学法、依法办事的人越来越多，人们的法治意识逐步增强。

第三，追求个性化。随着社会文化生活的多元化和人们物质生活水平的提高，人们在服装、发型、个人兴趣、职业选择、文化娱乐等精神文化生活上都力求符合自己的个性。无选择地追求时髦的现象在当代社会生活中已日益减少，人们的精神文化生活呈多元化、个性化的发展趋势。

第四，追求人的全面发展。人们在告别了温饱型的生活之后，不仅追求物质生活的高档次和高标准，而且追求精神生活的高尚情感和高尚格调，追求身心健康、性情陶冶、知识增长和人格完善。

处于改革开放前沿地带的当代广府地区，其经济的发展、市场体系的完善、宽松和谐的政治环境和人文环境、较少的传统文化重负以及毗邻港澳的地理条件，都是当代中国其他地区所无法比拟的。所以，当代广府地区应当而且可以充分利用这些优势，抓住历史的机遇，使当代广府文化成为中国新文化的生长点。

第一，当代广府文化应充分发挥开放兼容、文化吸收能力强的优点，对外来的西方先进文化大胆吸收、消化。对西方文化的欣赏与接受，不能仅仅停留在器物的层面上，而应从当代社会生活的现实出发，吸纳符合社会现代化进程的西方文化中的文化观念、思维方式，使广府文化成为中国名副其实的“文化窗口”——既从外吸收，又对内辐射。

第二，广府文化的未来发展，应致力于促进人的全面发展。从促进人的全面发展着眼，广府文化在未来的发展中应侧重加强对人的基础教育。为适应社会劳动智力化的趋势，进行各种专业技术的辅导训练是必要的，但不能仅仅停留于此，因为知识并不仅是谋生的手段，而且更重要的是丰富人的个性，滋养人的心灵，增强人的创造力，提高人的综合素质。为促进人的全面发展，除了进行基础教育之外，还应在全社会倡导、培养一种优良的文化氛围——对理论的兴趣，对艺术和审美的追求，对社会和未来的终极关怀，对真理和正义的执着追求。只有这样，广府文化才能走出目前因大众的文化素质相对低下而造成的文化发展停滞不前的困境。

第三，正确处理高雅文化与通俗文化的辩证关系。随着人们物质生活质量的提高，人们的精神文化生活日益向通俗化、商品化、生活化、娱乐化、消遣化等多元化方面发展，精神文化所反映的对象和反映的方式，比以往任何时期都更加丰富多彩。但我们也要看到，精神文化发展的多样化和大众化，也大大地冲击了高雅文化、严肃文化，使指导人们精神方向的理想、信念、价值观的文化精品，陷入窘态。社会主义市场经济体制的建立，不仅为通俗文化的繁荣和发展创造了良好的环境，也从根本上为高雅文化的发展开辟了道路。对于当代广府文化，一是要加强对高雅文化的扶持，二是改进对通俗文化的管理和引导。高雅文化反映一个民族的文明程度，是精神活动的深层境界，是社会理性的标志，是民族文化和世界文明宝库中最宝贵的部分，必须得到国家和社会的支持。通俗文化在市场经济中如鱼得水，要对它们加强管理和引导。总之，要坚持先进性和普及性的统一，达到“雅俗共赏”的境界。

五、海派文化及其伦理价值

上海，是在近代崛起的中国第一大城市。它在短短的半个多世纪，奇迹般地从一个普通县城一跃成为中国的最大都市，被誉为“东方的巴黎”和“东方明珠”。上海的崛起，离不开以移民为主体的近代上海人所创造的海派文化的支撑。在海派文化的熏陶下，上海商人展示出独树一帜的精神特质和政治风貌，铸就了近代上海的辉煌。立足于21世纪，上海应扬弃海派文化，进一步开拓进取，重现昔日“东方巴黎”以及远东商贸金融中心的风采。

(一) 海派文化及其形成

从实质上看，海派文化是移民文化，主要是由来自五湖四海带有各种文化背景的移民所创造的，是在中西文化融汇、传统社会向近代社会转型过程中形成的。

1. 海派文化的界定

要弄清楚“海派文化”，必须首先明晰“海派”的含义。但对什么是海派，则至今仍是见仁见智，莫衷一是。例如，某先生动作潇洒，出手大方可称“海派”；生意人摆噱头、夸海口又称“海派”；文章家的纵笔驰骋也被称“海派”；上海的饭店、服装店也在广告上标榜自己的某种风格为“海派”等。

多数学者认为，“海派”之称较早见于书章，是在 19 世纪下半叶的晚清同治、光绪年间，源于绘画和京剧界。起初，是江浙士人对一批寓居上海以卖字画为生的画师和画匠的贬称，称之为“海上画派”，或简称为“海派”。

中国传统的绘画源远流长，画家也有各种流派之分，但在早期一般只以地域、体裁、风格和表现形式的差异相区分，均属中国传统画派的范畴。而同治、光绪年间上海的一批画师和画匠，却体现出与各种传统画派完全不同的风格。他们以卖画为生，为迎合众人所好，绘洋楼，画美女，作风俗图，其题材迥异于传统画派所钟爱的山水、人物、花卉、动物等。在正统的士人看来，整个近代上海的繁荣变化都是礼崩乐坏，绘画的流变只是其中的表现之一。因而不仅将离经叛道的这批上海画师和画匠讥称为“海上画派”，并进一步引申开来，用“海上”或“海派”作为贬称的代名词。但上海各种艺术风格的绘画，包括受到指责的“海上画派”，却逐渐获得了长足的发展，在全国的影响越来越大，而且各地许多名画家也相继云集上海。至清末民初，上海已同时成为传统与近代风格绘画的中心。这一时期，传统绘画已显示出退居为“国画”地位的趋向，尽管仍保持着很高的荣誉，但逐渐失去以往一统整个中国画派的传统地位。“海上画派”在画坛中的形象明显日见改观。“海派”一词在绘画界已由最初的贬称变为誉称，以致不少画派争相标榜为“海派”的传承者，谋求取得这项桂冠。

“海派”称呼的另一重要起源在京剧界。流行于京城的京剧，其发展趋势与宫廷的影响紧密相关，必须迎合皇室的口味与需要而发展。因而，在皇室的直接影响下，不仅京剧取得了在各种剧种中的至尊地位，而且京城独具特色的京派京戏也赢得了京剧正宗的雅称。京剧在上海的发展则与京城的情况大相径庭。起初，上海的京剧并无特点，也是奉京城的京剧为时尚，推崇的第一流京剧演员都是来自京城的名角。但是，上海所不同于京城的城市环境，使上海的京剧出现了不同于京派京剧的发展趋向，形成与京派京剧相对应的海派京剧。

京剧在上海不是朝着适应皇亲贵族的口味与需要发展，而是随着适应观众与商业化社会的需求变化，朝着以市民大众为对象的商品化的通俗艺术演进。在正宗的京派看来，海派京剧也是京剧界中离经叛道的产物，所以海派京剧的称呼最初同样是带有讥诮的意味。但是，海派京剧也如同海上画派一样，尽管在诞生之际被视为偏离正统的异端，却因越来越受到欢迎而不断迅速发展，影响日趋扩大。到清末，海派京剧与京派京剧已是南北对峙，势均力敌。

“海派”一词的使用范围，在后来被大大拓宽，它不仅推向各种艺术形式，而且扩展至其他领域，最终成为人们概括整个近代上海文化，包括艺术文化、生活方式、城市人格等不同层面的上海城市文化的代名词，即所谓的“海派文化”。

对于海派文化的界定，有的学者从地域区别的角度，把海派文化视为边缘文化；有的学者根据表现形式，把海派文化视为西方文化的“亚文化”；有的学者从特征的角度，将海派文化界定为“一种中国形态的近代城市大众俗文化，也可简单地说是‘市民文化’”[1]。我们将海派文化界定为：近代上海人在改造自然、社会和自身过程中所形成的观念形态的精神成果的总和。所谓近代上海人，并非上海开埠之前的本地居民，而是指近代开埠之后至20世纪上半叶抗日战争之前，经过中西文化融合、近代化进程洗礼的上海人。其构成包括开埠前的土著居民及其后裔，但大部分是国内外移民及其后裔。

2. 海派文化的形成

因其优越的地理位置和自然条件，上海在明清之际形成了棉纺品生产和商业贸易两支经济支柱。但在全国而言，上海并不是工商业发达城市，其地位远不及苏州、杭

[1]　张仲礼：《近代上海城市研究》，广东人民出版社1990年版，第91页。

州、南京等繁华的江南重镇。据不完全统计，19 世纪 40 年代上海的人口约为 27 万，而苏州、南京为 50 万，杭州近 100 万。上海的人口只是与长江三角洲的松江、嘉定、常熟、无锡等城市相似。[1]

1840 年，英国发动侵略中国的第一次鸦片战争，以武力强行打开了清朝闭关自守的大门。战争结束后，清朝被迫签订丧权辱国的《南京条约》，将上海作为对外开放的五个通商口岸之一。1843 年 11 月 17 日，清朝宣布上海正式开埠。

开埠之后，上海所处地理环境的优越性向世人展现出巨大的吸引力，同时，小刀会起义，太平天国农民起义引发了巨大的难民潮。在引力和推力的双重作用下，国内外移民纷纷迁入上海，从而使晚清时期的上海成为近代中国史上罕见的移民城市。来自五湖四海带有各种文化背景的移民，构成了这个城市居民的主体。有关的史料曾记载说："三四十年来，侨寓日多，孳生日众，居民号称百万，实有八十余万。……惟本邑人数之多，实由五方杂处，客籍多于土著"[2]，"在沪之人多系客居，并无土著"[3]。民国初年修纂的《上海县续志》写道："查吾邑水陆辐辏，五方杂处，但可论住年之久近，无从有土客之区分……"[4]

总体而言，上海自开埠之后曾出现过三次移民潮。第一次移民潮出现于 19 世纪 50 年代初的小刀会起义时期。活跃在上海一带的不同会党帮派的数千名成员，共同组织了一个名叫小刀会的秘密团体，并于 1853 年 9 月发动起义，从 9 月 5 日到 17 日 12 天内先后攻占了嘉定、上海、宝山、南汇、青浦等县城，并一度占领太仓。这次起义虽然仅持续了 1 年 5 个月，便在清军和外国势力的镇压下失败了，但它的影响却不容忽视。正是在它的冲击下，上海及周边数县的民众纷纷避入租界。上海租界人口因此骤增至 2 万人以上。这次移民开始了海派文化的孕育过程。

第二次移民潮出现于 19 世纪中叶的太平天国运动时期。发端于广西的太平天国农民起义军，以摧枯拉朽之势挥师北上，途经两湖，又顺江而下，勇不可挡。当太平军攻陷南京之后，江浙一带的富裕人家即开始逃往上海。随后太平军连下常州、无锡、苏州诸城，并于 1860 年 6 月、1862 年 1 月和 5 月，三次进攻上海。于是，更多

---

[1] 朱英：《商业革命中的文化变迁》，华中理工大学出版社 1996 年版，第 6 页。
[2] 黄苇、夏林根：《近代上海地区方志经济史料选辑》，上海人民出版社 1984 年版，第 302 页。
[3] 《申报》1900 年 8 月 10 日。
[4] 黄苇、夏林根：《近代上海地区方志经济史料选辑》，第 304 页。

的富户大族争先恐后地避难于上海租界。

太平军江浙战事及三次进攻上海，强有力地冲击了江南原来的人口秩序，此前人烟稠密的江浙地区变得一派荒凉。除了战乱导致人口自然减损外，造成江浙地区“人烟寥落”的原因，主要是大量人口外逃避难，纷纷涌入被视为“安全”区域的上海租界，由此出现了上海历史上第二次难民潮。比之第一次难民潮，这次难民潮规模更大，持续时间更长，影响也更为深远。至 1865 年，上海公共租界的人口由 1855 年的 4 万人增加至 15 万人。至 1893 年，上海公共租界及法租界的人口增加至 30 万人以上，人口较 1865 年翻了一倍以上。同一时期的华界人口约有 60 万人，上海人口总数大约为 90 余万。其中，外来移民及其后裔占绝大多数。[1] 第三次移民潮是 19 世纪末义和团运动期间，从山东到津京的广大地区，一片动荡；八国联军的入侵，又使中国再一次陷入战火之中。但以上海为中心的东南地区，因盛宣怀与驻沪各国领事签订《东南保护约款》而避免战乱，吸引了大批北方文人和绅商南下。1933 年，上海市人口已经达到 330 万的规模，成为中国乃至远东地区人口最多的大都市。与 1893 年相比，上海城市人口增加了 240 万人，除原有居民的人口自然增长之外，外来移民及其后裔的人口为 220 万左右。[2]

在移民的构成中，商人是移民群体的龙头与骨干，这对海派文化的形成与发展具有决定性意义。早在道光年间，上海的闽粤商人就已有上万人。[3] 当时上海有“小广东”之称。在鸦片战争后不久，一些广东买办、通事、鸦片走私商、洋行佣人、修船工匠，便捷足先登来到上海，使广东帮在上海开埠初期成为一股很大的势力。随之而来的有苏州帮、宁绍帮等各地商人。在 19 世纪 70 年代后的 50 年间，仅苏州洞庭山的席氏家族就有 23 人先后担任过上海 13 家外国银行的买办，5 人担任过两家外国洋行的买办。20 世纪初，几乎所有著名的上海银行买办均为席氏家族垄断。浙江宁绍商人则在上海钱庄业中占有举足轻重的地位；安徽徽商在上海的茶叶、木材、典当、餐馆业中颇有势力；北方的山西票商也南来上海，1876 年，上海已有山西人开的票号 22 家。至晚清时期，上海钱庄中已形成了宁波、苏州、镇扬、广东、上海、松江、

---

[1]　葛剑雄：《中国移民史》，福建人民出版社 1997 年版，第 593 页。
[2]　同上，第 599 页。
[3]　吴贵芳：《上海风物志》，上海文化出版社 1982 年版，第 68 页。

南浔、安徽、潮州等 14 个地方帮系。上海百货业中也有北帮、广帮、南洋、厦门帮、汕头帮、温台帮、宁波帮、汉口帮、长沙帮、西南帮等各路帮派。这种地方帮派林立的现象几乎充斥了上海工商贸易的各个部门。上海租界中的外侨群体中，也以商人为主体。上海工部局的职业统计表显示，1890 年上海外侨中商人占外侨总数的 42.5%，1900 年为 43.6%，1910 年为 60%，均是最大的职业集团。[1]

正如美国人霍塞评价上海所说的，“这个城市不靠皇帝，也不靠官吏，而只靠它的商业力量逐渐发展起来”[2]，近代上海的崛起，不像其他一些城市主要是依靠政治地位的变化。事实表明，鸦片战争前后上海的政治地位并无明显改变，甚至可以说基本保持不变。经济的发展，是促使上海成为中国第一大都市的根本动力。在经济因素中，商业贸易又是最重要最突出的一个环节。近代上海在很大程度上是一个商业社会，商人可以说是社会生活中最有影响的社会群体，因而近代上海形成了以商人为轴心、以商业为支柱的特殊社会环境，此种现象在封建社会的中国是不曾有过的。生活在这种商业化社会环境下的上海人，即使并未经商，也时时刻刻受到商业气息的熏陶。经过长期的耳濡目染，其思想观念、行为方式无疑会出现变化，而这种变化又必然朝着适应商业化社会的趋向发展。于是，人们的思想和行为都带有某种商业化的色彩，又进一步使得整个上海的文化发生变异，由此产生一种在许多方面与中国传统文化所不同的新型文化，这即所谓的“海派文化”。虽不能说近代上海商人是“海派”一词的发明创造者，但他们却是海派文化赖以存在的物质载体的创造者。如果当时的上海没有出现以商人为轴心、以商业为支柱的新社会环境，就不可能导致上海人价值体系与文化观念的新变化，也不可能形成与中国传统文化有所不同的“海派文化”。

国际移民在海派文化的建构中也起着异乎寻常的作用，使海派文化彰显出国际化、多元化的风格。据邹依仁《旧上海人口变迁的研究》一书的统计，晚清来沪的国际移民，从 1843 年的 26 人增加到 1910 年的 15012 人，不到 70 年，上海国际移民增加了 500 多倍，这在世界大城市的移民史上是十分罕见的。国际移民国籍之分散也是中国的其他城市所无法比拟的，最多时达 50 多个国家和地区。这批来沪的国际移民，有的从政或经商、传教，有的行医或兴学、办报等，他们都把上海视为自己发展事

---

[1] 乐正：《近代上海人社会心态》，上海人民出版社 1991 年版，第 170 页。

[2] [美] 霍塞：《出卖的上海滩》，商务印书馆 1962 年版，第 62 页。

业、实现野心和从事各种冒险的乐土。

国际移民迁移上海，也同时移入具有浓厚的迁出地风格的文化要素。如，他们在租界移植西方政治制度和法律模式，以及西方的生活方式、建筑风格等；还创办了外文报纸杂志：英文的《北华捷报》、《字林西报》，法文的《上海新闻》、《进步周报》，德文的《德文周报》，日文的《上海新报》和俄文的《上海霞报》等。这些形式各异的西文报刊不但为上海增添了一道新的语言文化景观，而且还从编刊经验与技术方面，带动了上海中文报业的发达和印刷出版业的繁荣。

国际移民在保持与发扬迁出地文化优势的同时，也吸收迁入地文化的要素，与其他异质文化圈中的文化特质相交融。如，上海西餐业就有过汇聚各种地方特色的西菜，"西餐中吃"和"中菜西吃"出现在沪上上层市民的生活中。在建筑样式中同样出现了中西合璧的例子，如建有西式楼房与中式园林的爱俪园和辛家花园，"洋化兼古化"的半淞园，以及吸收欧洲联排式房屋布局而形成的不中不西、亦中亦西、半中半西的近代城市建筑的代表——石库门建筑。

以移民为主体，以商人为核心，多种异质文化在上海这只大熔炉里整合成一种独特的新文化，清末民初，海派文化正式形成。20世纪40年代，日军的侵华和抗日战争的爆发，中断了中国社会变迁和文化发展的常态，海派文化赖以生存的制度环境与文化生态均发生了深刻变化。城市沦陷，商人、文人学者大举迁移流徙，海派文化日渐式微，最终成为一段历史。

(二) 海派文化的特征

海派文化以移民为主体，以商人为核心，因而形成了浓厚的重商性、多元性、竞争性、创新性、政治性和功利性等文化特征。

1. 浓厚的重商主义

如前所述，在海派文化的形式中，移民中的商人阶层发挥了决定性作用，海派文化不可避免地显示出浓厚的重商心态，中国传统的"重本抑末"、"重农轻商"观念被近代上海人所唾弃，商业和商人的地位、声望得到空前提高。

在开埠10多年之后，上海即取代广州成为全国最大的进出口贸易中心。从19

世纪60年代到20世纪30年代，上海对外贸易货值占全国总值的比重，最高曾达到65%，最低也在44%左右。20世纪40年代后期，上海的年贸易货值在全国所占比重更大，达到70%以上。[1]晚清时期，上海的经济结构也发生了变化，经济发展主要集中在商业贸易的发展上，一切为了通商，一切服务于通商，生产领域则逐渐萎缩，成为商业的附庸。凡商业贸易的关键部门，都在上海得到优先发展，并在社会中处于重要的地位。正如1872年《申报》所报道的那样："上海之地商贾聚集，为中华之第一大码头，船舶往来货物充积，生意之盛，年胜一年，为今之计，凡有所举动必当先有益于贸易之事，至于兴土木之工，以供人之游目骋怀，皆其后也。"[2]

在近代上海社会结构中，商业贸易是最优越的职业，商人阶层成了社会舞台中的主要角色。最有势力的人物大都集中在商界，那些外国大亨、买办、银行家、钱业主、轮船公司老板、海关总监是这个社会中的主人，为世人所瞩目。最早在上海代表西方国家利益的外国领事中，有许多是由洋行中的商人们兼任的，商人们出任过美国、法国、瑞典、挪威、葡萄牙、荷兰、丹麦、普鲁士、西班牙等国驻沪领事，以致上海开埠初期被称为"商人领事时代"。

过去那种鄙视、轻蔑商人的社会心理发生了逆变，中国封建社会历史上长期形成的"士农工商"这一传统的定位序列被彻底打破，商从四民之末跃居为四民之首，商人的社会地位空前提高。《万国公报》中曾写道："商人者，民之命脉而国之血气也。血气衰则国病，命脉绝则民死，此理甚明，无穷蓍决。"[3]《新闻报》说："国家不欲图强则已，欲图强非先致富不可，欲致富非爱惜商民不可，未有不保元气而可以存活者也。故曰商民为国家之元气也。"[4]《申报》上说："资本家者，国家致富之元素也，一国之资本家多，则农工商业可以振兴而国富，一国之资本家少，则农工商业不易发达而国贫，此为一定不易之理。"[5]晚清的上海商人曾公开表示："论人数以商界为至众，论势力以商界为最优"，并阐明商人肩负着时代所赋予的兴商富国这一深远历史使命，"凡我商人宜发爱国之热忱，本爱国之天良"[6]，应为救亡图存作出自己的贡献。

[1] 张仲礼：《近代上海城市研究》，第87—88页。
[2] 《申报》1872年7月22日。
[3] 《万国公报》1895年4月12日。
[4] 《新闻报》1900年12月9日。
[5] 《申报》1909年6月10日。
[6] 《苏报》1903年4月30日。

2. 多元化、国际化比较突出

上海移民来源广而杂，可谓天南地北、五湖四海之人汇集一处。据公共租界的正式统计，上海租界中的中国居民来自除新疆、西藏外的20余个省份。租界中的外国侨民则来自世界五大洲各国，包括英、美、日、法、德、俄、印度、葡萄牙、意大利、奥地利、丹麦、瑞典、挪威、瑞士、比利时、荷兰、西班牙、希腊、波兰、捷克、罗马尼亚、越南等几十个国家。[1] 各地的商人都会将其原有的文化基因带到上海，同时又在上海这一新的商业世界中相互整合变异，以适应新形势的需要。海派文化由此凸现多元化、国际化的特征。

海派文化与明清时期形成的徽商文化和晋商文化等其他文化有着明显的不同。首先，海派文化既不是原有上海社会和商人所创造，也不是在某一省份商人的文化基础上形成，它是各地商人多元文化杂交的产物。而徽商和晋商文化的地域性都比较突出，主要是受当地人文社会环境和商人特点的影响而形成的。如果说徽商和晋商文化是当地土著商人的产物，海派文化则是来自全国四面八方的商业移民共同创造的一种杂交混合型文化。

其次，海派文化不仅具有内地文化杂交的特点，而且在其形成过程中很大程度上还受到西方文化的影响，因此它又是中西文化杂交的产物。

近代的上海是西方商人最多的通商大埠，同时也是西方文化传入较早的城市之一。外国商人进入上海后，随之也将西方的商业文化引入上海。其组织形式、经营方式乃至生活方式，都反映出西方资本主义的商业文化特点，对上海商人起了很大程度的示范作用。通过与外国商人的密切交往，上海商人耳濡目染受到西方商业文化的影响，成为具有国际意识的新兴商人。

3. 强烈的竞争与创新意识

上海开埠之后，西方商人蜂拥而至，将竞争意识也引入上海。面临着西方各国商人咄咄逼人的气势，上海商人要想在新的形势下生存发展，有效地维护自己的切身利益，也必然学会并参与竞争。在这种情况下，上海商人萌生出同样强烈的竞争意识。有的还将竞争意识的有无，视作能否救亡立国的重要因素，明确表示“竞争者，实为

---

[1] 邹依仁：《旧上海人口变迁的研究》，上海人民出版社1980年版，第91、141页。

立国之基础，而挽回国势之要务也”。[1]

随着竞争意识的增强，“竞争”不仅成为上海报纸上的一个时髦词汇，而且竞争观念已支配上海人的谋生行为，深入到他们日常的经营活动中。近代上海报刊上的时论指出：“20世纪者，生计竞争之时期也，中国者，生计竞争之地点也，而其竞争之潮流则首被乎上海。”[2]“方今之世，国与国争强，族与族争贵，乃至家与家争势，人与人争利，乃至势与势争胜，利与利争大，乃至事与事争便，业与业争富，器与器争售，机与机争巧，言与言争辩，盛矣哉，今世界争世界也。”[3]为了拉拢生意，扩大经营，加强竞争能力，一些洋行、商号使出各种高招争夺顾客。不少上海商人以开拓进取的精神，无所畏惧地与洋商展开竞争。尽管有的在竞争中失败而陷于破产，但也有许多人在竞争中站稳了脚跟，并经过激烈的竞争获得迅速的发展，不断成长壮大。

与此同时，近代沪商的创新意识也更为显著。不断创新和出奇制胜，是近代沪商的一大经营特色。那些在事业上取得成功的富商大贾，几乎无不具有这一特点。其原因一方面是沪商受西方商风的影响，善于接受和开创新的经营方法；另一方面，也是因为海派文化的交融特征，使沪商具有不囿成俗、灵活多变的创新性格。

4. 具有较强的政治关怀

近代上海社会也是政治社会。一方面，商品经济的充分发展推动着政治的社会化和社会的政治化，另一方面，租界特殊的政治格局提供了许多有利于反对现政府的政治活动的缝隙和条件。因此，近代上海成为中国各种反政府政治力量的组织、宣传、活动的大本营。政治化成为海派文化的重要特征之一。

据不完全统计，从1896至1898年，上海维新报刊达20多种，几乎分别占维新派在全国创办报刊及上海新创办报刊的一半。接下来是以《苏报》、《民主报》等为代表的革命报刊的崛起。辛亥革命前，革命派在上海创办的报刊达15家。随后是民初各种政党报刊林立的时代。从1912至1919年，上海有政党报刊30多家，占同期报纸总量的三分之一强。

---

[1] 《申报》1906年1月3日。
[2] 《申报》1909年5月27日。
[3] 《经世文潮》第2期，“说争”。

晚清上海出现过第一次小说浪潮，其动因正在于政治化。戊戌变法失败后，以梁启超为代表的维新派将社会变革的希望寄托于开启民智，即“新民”，而“新民”主要依靠“新小说”。1902年，《新小说》在日本的创刊及梁启超《论小说与群治的关系》一文发表，标志着“小说界革命”的开始。小说界革命的实质是小说救国，是对小说宣传教化功能的神化，“欲新一国之民，不可不新一国之小说”、“今日欲改良群治，必自小说界革命始，欲新民，必自新小说始”。《新小说》第二年回到上海，由此引发了近代上海政治化小说浪潮的兴起，《绣像小说》、《月月小说》、《新新小说》、《小说林》等一大批新的文学杂志纷纷创刊。

如果说维新改良思潮推动了晚清上海小说浪潮的兴起，那么资产阶级民主革命则推动了辛亥革命前后上海新剧的勃兴和海派京剧的最终形成。春阳社、进化团等一大批新剧团体（早期话剧）纷纷涌现，《黑奴吁天录》、《秋瑾》、《共和万岁》等一大批宣传革命、歌颂共和的新剧纷纷演出。在“海派京剧”最终形成的过程中，其内在的艺术规律也发挥着重要作用，但政治化潮流的推动无疑是更直接、最首要的动因，是政治化带动了艺术化，而艺术化服务于政治化。

近代沪商中也不乏颇具政治热情的爱国者，并且往往有较其他省商人更为突出的行动。这不仅表现于清末民初的上海商人在历次政治运动中都更为活跃，而且多次成为全国商人政治运动的首倡者和领导者，发挥了重要的先驱作用。例如，在1903年的拒俄运动期间，沪商积极参与，体现了强烈的民族主义爱国思想，其他地区的商人却大都无所作为。1905年全国规模的抵制美货运动，更是由沪商率先发出倡议，随后又由上海商务总会承担联络和领导重任。这场运动震惊中外，是近代中国人民第一次以抵制外货的斗争方式，反抗西方列强奴役和压迫的大规模反帝爱国运动。其斗争口号为“伸国权而保商利”，也集中体现了上海商人将国家主权得失与自身经济利益紧密相连的新见解。在清末敦促清政府加快宪政改革的国会请愿运动中，也是由上海的华商联合会办事处首先向全国商界发出号召，各地商会积极响应，派代表参加国会请愿运动。上述种种，体现了海派文化所具有的较强的政治关怀特点。

5. 功利至上的价值取向

晚清上海由于商品经济飞速发展，商业性也从各种渠道影响着社会心态的总体格调，并渗透到人们生活的具体细节中，渐而形成了功利至上的价值取向。

传统义利观的束缚被近代上海人彻底冲破。近代以来，许多外商和内地人纷纷涌入上海，他们当中许多人最初并无在此久居的打算，只是渴望在上海以最快的速度赚一笔钱，然后返回故里。炒股票、抛空盘、购彩票的投机活动在晚清的上海大行其道，吸引众人参加；企望靠各种投机取巧的方法侥幸发财，已成为上海人的一种普遍社会心理。许多上海商人都不再像过去的商人那样，在追求赢利的同时，仍力图做到义利兼顾，而是摆脱了义与利的矛盾情结，公开将赢利作为自己的唯一追求目标，而且为了达到这一目标不惜采取各种手段，有的甚至以欺诈行骗的卑劣手法获取不义之财。

古代中国的商人虽也有唯利是图的本性，但其价值观仍与传统儒学的忠、孝相通，无法完全挣脱封建伦理的束缚。这主要是因为在传统的社会中，商人的名誉和地位不仅仅与其财富的多寡相联系，更重要的是取决于其在“义”这方面的建树，由此迫使当时的商人不得不义利兼顾。而在近代上海这样一个商业社会中，人们的价值观念已发生了明显的变化，财富被视为名誉和地位的象征，“大亨”是人们所向往和孜孜以求的称号，不管是以什么手段和方法，只要能做到腰缠万贯，就会受到尊崇，享有很高的名誉和地位。即使是像黄金荣、杜月笙之流的“流氓大亨”，虽然劣迹昭昭，也能以其拥有巨额财富赢得很高的社会地位，各种令人目眩的头衔集于一身，在上海滩上潇洒自如地出入上流社会之中。因此，传统的义利观在近代的上海商界已失去其固有的强大影响力，剩下的只是赤裸裸地谋取利润，不遗余力地追求财富，怎样才能赚到钱，怎样才能赚到大钱，已成为近代上海人选择谋生方式的一个基本信条。

（三）海派文化与市场经济

海派文化的上述特征，使其对市场经济具有显著的积极推动作用，也促进了中国近代史上民主政治的发展，但其功利至上的价值观则为社会与经济的发展带来负面效应。

1. 海派文化浓厚的重商性、多元化、竞争性、创新性等特征，对市场经济具有显著的积极推动作用

在中国历史上，以农为本、以商为末的“重本抑末”观念一直根深蒂固，桎梏了工商业的发展。尽管在明清之际已开始有一些思想家呼吁本末皆重，但在社会上却无

明显影响，重本抑末依然是占主导地位的社会价值观。海派文化的形成与发展，对于改变传统的抑商贱商习俗，形成前所未有的重商社会心态，产生了十分重要的影响。这种影响首先是在上海具有突出的反映，随后又波及全国许多商埠，与思想家的重商兴商舆论遥相呼应，形成一股颇有声势的重商思潮。思想家的言论只是限于精英阶层，而贴近市民大众的海派文化，则使重商观念深入到广大的市民阶层。在近代上海，重商不仅成为一种社会时尚，而且蕴涵于人们的思想观念、行为方式、谋生方式等各方面，使整个上海社会表现出比较浓厚的商业化色彩。

在海派文化的熏陶之下，上海商人具有开拓进取、精明强干、推陈出新、勤奋务实等一系列优秀品质。这些特点，使上海商人在创办和经营实业的过程中，取得了更为明显的成就，也使近代上海资本主义工商业的发展较诸其他省区更为迅速，成为在中国众多城市中经济近代化启动最早、程度最高的城市。同时，近代上海经济的崛起，还带动了其他许多地区资本主义工商业的发展，从而推动了中国近代史上商品生产的发展。如，许多内陆省份商品的出口，都是通过上海这一远东最大的国际口岸得以实现；进口的外国商品，也同样是通过上海的埠际贸易转运到内陆省份。因此，在上海资本主义商业贸易迅速发展的带动下，近代中国的经济逐渐与世界资本主义市场融为了一体，不再像以往那样闭关自守，游离于世界经济体系之外。

近代上海人还从成本核算、簿记方式、契约关系、信用、守时、效率等在内的商业行为中，发展出了敬业精神、工作精神、契约精神、职业道德等商业伦理。这种工商业文化主要是由企业职工和企业家创造的，但作为在工商业社会中居主导地位的文化形态，它也渗透到了城市生活方式和城市人格的塑造之中，实际是无所不在的。这些无疑是市场经济存在与发展不可或缺的内在要素。

2. 海派文化促进了中国近代史上民主政治的发展

市场经济与民主政治是相辅相成的。工业化大生产、商品经济对小农经济和自然经济的摧毁，是一次人的解放。金钱、市场和机会造就的形式上的平等，意味着对基于血缘、地域、特权等先赋的特殊身份重要性的否定。在 19 世纪末和 20 世纪初的 10 余年时间中，既曾发生以改革的方式致力于发展中国政治近代化的戊戌变法运动，也曾爆发以革命方式推翻清王朝、建立资产阶级共和国的辛亥革命运动。与此同时，清政府在政治近代化潮流的推动之下，也不得不推行“预备立宪”这一政治改革。尽管革命与改革最终都失败了，清政府自身的改革也未能挽救其灭亡的命运。但是，中国的政治近代化却毕竟由此向前有所推进。对于这些致力于中国政治近代化的改革与革命运动的兴起与发展，海派文化或多或少地产生了一定的促进作用，由此也一定程度地起到了推动中国政治近代化发展的积极影响。

海派文化的兴盛及其独具的一些特点，使得当时的上海成为近代中国各种新闻传媒最为发达的城市，也是相对来说言论较为自由的地区。维新派和革命派都充分利用海派文化在上海所造成的不拘一格和开放宽容的文化氛围，并借用上海发达的传媒和作为全国文化中心这种独一无二的优势，将其作为主要的舆论宣传阵地，为民主政治运动提供了充分的思想和理论准备。

3. 功利至上的价值观为社会与经济的发展带来负面效应

如前所述，从 19 世纪 50 年代起，传统的价值观在上海就已开始受到强烈冲击，王韬曾评论道："往来于洋泾浜者，大抵皆利徒耳。贪、争、诈三者，无一不备，目中所见言端行信之人，卒未一遇。盖贤愚杂糅，品类不一，天资稍厚者，日变浇薄，利之所在，则不知有友谊矣。"（方行、汤志钧整理：《王韬日记》，第 57 页）当这种功利至上的价值观逐渐被社会认同和接受的时候，传统的崇俭恶奢观念亦相应地受到了严峻的挑战，节俭不再是一种美德，崇尚奢华渐成风气。

这种势利心态必然滋生出一种畸形心态：为了体面而讲排场、摆阔气、奢华时髦地消费。移民在"奢"与"俭"的消费抉择上，突破了崇尚节俭的传统观念，把奢华视为消费的目标。当奢华成为一种值得炫耀的荣誉之时，或者说，当奢华成为一种社会风气的时候，节俭便近乎是一种无能的表现，成为寒酸和小家子的同义词。上海的媒体也不断地为此而感叹："在他处则欲俭尚易，在上海则欲俭甚难。"[1]"今则上海各业中人于勤俭二字全无体验。"[2]

近代上海人的消费观，摒弃了传统等级观念和僵化守旧的消费心理，开始创造和享受一种全新的都市生活。但奢侈消费毕竟是一种病态的社会现象，热衷于奢华消费，把消费视为炫耀财富、肯定自我价值的手段，必然给社会、经济的良性发展带来

[1] 《申报》1890 年 7 月 31 日。
[2] 《申报》1883 年 1 月 30 日。

了显而易见的负面影响。

(四) 海派文化与现代社会

抗日战争爆发和新中国成立之后，海派文化赖以生存的原有社会基础发生了巨大的变化，因而逐渐走向衰落。1949 年以后，上海主要是输出人口：参军参干，外出求学，支援大西北，失业工人回乡，干部下放，职工精简，支援大小三线，知青上山下乡等。直到改革开放的前几年，上海接受的移民还相当有限，如干部南下，部队复员、转业、退伍，知青回城等。相比之下，迁出远远大于迁入，以至上海作为移民城市的特点和优势消失殆尽。

多年来，由于“左”的路线的影响，户籍制度所导致的人才流动呆滞，“以阶级斗争为纲”所导致的知识分子人格的软化等，使现代上海文化未能繁荣昌盛。自改革开放以来，珠江三角洲地区的经济获得突飞猛进的发展，广东文化也开始了世纪末的新“北伐”。而多年居于老大地位的上海经济则显得缺乏生机，陷于持续滑坡的困境，多项“第一”都成为历史，失去了往日的辉煌。

1990 年，上海浦东被国家列为开发和开放的新经济特区，使上海人看到了重振上海雄风的希望。在这种情况下，发扬光大海派文化，以便重现昔日“东方巴黎”以及远东商贸金融中心的风采，自然成为上海人的迫切愿望。

在当代社会，首先应该发扬光大的是海派文化恢弘包容的底蕴与气度，消除已经保持了半个多世纪的优越感，兼收并蓄，扩大开放，吸收中西各种文化的精华为我所用。

上海应继续吸纳海内外的移民。任何一个城市，无论多么发达，总不可能在每方面都保持先进，更不可能具备各方面的人才，也不可能在短期内完全依靠自己的力量培养出各类人才。上海还有很多与世界先进水平有很大差距、甚至相当落后的方面，如不及时引进人才，就会丧失有利时机，拉大与发达国家、发达地区的距离。高素质的移民不仅能带来先进的科学技术和文化，带来有形无形的资产，而且能起到催化剂的作用，使本地蕴藏着的能量释放出来，所以他们在迁入地所起的作用远远大于他们在迁出地的作用。一个城市能不能长期保持稳定的发展势头，特别是要取得超常规的发展，在很大程度上取决于能不能获得源源不断的高素质移民。历史上的上海、香港和近年来的深圳都是如此，现在和今后的上海也不能例外。

其次，应该继承和发扬海派文化敢于创新、勇于竞争的精神。在近代，上海的商人就是凭着不断创新、敢于竞争的精神，勇于与资本雄厚、技术先进的外国资本竞争，不仅使上海的工商业未被外国资本所挤垮，而且发展速度在全国遥遥领先。今天的时代虽与当年不同，但这种精神无论在发展经济、建设文化等各方面都依然不可缺少。在改革开放的短短10余年中，大上海之所以渐渐落后于广东等经济特区，其原因之一，就是特区人具有创新、崇实、灵活、多变以及勇于竞争的精神。与此形成鲜明对照，现代上海人，在很大程度上丢弃了这一传统，竞争意识和市场意识薄弱，以致在市场经济的激烈竞争中屡遭败北。

再次，应借助海派文化开拓、进取的传统，实现观念意识的转变，重塑上海的城市人格。在近代，上海人开拓、进取的人格精神与勇气，使上海在全国几乎是处处领先，成为人们观测中国经济和文化发展尺度的一个主要窗口。但是，在改革开放之前的几十年中，上海人的这一人格精神却不仅未能发扬光大，反而逐渐消失。与此相伴随，“上海八十年代的文化特产，不是工商业文化和艺术文化，而是生活文化；不是公民文化而是家庭文化；上海的文学艺术，少磅礴大气的力作、巨作，而多奉命应景之作和浮浅平淡的小作；上海的人格化代表，不再是叱咤风云的冒险家，也不是风流一时的改革家，而是模范丈夫、围裙丈夫之类”[1]。因此，应从海派文化中寻求可资借鉴的传统文化资源，大胆开拓、勇于进取，从而重振上海雄风。

六、中国传统移民文化与伦理道德对特区发展的启示

中国移民文化与伦理道德关系的历史考察对于中国经济特区的发展与建设具有重要的借鉴意义。我们从以下几方面给予阐释。

(一) 深圳特区应继续发扬“开拓、创新”的移民精神

移民精神是移民文化的核心。通过对中国移民文化与伦理道德关系的历史考察，

[1] 杨东平：《城市季风：北京和上海的文化精神》，东方出版社1994年版，第350页。

可以看出，无论是客家文化、潮汕文化还是广府文化、海派文化，“开拓、进取、创新”是贯穿其中的精神支柱。这是移民社会面临的严酷的自然和社会环境所决定的。移民社会均产生于穷乡僻壤、蛮荒之地，面对恶劣环境的严峻挑战，移民们只有不断开拓、锐意进取、大胆创新，才能得以生存与发展。

以深圳经济特区为代表的中国经济特区的崛起，也正是以“开拓、进取、创新”精神为支撑的。在深圳特区的初创阶段，条件十分艰苦，建设者们怀着“建设特区、振兴中华”的崇高理想，凭借自力更生、艰苦奋斗的革命精神，在偏僻、落后的边陲小镇，风餐露宿、废寝忘食、艰苦创业。这种建设热情和奉献精神，被人们喻为“拓荒牛”精神。1987年的全市思想政治工作会议将这种精神归纳、总结为“开拓、创新、献身”的特区精神。1990年下半年，市委又将特区精神进一步概括为“开拓、创新、团结、奉献”的“深圳精神”。特区建设是前人没有干过的事业，如果没有开拓、创新，不破除清规戒律，特区就不可能在全国率先进行经济体制的改革试验。所以，邓小平给深圳精神下的定义就是“敢闯”。“敢闯”的实质就是创新。没有“敢闯”的实践，就没有创新精神，也就没有深圳的伟大成就。

但是，进入新的发展时期，“开拓、进取、创新”精神却在部分特区人身上悄然失落。部分特区人安享于十多年前取得的创新成果之上，依旧以创新自居；以往盛行于计划经济体制之下的政府行为和社会现象在特区“死而复生”；某些政府部门工作人员官僚主义和腐败现象滋生；部分特区人沉醉于经济成就，艰苦创业的精神减弱了，拓荒牛精神被享乐主义取代等等。这些成为特区进一步发展的重大障碍。

开拓、创新是一个动态的概念。如果把曾经的“开拓、创新”作为自我炫耀和坐享其成的资本，人们就会不自觉地把昨天的创新当做今天的辉煌，享受似乎还在创新的错觉。此时的所谓“创新精神”已不再是一种能够带来精神和物质力量的原动力。这一点突出地体现在客家文化和海派文化的发展过程中。客家民系由于所处环境山多地少，因而远走他乡谋生发展，形成坚忍的开拓创业精神。但当生活条件日趋稳定时，客家人的开拓、创新意识就相对削弱，保守、封闭的特征便凸显出来，从而阻碍了客家民系的长足发展。在近代，上海人开拓、进取的人格精神与勇气，使上海迅速崛起为中国第一大城市，成为人们观测中国经济和文化发展尺度的一个主要窗口。但是，在当代改革开放之前的几十年中，上海人的“开拓、进取、创新”精神不仅未能发扬光大，反而逐渐消失，使昔日的大上海渐趋沉没而落后于深圳等经济特区。

“前车之覆、后车之鉴”，当代特区人应清醒地认识到，进一步发扬光大“开拓、进取、创新”的移民精神是当好改革开放先行者的基本前提。当前，特别是要树立危机感，增强忧患意识，推进第二次创业。只要增强忧患意识，认清目前特区所处的地位和形势，正确对待特区发展潜在的危机，以先进的国际性城市为发展参照系，不再局限于经济领域的改革开放，而是在更广泛的领域中开拓创新，在更高的层次上形成创新的优势，从而创造特区新的辉煌。

(二) 深圳特区应进一步弘扬“开放、兼容”的文化精神

从中国历史上移民社会的发展史可以看出，一个城市能不能长期保持稳定的发展势头，特别是要取得超常规的发展，在很大程度上取决于能不能对外开放、兼收并蓄，获得源源不断的高素质移民。移民社会因具有人口高度流动性特征，来自不同国家或地区的移民带来了各自的地域文化，这些色彩多样的地域文化在移民社会中互相交流、融合，从而使移民社会形成了一种开放的文化心态。开放性使移民文化的生长拥有了自由的空间，从而保持着恒久的活力。高素质的移民不仅能带来先进的科学技术和文化，带来有形无形的资产，而且能起到催化剂的作用，使本地蕴藏着的能量释放出来。历史上的广府地区、客家地区、潮汕地区、近代上海和近年来的深圳等特区都是如此。相反，现代的上海、潮汕地区却因为人才流动呆滞，开放性、兼容性下降，丧失了作为移民社会的发展优势。

随着高新科技的迅猛发展，发展人力资源将构成高科技产业发展的支柱。谁拥有足够的人才，谁就有机会掌握高科技产业的先机，就能在经济发展和国家实力上取得领导权。面对全球性的人才短缺，各国政府以空前的危机感掀起了一场人才争夺战。各国政府在这场战争中充当了急先锋，积极制定和推出吸引人才、培养人才的政策。因此，中国经济特区应具有海纳百川的恢弘气度，进一步扩大开放，吸收、引进国内外优秀人才。为此，应优化人才环境，建立竞争择优的人才选拔机制，在全社会形成有利于推动人才流动的制度体系，保持移民社会的鲜活生机。

（三）深圳特区应强化“团结、奉献”的价值观念

在历史上，潮汕民系以精诚团结、凝聚力强而著称。凭借浓厚的团结互助精神，潮汕人显示出强大的生存与发展能力。作为移民城市的中国经济特区，常住人口中大部分是来自国内外的移民。家庭、文化背景迥异的移民，共同工作、学习、生活在新兴都市中，“同在一方热土，共创美好明天”，人际间的宽容、和睦、团结、互助显得格外重要。因此，中国经济特区应在全社会强化“团结、奉献”的价值观念。

同时，特区的建设事业也是全国人民的事业。建设特区，不仅是为了特区自身的发展，而且更根本的目的是为中国的发展闯出一条路子。特区的试验结果，无论是成功的经验，还是失误的教训，对全国都是宝贵的。从这个意义上说，特区的试验就是对全国人民的奉献。只有具备大无畏的、大公无私的奉献精神，才能建设特区、发展特区，才能对全国的建设和发展真正作出自己的贡献。

特区的社会主义市场经济较为发达，在社会主义的法律与道德基础上，肯定利益驱动的合理性早已成为社会的共识，它对发掘人的创造才能，推动社会生产力的发展，发挥着积极的作用。但是，追求名利仅仅是人的本能的一部分。在社会利益分配存在明显差异的现代社会，人们特别需要通过培养公共良知和营造温馨的人文关怀氛围，通过释放人的奉献本能来满足广泛的社会需求；社会也特别需要无私奉献所产生的巨大慰藉和安抚作用，来维系社会的安定与和谐。因此，我们要营造一种健康的社会道德环境，让人的另外一种潜在本能——积德行善———得到普遍释放和弘扬。我们不仅不能忽视社会对人文关怀的需求，而且要在社会中大力倡导无私的奉献精神。事实上，在政府和社会舆论的大力倡导下，近些年特区人对社会公益事业的参与热心不断升温，各种形式的义务工作在扶贫帮困，关怀有需要的人群的事业发挥着巨大作用，已成为特区闻名遐迩的精神文明建设亮点。在今后，应进一步深化奉献意识，使之成为特区文化建设的恒久支点。

（四）深圳特区应进一步树立诚信意识

诚实守信是人们相互交往的道义凭借。对中国移民文化与伦理道德关系的历史考察，可以看出，诚实守信是“敬德修业之本”和“立人之道”，因为讲诚信，客家民

系、潮汕民系、广府民系和近代上海人在历史上才取得了惊人的成就。在经济生活中，诚实守信体现为信用。市场经济不仅需要法律、政策的调节和规范，同时还需要诚信等道义的调节和规范，因为法律、政策作为一种刚性规范不可能在每一领域都能发挥作用。市场经济实际上是一种信用经济，信用的实质就是兑现承诺，严格按照契约条款，说话算数，说到做到。如果说在市场经济发展的起步阶段，由于市场经济秩序还没有完全建立起来，经济主体缺乏有效的规范约束，那么市场经济越是向前发展，越是要求经济生活必须有严密的规范，越是呼唤诚实守信，以建立健康运行的市场经济秩序。

树立诚信意识，关键是要提高全体市民的综合素质。这其中除了提高他们的文化素质和健康素质外，主要的就是培养市民的现代法制意识与道德意识。当前，要特别重视进行诚信教育，把说真话、办实事、重承诺、守信用作为每一个市民的基本操守和道德底线。把道德信誉环境作为城市工作生活环境和城市形象的重要方面，加以珍惜与改善，从而增强特区移民的诚信意识，提高特区城市的文明程度。

第二章

境外移民文化与市场伦理

为了更好地理解和建设特区移民文化与市场伦理，有必要对境外移民文化与市场伦理加以研究和介绍。这里，我们将对美国、新加坡、中国的台湾和香港地区的移民文化和市场伦理及其对中国经济特区的启示进行深入探讨。

一、美国的移民文化与伦理建构

美国是一个由移民及其后裔组成的国家。美利坚民族的形成和发展，是一个不断接受和同化异民族的过程。不同国度的移民带来了不同的文化，使美国形成了“一体多元”的文化格局。移民在开发和组建美利坚共和国的进程中，以“自由”为基础，努力把个人自由和社会义务结合起来，从而建构起美国市场经济伦理价值观。

(一) 移民与美利坚民族的形成

美国是一个由移民及其后裔组成的国家。由于美国幅员广大，资源富庶，但又缺少劳动力和技术，因此开拓土地、开发资源和发展经济都有赖于连续不断的移民洪流。1620 年，乘坐一艘“五月花”号船的一批英国人到达普利茅斯并建立新英格兰第一个殖民地，开创了有组织移民北美大陆的先河。至 1640 年，马萨诸塞湾已有约 2 万英国移民。此后，紧随英国移民的是荷兰人、瑞典人和德意志人等欧洲移民。据资料显示，17 世纪初至 18 世纪末北美接纳了 100 多万来自西欧和北欧的移民，这些欧洲人及他们的后裔，构成了日后称之为美利坚民族的先驱和主体。

进入 19 世纪，特别是 1820 至 1880 年在美国移民史上出现了一次移民大潮。在这场移民潮中，共有 1000 万移民移居美国，其中大部分为德国人、爱尔兰人和英格兰人。根据美国移民归化局统计数字，1820 至 1840 年间移入美国的爱尔兰人达 26.2 万人，德国人为 16 万人。1841 年后爱尔兰人数猛增到 256.7 万人，德国人为 289.2 万人。美国天主教教徒也因德国教徒和爱尔兰教徒的加入，从 1810 年的 7.5 万猛增至 1860 年的 300 多万，占当年美国总人口的 10% 左右。此外，还有少量中国及其他亚洲移民，他们主要参加美国西部开发和铁路建设。据美国政府统计，截至 1870 年，在美国淘金的华人有 1.7 万人，占淘金总人数的 11%。在俄勒冈，华人矿工占当地矿工的 61%; 在蒙大拿，华人占 21%; 在爱达华，华人占 58%; 在加州，华人占 25%。[1]

在美国移民史上，1880 年以前来自西欧和北欧及其他国家的移民被称为“老移民”，后来移居美国的移民被称为“新移民”。19 世纪 80 年代移居美国的，主要是来自东欧和东南欧各国的移民。从 1882 年起东欧和南欧的移民人数超过西欧和北欧的移民，到 1907 年，他们占入境移民的 80% 以上。[2]

20 世纪 60 年代至 80 年代，由于美国移民政策的变化，掀起了移居美国的又一次浪潮，数以百万计的亚洲和拉美等国家和地区的移民、难民和非法移民涌进美国，这是美国移民史上第一次接受来自第三世界的合法和非法移民及其难民。据统计，70 年代美国净增的新移民数量超过 660 万，使美国人口增长 3%。80 年代进入美国的移民大约有 800 万，使人口又增长 3.3%。[3]

根据美国政府 1820 年起开始统计入境移民的数字，至 1997 年，入境的外来移民达 6904.3 万人。如果以每 10 年为单位，移民低潮是：1820—1830 年间为 15.2 万，1831—1840 年为 59.9 万；最高潮是：1901—1910 年为 879.5 万，其次是 1981—1990 年为 733.8 万，接着是 1881—1890 年为 524.7 万，1911—1920 年为 573.6 万，1921—

---

[1]　美国商业部人口普查局编：《美国历史统计：从殖民地时代到 1970 年》第 2 卷，华盛顿特区 1975 年版，第 156、171、168 页。

[2]　[美] 布罗・罗贝：《美国人民——从人口学角度看美国社会》，国际文化出版公司 1987 年版，第 56 页。

[3]　[美] 迈克尔・C. 李梅：《从门户开放到门户半关：1820 年以来美国移民政策探析》(*From Open Dutch Door: An Analysis of U. S. Inming Policy since 1820*)，纽约：普雷格出版社 1987 年版，第 91 页。

1930 年为 410.7 万，1971—1980 年为 449.3 万。进入 20 世纪 90 年代后，入境移民数量日益增多，1990 年为 153.6 万，1991 年为 182.7 万，1992 年为 182.7 万。1993 年后突破 200 万大关，达 211.3 万，1994 年为 352.1 万，1995 年为 361.5 万，1996 年为 410.6 万，1997 年达到 523.2 万。[1]

美利坚民族的形成和发展，是一个不断接受和同化外来民族的过程。在早期，由于宗主国英国的殖民统治，共同利益使得众多分散的欧裔移民集团联合起来与共同的敌人抗争，从而形成一种新的民族自我意识。不过，这种早期的融合是潜在和渐进的，而之后发生的独立战争则点燃了一把促进融合之火。这是因为当时英国政府对北美殖民地采取的高压政策使英吉利移民集团最终站到了母国的对立面上，而其他欧裔移民集团也产生出空前强烈的反抗和独立意识，同英吉利移民一起举起民族独立之旗，踊跃组织军团参战。独立战争加速了那些尚未丧失其鲜明特征的非英裔集团的美国化。美国成立之后，出于作为一个国家的人民的自豪感——爱国主义更进一步维系了各民族的融合，同时，国家统一的共和政治原则和资本主义经济使各民族生活有了更大的同一性。因为，美国 18 世纪七八十年代国家政权的建立，对于美利坚民族一体性的增长，以及对美利坚民族雏形与民族整体意识的根本巩固和发展具有决定性作用。概括说来，国家政权的建立对于美利坚民族的重大意义就在于，它标志着“原先各自独立的、几乎只有联盟关系联系起来的，各有其不同利益、不同法律、不同政府、不同税则的各个地区，现在已经结合成为一个拥有统一的政府、统一的法制、统一的民族阶级利益、统一的税关的民族了”。国家政权通过上层建筑的力量，把各民族结合在一起，使得各民族或种族（其中包括土著印第安人和黑人）彼此间的政治、经济和文化的联系日趋密切，民族一体意识不断增强，民族同化和融合的趋势也因此变得空前强大。

独立以后，美国经济有了长足发展。这种发展，内战之前，还主要局限于北部地区，而在内战和重建（1861—1877）之后，随着奴隶制度在南部的根除和典型意义上的资本主义生产关系在全国的最终确立，美国经济的发展和现代化的步伐明显加快。到 19 世纪末，美国西部不再有荒无人烟的疆土。这里已是人烟稠密，城镇林立。横贯美国大陆的铁路及密密麻麻的公路和运河的修建，沟通了全国市场。1894 年，美

[1] ［美］汤姆·伯拉克里等编：《美国人民年鉴》第 2 卷，华盛顿艾尔斯出版公司 1996 年版，第 4 页。

国的工业总产值已跃居世界首位。此后，驱动经济高速发展的新兴产业部门和技术革命不断涌现，美国在不到一百年的时间内，完成了从农业社会向工业社会和后工业社会的过渡，成为世界上屈指可数的现代化强国。

国家的统一和高度发展的资本主义，是美国民族同化和一体化的强劲杠杆。它把各族人民纳入共同的社会生活轨道，为增进民族了解和交往奠定了重要基础。资本主义经济机制，冲垮了封闭的地域交往模式和死板的行会体制及社会升迁框架，造成了人员的地域混杂和社会流动，从而自然侵蚀着民族集团的族体民族特性。社会的划分，越来越突出人们的阶级背景，某一民族集团要想一成不变地保持其自身的民族特性已是非常困难。特定的地域，在民族特性维持中的重要作用也趋于丧失。美国南部曾是黑人的聚居地，美国内战后，黑人获得了迁徙自由，到 1980 年，南部各州的黑人人口只占全国黑人总数的 53%。土著印第安人，在遭遇种种历史劫难以后，新一代年轻人，也正大批迈出保留区的地界，置身于美国大社会的生活舞台。

与美国现代化进程相伴而行的，是美国主流文化的普及和深入。由于当初英吉利移民在北美的土地上立足最早，人数最多，美国的国家政治体制及其社会意识形态，也主要是由他们参照西欧启蒙思想家的建国理想并结合美洲的实际情况加以确立的，因而后来陆续抵达的移民族群，不管大小或多少，在文化上不可避免地总要适应这里的环境，总要经受这种主流文化的冲击和同化。他们迫于生存的需要，还是自觉不自觉地发生了文化上的适应。美国的政治体制和社会文化核心，并未因他们的到来而改变。第二次世界大战后，拉美裔和亚裔移民的高比例涌入，也没能改变美国主流文化的核心地位。

值得注意的是，美国民族的主旨，也是力图体现现代化对于民族格局的客观要求，希冀促成一种一体多元的民族总模式。众所周知，民族集团是美国社会的一个基本砌块，要想了解美国，就有必要了解美国众多集团的构成和维持。但是，在美国，民族集团在政治上并未被给予任何的认可和正式的身份，只有土著印第安人稍有例外。对于印第安人，美国政府因历史上的欠债太重，今天，为了保留这支古老的人种，借以粉饰门面，在第二次世界大战以后采取了种种挽救措施。印第安人按其血统有正式明确的身份，但是个人也可以放弃这种身份。除此之外，美国的其他任何族群的人们都只能是一名公民。也就是说，在美国这样一个基本上由外来移民民族组成的国家里，宪法并没有明文规定“民族权利”。美国对于在大民族体之下出现小民族体的限制和防范是严于其他多民族国家的。美国的民族政策模式，一直是要抵制任何带有民族特征的政治实体的产生。不过，美国虽然不允准民族集团在美国的土地上独居一地，实行民族自治，但却允许各民族的人们，在忠于国家的前提下，从事任何民族活动。无论哪一个民族集团，都可以在自愿的基础上实行自主，可以保持其独特的宗教信仰，用自己的语言出版报刊和书籍，创建自己的学校，甚至保持对其原属国的心理忠诚。这一切都不会受到政府的禁止。换句话说，如果移民不建立新的纯民族性的政治组织的话，他们几乎可以做其他任何事情。显然，这一政策客观上有利于民族传统文化的延续，使美国社会能够呈现千姿百态、一体多元的文化景象。

美国移民已经形成了一种新的民族认同和归属意识，一种高于本集团的整体意识。视美国的独立为一新民族诞生的标志，几乎成了不言而喻的共识，人们对一个新的美利坚民族的向往是显而易见的。美利坚民族形成的一个初期特点是白人种族融合，逐渐形成一种法律和一个经济体系基本相似的价值观念和被称为“美国生活方式”的道德标准，这点在美国社会生活中形成主流。不同民族的外来移民以不同的形式，在不同程度上以快慢的速度汇入主流——源自盎格鲁撒克逊人的白人新教徒社会。当然，在这个整体中，印第安人和黑人是被排除在外的。后期涌入美国的移民给美国带来了更多的多元因素，而晚期移民的数量也远远超过了早期移民，其来源也不再仅仅限于西北欧，而是世界各地。同时，西北欧移民在移民总人口中所占的比率日益下降，宗教的地位也不再像以往那般神圣庄严，因为亚洲、非洲和大洋洲移民潮的到来给美国注入了新的文化活力、价值观念、道德标准和风俗习惯等。不可否认，新移民的到来扩展了美国民族的多元性，使社会呈现出更纷繁芜杂的面貌，主流文化也在一定程度上受到冲击与影响，但是，要想真正变更主流的地位，仍不可能。因为早期移民与晚期移民之间的差别不仅仅是在时间上，也在于他们对美国的影响力的不同。先来者在这片国土上建立了国家，统一了文化，对于后来者而言，先来者统一的制度、民族、文化就是美国的代表，后来者为了生活，必须融入先来者的美利坚文化模式，同时也保留了一些自身文化的残余。也就是说，当晚期移民进入早期移民已经构建的 WASP 社会中时，他们丧失了大部分集团特征，淹没在早已固定了基本框架的 WASP 社会结构中，从而使他们的后代逐步融入一个新的民族——美利坚民族之中。学者们指出，美国民族集团的同化、融合已达到其他国家所未达到的水平，可以用“整合”概括和描述美国民族群体相互区别、相互依存、趋于同化的整体状况。

(二) 美国移民文化的形成与发展

美利坚合众国在其成为一个民族之前，它仅仅是一个国家而已。在1790年，美国的人口构成几乎可以说是同质性的，从一开始，英国人占60%，非洲人后裔占19%，德国人占10%。可以说，美国建国之初就是一个“复杂的族裔拼盘”，因文化、语言、宗教、种族上的差别而划分为不同的集团。作为一个移民国家，美国移民文化的形成与发展同美国的民族多样性紧密相关，可以说是与生俱来的。来自不同的民族国家的移民踏上北美大陆后，便带来了不同的语言、习俗、宗教信仰和组织结构。美国学者卡伦认为，移民的每一个人都处在祖渊关系与社会文化体制两者的交汇点，而其中民族血统和家庭影响所形成的联系是最难以分割、改变的；个人与民族群体的关系是非自愿选择的、不可分离的。从积极方面来说，个人也会明确感受到自己群体的位置和作用。民族群体认同和参与性活动对个性满足和发展有特别重要的意义。美国的各个民族群体都把自己文化遗产中的一些积极因素纳入整体文化，晚期来美的民族文化与盎格鲁撒克逊文化形成竞争、渗透关系，促进了国家文化的丰富多彩。美国社会和文化像管弦乐那样，是有不同地域、种族、职业、宗教和社区构成的联合体，国家精神由这些差别的同一性构成，生成延续于相互平等自由的交流，而不是相互的排斥或统治。

由于移民到新大陆后，还保持着自己的传统、语言和信仰。通过链式移民，亲戚朋友为了相互帮助，他们在城市、城镇和农村地区重新组合起来，由此保持着自己原有的风俗习惯。移民通过建立教堂、社团、报纸和其他机构，进而形成了自己的社区。链式移民的后果是形成了由家庭和市民组成的聚居区，这种聚居区对移民的居住模式和就业模式产生了重要影响。民族群体的共同文化、共同心理素质一旦形成，便具有相对的独立性和稳定性，即使没有了共同的地域和共同的心理素质也可以维持某一个民族群体的存在。40至50年代以来美国民族群体自我意识的增强，是民族多样性的一个显著标志。亚裔民族集团一般都有较深的民族认同。南方黑人向城市的迁移以及经济地位的改善，强化了黑人群体的民族民主意识。盎格鲁撒克逊新教徒以外的白人民族群体受到黑人、印第安人少数民族群体要求平等的影响，也出现了民族意识的复活，推动了不同民族文化多元并存的趋势。不同民族来源的美国人，常常具有双层民族意识，把自己视为犹太裔美国人、意大利裔美国人、亚裔美国人等等。苏联民族学家尼·切博克萨罗夫认为，在现代美国人中“至少有1/3的居民具有双重民族意识”[1]。这些“带连字符”的美国人对民族祖源怀有特殊情感，他们虽然已归化成美国人，但同时保留着祖先民族的文化认同和传统习惯。

共同文化长期积淀所形成的民族性格，是民族群体重要、基本的特征之一。即使一些人经历了几代同化，与其他民族没有了特殊认同，在性格和行为方式上还能发现不同特点。各民族集团特殊的饮食、语言、服饰、音乐只是文化的一部分。在某种意义上，消费习惯、职业选择、培养子女方式、品质脾性等性格特点、爱好更能体现复杂多样的民族性。

美国移民文化的形成与发展，表现在美国形成的历史和现代进程中，美国移民文化主要体现在各民族的体质差异（肤色、身体、相貌）、文化象征差异（语言、习俗、饮食、服饰）和心理差异（理性、智力、气质、品质）上。

(三) 大熔炉：美利坚民族的同化力

“大熔炉”这一名称在美国历史上被赋予社会政治意义，始于一位移民美国的英国犹太人斯雷尔·赞格威尔，他在1909年写了一本名为《熔炉》的剧本，表达了他对美国社会的观察和看法。他认为“美国是上帝的坩埚，一个伟大的熔炉，欧洲各个种族得到冶炼和重铸”[2]。该剧的发表和上演，受到美国社会的欢迎，“熔炉”成为被广泛使用的术语。从美国最上层政治人物到已在美国定居的“老移民”都认为，来自各方的移民，必须迅速熔入美国的“熔炉”中。

大熔炉思想是指各民族同化一体。大熔炉论就是要把其他民族熔于主流(WASP）中。熔炉论在美国早期大行其道，是有其历史原因的。它反映了美国独立后，美国人产生了组成一个新种族的强烈愿望。他们不愿意只把自己当做欧洲某个国家的后裔，而认为自己是一个新的种族，要人人一眼就能看出自己是美国人。西奥多·罗斯福认为美利坚作为一个民族，是“许多旧世界的种族的代表融合在一起形成新的类型”，而所有来到新大陆的不同种族“在坩埚里熔化成的一种新类型是在

---

[1] [苏] 尼·切博克萨罗夫、伊·切博克萨克罗娃：《民族、种族、文化》，东方出版社1989年版，第30页。

[2] [美] 格伦·C. 阿特休勒：《美国社会思想中的种族、民族和阶级，1865—1919》（*Race*，*Ethnicity and Class in American Social Theught 1865—1919*），阿林顿茨哈伦·戴维森公司1982年版，第74页。

1776—1789 年形成的，华盛顿时代的人们已经把我们的民族性的一切要素都定下来了”，[1] 这便是典型的“大熔炉”观点的表露。这种观点是要其他民族或种族认同盎格鲁撒克逊人，尽快融入社会主流中。也就是说，美国不需要多民族并存，如哪个民族拒绝被同化，就是不打算成为美国人。熔炉论将美国作为一个民族大熔炉，在这里各国移民融合成一种混血的新人种，各民族集团也融合成一个统一的民族，或所有不同文化和不同种族的人们所组成的一个独特的混合体将从熔炉中产生。

然而，“熔炉论”过分强调了美国社会的一体性，夸大了主流文化的作用，忽略了其他民族文化异质性的存在。第一次大战后，出现了“多种熔炉”的说法，比如“三个熔炉论”（即新教、天主教、犹太教各有一个熔炉），这是属于白人的“熔炉”；“多元熔炉论”，这是属于各个种族集团为拉美裔、非洲裔、印第裔、亚洲裔等的“熔炉”；还有不同阶级的“熔炉”。[2] 无论是哪一种说法，都对大熔炉论提出了质疑。

从美国各民族集团来看，印第安人不接受这种生活方式；黑人被排挤在这种生活方式之外；拉美裔顽强地保持着自己传统的语言；亚裔千差万别，华裔、印度裔、日本裔与其他经济很不发达地区的移民对美国生活方式的理解和承受能力是大不相同的。在 19 世纪初，纽约和费城的一些爱尔兰移民曾要求国会在西部划出一片土地容纳爱尔兰移民，而 19 世纪 40—50 年代从欧洲逃亡到美国的德国移民集团，也曾经希望利用美国内战的机会，在中西部和得克萨斯建立起一个独立的德国移民州。虽然这些都没有成功，因为美国法律禁止建立种族特区。可是小范围的种族移民社区却存在，最先是德国人、爱尔兰人社区，接着是挪威人、瑞典人、中国人、日本人社区，再后来就是在 19 世纪最后 20 年大量涌入美国的南欧、东欧人，形成意大利社区、犹太人社区，而拉美裔在美墨边境西南各州早就形成种族社区，从而美国形成一个“马赛克”或“镶嵌板”模式的多元文化社会。

(四) 美国的移民精神

美国作为由移民及其后裔组成的国家，表现出一种强烈的移民精神。其具体表现

---

[1] ［美］布尔斯廷：《美国人的建国历程》，三联书店 1993 年版，第 45 页。
[2] ［美］索威尔：《美国种族简史》，南京大学出版社 1992 年版，第 102 页。

如下：

1. 酷爱自由的精神

大凡去过美国的人，都要去看看屹立在纽约的自由女神像。在美国，自由女神像是美国人民酷爱自由精神的一种象征。学者们指出，美国的自由观，一方面是强调人的自由权力，如宪法中规定的宗教信仰自由，言论、出版和集会自由以及保存和携带武器的自由，也就是人们有“按自己的意愿行事”的自由；另一方面，它所强调的自由不是无法无天的自由，而是“在法律约束下的自由”。美国人民之所以具有这种精神，是与早期移民的背景和处境及追求分不开的。因为，早期美国大多数移民是原所在国的受迫害者或被压迫者，他们冒着生命危险远渡重洋来到北美大陆避难和寻找“世外桃源”，其中有一些清教徒和政治活动家把平等、自由的要求带到了那里，为寻求这一共同理想提供了一定的社会基础。此外，当移民来到北美后，在同自然界作斗争的同时，还必须与英国殖民统治者作斗争，这便形成了他们这种特有的热爱自由的精神。这种精神在北美独立战争中得到充分体现。

自由价值观在美国占统治地位，外来移民容易内化美国的民主、自由、平等、权力准则，赞同个人主义、私有财产、市场经济、有限政府等根深蒂固的原则。不同民族成员对美国社会制度和基本价值抱有一致肯定的态度。民族集团成员的国民（国籍）认同也存在一致性，尽管生活在美国的欧裔人、亚裔人、非裔人、拉美裔的民族和宗教背景、归属不同，对社会现实的认识各异，相互之间存在一些偏见、积怨，但他们都把自己视为“美国人”。酷爱自由的一致性和国籍认同是相互联系、相互统一的。

2. 务实的精神

务实精神表现在美国人的思想、宗教、政治各个方面。从美国人的思想方面来说，在美国人的思想中形成一种数量观念，倾向于以数量来评价所有的事物，因而他们热衷于人口统计、铁路里程、生产记录和院校入学人数等，这是他们非常注重实际的表现。在宗教方面，他们的宗教虽源于加尔文派，却十分讲求实际。他们信宗教但不虔诚，对他们来说“信”宗教已带有轻蔑的意味。圣洁已不是他们的宗教领袖的最突出的品质，也不再信奉上帝拯救人类的教条，而是本能地确信只有通过工作才能得救。美国人自己创立的两个宗教——摩门教和基督教科学派，其重要的特点就是讲求实际。在政治方面，美国人的务实态度，一方面最明显地表现在某些重大的原则问题上，这也是美国学者所说的“政治实用主义”，即人们相信的是一套原则，实际执行时并不囿于原则甚至可以背离，只要这在当时是必须的。务实精神的另一主要表现在美国政治生活中的“妥协”传统，这从制宪时期宪法中的“大妥协”到“1850 年大妥协”便反映了美国人重实效、轻原则的态度。对于美国的求实精神，不论是马克思列宁主义经典作家还是史学家都是予以肯定的。斯大林在与德国作家路德维希的谈话中曾指出：“我们对美国的一切并没有任何特别的尊重。但是，我们尊重美国在各方面——工业、技术、文学和生活方面的务实精神。”“这种求实精神和这种朴实作风我们是赞成的。”苏联史学家叶菲莫夫说：“美国人民以吃苦耐劳、实事求是、精明干练和习尚朴素见称。”[1]

美国移民的务实精神，是因它特殊的社会、文化背景造成的。首先，新教传统有着极强的务实精神。在对人生的认识上，它强调“今世”，即人对教义的虔诚不是仅表现在信念上，而是体现在全部实际活动中。它用看得见、摸得着的结果来判断做得是否正确。新教对上帝拯救的理解也是很实际的，如谁虔诚，上帝就赋予谁衣物牛羊，让他过好日子，上帝以饥饿贫穷来惩罚懒惰的人。新教徒们不必只用心灵上的忏悔求得上帝的拯救，挽起袖子干就是了。其次，求实的精神是美国移民在与自然作坚苦的斗争中铸成的。因为移民来到北美后，面对着茫茫无边的荒原和古木参天的森林，如何生存下去是其实际的问题。他们披荆斩棘，开发荒野，移入物种和家禽等等，所有这些都有助于美国移民的勤劳和求实的精神。

3. 乐观进取的精神

乐观来自移民对改善生活的信心和对未来充满着希望；进取是不满足现状、不断探索的一种生活态度。美国移民在开发北美中养成了积极向上，勇于开拓，不肯停留在一个地方或一个地位上的性格，在美国移民看来，好汉得靠自己，要白手起家，不稀罕祖宗余荫，不讲究天生丽质，有本领的要从努力里见颜色。他们不安分，到处寻找机会，百变不离其宗地要达到“上去呀！”的目的。这种“乐观进取”伴随着“追

---

[1] ［苏］列·伊·祖波克：《美国史纲》，科学出版社 1983 年版，第 64 页。

求和干劲”的精神逐渐形成美国移民的生活态度。

4. 个人主义精神

个人主义是美国移民文化的核心，其主要内容是主动性、自主抉择，通过自力更生达到自我实现。美国是一个由移民组成的社会，如果移民不靠个人奋斗，就活不下去，因此很容易滋生和发展个人主义。从移民历史来看，美国大多数移民为了逃脱欧洲封建统治的束缚和压迫，历尽艰辛来到北美寻找生活出路。当他们踏上北美大陆那时起，就具有一种反抗控制、束缚和压迫，要求个人自由的性格，这种性格为个人主义精神的形成和发展奠定了基础。在西进运动和边疆生活中，移民拓荒者们为了使自己或全家过上好日子，努力建设家园，营造校舍。他们一旦体会到这样的自由便甘愿为它奋起抗争，反对一切外来势力的干涉。另一方面，移民拓荒者在挣脱旧的社会秩序桎梏的同时也失去了文明世界能够提供的安逸和舒适。他们从此必须独立开拓，自力更生。正如美国历史学家弗雷德里克·J. 特纳在论述西部对个人主义的深刻影响时所指出的：“西部广阔富饶的土地使人们真正体会到了个人的自由，也由此带来了影响到生活各个领域的个人主义。”

个人主义在美国得到充分发展，是多元文化通过移民个人而顽强表现的。此外，由于美国是一个新兴国家，社会流动性很大，小家庭居多，客观上为个人主义的发展创造了条件。

（五）美国市场经济伦理的建构

经济体制的伦理观念问题，是当今比较经济体制学和经济伦理学研究的一个重要方面。从经济伦理观的角度来看，每一种经济体制都有自己的道德基础，至少有自己的道德含义。美国经济制度是同若干基本自由联系在一起的，先是同个性的自由发展、结社自由、自由选择职业和工作岗位以及私有财产受到保护联系在一起的。这些基本自由导致的结果是一种市场经济制度，这些经济自由包括消费自由、生产自由、贸易自由、职业自由和行业自由、竞争自由以及使用私人的生产资料财产的自由。在美国的法律中，与经济自由的这些原则相对立的有社会国家性原则以及私人财产的明确的社会义务。私人财产必须为“公众的福利”服务。美国社会市场经济建立在“人的自由权利”的基础上，以“人的自由权利”为其道德基础。这里，“个性的自由发展”等基本自由是第一层次的自由，即基本的自由权利，它导致一种经济层次的自由，也可以说是第二层次的自由。与经济自由相对应，有社会国家性原则和私人财产的明确的社会义务原则，即与个人自由相对应的社会义务原则，包括国家的社会义务和个人的社会义务两个方面。由此，可以把美国社会市场经济体制的伦理观念或道德观念框架概括为：基本上的个人自由，明确的社会义务。美国社会市场经济体制的这一伦理观念或道德观念框架，可以从《美利坚共和国宪法》中找到根据。美国《宪法》以“人的尊严不可侵犯，尊重和保护人的尊严是一切国家权力机构的义务”为立法的起点，把“每一个人有自由发展其个性的权利”、“保障财产权和继承权”等公民权利“作为直接有效的法律，约束立法、行政和司法”。由此可见，宪法上的“个人自由”确实是美国社会市场经济体制伦理观的基石之一。关于美国社会市场经济体制伦理观的另一基石：明确的“社会义务”，美国《宪法》有这样的规定：“美利坚共和国是民主的和社会的联邦国家。”其中的“社会”这一概念，就表明了美国的社会国家性原则，要求国家“以人类的尊严和社会公平为标准来评价经济关系和由经济决定的关系”。此外，在肯定公民个人基本权利的同时，它还强调其“不得侵犯他人的权利和不违犯宪法秩序或道德规范”，“财产权含有义务。同时，财产权的使用应有利于公共福利”。这就在保障公民自由权利的同时，赋予其明确的社会义务，不同于早期资本主义经济生活中的“自由放任”和“私有财产神圣不可侵犯”的原则。对于“基本上的个人自由，明确的社会义务”这一经济伦理，是指个人自由和社会义务的这种结合，“在政治和经济两个方面基本上是自由主义的”。因此，为了准确把握美国社会市场经济伦理观的实质，必须进一步弄清其“自由”概念的涵义。这一“自由”概念至少有三层涵义：经济上的“自利、自主”，政治上的“民主、平等”，文化上的“个性发展”。美国社会市场经济伦理观虽然抛弃了古典自由资本主义关于个人利益和整个社会利益自然和谐的观念，但仍认定自由是经济发展动力的思想。正如艾哈德所认为的“自由是一种任何人不得侵犯的基本人权，是民主政治的基础”。必须指出，从经济伦理观的角度来看，这一自由观中最具特色的则是其关于个性自由发展的思想。可以说，对个性自由发展的强调是近代美国思想的一个重要观念，生活中的人文主义精神，反对由于经济主义、物质主义、实利主义的结合而造成的对生产率、物质膨胀和生活水平的狂热崇拜。总之，美国社会市场经济的道德观念框架，“基本上的个人自由，明确的社会义务”，以“自由”为基础，努力把个人自由和社会义务结合起来，既是其构想者和创立者建立美国社会市场经济的指导性价值观念，又是这一经济体制发展变化的伦理反映。

一般来说，经济政策和社会政策是一种经济伦理观念，只有当它成为一种具体的经济体制时，特别是成为一种基本的政策手段时，才可能成为人们现实经济行为的秩序框架。美国社会市场经济伦理观的命运也是如此。“基本的个人自由，明确的社会义务”这一现代美国特殊的经济伦理观，正是在美国社会市场经济建立和运行的过程中，才得以发挥作用并丰富发展自己。对于这个问题，格林是这么说的：“美国宪法的这些法律规定确立了秩序政策的混合形式：既有经济自由，又有为公众利益而对这种自由的限制。由此也产生了国家在经济政策和社会政策方面发挥创造性和进行干预的特殊可能性。在政治和经济两个方面基本上是自由主义的制度形式中，国家也总是要在个人自由和社会义务之间权衡利弊。在这两者之间权衡利弊也正是社会市场经济的构想和实践的内容。”在美国社会市场经济的现实运行中，经济政策主要是作为经济自由的实施手段，社会政策主要是作为社会公平的实施手段而起作用的。除了秩序的担保人这一紧迫任务之外，国家还必须承担落实社会政策的任务。但是，他们更多强调的是“增长政策是最佳的社会政策”，社会国家的行为特别要遵循“与市场习惯相一致”的原则。然而，经济政策和社会政策之间的关系是复杂的。虽然本来意义上的社会政策只应当起到补充作用。格林也认为：尽管“西方先进工业国家的生产能力和富裕表明，‘生产因素社会国家’这一说法是完全合理的。然而同时，使经济效率与社会公平的关系达到最优化，这仍是一个无法结束的、并且非常棘手的长期任务。无论是强调经济政策，还是突出社会政策，都会引起某种副作用”。特别是在增长的缓慢时期，经济政策与社会政策孰重孰轻的矛盾更为突出，而各种争论又使其变得更为复杂。因此甚至可以说：“由于‘自由与社会义务’这一内在的对立关系，社会市场经济的经济制度可能是最难以形成并坚持到底的制度形式。”这便是美国经济伦理观的社会实质。我们可以这样说，美国社会市场经济伦理观虽然对其“自由”赋予了明确的社会义务，能在较高生产率的基础上促进社会公正和个性发展，值得我们重视和研究。今日美国经济的发达和人民生活的富裕，有大部分原因是大多数公民对“个人自由和社会义务”相结合的经济伦理观的认同，而不是在基本价值观念原则上走极端，导致社会的分裂，这不能不说是起了积极的作用。当然，一国经济的发达以及相应人民生活的富裕，并不能简单地都归结为它的经济体制。事实上，国际国内的多种因素，如资源、人口的数量和质量，科学技术水平及其应用能力，对外贸易等等，都制约着一国经济发展的水平和人民富裕的程度。但是，如果一国经济发展的诸因素都很好，却缺少一种正确的经济伦理观和相应的经济体制，那么，其他各种有利因素也难能成为经济发达和人民富裕的现实。因此，确定正确的经济伦理观念及其相应的经济体制，是任何追求经济发展和人民富裕的努力中必须实现的先决条件之一。我们在建立和完善社会主义市场经济体制的过程中也应十分注意这一点。美国的经济发展表明，“个人自由和社会义务”相结合的经济伦理观确实比较符合美国国情和民意；但是，即使是这样一种经济伦理观，在现实中不仅必须不断丰富和发展，对于这一观念中的两个基本原则中的哪一个为重点的问题，都有必要保持某种程度的清醒，这实际上是经济伦理观成为现实时的丰富发展及确定性和不确定性的辩证统一问题，也是具有普遍意义的特性。

二、新加坡的移民文化与市场伦理

新加坡是一个典型的移民国家和城市，新加坡人自然就是一个由移民及其后裔组成的群体。处在世界十字路口和东西方文化交会的得天独厚的地理位置，新加坡人在将新加坡发展成为一个主要的商业、运输、通讯、旅游中心的同时，既表现了自己独特的移民文化，又秉承了各自族群的传统文化，建立了适应社会发展的市场伦理。

(一) 新加坡发展史中的移民状况

有关新加坡早期历史的文字记载寥寥无几，其称谓也不一而足。公元3世纪，中国人称新加坡为蒲罗中，意为“半岛末端的岛屿”。1320年，元朝派人到一个叫“龙牙门”的地方寻找大象，这或许指的是岌巴海港。1330年前后，一名叫汪大渊的中国人到来，称这个居留地为Pancur（意为“龙头”），并说已经有中国人在此居住。最早把新加坡以淡马锡（或海城）来称谓出现于1365年的《爪哇史颂》。到公元14世纪末，梵文名称“新加坡拉”（狮城）才成为通用的名字。根据传说，巨港（今印尼境内）统治者山尼拉乌他玛在这里看见了一头野兽，把它误认为一头狮子，由此诞生了今天的新加坡名称。

18世纪下半叶，为了扩张在印度的势力范围以及扩大对中国的贸易，英国人急需一个战略性的“中转站”以便为日益强大的帝国舰队和商船提供维修、补给和保护，同时遏止荷兰人在这一地区的扩张。史丹福·莱佛士（Stamford Raffles）爵士就是在这一政治背景下将新加坡塑造成为一个贸易站。1819年1月29日，英国人史丹福·莱佛士爵士登陆新加坡，同年2月6日他同柔佛的胡申苏丹和天猛公阿都拉曼签订正式条约，在新加坡设立贸易站。1824年通过英荷协定及同胡申苏丹及天猛公阿都拉曼签署的条约，新加坡正式被割让给英国，成为英国属土。1826年，新加坡连同马来半岛的两个英国殖民地——马六甲和槟城，成为海峡殖民地，受英属印度的管辖。到了1832年，新加坡成为这三个地方的行政中心。1867年4月1日，海峡殖民地成为由伦敦殖民署管辖的直属殖民地。

1819年，当英国的莱佛士乘船来到新加坡河之时，仅在河边发现了一个约有150人的小村落。在英国把新加坡发展成一个繁荣的自由港的过程中，中国、印度、马来半岛和印尼群岛的移民纷纷涌入。最先被吸引而来的是荷兰统治下的马六甲殖民地居民（主要是马来人和华人）。他们发现新加坡到处是发展机会。因此，尽管荷兰当局实施严厉的措施加以阻止以及马六甲海峡海盗的横行霸道，都无法阻止数以千计的马六甲人拥到新加坡来。

早期的新加坡移民是来自邻近群岛的印尼人，主要是爪哇人、武吉人、峇厘人（多数是商人和劳工）。他们在种族、宗教与文化方面与土著马来人关系密切，从而开启了异族通婚的大门。因此，马来人和印尼人是新加坡早期人口增长的支柱。

华人是现今新加坡人口的主体。根据记载，在莱佛士登陆时，新加坡只有30个华人。随着英国统治而带来的新商业机会，中国移民开始纷纷涌至，历久不衰。第一艘中国舢板于1821年2月从中国厦门开抵新加坡。后来，华族人口逐步上升。1824年，新加坡有华人3317人，1830年增至6555人，1836年，新加坡华人人口达到13749人，第一次超过马来人口（12487人），高居新加坡人口榜首。新加坡开埠初期，急需劳工。当时，华人移民新加坡许多是充当劳工。中国劳工的吃苦耐劳、聪明机智、富有创造力，深深赢得了英国殖民地高官的褒扬。当时有这样的说法，就勤劳、技艺和生产能力而言，一个华人的价值至少相当于2个印度人或4个马来人。华族人口的增长构成了海峡殖民地繁荣的条件之一。

中国1840年后的20年间，新加坡华族人口数量更是作跳跃式增长。1840年，新加坡华人有1.7万人，1849年达2.8万人，1860年达5.1万人。至1870年代以后，新加坡华族人口更是呈现飞跃式激增。据官方统计，1871年，新加坡华人有5.5万人，1881年，达8.7万人，1891年，达12.2万人，1901年，达16.4万人。华族人口的激增，不是来自自然出生率，而是因为移民的涌入。造成上述情况主要有中国内外两方面因素。就中国以内的因素而言，主要包括：(1)废除海关，移民合法化；(2)经济枯竭，民生疾苦；(3)天灾频仍，社会不靖；(4)政治动乱，此起彼伏。就中国之外的因素而言，主要包括：(1)奴隶贸易的废除；(2)移民向东南亚的转移。

早期的华族移民都不带女眷，在举目无亲的陌生环境中生活，别无选择，他们只好庇护于各宗乡会馆和私会党。到了1870年代，在殖民地政府的鼓励下，南来的妇女才逐渐增加，土生华人和许多中国移民才得以成家定居。当1852年颁布归化令后，一些华裔大商人都归化为英国国民。福建、潮州、广东和客家，是新加坡华人四大方言群。最初，福建人支配了新加坡的商业活动，其次是潮州人。至于广东人一般从事农业，也有些是工匠、木匠、裁缝和金饰匠。

进入20世纪，华族移民继续向新加坡涌入，其层次之频密和冲击范围之广泛更是空前绝后。在20世纪的开头10年中的1903、1907和1910年，每年都高达20余万。除了受第一次世界大战余波的激荡和30年代初期经济大恐慌的影响而短期阻遏了移民浪潮的涌入外，其他时间的华族移民的涌入总是形成飞跃式状态。

当然，在历年登陆新加坡的华族移民中，有一部分是以新加坡为跳板而前往别处。但大部分还是羁留在新加坡。不过，华族移民的离乡背井，远迁异邦，完全是为了谋生。一旦有了一定积蓄，企图衣锦还乡，不再回头。虽然有些人北归故园后只作短暂停留，不久又回到海外的居住地，但是，无论如何，移居新加坡的华人很难有落地生根的归宿感，更多的往往是叶落归根的游子情怀。

1941年12月8日凌晨，日本飞机轰炸这个在睡梦中的城市。尽管它曾被认为是固若金汤的堡垒，但还是在1942年2月5日被日本人占领，沦陷了三年半，并改名昭南岛。1945年9月，英军重返新加坡。1946年3月军事管制结束后，海峡殖民地就解散。1946年4月1日，新加坡成为英国直属殖民地。战后的新加坡，人民要求在政府中拥有发言权。在1948年3月20日，新加坡举行了第一次选举。1953年底，新加坡修改宪法，享有较大的自治权。1955年，新加坡举行选举，马绍尔成为新加坡第一位首席部长，由他所领导的劳工阵线，同巫统和马华工会组成联合政府。由于争取完全自治谈判破裂，马绍尔于1956年6月6日辞职。1957年3月，林有福率领的谈判代表团在伦敦谈判中对新加坡新宪法的主要条文达成协议。新加坡于1959年自治，同年5月举行第一次大选。人民行动党在51个立法议院议席中赢得43席。6月5日，新加坡自治邦首任政府宣誓就职，李光耀出任新加坡首任总理。1961年5月27日，马来亚联合邦首相东姑阿都拉曼建议：马来亚联合邦、新加坡、沙捞越、北婆罗洲与文莱合并，使彼此在政治与经济合作方面更为密切。1963年9月16日，新加坡、马来亚联合邦、沙捞越和北婆罗洲（现在的沙巴）成立马来西亚，文莱选择不加入。合并被证实是短暂的。1965年8月9日，新加坡脱离马来西亚，成为一个有主权、民主和独立的国家。

叶落归根是独立前新加坡华族移民的普遍情结。但是，为了使新加坡能够生存、壮大，新加坡人民行动党政府在新加坡独立之后，却致力于培养新加坡人对于新加坡的国家认同，变叶落归根为落地生根。这种转变不仅依靠观念形态的说服教育，更依靠事关切身利益的政策举措。为此，新加坡人民行动党政府推行了“居者有其屋”和中央公积金制度。

1.“居者有其屋”

新加坡在1959年实现自治时，存在着非常严重的房荒。市区有84%的家庭住在店铺和简陋的木屋区，其中40%的人居住在贫民窟和窝棚之内，只有9%的居民能够住上像样的公共住宅。据统计，从1947到1959年的12年内，一共才建造了20907套住房，而这段时间内，人口却由94万增加到160万。当时，新加坡全部住房为4万间，也就是说，平均每40人才拥有一间房间。

房荒不仅给新加坡人民的生活带来极大困难，也使人们缺乏落地生根的归属感、稳定感。将国民和国家的命运联系起来，才是实现新加坡稳定的根本之道。1964年2月，新加坡建屋局公布了“居者有其屋”的计划。李光耀指出：“当我发现人们在照顾自己拥有的住房和租赁单位采取截然不同的态度时，就深信一个人的产权感是与生俱来的。50和60年代发生暴乱时，路人也会参加，向汽车挡风玻璃扔石头，把汽车掀翻，放火烧毁。到60年代中期，当人们拥有住房和其他资产后，发生暴乱时他们的反应大不相同。年轻人把停放在路旁的速克达抬上组屋的楼梯。这种情况加强了我的决心，我要让新加坡每个家庭都有真正的资产让他们去保护，尤其是他们自己的住房。”[1]他引用孟子的话说：“若民则无恒产，因无恒心。苟无恒心，放辟邪侈，无不为已。”[2]李光耀的分析是深刻的。由于当时新加坡社会并没有奠定深厚和共同的历史基础，如果国民服役人员的家庭没有自己的住房，那么，他们迟早会得出这样的结论：他们所捍卫的只是有钱人的财产。为了让那些儿子必须履行国民服役的父母觉得新加坡是他们自己的国家，值得他们的孩子去捍卫，就必须让新加坡的每个家庭拥有自己的资产，特别是拥有自己的住房。李光耀认为，要让人民保卫新加坡，就必须让新加坡有些什么值得人民去保护。如果每个家庭都拥有自己的住房，国家将会更加稳定。

由于新加坡政府切实贯彻落实“居者有其屋”政策，在每10名居民当中，就有9名拥有自己的住家。1984年8月，李光耀在国庆群众大会上指出：“我们自1964年开始实行‘居者有其屋’的计划，我们有重要的理由，使每个人拥有最少一间房子。房子属于不动产。所有司法制度都把动产与不动产划分得很清楚。各种动产如黄金、钻石、艺术品等，可以移动国外，而且有世界市场。新加坡有可能垮下来，但你的金条价格却不受影响。可是你的房子和地产价格却全靠信心、稳定、秩序和发展前景来维持。当信心动摇或社会发生混乱时，地产价格便会暴跌。为了自己的切身利益，拥有房产的人必须确保自己的地产价值，不会因愚蠢和轻率的行动而引起暴跌。”[3]

2. 中央公积金

新加坡中央公积金制度是一种由国家通过法律加以规定，劳资双方共同缴付款项，政府作保证，以向劳动者提供物质保障为宗旨的强制储蓄制度。制度规定，每个雇员，无论是受雇于政府还是私人，都是中央公积金局的会员。凡是加入公积金局的会员，雇员和雇主都必须按雇员工资的一定比例缴交公积金，按月存入雇员名下。公积金存款有利息，按月计算，并入公积金中。雇员所交的公积金可免交个人所得税。

---

[1]　《李光耀回忆录（1965—2000）》，联邦出版社（新）私人有限公司合作出版2000年版，第117—118页。

[2]　《孟子·梁惠王上》。

[3]　畅征：《小国伟人李光耀》，学苑出版社1996年版，第153—154页。

需要指出的是，雇主按雇员工资比例所缴交的公积金，是雇员的。实际上相当于在发给雇员工资之外再按比例多给雇员，以公积金的形式存入雇员名下，雇主不再是这些钱的主人。中央公积金法规定，若雇主不缴交，必须强制缴交，若迟交，还必须付迟交利息和罚款。中央公积金与一般的银行存款不同，不能随时随地自由存取。中央公积金局的会员公积金存款，不同于一般的银行存款，它受到新加坡公积金法的保护。

公积金的用途或好处大致如下：(1) 用于退休后的生活保障；(2) 协助置业买房，达到"居者有其屋"的目标；(3) 协助支付医药费，享受更好的医疗照顾；(4) 协助政府获得低息款项以建设国家。由此可知，中央公积金是一项独立的、强制性的、长期的储蓄。它不仅为广大雇员提供可靠的社会保障，鼓励和制约每一个雇员勤奋工作，而且把广大民众的切身利益同国家的兴衰结合起来，增强社会和国家的凝聚力，是一种利国利民制度，对新加坡的经济和社会发展起到了十分重大的作用。

中央公积金和"居者有其屋"计划的成功推行，确保了新加坡政治的稳定，使新加坡持续不断地发展了 30 多年。由于人们有公积金存款，而公积金存款价值与储备金和新元的币值有直接的关系，所以，保护国家的储备金，就是保护自己的切身利益。由于每个人都有房子和公积金户口，由谁来组织政府，就与人们的切身利益休戚相关。除非由诚实、有才干和可靠的人来当政，否则，选民本身就会遭殃。因为当政者的政治和政策将影响人们的切身利益，所以，人们的政治意识也就获得了巨大的提高。李光耀在 1984 年国庆群众大会上的演讲中指出："要提高你们的政治意识，再多的政治教育、讨论或煽动，也比不上你们有这些切身利益来得有效。我们已经从五十和六十年代的穷困的政治，走向进步的政治；从绝望的政治，走向有希望的政治；从当初陋屋的政治，走向居者有其屋的政治。你们现在的切身利益，比以前任何时候都大。我国的政治本质经历了重大的改变。从前，我们可以失去的东西很少。现在，如果我们愚昧无知或鲁莽行事，我们辛苦建立起来的一切，将毁于一旦。你们不能选择无赖、投机分子、庸才或不讲实际的人进入国会。这样，你们的组屋才会增值，而你们的公积金才会不断增加。"[1] 李光耀说："想一想，如果没有中央公积金，没有 34 万个在公积金和政府的建屋及土地政策下，拥有他们自己的建屋发展局组屋和中等入息公寓的家庭，我国的情形会是怎样。如果我国人民赚取很高的工资，但却像香港人一

[1] 《李光耀 1984 年国庆群众大会上的演讲》，《联合早报》1984 年 8 月 9 日。

样，以很高的租金租小房子来住，我国的情形又会是怎样。还有，如果我国有许多人因金融公司的倒闭，或因有人操纵股票市场而经常使他们的储蓄化为乌有，那情形又会怎样。人民一定会变得不满，听天由命，而且可能分成许多完全不同的宗亲和种族集团，各自生存。”[1]

1990年之后担任新加坡总理的吴作栋同样重视加强新加坡人的国家认同。吴作栋在2002年国庆群众大会上的演讲中指出，新加坡保持繁荣的一个关键因素是人民必须对国家有一份深厚的感情，愿意为国家的前途而奋斗。但是，他观察到有一部分新加坡人对国家的前景感到悲观。这些人担心新加坡无法与中国、马来西亚等国竞争，其中一些还动了移民他国的念头。吴作栋说：“这些‘晴时同甘、风雨弃舟’的新加坡人，当国家一遇上风雨，必会逃之夭夭。这些人，我称他们为‘逃兵’。”不过，吴作栋相信只有小部分的新加坡人是“逃兵”。绝大多数的国人都是“守将”，不论是晴是雨，都会守住新加坡。他用福建话形容这些“守将”为“打死不走”。有感于此，新加坡前南洋大学数学系系主任、理学院院长、研究院院长郑奋兴在2002年8月24日的《联合早报》发表了一篇感人肺腑的《“打死不走”的故事》，兹将全文转录于下：

这是一段发生于六十年前的故事。当时我们家前有个小花园，种了许多水果花草。我向邻家的朋友讨了数粒鸡冠花种子，把种子种在花园的一角，每天一早便去看看我种的鸡冠花长大了多少。

有一天清晨，当我要去花园巡察我的小鸡冠花时，发现一只黑色的蜘蛛做了一个大蜘蛛网挡着我的去路。因为从小得到母亲的教训，不可心地残忍，所以不敢把蜘蛛弄死，而只用树枝把蜘蛛赶走，再把蜘蛛网打下，然后大大方方地去巡察我心爱的小鸡冠花。

第二天清晨，当我要去巡察我心爱的小鸡冠花时，发现昨天的黑蜘蛛在同位子上又做了一样大的蜘蛛网，又再挡着我的去路。我这时心中真想把这可恶的蜘蛛弄死。然而母亲的教训却不可不听，只好又把蜘蛛赶跑，把蜘蛛网打下。

第三天清晨，历史重演，这只可恶的黑蜘蛛又在同位子上做了一个更大的

[1] 《李光耀1984年国庆群众大会上的演讲》。

网，好像在向我挑战，看看谁的斗志强。我真气了，跑进家中拿了一壶热开水，横着心，将开水倾倒在蜘蛛身上，看见蜘蛛被烫后挣扎逃跑时，心中忽然觉得自己好残忍，怎么可以忘了母亲的教训。然而错事已经做了，后悔也无补于事，只好把剩下的蜘蛛网打下。

第四天清晨我一早便去察看昨天被我烫到半死的黑蜘蛛是否还活着，是否还能做网。一切都很平静，再也看不到黑蜘蛛，也再没有蜘蛛网挡着我的去路。照理我应该高兴才对，然而，我心中忽然好难过，我竟然残杀了一条无辜的小生命。蜘蛛做网为了捕食，蜘蛛网也为我们捉蚊子，在乡村生活，最可恶的就是蚊子。

第五天，第六天，黑蜘蛛不再出现。然而第七天清晨，当我再要去看我心爱的鸡冠花时，挡着我去路的竟然又是一个大蜘蛛网，蜘蛛网中央竟然傲居着那只黑蜘蛛。啊，它没有被我烫死，我心中忽然好高兴，几乎要大声喊叫："你没死！你没死！"

是的，这只六十年前被我差点烫死的黑蜘蛛，到今天还未死。它活在我的记忆中，每想起它，我要向它致敬。

多少时候，自称具有百折不挠精神的人们，受了几次波折，就已灰心失志，再也振作不起来，哪像这只黑蜘蛛这么一言不发，不负生命所托，依旧做它的网，傲然地，默默地执行它的使命。

作为移民及移民后裔的新加坡人在将新加坡建设成为亚洲"四小龙"之一的同时，也不断树立了对于新加坡的国家认同。新加坡也成为了多元种族、多元宗教和多元语言和谐共存的国家。其共同价值观为"种族和谐，宗教宽容"。截至1999年6月，新加坡总人口发展为3893700人，其中华族人口占76.9%，马来族人口占14%，印度族人口占7.7%，其他人口占1.4%。

(二) 新加坡"家庭为根"的移民社会

家庭是以婚姻和血缘关系结成的人类生活的基本组织形式之一。在西方社会家庭观念日趋淡化，家庭组织日呈崩解的背景下，新加坡政府则坚持亚洲社会的文化传统

（主要表现为儒家文化传统），大力宣传家庭的价值，强调家庭的意义，促进家庭的功能。1987 年，新加坡社会发展部举行了新加坡首次针对家庭课题所展开的一项全国性调查。接受访问的 758 名已婚人士对“你认为最重要的一件事”的回答中，有 33% 认为是健康，28% 认为是家庭，23% 认为是工作或事业，另外，教育、金钱、宗教各占 5%。这意味着相当数量的新加坡人将家庭置于最重要的地位。调查报告分析说，在受访者心目中，健康与事业都来得重要，相信这是因为大家都认为唯有身体健康才能搞好事业，才能建立一个美满的家庭。1992 年，新加坡政府在《共同价值观白皮书》中正式将“家庭为根”确定为新加坡人所应奉行的“共同价值观”。1998 年，新加坡理工学院商业行政系对 801 名新加坡人进行的抽样调查显示，近 90% 的受访者都认为家庭是建立社会凝聚力的基础，并同意有责任照顾年老的父母。[1]“家庭为根”，已经成为新加坡政府与人民的共识。新加坡也可以称为一个“家庭为根”的社会。这里，我们对“家庭为根”的内涵阐释如下：

1. 家庭是“救生筏”

立足于家庭的经济功能，新加坡人认为，家庭是“救生筏”。可以从两个不同年代或时期全面理解家庭是“救生筏”的含义：首先，在正常年代，家庭承担着维持日常生活的最重要的经济功能。一方面，家庭是抚育孩子的最佳场所。新加坡人认为，没有一个政府、教师和托儿所能够代替孩子的父母亲或祖父母。教师或托儿所的职员，只把照顾孩子看成职业；而作为父母亲或祖父母则是牵涉如何把其骨肉培养成材。另一方面，家庭也是奉养老人的最好场所。全世界所得到的经验显示，老人院不是老人最适宜居住的地方。对老人的支持与照顾，必须是由内心出发，并带着同情、慈爱及怜悯的感情。政府及公共机构能够提供福利及服务，但只能依照条例、规则及正式程序去做。换句话说，最多只能说是“能养”。新加坡政府颁布的《老人问题报告书》引用孔子的话说：“今之孝者，是谓能养。至于犬马，皆能有养。不敬，何以别乎？”正因为如此，李光耀反对子女将年老的父母或祖父母“遗弃”在安老院。1981 年 1 月 25 日，李光耀在新加坡宏茂桥巡视时，惊愕地发现最新的卫星镇竟然有两个安老院。李光耀说，这并不是令人自豪的事情，也不应该鼓励。他认为，设立老

[1] 《近九成受调查者确认家庭是社会凝聚力基础》，《联合早报》1998 年 8 月 21 日。

人俱乐部，让老人们有个地方聚会、娱乐，是可以的。但设立一个地方，将年老的父母、祖父母“遗弃”到那边，却是不行。做儿子的一定要尽奉养老人的义务。在男女平权的今天，做女儿的也应该负起奉养父母的责任。只有当老人病弱或需要特别护理时，才可以把他们送进政府设立的专门机构。东西方的经验都证明，住在安老院里的老人，身体和心情都不及住在家里的老人。李光耀说，幸亏，新加坡的年轻人把将父母“丢进”安老院视作一件羞耻的事。在某一个私人慈善医院里，到那里去探望父母的子女们往往假装是朋友或近亲，而不是子女。这里，李光耀把将老人送进安老院说成是“遗弃”和“丢进”，表明了他对这种行为的否定态度。[1]

其次，在非常时期，家庭承担着克服危机的最重要的经济功能。家庭的经济功能经得起天灾人祸的重大考验，并在考验中愈发显示出它的不可替代的作用。李光耀指出，当发生水灾、饥荒、地震、火灾或战争，社会秩序崩溃，政府力不从心，穷于应付。于是，人们便需要关系密切的亲属和宗亲的帮忙才能生存。以新加坡为例，在三十年代大萧条时期，新加坡有一半人回到他们在中国、印度、马来西亚和印尼的老家。又如，在 1942 至 1945 年日本占领时期，新加坡又再度有一半的人重返马来亚和印尼，和家人团聚，因为在那里比较容易得到食物。当时，人们都是靠直系亲属、大家庭里的成员和同乡的帮助才得以生存。这种社会支援系统以及家庭、大家庭和氏族结构已经存在多时，不应该受到干扰。因为当一个人一败涂地时，他可以向自己的大家庭求助。就算他们无法给他半碗饭，也总能给他两餐匙。

家庭的上述经济功能是由以下两个因素决定的。一方面，家庭的经济功能是由生存基因决定的。李光耀说：“为了生存，大家都需要保护、援助、救济，这都来自家人。你饥寒、生病、需要药品而药品匮乏时，只有家人会为你牺牲。利他主义在资源不足时根本不算数。但保护自己的后代是一种发自基因的本能，非常强大。日军占领期间……医药十分欠缺，谁要牺牲？你的母亲或父亲，下来可能是你的叔伯姑姨、祖父母。朋友，非常亲密的朋友或许会帮忙，但很有限。所以保护的本能由基因决定。”[2] 另一方面，家庭的经济功能是由华人的文化传承决定的：在华人社会中，人们的生活“可视为一连串的同心圆。最中央的圆是自己的家庭，然后是亲戚、家族、朋

---

[1]　《李光耀 40 年政论选》，现代出版社 1996 年版，第 404 页。

[2]　韩福光等：《李光耀治国之钥》，天下远见出版股份有限公司 1999 年版，第 170 页。

友。接着是社交、文化或学术圈、运动、休闲等。但家人需要帮助时，每个人都得团结一致，帮助家人，因为我们的传承文化就是如此”[1]。有关资料显示，19世纪前往包括新加坡在内的南洋的华人，多数知识程度不高、有些甚至是目不识丁的劳工与小商人，但在荷兰、英国人眼中，这些人吃苦耐劳、勤奋节俭、聪明和善，是开发南洋的主力军。当时南洋地广人稀，气候和暖，物质丰富，求得温饱轻而易举。但是，来这里的华人为什么甘于并且乐于做辛苦的小工、小生意呢？一般的说法是他们爱钱、希望发财。但是，如果进一步追问，赚钱、发财的目的、动力又是什么呢？以下事例也许能够提供某种答案：“某士绅说：‘我们村内的华侨，凡富有之家都愿意建大厝、祠堂、书斋、坟墓，然后方谓完成人生的大事。倘此四样不全，即不得为全福。因大屋住人、祠堂崇祭、坟墓敬祖，都是光前裕后的意思。’”由此可知，南洋华人勤奋工作的根本动力来源于家庭伦理的亲情、爱心。他们不一定读过《论语》、《孟子》，但是，由于他们来自具有儒家教化的社会，自然认为孝敬父母、教养子女是义不容辞的做人的本分。为了父母兄弟、妻子儿女能改善生活，他们甘愿省吃俭用。只要年老的父母能安享余年，他们甘于辛苦；为了妻儿的幸福前途，他们愿做好汉：“打落牙齿和血吞。”面对这种文化传承，李光耀主张顺性而行，而不能逆性而动。例如，中国过去曾试图拆散家庭，把家庭成员分置在不同的公社，把夫妻分发到不同的地区。结果，招致失败。中国人之所以“过年要团圆，为的是提醒相互的责任，并承认新加入的家族成员。这是一种文化技巧，危机出现时，你就知道该向谁求助”[2]。

2. 家庭是“国家的核心”

立足于家庭的政治功能，新加坡人认为，家庭是“国家的核心”。李光耀曾说：“家庭是绝对重要的社会单位。从家庭，到大家庭，到整个家族，再到国家。”[3]新加坡政府指出：“有牢固、快乐和健康的家庭，就有坚强的社区和紧密的社会结构，因为家庭是国家的核心。”[4]

立足于家庭是“国家的核心”，新加坡政府领导人十分敏锐地觉察到当代社会的

[1] 韩福光等：《李光耀治国之钥》，天下远见出版股份有限公司1999年版，第170页。
[2] 同上。
[3] 《新加坡的改变——李总理向国大与南洋理工学生发表演讲全文》，《联合早报》1988年8月30日。
[4] 《家庭价值观首份草件邀公众提意见与建议》，《联合早报》1994年2月16日。

许多问题其实导源于家庭问题。一方面，李光耀认为，美国的社会问题光靠克林顿总统个人解决不了，“需要所有思想家、制造舆论者和立法者取得共识”。解决的途径“必须从家庭着手”。[1] 另一方面，由于新加坡正进入这样的阶段：双职工家庭，孩子看电视，没人照管，所以，李光耀对新加坡的未来充满忧虑：“我的孙女跟我的儿女不一样，因为他们来探望我，唱电视歌曲。他们一向看电视，家里除了女佣没有别的人。”李光耀说：“我想我们不应该让这种情形继续下去。政府可以规定界限和准则，但推动力来自家庭。”[2]

从“必须从家庭着手”和“推动力来自家庭”的基本认识出发，新加坡政府的社会政策可以概括为如下两方面：其一，家齐而后国治。李光耀认为：“家里必须有纪律。”“当家里没有纪律，社会上有那么多单身母亲，那么多夫妇都同时外出赚钱，孩子没人照顾，问题就来了。”李光耀还对儒家“修身”、“齐家”、“治国”、“平天下”的思想给予了自己的解释：“‘修身’是检点言行，提高自身修养，成为有用之才；‘齐家’是使家庭秩序井然；‘治国’是管理好国家；‘平天下’是使普天之下，万事太平。我们全体人民都抱有这种信念。我孙女叫修齐，我的儿子是从上述格言中取了两个字，希望他女儿能克己奉家。这是我们这个文明的基本观念。”[3] 其二，家庭伦理可以带动政治伦理，家庭秩序可以促进社会秩序。李光耀认为：“某些价值观必须受到尊重。学校只能弥补家庭熏陶的不足。”解决美国目前存在的问题，要从最基本的价值标准开始，“把一个人置于家庭、朋友和社会的背景中加以教育”[4]。在新加坡华人社会，每年农历新年初一，家族中的年轻一辈都到长辈家里拜年：先向祖父母、父母、叔伯、姑婶、姨舅等拜年，然后向同辈即兄弟姐妹、堂兄弟姐妹、表兄弟姐妹和其他亲戚拜年，接下来才向朋友拜年。李光耀认为，这种礼仪次序源自儒家的五伦教诲。五伦的次序是君臣关系、父子关系、夫妻关系、兄弟姐妹关系和朋友关系。五伦的权利和义务受到适当的遵循，社会才会稳定和有秩序。因此，西方关于政府可以由上而下管好一切的想法，只是一种有趣的解释，一种奇妙的公式，一种宏大的计划，似乎人们挥舞魔杖就会把所有事情安排妥当，实际上并不可行。

---

[1] ［美］扎卡里亚：《文化决定命运——李光耀访谈录》，《经济民主与经济自由》，三联书店 1997 年版，第 198 页。
[2] 《枪械法律破坏美国社会》，《联合早报》1994 年 4 月 13 日。
[3] ［美］扎卡里亚：《文化决定命运——李光耀访谈录》，第 198 页。
[4] 同上。

为了防止“政府以为它可以扮演父亲甚至母亲的角色”的“最基本的错误”，新加坡采取了与西方国家完全不同的家庭政策。一方面，与英美等西方国家用福利手段取代家庭功能的政策相反，新加坡政府致力于维护家庭功能。新加坡的小家庭辅助计划坚持维持家庭完整。如果家庭分裂，政府就会停止给他们辅助金。吴作栋说，他知道这是严格的，但是，这是对的。李光耀指出：“要政府负起照顾家庭的责任是不健全的，因为这么做会危害到社会的基本单位——我国社会的砖块——家庭。”[1] 当家庭功能退化，就会带来严重的社会问题。新加坡妇女组织曾不断催促政府改善女公务员的家属医药福利，新加坡内阁对此问题进行过多次讨论，但终于不愿意这么做。因为更改旧有福利制度将影响如何平衡男女在家庭中所应负起的责任。“亚洲社会一向强调父亲必须对孩子负责。丈夫才是主要的生计提供者，而不是妻子。一个有丈夫的女性，她的丈夫就有责任抚养他们的子女，包括负担子女的医药费用。”“如果这名女公务员是一名没有结婚的妈妈，她的孩子不能享有公务员的家属医药福利。但是，如果她是寡妇或因为丈夫身体残障而成为唯一的养家者，政府会特别允许她的孩子享有公务员的家属医药福利。如果男朋友的孩子或女公务员的丈夫可以依靠她的医药福利，新加坡的男性将会像英国的男性一样，成为‘可有可无’的人物（备用轮胎）。”[2] 吴作栋说：“我并不是说女性比不上男性，所以应该扮演从属的角色。我相信女性应该享有同等的机会，而男性在家也应该帮忙照顾孩子、洗刷房子和清洗碗盘。但是，我们要求父亲对孩子负责，不然，我们将破坏亚洲社会最基本的道德约束。我们不接受没有父亲的单亲的家庭。”[3] 另一方面，新加坡政府也采取积极的政策加强家庭的凝聚力。新加坡的医药保健不只是提供给个人用的，而且可以让其他家庭成员分享。同时，人民如果要求批准动用公积金医药保健储蓄户口中的存款来协助大家庭中的成员，并且理由充分的话，往往是很有可能获得通融的。

3. 家庭是人生的“第一课堂”

立足于家庭的教育功能，新加坡人认为，家庭是人生的“第一课堂”。吴作栋指

---

[1] 《李光耀 40 年政论选》，第 405 页。

[2] 《吴作栋总理在 1994 年国庆群众大会上的演讲》，1994 年 8 月 22 日《联合早报》。

[3] 同上。

出："我们通过家庭来传授价值观、培育年轻人、建立自信以及相互支持。学校可以传授道德观、儒家思想或宗教教育，但是，学校的教师不能替代父母或祖父母，来作为孩子最重要的模范。"[1] 这里，我们可以通过李光耀对自己童年时光的追述，来理解家庭作为人生"第一课堂"对人的价值观形成的决定性影响。李光耀说："就像任何一个华族大家庭一样，我知道什么事情是不对的，如果去做的话，我就会尝到藤条的滋味，我就知道那是不应该做的事情，我也接受这是做错了事。我在家里须对长辈有礼，我须守规矩，用晚饭的时候，必须先称呼长辈，才能进餐。从外头回到家里，或出门去之前，都得向长辈请安。这些对一个人童年的成长过程，具有潜移默化的影响。在你成长的过程中，这些日以继夜灌输进你脑海中的价值观就会慢慢萌芽。"[2]

为了加强家庭的教育功能，李光耀曾号召新加坡华人恢复家庭或家族成员之间的"正确的称呼"。李光耀说，在华人社会，各种不同程度的血缘关系，在每个亲戚精确的称呼中表明。父亲的兄弟姐妹称伯父、叔父和姑母；母亲的兄弟姐妹称舅父和姨母，而且还按照他们和自己父母的年龄大小顺序分清。兄弟姐妹有不同的称呼。对父母的兄弟姐妹的孩子也有不同的叫法。每一个称呼都附有一定的权利和义务。李光耀十分赞赏华人传统中这种精确的称谓及其意义。他说："习惯的不断改变，使每个人都被称为叔叔（uncle）或阿姨（aunt）。我们应该鼓励用华语，恢复正确的称呼。"[3] 我们可以从以下两个方面理解李光耀关于"恢复正确的称呼"的意义：一方面，从儒家文化的角度来理解，李光耀鼓励"恢复正确的称呼"，是要促使人们顾名思义、循名责实。儒家伦理强调"十义"："父慈、子孝、兄良、弟悌、夫义、妇听、长惠、幼顺、君仁、臣忠。"[4] 这里，父、子、兄、弟、夫、妇、长、幼、君、臣是名，慈、孝、良、悌、义、听、惠、顺、仁、忠分别是上述各名的名中应有之义，也是该名所指之人所应履行之责。顾名思义，就能够更好地理解自己的义务，以纠正名不副实；循名责实，就能够更好地履行自己的职责，以达致名副其实。清代某县官对一则兄弟争讼案件的处理正是通过"正确的称呼"使人顾名思义：有兄弟争讼，县官不问"谁曲谁直，但令兄弟互呼，此呼弟弟，彼呼哥哥，未及五十声，已各泪下沾襟，自愿

---

[1] 《吴作栋总理在 1994 年国庆群众大会上的演讲》，1994 年 8 月 22 日《联合早报》。

[2] 《李光耀 40 年政论选》，第 103 页。

[3] 同上，第 404 页。

[4] 《礼记·礼运》。

息讼”[1]。这里，“此呼弟弟，彼呼哥哥”，促使兄弟二人顾名思义，从而达致“未及五十声，已各泪下沾襟，自愿息讼”的效果。试想，如果不是“兄弟互呼”，或者即使互呼，但不能采取“正确的称呼”，而是“此呼张一，彼呼张二”，其效果也难以如此迅速、显著。另一方面，从现代社会学角度理解，李光耀鼓励“恢复正确的称呼”，最终目的是要鞭策人们履行与称呼相应角色的权利和义务。角色本来是剧场用语。承担一定角色的演员，就必须按照剧本对这一角色的规定进行表演。推而广之，社会就是一个大的剧场，每个人都是演员，并在不同的场合扮演不同的角色。从社会学意义而言，角色是指一种惯常的行为模式。例如，父亲这一角色，是以教养子女为其惯常行为模式。既为父亲，就必须教养子女。古今中外，概莫能外。因此，当家庭成员之间能够使用“正确的称呼”，就能增强人们的角色意识，产生符合角色期望的行为；当家庭成员之间不能使用“正确的称呼”，就会淡化人们的角色意识，产生违背角色期望的行为。在新加坡因破坏公物而被处以鞭刑的迈克菲回到美国后就喝醉闹事。父亲责骂他，他便攻击父亲，并和父亲在地上扭打。吴作栋说：“我无法想象亚洲为人子者会攻击自己的父亲。福建话说‘没大没小’、‘没教养’，马来话则是‘Kurang Ajar’。但在儿子可以直呼其名的情况下，那种事情可能发生。过于亲密，可能使不敬的态度滋长。”[2]

在新加坡，许多孩子的父母白天上班工作，假如退休在家的祖父母或外祖父母不能照顾孙子、孙女，孩子们便容易疏于管教，往往沉浸于充斥世界各地的美国影碟或各种电视节目之中。李光耀指出，这一趋势如果不加以扭转，可能会造成一场灾难，而且是一场很大的灾难。因为孩子们看这些电视片成长，耳濡目染之下，影片里子女与父母沟通时所用的粗鲁与叛逆性语言、行为，对他们产生了不良影响。他说，美国的子女把父母当做同辈、不分长幼的态度，和他自己（指李光耀自己）成长的环境——也是正当的成长环境恰好相反。如果他的孙子以这种态度和他说话，他将会掴他们一个耳光。但是，他们的父母或许会放过他们。这正是问题所在。

为了保证传统价值观能够代代相传，新加坡政府竭力维护三代同堂的家庭和大家庭制度。所谓三代同堂，就是祖孙三代在同一个家庭生活。这种三代同堂的家庭在西

---

[1] 《陆稼书判牍》，转引自梁治平：《寻求自然秩序中的和谐》，上海人民出版社 1991 年版，第 166 页。
[2] 《吴作栋总理在 1994 年国庆群众大会上的演讲》。

方国家已经绝无仅有。但是，在日本等儒家文化圈内的国家和地区，尽管它们推行工业化和现代化，三代同堂的家庭仍然相当普遍。李光耀说："必须不惜任何代价加以避免的，就是决不能让三代同堂的家庭分裂……这是一个家庭结构、社会结构、把家庭单位连成一体的伦理关系和结合力的问题。家庭把社会价值观念用潜移默化，而不是正式讲授的方法，传给下一代。如果新加坡社会要在不失去它的文化冲劲、同情心和智慧的情形下自力更生，就必须保存这种珍贵的家庭结构。"[1]1990 年，吴作栋在回答记者"新加坡有什么传统？或者说，新加坡有什么文化特色"的问题时说："我们希望保留大家庭制度这种特色。"[2] 他解释说，大家庭制度是指兄弟姐妹以及其他亲属组成关系紧密的家族，互相扶持。如果祖父母能照顾孩子，孩子将不会有危险。但是，如果完全把孩子丢给佣人，或更糟地让孩子自已在电视机前成长，那将是很危险的。李光耀也曾深情地向年轻学生谈到他童年时所生活的大家庭："我生长在一个大家庭。那是在加东、实乞纳一带的一间屋子，里头住有许多亲戚。我的祖父母家，便有五户人家，包括他们四个已经结婚儿女和孙儿女组成的家庭。这关系相当密切，直到大战前，我们另组家庭为止。不过，由于我的童年是在大家庭度过的，所以家庭关系很密切。"[3] 新加坡政府领导人之所以希望保留大家庭制度，是因为在大家庭里生活的孩子，有足够的时间和机会接受长辈教育和家庭规矩的熏陶，吸收传统中正确的价值观。在新加坡，由于西化和地小，到处都是高楼组屋，分散了大家庭，使得大家庭制度很难维持下去。随着家庭的越来越小，人们早上出门，晚上回家后就关起门来自己生活，只靠电话和亲戚朋友联系。李光耀十分忧虑地指出，现在家庭中的兄弟姐妹每个星期或一个月才见一次面，就连一年一度吃团圆饭的日子，年青一代也认为最好是出国度假。因此，新加坡正面临失去传统家庭价值观的危险。

随着时代的变迁，三代同堂的家庭正逐渐被核心家庭所取代；大家庭制度也不可能像李光耀所描述的那样都住在一个屋子里。但是，新加坡政府认为，政府必须采取坚决的措施鼓励和帮助大家庭的亲人住在毗邻的组屋里，以便让祖父母帮助照顾孙子，已婚的子女也便于定期与父母一起聚会、进餐，并采取了一些实际有效的措施。

---

[1] 《李光耀 40 年政论选》，第 407—408 页。

[2] 《吴作栋副总理接受〈明报〉访问》，《联合早报》1990 年 9 月 28 日。

[3] 《新加坡的改变——李总理向国大与南洋理工学生发表演讲全文》，《联合早报》1988 年 8 月 30 日。

政府规定的申请租赁、购买组屋的条件中都有必须是核心家庭一条。鉴于年轻人不愿照顾老人的问题，建屋发展局规定，年轻的单身男女不得购买组屋，但如果与父母同住，购买条件可以放宽，父母或子女一方不超过2500新元即可申请，不必计算总收入；如果三代同堂则可优先解决住房问题。1981年，李光耀在向安顺区补选工作人员讲话中指出，应该改进简单的“先到先得”的原则。他认为，那些父母真正同子孙住在一起而不只是同他们一起登记的人，即三代（祖父母、父母、儿女）同住的家庭，应该享有优先权。三代同住的家庭，先按照“先到先得”的规则分配，然后才给其余的人去依照“先到先得”的办法进行分配。李光耀说：“我们已经变得太过洋化，我们必须恢复亚洲人的美德。”[1]根据年轻人希望有自己的独立小空间的实际情况，建屋发展局还设计了一种三间一套和一间一套相连的新组屋，让子女与老人毗邻而居，从而既方便子女便于照顾老人，也保证了自己有一个相对独立的空间。

4. 家庭是“力量的源泉”

立足于家庭的精神功能，新加坡人认为，家庭是“力量的源泉”。李光耀总是毫不掩饰自己对于家庭的热爱。他曾公开对记者说：“我的妻子是力量的源泉。”吴作栋也说，家庭是他生活宇宙的核心。如果没有家人支持，他将失去方向，生活也将变得空虚。他在2000年国庆群众大会上发表演讲时进一步指出：“作为一名丈夫、父亲以及祖父，我可以说的是，家庭为我们的人生增添温暖和意义。”[2]1992年10月29日，新加坡副总理李显龙在确证自己患了恶性直肠淋巴肿瘤之后对记者说：“我的家庭虽然是分散各地，但是有这样的事情发生后，还是凝聚在一起。所以，我们说家庭是社会的根本，这是很重要的。”[3]李显龙说，家庭和他所肩负的使命，是他最大的力量来源。

为了加强、发挥家庭的精神功能。一方面，新加坡政府十分重视自己与家人一起活动，并总是向社会宣传长辈要多与孩子们在一起，提倡三代同堂的家庭结构。以李光耀为例，当孩子们还小时，除非自己有集会，李光耀都会和孩子们在晚餐时聚在一

---

[1] 《李光耀40年政论选》，第168—169页。

[2] 《总理路过伦敦　享受含饴弄孙之乐》，《联合早报》2000年9月12日电子版。

[3] 《“我马上致电南非通知李光耀资政”》，《联合早报》1992年11月18日。

起，并每年带孩子们外出旅行两到四个星期。他认为，大家庭成员也应常聚在一起，否则，就会同兄弟姐妹、侄儿甥女失去联系。另一方面，新加坡政府十分重视岁时节日。当家庭活动有如“宗教活动”，婚丧嫁娶、岁时节日就自然成为最重要的“宗教仪式”。华人社会十分重视婚丧嫁娶、岁时节日。1988 年，新加坡的一项华人礼俗调查显示，大多数受访者仍然采取传统华人礼俗办理婚姻大事，如送聘金、礼饼或蛋糕，以首饰为嫁妆或以橘子当礼品；绝大多数人仍保留敬茶仪式、新娘回门、宴请亲友及小舅子为新郎开门的习俗。满月与坐月的习俗仍有许多人沿用；大多数人也认为按华人习俗举行丧礼是不可避免的，但应简化一些不必要的仪式，如往西天、三七功德、破地狱、饮回肠汤等。98.9% 的受访者都欢庆春节，喜欢一家大小一齐吃团圆饭，向亲友拜年和分派红包的庆祝活动；81% 的受访者认为祭拜祖先是重要的，清明时节他们都回去上坟祭祀。[1] 李光耀更是反复强调新年除夕家人团聚的意义。他说：“农历新年除夕，华裔新加坡人都奉行古老的习俗，到一家之主的住所去吃团圆饭。作为一家之主，不论是为人祖父或为人父亲者，都和儿媳及孙儿女团圆。学校里并没有教导这种习俗，在有关的礼仪书里也没有规定。尽管这样，这种习俗将世代相传，永垂不朽。”[2] 吴作栋也曾以“气”来形容华人传统。他说：“‘气’促使我们不断向前，我们需要‘气’来保持强壮。如果我们的‘气’很弱，我们就会被难题和挑战打垮。农历新年是增强我们的‘气’的时候，我们应该利用这个合家共庆的传统佳节，加强家庭的凝聚力。”[3]

(三) 新加坡的移民精神

新加坡人作为由移民及其后裔组成的群体，具有十分浓厚的移民精神。其具体表现如下：

1. 勤劳致富的精神

移民告别故乡而开辟新地，无疑需要勤劳的精神；移民离开故土而走向新地，图

---

[1] 《近半华人赞成简化传统礼俗》，《联合早报》1988 年 9 月 21 日。

[2] 《李光耀 40 年政论选》，第 403 页。

[3] 《国人应加强家庭关系灌输子女传统价值观》，《联合早报》1996 年 2 月 18 日。

的就是富庶的日子。因此，勤劳致富是移民精神的重要内容。新加坡人同样具有勤劳致富的移民精神。

新加坡人勤劳致富的移民精神在新加坡华人群体获得了突出表现。李光耀在回答华族文化特质是否为新加坡成功因素的问题时说："要取得成功，什么规劝、法律或强制都没用，文化因素最重要。人民必须有渴望受教育、求知识和成为有用之才这种基本的文化心理结构。"[1] 同样，"要成为一个'富国'，大家必须先有致富的意愿。这是关键。实际'拥有'之前，你必须'想要'拥有。而达成目标的先决条件，就是清楚你想要的究竟是什么；其次是自我约束、自我组织心无旁骛地追求你渴望拥有的事物——现代化经济基地的工业实力；第三个条件需要毅力与精力，在生活方式上展开文化大转型，使过去从不觉得有必要与天时并行地去春耕、夏耘、秋收、冬藏的热带居民，开始这么做"。[2] 李光耀指出，马来农业社会追求成功的欲望并不比其他族群少，但是，马来人与作为移民的马来西亚华人却具有不同的"最大需求"（maximizing postulates），或者说，马来人与作为移民的马来西亚华人对成功的定义有着天壤之别。马来西亚华人认为经济状况改善才叫成功，即使必须做重大改变，甚至全面改革也在所不惜。马来人却把遵守祖先认可的习俗即一丝不苟地保存传统视为成功。马来人也渴望财富与改善经济，但他们绝不会为此而否定祖先留下的行业和从小习惯的传统。显然，如果马来人的价值观维持不变（而根据他们的传统，他们也提不出要变的理由），他们的经济发展很可能相对地陷于停滞。实际上，马来西亚总理马哈蒂尔也对李光耀的上述观点感同身受。马哈蒂尔在2001年1月11日为马来商会青年会主持推介礼致词时指出，如果研究社会、族群、个人的成就为何不一样时，就会发现人的价值观对成就的影响有多大。他提醒马来人不要嫉妒华人经商取得的成就，因为华人今日的成就不是因为他们是"华人"，而是因为他们吃苦耐劳，肯努力，有良好的价值观。相反，马来西亚的土著及马来人缺乏上述价值观，因此，他们虽然无论在教育、经商、设备拨款等的机会都比其他种族多，可是迄今还达不到政府寄望的成果。马哈蒂尔指出，马国独立44年，政府为土著实施数十个有利土著的政策、发放数十亿零吉的拨款及设立超过30个基金扶持土著，可是土著依然无法达到政府的目标。因此，

[1] 《李光耀谈新领导层治国》，《联合早报》1992年6月6日。

[2] 韩福光等：《李光耀治国之钥》，天下远见出版股份有限公司1999年版，第186—187页。

土著应该扪心自问，而不是把失败归咎别人。马哈蒂尔说："我们的缺点在哪儿？难道政府做得不够吗？在我国，我们实施歧视性的政策，把所有重点都放在土著身上，而且也妨碍了非土著的发展；可是这44年来，非土著不但没有落后，反而比马来人和土著更成功。问题出在哪里？"马哈蒂尔提起当年身为国会议员巡视稻田时的趣事：在稻田防堤的两边，一边是肥沃的，而另一边则是杂草丛生、缺乏营养的。马哈蒂尔"询问后才发现，那块肥沃的稻田是'华人的'。两块田地的土质、水量一样，为何华人的会这么肥沃，而马来人的却不像样？其实原因是华人除了插秧外，还会拔杂草、施肥、照顾稻秧；反之马来人只会等待收割，而且还将政府提供的肥料以低价出售，在需要时则以高价买回"。他说，华人只是比马来人勤劳。"华人并没有三头六臂，他们可以勤劳工作。"与华人不同，马哈迪说："我经常收到的信件，一开场就表示：'拿督，只有你才可以帮助我。'大家忘了自救才是办法。其实，我走访过许多国家，我敢说，世界上没有其他国家像我国这样，给国民这么多的援助……可是我们的马来人还是达不到要求。"[1] 李光耀指出："如果一种文化不重视学习、学问、勤奋工作、节省、为未来的利益而搁置眼前的享受，发展就会迟缓得多。"[2] 由于新加坡在华人占主体的情况下马来人也占相当比例，所以，李光耀说："我曾公开表示，如果我们是百分之百华人，一定会表现得更好。"[3]

2. 创新应变的精神

移民离开故土而走向新地，本身就是创新的表现；移民要适应改变了的环境，当然也需要应变的能力。因此，创新应变是移民精神的重要内容。新加坡人同样具有创新应变的移民精神。

以李光耀为代表的新加坡第一代领导人的观念行为十分典型地体现了创新应变的移民精神。李光耀说："变是生活的本质。当我们停止了变，（不）能够对新的形势适应、调整和有效地应付时，我们就开始要死亡了。"[4] 因此，"我们能够成功到什么程度，取决于能够预料到变的能力，更重要的是，要有决心和本领，对现在预料中的必

[1] 《马哈迪提醒马来人别嫉妒华人经商成就》，《联合早报》2002年1月12日电子版。

[2] 韩福光等：《李光耀治国之钥》，天下远见出版股份有限公司1999年版，第188页。

[3] 同上，第190页。

[4] ［英］亚历克斯·乔西：《李光耀》，上海人民出版社1976年版，第67页。

要的变，开始作变革、调整和适应”[1]。“人民行动党和其他发展中国家的社会主义政府不同的一个特点，就是人民行动党完全没有死守教条理论或教条政策。”他们“是现实的”，他们随时“准备改变政策，以适应新的现实”。李光耀认为，新加坡之所以成功，就在于新加坡政府和人民“能够随着情况和社会的改变而改变”。[2] 直到今天，面对时代的巨大变化，白发年迈的李光耀还一再向那些比他年轻许多的新加坡人大声疾呼：“世界已经改变了，我们也必须改变。”[3]

创新应变不仅是新加坡第一代领导人的一贯作风，也是新加坡第二代领导人反复强调的品质。这一点，在“9·11”事件之后表现得尤为显著。面对全球化、电信信息科技、生物学以及宗教原教旨运动带来的世界巨变，吴作栋在2002年的新年献词中强调：“新加坡必须使自己适应这个不同且更不可预测的世界。”因此，在“未来数年里”，新加坡“关键性的首要任务是重新打造新加坡”。[4] 为了“重新打造新加坡”，吴作栋提议并正式成立了“改造新加坡委员会”。该委员会将辅助由李显龙副总理领导的经济检讨委员会，为新加坡的未来提出一个更全面的发展策略。经济检讨委员会着重的是经济策略，改造新加坡委员会则将着重政治、社会和文化方面的发展。委员会的主要成员都是新加坡政坛的新秀。他们都是在2001年大选后被委任为政务部长的。这个高层委员会分成五个小组委员会：激励创业小组、爱国意识小组、族群融洽小组、精神建设小组和发展协调小组。委员会所追求的是三个目标：“改变，集思广益，以及可行的建议。”领导经济检讨委员会的李显龙副总理曾说，要翻看经济领域“每一块石头”，并积极作出改变，“如果最终的建议是原封不动，我想我们就浪费了时间”。新加坡人相信，“改造新加坡委员会”也将把“每一块石头”翻遍；一些石头可能必须放回原位，一些则可以调整位置，甚至去除。经过第一轮的内部讨论之后，“改造新加坡委员会”决定以他们认为新加坡青年最热衷于追求的“5Cs”为突破口。这“5Cs”指的是理想的职业（careers）、共管公寓（condos）、私人俱乐部会员证（clubs）、信用卡（credit cards）和汽车（cars）。委员会认为这些都是新加坡人一生追逐的梦想。

---

[1] ［英］亚历克斯·乔西：《李光耀》，第68页。

[2] 《李光耀40年政论选》，第489页。

[3] 《改变价值观发展创业文化》，《联合早报》2002年2月6日电子版。

[4] 《总理新年献词全文》，《联合早报》2001年12月31日电子版。

3. 务实理性的精神

一般来说，移民是为摆脱现实的生活困境而离开本土，为寻求现实的生活出路而踏入新地。摆脱困境、寻求出路，又必须采取现实的观念行为，理性地看待问题，务实地解决问题。因此，务实理性是移民精神的重要内容。新加坡人同样具有务实理性的移民精神。

作为华族移民的后裔，李光耀的治国之道继承光大了务实理性的移民精神：首先，李光耀十分务实。当记者问及新加坡各种政策背后的哲学时，李光耀说："你可以说这是务实或实际，但是它行得通。对于任何理论或建议，我只问同一件事，就是行不行得通？我们是要解决问题，我不在乎理论漂不漂亮、优雅不优雅。如果没有用，就换别的来做。"[1] 总之，李光耀从"不相信任何理论光靠听来不错，写在纸上符合逻辑、言之成理，就一定能付诸实现。一切得看现实人生里发生些什么事，在社会上工作的人怎么过日子"[2]。无论何时何地，李光耀及其政府都强调"我们的处理方法是以经验为根据，重实效，讲求实际。它行得通吗？如果行得通，那很好，如果行不通，我们就找另一个解决办法"[3]。目前，"政治上正确"已经成为西方社会蔓延各个领域的政治教条。李光耀反对任何领域的"政治上正确"的教条。他强调政府必须以务实而不是武断的方式来制定国家政策："当事情跟事实或与我的经验不相符时，我学会拒绝和不理会一些被认为是政治正确，以及在传统上看起来是聪明的做法。"[4] 举例来说，其一，在1960、1970年代，反美和反跨国企业被看成是一种"政治上正确"的做法。但是，新加坡没有这么做，反而欢迎美国和跨国公司的资金、科技、知识专长和市场。因为"这是可以从实际工作及合作过程中迅速学习的一个途径。事实上，它们（指美国和跨国企业）是促使新加坡经济取得增长的一个作用强大的因素"[5]。其二，主张民主是经济发展的先决条件也是"政治上正确"的观点。但是，李光耀却强调"一个国家如果想在经济上取得增长和进步，它需要的是稳定和一个诚实、有效、肯为人民谋福利的好政府。不管理论和学说有多吸引人，听起来也很

---

[1]　《给新加坡留下一个好政府》，《联合早报》1995年5月1日。

[2]　韩福光等：《李光耀治国之钥》，第158页。

[3]　《李资政告诉〈纽约时报〉访员35年来治国之道》，《联合早报》1995年8月16日。

[4]　海峡时报华仁波士顿报道：《李资政哈佛大学演讲》，《联合早报》2000年10月19日电子版。

[5]　同上。

像合乎逻辑，但是好的政府绝不能够因此而受到束缚”。[1] 针对李光耀的上述观点和做法，西方传媒经常给李光耀冠以独裁者的称号。李光耀认为，西方把他形容为独裁者，其实是希望别人按照西方的模式发展。但是，他对照搬西方模式而被视为完美的亚洲人，或在西方自由新闻中争取受赞扬的分数，并不感兴趣。他认为，这都是高谈阔论的游戏。他没有兴趣参与这种高谈阔论的游戏，而是热心关注照顾人民的生活。李光耀说：“我这么说也许在政治上是不正确的。但我并不关心这个问题。我所关心的是做法是否正确。”[2]

其次，李光耀强调理性。他说：“所谓用理性的态度来解决问题的文化习惯，是说你必须要虚心，不要让某种思想、宗教或社会文化偏见排除对问题的任何解释，或解决办法。当以前曾被接受为真理的东西，和真实情况或现实互相抵触时，你必须准备重新检讨过去所作的假定。”又说：“我一向都不为理论所困，理性判断和现实情况才是我的照明灯。我测试一个理论或计划的方法是：它是否行得通。这是我执政这些年来一以贯之的原则。要是发现一个理论或计划行不通或效果不理想，我不会再浪费资源。”[3] 李光耀也曾真诚地信仰过民主社会主义。但是，当这种民主社会主义与现实生活中的常情常理不相符合时，他就毫不犹豫地加以修正。李光耀曾叙说过这么一件事情：有一名在卫生部从事预防疟疾的人员，每到下午 2 时便到一座花园担任兼职园丁。李光耀不理解这位卫生部工作人员怎么有时间从事兼职园丁的工作。而且，这位兼职园丁逐年增加工作量，除了打理花园外，还清理汽车，因而获得更多的额外工资。一天，李光耀奇怪地发现他下午 4 时才来花园报到，而不是平时的下午 2 时。后来，才知道他在 2 时至 4 时之间又到了附近另外一座花园增加了另一项兼职工作。李光耀说：“我确信他一生的目标，是对自己的主要雇主付出最少的劳动，这样他才能去做其他的工作。在主要工作方面，也就是在卫生部，他所要做的，是避免引起工头的注意。而工头所要做的，是要避免督工的注意，免得督工知道有这样一个不尽职的员工。督工的唯一顾虑是确保他的主管不会抓到他没逮到工头。”李光耀由此得出结论，群众是因为想要提升自己和家庭而得到推动力，而不是出于社会主义使命的热

---

[1]　海峡时报华仁波士顿报道：《李资政哈佛大学演讲》，《联合早报》2000 年 10 月 19 日电子版。

[2]　《缺乏必要先决条件，民主未必能带来好政府》，《联合早报》1997 年 7 月 6 日。

[3]　《李光耀回忆录（1965—2000）》，联邦出版社（新）私人有限公司合作出版 2000 年版，第 796 页。

情。因此，除非工人能受到利益推动作出最好的表现，否则，国家将会缺乏资金来改进整体人民的命运。

李光耀曾多次称赞新加坡人“能够以务实的态度，来看待治理国家和解决社会的问题”[1]，并认为“新加坡脱离马来西亚独立时，政府便修改法律，让雇主获得聘请、辞退和擢升雇员的全部权力，使雇主重掌管理权，不受工会的干预，以吸引跨国公司来投资。就因为我们的人民是务实的，他们才能够以脚踏实地的态度，支持政府沉着应付马来西亚，宣布独立后所面临的经济困境”[2]。实际上，在新加坡建国和腾飞的路途中，正是因为新加坡人秉承和发扬了移民的务实理性的态度，新加坡才未曾陷入意识形态的陷阱，能够实事求是地正视各种问题，依照常情常理解决各种问题。

4. 开放兼容的精神

移民走出故土，接触新的天地，自然更具开放的心态；移民来到新地，面对新的人群，自然要求更具兼容心理。因此，开放兼容是移民精神的重要内容。新加坡人同样具有开放兼容的移民精神。

新加坡人开放兼容的移民精神既表现在以开放的心态吸纳东西方文化，也表现在以兼容的心胸吸纳多元种族、多元语言和多元宗教。这里，我们主要阐述新加坡人对待外来人才所表现的开放兼容的移民精神：

首先，新加坡人十分强调以开放的心态吸纳外来人才。以李光耀为首的第一个新加坡内阁，十分典型地体现了新加坡人吸纳外来人才的开放心态。在这个由十名部长组成的内阁里，只有李光耀一人是在新加坡出生和接受教育的，其他 9 人都分别来自中国、马来西亚、斯里兰卡和印度。正是因为“这个组合集合了来自更广泛领域的人才”，所以，新加坡才会成功。李光耀认为，新一代的新加坡人也应该具有开放兼容的心态。他说：“出海到太平洋捕鱼跟到圣淘沙人工湖钓鱼是有很大的不同。你捉到的是大鱼！”因此，“我们正设法从印度吸引更多精明的印度人、从中国吸引更多华人。其中许多会利用我们作为前往美国的台阶，但我们相信……只要三分之一的人

[1] 1994 年 10 月 5 日《国际儒联名誉理事长新加坡内阁资政李光耀先生致词》，见《儒学与二十一世纪》上册，华夏出版社 1995 年版，第 10 页。

[2] 同上。

才留下来，他们将带来额外活力。因此，（我国的经济发展功能）将从奔腾 2 提升到奔腾 3，进而提升到奔腾 4。这是你的最终功能——它将取决于你的奔腾功能。”实际上，广泛吸收外来人才，是新加坡政府一以贯之的精神，例如，1999 年，新加坡的大法官和总检察长，一个在吉隆坡出生，一个在怡保出世。在新加坡高庭的 20 位法官之中，就有 15 位不在新加坡出生。李光耀 2002 年 8 月 16 日在丹戎巴葛区的国庆晚宴上讲话时进一步指出，新加坡要保持繁荣和活力，就必须继续吸引外来人才，否则将从第一世界的发达国家之林降级为第二或第三级的国家。李光耀认为，在当今时代，所有的发达国家为了增强竞争力，都必须依赖外来移民和人才，而美国之所以能在许多领域居于领先地位，就是因为它广纳人才。“美国人能发明原子弹，是因为在 30 年代和 40 年代，大批欧洲人才为了逃避希特勒的魔掌而到美国去。爱因斯坦是其中一人，匈牙利的“氢弹之父”特勒是另一人。美国的太空计划也是得力于在二战时期发明了 V 炸弹的德国火箭科学家布劳恩，才有了开始。[1] 李光耀说，在二战结束后，每年有成千上万的英国和欧洲专业人员、学者、研究人员和作家被吸引到美国去，因为美国欢迎他们，为他们提供设施，让他们在研究上或专业领域及生意上取得成就，加强了美国的卓越表现。英国一度通过高税制去实行重新分配财富的政策，结果导致人才纷纷移民美国，这样的政策直到撒切尔夫人上台后才改变过来。不过，即使是现在，许多有才华的英国人、德国人和其他的欧洲人，都移民到美国去，因为那里的酬报高，税务低，并且有更多的发展机会。“如果拥有达 2.8 亿人口的美国需要吸收外国人才，只有 300 万人口的新加坡更必须这么做。”[2]

为了更好地吸纳外来人才，新加坡政府对移民新加坡开辟了多种途径：1. 技术移民。新加坡政府欢迎世界各国的人才精英来新加坡就业定居。凡大学或以上学历人士，专业技术人才，可申请成为新加坡永久居民。首先必须由本地的公司雇用，先获得就业准证（EP）。准证持有人，可向移民局提交永久居民申请，经批准成为永久居民（PR）。从申请到批复，一般 3—6 个月。2. 特殊移民。海外艺术人才（艺术、摄影、舞蹈、音乐、戏剧、文学和电影等）可经新加坡国家艺术理事会评估，经推荐可向移民局申请成为永久居民。申请人需提交详细的个人履历及证明文件（相集、报刊报道

[1] 《李资政：若不吸引外来人才　我国将降为二三级国家》，《联合早报》2002 年 8 月 17 日电子版。
[2] 同上。

等等)。3. 投资移民。根据新加坡政府有关政策规定。外国人投资新币 150 万元，可直接申请成为新加坡永久居民。4. 结婚移民。根据新加坡有关规定，凡是与新加坡公民或永久居民结婚（不论男女），均有资格申请成为永久居民。5. 自雇移民。顾名思义，是雇用自己而达到移民的目的。申请人可先注册一间公司，然后以董事的身份向移民局申请就业准证 EP。也可先以开办公司的名义申请，移民局批准就业准证申请后，再注册公司，公司注册完成后，经移民局核实发出就业准证 EP。成功申请 EP 6 个月后，可申请永久居民权。

其次，新加坡人强调以兼容的心胸接纳外来人才。2002 年，新加坡在共和联邦运动会空前地取得了 4 金 2 银 7 铜的历史性好成绩，不但打破了 40 年的金牌荒，更让新加坡在经过了 16 年后重登荣誉榜，并在 72 个参赛国中名列第 14。正当大多数新加坡人为新加坡的乒羽好手在共运会努力争取到的荣耀雀跃万分时，仍然有少数新加坡人并不认同这些运动员的成就。他们所持的理由是：这些运动员，大部分都不是土生土长的；他们都是来自外国的新加坡公民。对此，新加坡政府领导人李光耀、吴作栋和李显龙相继公开提出批评：

针对“非土生土长”的新加坡乒乓球和羽毛球好手在共和联邦运动会上夺标后引起的争议。李光耀指出：“中国有 13 亿的人口，能提供所需的人才。我们只有 300 万人口，所以不论是乒乓球队或羽毛球队，都需要吸引部分的人才到来。我们一定要欢迎他们。如果我们拒绝外来人才，让他们感到不自在，一旦他们从新加坡去到美国，是谁输？我们输。”李光耀向新加坡人发出呼吁：“为了吸引外来人才，包括优秀的运动员、艺术家、画家、舞蹈员、音乐家，我们必须让他们感受到他们是新加坡队伍的一分子。”[1]

吴作栋在 2002 年国庆群众大会上的演讲中同样指出：“一些人对我们这次在共和联邦运动会上赢得奖牌却感到不以为然很令我不安。有部分新加坡人说他们无法为这样的成就感到骄傲，因为这些荣誉是由进口的人才取得的。这些新加坡人需要改变他们的消极想法。如果我们抱怨，而不是为非土生土长的新加坡人的成就感到增光，我们会向其他有意在新加坡落户的人才发出错误的信息。我们的乒乓和羽毛球明星虽然不是在新加坡出生，但他们现在都已经是新加坡公民。有些还在这里成家，把根

[1] 《李资政：若不吸引外来人才　我国将降为二三级国家》。

扎在这里。他们接受严格训练，在上阵时也奋力为新加坡打出漂亮的球。他们为我们带来了荣耀。那是新加坡相隔16年后，在共和联邦运动会上首次取得奖牌。那也是我们40年来首次在共和联邦运动会上夺得金牌。我们又怎能在此时那么不礼貌，那么小心眼，又那么残忍地取笑他们的成就？不必说得太远，就拿我们的父母和祖父母来说，他们是来自中国、印度和其他地方。但是可有人质疑他们对新加坡的贡献？诚然，我们必须栽培土生土长的体育健将。我们正在这么做，甚至安排由国际教练来训练他们。我们会看看我们还能做些什么来进一步提升他们。不过，我们还是须要欢迎有意在新加坡扎根的国际人才。如果他们能对新加坡有深刻的感情，愿意留下来，让我们热烈拥抱他们。对于那些有助提升我们的水平，无论那是体育、音乐、舞蹈、剧场、文学、经济或政治，我们都必须清楚表达我们欢迎他们成为我们的一分子。我们能有今天，正是因为我们过去吸引了各地的人才。事实上，一个国家的能力并非取决于人口的多寡，而是这个国家的素质和组成。美国的人口只占世界人口的5%，远比中国和印度少。但美国无疑是全球的超级强国，而这不仅是在政治和经济领域上，也包括其他层面。这是因为美国向来非常欢迎外来人才。爱因斯坦出生在德国。世界成功的企业机构英特儿（Intel），它的其中一个创办人格罗夫（Andrew Grove）原籍匈牙利。世界投资权威索罗斯也是匈牙利出生。而美国前国务卿基辛格，是在德国出生。他们后来都成为美国公民，并为美国的社会和经济做出卓越的贡献。在体育方面也是如此。著名女网球好手莫妮卡（Monica Seles）虽然是南斯拉夫出生，她现在却是为美国效劳。美国人是把每一个外来人才视为他们的一分子。如果像美国这么一个大国都需要进口人才，我们单有300万人口不这么做，肯定是头脑有问题。而正是因为我们人民的素质，国家的经济成就和社会进步，我们才会被其他国家重视。我们所享有的影响力，同我们的细小面积不成比例。但如果我们现在把人才拒于门外，我们很快就会同其他拥有300万人口的第三世界城市一样。那时，我们的生活将很不同。我们会沦为小池塘里的一只小鱼。要在浩瀚的海洋中同其他大鱼同游，我们就必须为我们的人口填补国际人才。”[1]

新加坡第一副总理李显龙应邀上亚洲新闻台的2002年国庆特别节目时曾同17名初级学院学生对谈。一名学生说，他了解新加坡需要外援运动员和外地人才的协助，

---

[1]《对外来人才我们不应小心眼》，《联合早报》2002年8月19日电子版。

但是他很失望已入籍新加坡的原中国籍乒乓球运动员井浚泓在为新加坡赢得共和联邦运动会的乒乓赛金牌后受访时，说她很了解“这个奖牌对新加坡很重要，而不是对我的国家很重要”。针对这名学生的看法，李显龙说，他不认为国民应对新公民的谈话太过吹毛求疵，追究他们所说的每一句话的含意。“对在新加坡出生的新加坡人来说，认同新加坡是很理所当然的事，根本想都不必想。因为这是你的出生地。但是，当你需要做个选择，决定做哪个国家的公民，拿哪个国家的护照时，那可是个艰难的决定。因为你决定的是你和你孩子的前途问题。所以我们应从这样的角度来看问题。”[1] 李显龙强调，新加坡人应懂得体谅新公民所须经过的这种心灵挣扎，并以开放的态度去接纳他们。另外，李显龙在德义民众俱乐部主持德义区的 2002 年国庆敬礼仪式后受访时也表示，新加坡人应为我国最近在共和联邦运动会上所取得的成绩感到自豪。他说，这些难得的奖牌都是新加坡人努力争取到的。虽然他们并非原籍新加坡，但是每一个新加坡人还是应该为他们的努力感到自豪。李显龙说：“如果我们都是只靠自己的家庭，我想我们不但无法在体育竞赛上取得成就，也无法在经济和其他方面获得成功。我们要取得繁荣，要有好的表现，就必须把世界各地的人才吸引过来，让他们成为新加坡公民，并且对外国人肯成为新加坡公民感到高兴。”[2]

新加坡领导人的上述观点，已经转化为新加坡人的一种精神。目前，新加坡人正以更为兼容的胸怀接纳外来人才，将他们视为新加坡这个大家庭的家庭成员。从北京移民到新加坡的乒乓球运动员李佳薇代表新加坡在共和联邦运动会上表现卓越。在欢庆成功之余，当有人为她的身份感到困惑而提出“究竟李佳薇像不像新加坡人”的疑问时，采访李佳薇的新加坡记者指出，采访李佳薇时从她身上发现的 8 大特征，显示她已经是道道地地的新加坡人了：

1. 在访问过程中，她和许多新加坡青少年一样，手没离开过手机；
2. 提到鸡饭和咖喱时，她全然忘记疲惫，眼睛睁得大大的；
3. 她和你我一样，有一个储蓄银行户头；
4. 和新加坡的一般年轻女性一样，她很自豪地承认，逛街是她的最大的嗜好；
5. 在观赏情景剧 Phua Chu Kang 时，她完全跟得上节奏，不停地发笑；

---

[1] 《李显龙副总理：国人应体谅新公民　决定前途的心灵挣扎》，《联合早报》2002 年 8 月 10 日电子版。
[2] 同上。

6. 她的生日甚至和新加坡的生日一样，是在 8 月 9 日；

7. 虽然她不懂得念国歌上的马来文字，但她却懂得国歌的意思。这不是比许多只懂得唱新加坡国歌，却不懂国歌含义的新加坡人更值得骄傲吗？

8. 她从没有提到“我想‘家’”、或是“我打电话回‘家’”，14 岁从北京到新加坡来之后，过去的 7 年来，她已经从心理上把新加坡当成她的家了。[1]

毫无疑问，当记者从李佳薇身上发现的 8 大特征而认为李佳薇是“道道地地的新加坡人”的时候，人们也可以从记者的文字中看到新加坡人对于外来人才的兼容的胸怀。

(四) 新加坡人的“共同价值观”

新加坡作为移民国家，其国民来自不同国家和地区，因此，新加坡也是一个多元种族、宗教和语文的国家，各族人民尚未具有一种能够引起各种族共鸣的、共同的、独特的文化，把不同种族、不同语文和不同信仰的人民团结起来。新加坡政府认为，在新加坡人的认同感尚未建立起来之前，如果不采取任何步骤来发展共同的价值观念，就无法肯定这样的认同感有朝一日会自然出现。另外，新加坡作为地处东西交通枢纽的开放性的城市国家，各种思想意识——包括优良的、颓废的——都容易在那里流传，直接影响人民的思想和行为。虽然并不是所有的外来文化都是有害的，但是，社会变化的速度和程度令政府感到担心。由于英文已经成为新一代人民的主要用语，一旦他们过于西化，不但传统的价值观会被遗忘，他们也将与邻国的人民显得格格不入。时任新加坡总统的黄金辉在 1981 年指出，每一个民族都有不同的社会价值观，新加坡人不能把别人的价值观念和思想概念一成不变地全盘照搬，更不能把自身的文化全盘抛弃。因此，新加坡需要把基本的共同价值观念归入国家意识。这些共同的价值观念将使新加坡人团结一致，同呼吸，共命运。1991 年 1 月 15 日，新加坡国会通过了政府提出的新加坡人所应共同信奉的“共同价值观”。其内容包括：1. 国家至上，社会为先；2. 家庭为根，社会为本；3. 社会关怀，尊重个人；4. 协商共识，避免冲

---

[1] 《李佳薇拥 8 特征像道地的新加坡人》，《联合晚报》2002 年 8 月 9 日。

突；5. 种族和谐，宗教宽容[1]。共同价值观的提出和倡导，是要实现新加坡人的异祖同根：所谓异祖，是因为新加坡移民来自不同国家和地区，各自拥有不同的祖先。这是一种客观现实。所谓同根，是要建立国家认同，以大家共同的国家——新加坡——为根。这是一个努力方向。

为了更好地理解“共同价值观”，我们将“共同价值观”的具体内涵阐释如下：

1. 国家至上，社会为先

把社会的集体利益置于个人利益之上，是新加坡成功的主要因素。它使新加坡能够克服例如70年代初英国驻军撤出和1985年经历的严重经济难题等许多艰难的挑战。如果新加坡人坚持本身的个人利益和特权，拒绝为国家的更大利益而让步，将使解决这些难题的方式受到限制。人们认为，在新加坡，社会为先的原则应该延伸为国家至上。例如，华族虽然是新加坡最大的种族，但不能把新加坡视为由华人支配的国家，或以华文作为工作语言和迫使非华族同化。如果华人这么做，非华族将感到威胁，以致破坏种族和谐。《共同价值观白皮书》强调每个种族都应维护和发展本族的文化传统，但寻根的做法不应造成各族互相隔绝。因此，国家至上的原则将支持种族与宗教的容忍与和谐的价值观。

2. 家庭为根，社会为本

把家庭视为神圣不可侵犯的单位，并非新加坡独有的价值观念。所有重要的信仰都把它视为一种基本的美德。有了家庭作为社会的基本单位，广大的社会结构将会更加牢固。《共同价值观白皮书》指出，把家庭视为社会的基本单位是社会为下一代提供令人安心的养育环境的最佳途径，并且能为年老者提供必要的照顾。近几十年来，许多发达社会趋向于日益依靠国家照顾老人，并且接受随便的性关系和单亲家庭，使得家庭单位遭受损失。《共同价值观白皮书》强调，新加坡不能跟随这样的潮流。

3. 社会关怀，尊重个人

这条价值观在政府向国会提交的《共同价值观白皮书》中原为“关怀扶持，同舟

---

[1] 《五大共同价值观》，《联合早报》1991年1月6日。

共济”。它强调在倡导“国家至上，社会为先”的价值观的同时，每个人在社会中享有的权利也必须受到尊重，而不能轻易地受到侵犯，从而在社会与个人的利益之间取得平衡；必须为每一个公民提供平等的机会，使每个人在生活上都有良好的起步；必须将经济发展所带来的财富公平广泛地分配给人民；社会不但要照顾生活上的优胜者，也应照顾成就较差的一群。殖民地时代华族社团和同乡会对同乡提供的协助，马来族通过互助会组织为族群提供的福利照顾，都体现了“同舟共济”的精神。这种做法既有利于维持一个富有人情味的社会，也可以避免新加坡成为一个福利国家。当《共同价值观白皮书》提交到国会讨论时，一些国会议员对“关怀扶持，同舟共济”这项价值观提出不同看法。官委议员朱福兴认为，共同价值观的精髓是大团体的利益应在小团体之先。当共同价值观的原则成为每个新加坡人的信念时，国家就能发挥最大的整体竞争力。但是，共同价值观也包含着一个潜在的危机，即当个人成为大组织的一部分，创意、好奇心、经济创见乃至个人对生命的热爱，都可能会受到腐蚀。官委议员梁志玮认为，“共同价值观”未能充分顾及个人与国家利益的平衡。比起“国家至上，社会为先”的强调，对于个人的“关怀扶持”就显得过于薄弱。最后，难免使“国家至上，社会为先”的价值观沦为替政府行政提供方便的工具。实际上，在现实生活中，已经存在这种情况。用厕后须冲水的条例就是一例。每个人都想要共厕清洁，但有时因心中有困扰而在如厕后忘了拉水。像这样无心的行为也会被法律制裁，将使人们怀疑，个人权利和国家利益之间是否已经失去了平衡，政府的管制又是否太多。孟建南认为，“关怀扶持，同舟共济”的价值观只是简单地提及“关心个人”(“关怀扶持”包含着关心个人的意义)，如果改为“尊重个人”，就包含着对于个人的关怀、爱护和照顾等更为丰富的意义，使得每个新加坡人都能认识到自己在新加坡占有一席之地。国会接受了孟建南提出的动议，将原有的“关怀扶持，同舟共济”改为“社会关怀，尊重个人”。李显龙副总理指出，强调个人在集体中的地位，已包含了西方的思想，和华人的“牺牲小我，完成大我”的观念有所区别。这种观念与新加坡人民息息相关，必须努力培养。

4. 协商共识，避免冲突

这项价值观在《共同价值观白皮书》中原为“求同存异，协商共识”。以“求同存异，协商共识”的精神解决问题，和以“社会为先”的价值观相辅相成。这意味着在确定社会的发展途径方面应容纳不同意见；在作出最后决定前，争取大多数人的支持。《共同价值观白皮书》强调国家团结是一种珍贵资产。要维护国家团结就必须具备忍让的意愿。如果不能发挥忍让的精神，国人就可能会因争论而分裂，以致无法取得协调。当《共同价值观白皮书》提交国会讨论时，国会议员孟建南认为“求同存异，协商共识”的真正意义应该是当大家在提出不同意见与交流之后，仍然为共同的目标团结在一起。因此，他同意李显龙副总理的观点：“即使我们无法取得共同的谅解，我们也应该互相尊重相反的意见。”他说：“我们不应该在取得共识的过程中反目为仇，因为取得共识的道路并不永远是平坦无阻的，有时必须通过相左的意见，才能达成共识。”他建议把“求同存异，协商共识”改为“协商共识，避免冲突”，以便真正反映这个价值观的含义。同时修改后的用词，依然包括了鼓励人们提出不同意见的含义。波东巴西区议员詹时中反对《共同价值观白皮书》提出的“求同存异，协商共识”的价值观，强调政府应接受国民的批评，允许他们提出代替性的异议；并认为孟建南提出的“协商共识，避免冲突”的修改意见是换汤不换药。詹时中指出，只有公开辩论，才能制衡政府。如果只允许共识而不允许争论，将会出现危险现象，即以后可能没有公开辩论，政府将只能进行闭门会议；如果提倡“协商共识，避免冲突”的价值观，人们就会为了避免冲突而不好意思批评政府；如果“争论”成为不好的字眼，那么，“反对党”就可能变成一个坏的名词；如果强行压制国民对某些政策的异议，只会引导将国家引向“黑暗时代”。因此，他建议用“通过争论以达致共识”取而代之。但是，国会最后还是通过了孟建南提出的“协商共识，避免冲突”的修改意见。

5. 种族和谐，宗教宽容

《共同价值观白皮书》指出，种族与宗教和谐是新加坡生存的基础。如果不同种族不能和谐共处，无论是占大多数的华族还是任何少数种族，都无法取得繁荣。

需要指出的是，共同价值观不等于儒家价值观或其他任何一种宗教价值观。一方面，新加坡政府在提出共同价值观时，注意尊重各大宗教的教诲以及各种族的文化传统，因为它们都包含了世代相传的价值观念。实际上，没有任何一项和各大宗教，包括回教、基督教、兴都教、道教或佛教的教诲互相冲突的共同价值观会受到普遍接受。另一方面，任何一个宗教或文化的要义都不能作为建立新加坡人认同的基础。扬此抑彼，都将制造新加坡种族之间与宗教之间的矛盾。比如，新加坡人口中华人占76%，儒家伦理是华族的传统思想观念的重要部分，但是，儒家价值观不能作为各族的共同价值观。《共同价值观白皮书》强调，政府从未有意图通过制订共同价值观来把儒家思想强加在新加坡人身上。它也绝不允许占人口大多数的种族向少数种族施加压力。即使是华族本身，也不能把共同价值观视为儒家思想的代名词。产生、发展于农业社会的儒家价值观只有通过适时更新，才能符合工业化城市人民的需要。比如，根据儒家价值观，家庭关系是最重要的。但是，过分强调家庭关系则容易滋长裙带作风。为了克服强调家庭关系可能带来的副作用，新加坡的做法是把公职和官方职务与私人利益和个人义务明确划分，以保证公共服务机构的廉洁与效率。总的来说，共同价值观不等于儒家价值观或任何一种宗教价值观，但又吸收了各族文化特别是儒家文化的合理价值。不同种族和不同信仰的人民可以通过吸收本族文化和自己所信奉的宗教思想，以丰富、生动和具体的事例来解释抽象的共同价值观。

“共同价值观”的提出，在国会和民间都产生了很大的反响。共同价值观获得了较为广泛的支持。国会议员基本上都支持政府提出共同价值观作为培养国民意识的基础，并且对“国家至上，社会为先”、“家庭为根，社会为本”和“种族和谐，宗教宽容”等价值观都未提出异议，基层的反应和民意调查都显示共同价值观得到广泛的支持。李显龙指出，这些共同价值观不仅获得各种族的支持，即使是反对党阵营中的李绍祖医生也没有加以反对。这种情况“是正确的”，“应该拥有一套就算是反对党人士也能接受和实践的共同价值观”。只有这样，“才能加强新加坡的政治制度”。现在，共同价值观已经成为许多新加坡人的基本信念，捍卫新加坡，也就是捍卫这些基本的信念。吴作栋指出：“当我们宣誓我们是新加坡公民时，我们是在表达对新加坡生活与共同价值观的信念——多元种族与多元宗教社会、任人唯贤、富有同情心、公正、平等、勤奋、决心，以及无论做什么都要争取优良表现。我们对成就感到自豪，并对国家给予的机会与美好生活心存感激。”一名新加坡人在写给《海峡时报》的信中说得好：“如果我们要国民为国捐躯，必须有超越物质的东西让他们觉得牺牲是值得的。”新加坡政府倡导的“共同价值观”，极大地加强了新加坡人的国家认同，成为促使国民为国捐躯的“超越物质的东西”。

(五) 新加坡的市场伦理

移民社会人才流动的特性，有利于养成重视人才的市场伦理，形成吸纳人才的市场机制。新加坡公职人员的薪金制度十分典型地体现了这种移民社会的市场伦理与机制。《世界联系》调查组 1996 年对世界各国高级公共服务人员年薪的调查显示，新加坡政府首长的年薪为 812858 美元，是调查中排名第二的日本政府首长年薪（395049 美元）的 2 倍有余，是美国政府首长年薪（200000 美元）的 4 倍，是英国政府首长年薪（129189 美元）的 6 倍有余，是俄罗斯政府首长年薪（3275 美元）的 242 倍。新加坡人认为，给予高级公职人员优厚的薪金是吸纳贤才和防止贪污的必要手段，用新加坡人自己的话说，就是“高薪养贤，厚禄养廉”[1]。

新加坡内阁资政李光耀曾就公职人员的薪金问题指出：“应该根据市场的做法，建立一个诚实、公开、可以辩护及行得通的制度。如果放掉这个做法，就会变成贪污或是虚伪。”[2] 新加坡奉行、推行的“高薪养贤、厚禄养廉”观念和制度，就是“根据市场的做法”而建立的一种“诚实、公开、可以辩护及行得通”的市场伦理与机制。这里，我们将从“诚实”的立场、“市场的做法”和“公开、可以辩护及行得通”的原则对新加坡的“高薪养贤，厚禄养廉”的市场伦理和机制分析如下。

1.“诚实”的立场

在如何确定公职人员特别是部长和高级公务员的薪金标准的问题上，新加坡政府领导人反复强调要坚持诚实的立场。李光耀说：“我要大家诚实，不要做伪君子，如果我们继续虚伪的作风，我们就不能维持这个制度，这个制度肯定会垮下来。”[3] 又说：“不要假惺惺，应该诚实和实际地看待问题。”[4] 新加坡政府的诚实立场主要表现在如下方面：

(1) 诚实地看待人性

新加坡政府十分深切地认识到人是包含着“经济人”和“社会人”等正反两面

---

[1] 《以具竞争力薪金建立贤能廉正的政府——部长与高级公务员薪金标准》，《联合早报》1994 年 10 月 22 日。

[2] 《李光耀 40 年政论选》，第 483 页。

[3] 同上，第 486 页。

[4] 同上，第 493 页。

的“复杂人”。一方面，新加坡政府看到了人性中的“社会人”的一面。在特定时期与特定环境，这种“社会人”的一面甚至可以表现为一种杀身成仁、为国捐躯的英雄气概。李光耀说，当问题确实涉及国家的生死存亡，对个人利益或安全的考虑会被搁在一旁。一场革命进行的时候，全体人民的命运取决于少数人的行动。要是再出现这样的局面，他相信一些新加坡人会再度挺身而出应付紧急事变。另一方面，新加坡政府也透视到人性中的“经济人”的一面。1985 年，当大法官、总检察长和法官职位即将出现空缺，而这些职位的薪金又远远低于律师时，李光耀曾和 10 多名律师谈过，但他们都不想出来担任上述职位。李光耀对此并不感到奇怪。他说：“这是个很简单的人性问题。”[1] 因为任何人都有着常人的欲望需求。有人认为，把部长、常任秘书的薪金和私人部门高层管理人员的薪金进行比较是错误的。李光耀反问道：“我们的思维是否完全不同？难道一个不必吃、不必生活、不必把孩子送去念大学，另一个就需要？你是否生于不同时代，一个在公元前一个在公元后？”[2] 如果说，领袖也有着常人的欲望需求，那么，领袖的家属就更是常人。李光耀指出，要劝说才俊参政时，连他的妻子也要能被劝服。部长的妻子也是普通人，她们也像丈夫同辈的妻子与子女那样，有着一般人的期望。参政意味着牺牲一定意义的家庭生活。那不仅仅是钱，而且是时间、隐私和一起度假的闲暇。

在付给部长和高级公务员高薪的问题上，反对党及社会各界的一些人士往往强调人作为“社会人”的一面，忽视人作为“经济人”的一面，对人民行动党政府提出种种责难。1985 年的国会辩论中，反对党议员惹耶曾问当时的总理李光耀：“总理不止一次地指出我们必须诚实。那么，我们就老实一些吧！总理是不是说，如果政府不支付非常高的薪水，现有的和新的内阁部长将不愿意接受内阁部长的职位。”李光耀回答说，他的意思很简单，即如果新加坡不把部长薪水提高到比较合理、比较接近市场的水平，那就只能碰运气来猜测他们是否会作出这样大的牺牲。因为事实很简单。他们并不是贪婪地要争取权力或声望。如果参政，他们所面对的是巨大的挑战。他们面对的是如何在选民越来越高的要求下、在不同的境况下以及在越来越复杂的政治经济情况下，把这个国家管理得更好。以下经验可以为李光耀的上述观点提供依据，即如

---

[1]　《李光耀 40 年政论选》，第 484 页。

[2]　同上。

果公职人员的薪金或正常收入过低，一般将出现两种情况：其一，当法律不能约束公职人员的行为时，他们将会通过非法手段获取财富；其二，当法律可以约束公职人员的行为时，他们当中有才能的人就可能离职而去，国家将不能招聘到优秀的公职人员队伍。在新加坡，这两种情况都出现过。50年代，腐败现象严重；60年代至70年代初期，文官职务吸引力不大，许多优秀人才不愿意加入文官队伍或离开文官队伍。因此，仅仅以重大责任和神圣使命的光圈召唤人才参政，难以获得真正的人才。或者说，这其实等于靠碰运气来求取人才。“或许，你会偶尔得到一些非常特殊的人——有好的品格、有为，真的对国家有益。但是，要治理一个国家，你所需要的不只是一个或两个好人才。所以，我们的制度是有系统地物色那些能作出贡献的人。”[1] 而要“有系统地物色那些能作出贡献的人”，就决不能靠碰运气来求取人才，而应该建立一种能够吸纳贤才的制度。

新加坡政府能够诚实地看待人性，表现在它能够正视人作为“经济人”和“社会人”的两个方面，并给予二者不同的定位。在制度建设方面，新加坡政府立足于人是“经济人”，从而实行“高薪养贤，厚禄养廉”；在道德教育方面，新加坡政府着眼于人是“社会人”，从而强调修身、正已，养成君子的品格。实际上，儒家治官之道有两个相辅相成的程序。一是制度建设立足于性本恶或人是“经济人”，从奠定经济基础开始，使官员之禄“足以代其耕”和“足以养廉耻”。这是践之于足下的基础，是安身之道。二是道德教育着眼于“性本善”或人是“社会人”，从“反求诸已”开始，由“明明德”而达到“止于至善”。这是悬之于头顶的境界，是进德之门。只有诚实地认识人性中的正反两面，才能实现修身、齐家、治国、平天下的理想。

(2) 诚实地看待时代变化

新加坡政府的第一代领导人曾经历了水深火热的苦难年代。为了在斗争中求取生存，他们准备牺牲一切。因此，李光耀认为，新加坡第一代是“出于信念的激情才投身于政治活动的”[2]。当时间进入1970年代，随着经济的增长，新加坡开始进入消费时代。消费时代的巨大浪潮对旧有的价值观产生了巨大的冲击。在全民就业、高经济增长环境下长大的新一代新加坡人，有了较之老一代人不同的价值观和就业期望。私

[1] 《总理总结薪金白皮书辩论》，《联合早报》1994年11月4日。
[2] 《李资政为薪金白皮书辩护词》，《联合早报》1994年11月2日。

人企业部门的高薪诱惑，使得新一代的新加坡人不愿意前往或留在公共行政部门工作，造成公共行政部门人才不足或人员素质下降的现象。从1960年就和新加坡第一代领导人联系密切的荷兰经济学家温斯敏博士在相隔十年之后，于1994年又来到新加坡。李光耀问他过去十年新加坡最大的变化是什么。他顿了顿说："他们希望得到更多。"[1] 这就是说，新加坡人的欲求的增长，比新加坡城市、经济等的变化，更让温斯敏博士感受深刻。

面对时代的变化，新加坡政府强调立足诚实的立场加以应对。一方面，新加坡政府领导人能够正视时代的变化。李光耀、吴作栋等人认为，第一代政治领袖已经成了"恐龙般的绝种的人"[2]。这些人出于信念的激情投身政治活动。但是，新加坡不能重新创造同样的条件和环境，然后找出类似的人才，来献身新加坡的政治。或者说，新加坡不应该重复这个时代所经历的一切和所付出的代价。人们也希望这个时代不会再回来。因此，现在的问题是，在不同的客观环境下，如何吸引人才参加政治。另一方面，新加坡政府领导人能够适应时代变化。李光耀曾说："我们能够取得今天的成就，是因为我们能够随着情况与社会的改变而改变。"[3] 他认为，新加坡需要有献身精神的部长，但在新的社会环境下，人们不能要求他们像特丽莎修女那样作出牺牲。为国牺牲的精神必须以现在新加坡的现实环境来看待。这就像新加坡的国庆检阅礼那样，政府在60年代发汽水和蛋糕给参加受阅游行的队伍，但在90年代却发给他们最好的T恤、牛仔裤和运动鞋。李光耀说："我们是否已经放弃理想主义，而采纳物质主义？不是的，我们只是在适应新环境。"[4] 为了适应时代的变化，新加坡政府不断调整、提高公职人员的薪金。李光耀说："我们设法招募年轻的人才，他们属于不同的时代。我不是说他们不能做出同样的牺牲。我仍可付给他们旧的薪酬，但我这样做，对得起国家，对得起他们吗？"他还说："我不需要向我那一代的国人证明我们的牺牲，不过是为了年青一代的新加坡人，我不相信要求年轻同僚具有和我们一样的绝对献身精神是一种聪明的做法。这并不意味着他们不会献身，只不过是不要去压迫他们

[1] 《新加坡的成功有赖诚实、能干和有创意的领袖——李资政在国会演讲全文》，《联合早报》1994年1月15日。
[2] 《李资政为薪金白皮书辩护词》。
[3] 《李光耀40年政论选》，第489页。
[4] 同上，第495页。

罢了。”[1]

(3) 诚实地看待政治

政治既是一项事业，也是一种职业。政治作为令人献身的事业，要求参政者具有奋不顾身的责任感、使命感，并令参政者获得自我实现的满足；政治作为借以谋生的职业，必须根据按劳付酬的原则给予从政者薪金，使之能够维持自己及家人应有的生活水平。相对来说，当国家处于危难之时，政治主要是作为一项事业召唤着人们投身其中，就如新加坡的第一代领袖是“出于信念的激情才投身于政治活动的”[2]。当国家处于稳定之时，政治必须作为一种职业付给人们应有的报酬，以吸引能干的人才从政。在稳定之时，“人人说：‘哎，国家治理得不错，为他们欢呼吧。我只想找份好工作。’好工作很多，问题就在这儿”。因此，李光耀认为：“除非我们为政治注入更多的诱因，否则，人才都会去做企业主管、做经理，只剩二流的就业人才。”[3] 为了使政治领袖和高级官员维持廉正自守的高水平，给他们足够的薪金是极其重要的。

1998 年 2 月，正值亚洲金融危机期间，非选区议员惹耶勒南在国会上动议部长自愿减薪，并要求议员自愿少领津贴 25%。他要政治领袖“摆摆政治姿态”，以示他们在国家面对区域金融危机时愿和人民“共患难”，以渡过经济难关。但是，这项动议并没有得到国会的支持。新加坡第一副总理李显龙指出，部长与高级公务员的高薪不会削弱政府的道德权威，因为新加坡领袖一向都不以“作出重大牺牲”来建立治理国家的道德权威。许多国家领袖的传统做法是无论他们相信与否，都认为如果你是领袖，就必须大幅度减薪。也许你必须穿麻布衣来显示自己作出牺牲。但新加坡的问题是：首先，你能找到愿意这么做的人吗？第二，你为什么要这么做？你固然不要人们为了想发财而从政，但是你必须吸纳那些能在私人企业界里事业有成的人加入政府，以便做好这份工作或更多事情。

（4）诚实地看待收入差距

有才干者和能力较差者之间存在收入上的差距是现实生活中不得不认可的正常现象。李光耀说，人们必须接受人人不可能“平等”的事实，因为最终得利者一定是胜

---

[1] 《李光耀 40 年政论选》，第 481 页。

[2] 《李资政为薪金白皮书辩护词》。

[3] 《1966 年 7 月 28 日接受电视访问》，参见《李光耀治国之钥》第 99 页。

者。不过，社会应该避免让胜者全利尽收，否则就会打击落后者再接再厉的士气，甚至造成人才大量外流，影响国家经济长期发展。他说："人生有如一场马拉松赛，那是一个永远无休止的竞赛，你跑完一条终线，另一条接踵而来。不是每一个人都能拿第一，有些人可能因为脱水等因素而选择中途放弃。但如果他放弃的是他的人生，国家就会遭殃。所以，我们在沿途给安慰奖，每完成一段路程就有一份奖品，如果你放弃了，就拿不到第二段路程的奖品。所以，你必须尽量掌握步伐来完成更多的路程。而这就是事实，我们必须面对。如果你仍说'人人平等'，无论你能否完成（竞赛），那你就永远不能塑造一个马拉松冠军。"[1] 新加坡总理吴作栋也说："新加坡是个论功行赏的社会，谁的能力强，谁努力工作，谁的表现好，谁就会得到应有的报酬。这就像一场经济长跑，那些训练有素、能力高、精力充沛的运动健将，会得到更大的奖励。但是，政府会帮助那些落在后头的人，完成赛程。只要我们的经济保持高增长，那么，我国队伍中的每一个队员，不论在赛跑中排名多少，都会得到一份努力奖。就算他跑最后，也会得到一份安慰奖。但是，他一定要跑完整个赛程，不能半途放弃。"[2] 李光耀等新加坡领导人的上述思想，已经被归纳为"各尽所能，各取所值，扶贫济困"的治国原则。"各尽所能，各取所值"强调的是自由的原则，是一种鼓励竞争、奖励强者的举措；"扶贫济困"强调的是正义的原则，是一种追求平等、保护弱者的方法。没有前者，社会就会缺乏竞争力，就不能快速发展；没有后者，社会就会缺乏凝聚力，就不能保持稳定。

实际上，诚实地看待收入差距，必须正确理解平等的内涵，正确理解我们应该追求什么样的平等。平等可以区分为结果的平等、起点的平等和程序（也即机会）的平等。在现实生活中，结果的平等只能打击能者和勤者的积极性，导致干与不干一个样、干多干少一个样和干好干坏一个样，最后走向平等的贫穷或贫穷的平等。起点的平等在现实生活中也不可能。富豪的子女由于物质条件的充裕即站在富豪父亲的肩膀上而可以获得更高的起点，普通工人的子女由于物质条件的缺乏即站在普通工人的肩膀上而只能拥有较低的起点。只有程序或机会的平等是现实的，也是必需的。这种程序的平等意味着任何想进入大学或想竞选总统的个人都要平等地经过同样的程序，遵

[1] 《马拉松只有一个冠军　但沿途发安慰奖给参赛者》，1996 年 5 月 23 日《联合早报》。
[2] 《吴作栋在 1994 年国庆群众大会上的讲话》。

守同样的规则。这就是说，即使是普通工人的子女，他（或她）也拥有与富豪子女平等的机会。反过来说，不平等也可以区分为封闭的不平等与开放的不平等。在封闭的不平等社会中，“公之子恒为公，士之子恒为士”，不同等级之间没有相互流动的可能性。这种不平等将阻碍社会前进，导致社会动荡。一方面，这种不平等将由于不能体现各尽所能、各取所值的原则而导致社会停滞；另一方面，这种不平等将使低层的贤能之士不能通过正常渠道走向高层，于是，这些贤能之士便只好通过非正常的暴力方式推翻现有秩序。在开放的不平等社会中，各个等级之间的人员将由于各自的能力和表现而自由流动。这样，有能力和贡献大的人将凭着自己的能力和贡献获得晋升，没有能力将通过提高自己的能力和增加自己的贡献而有望晋升，社会也将因此而处于一种动态平衡之中。

2.“市场的做法”

新加坡政府主张“根据市场的做法”，让市场决定公职人员包括部长和高级公务员的薪金。市场有两种含义，一是指商品买卖的场所，二是指商品交换关系的总和。因此，“根据市场的做法”，“以市场力量来决定收入”[1]，就是根据商品买卖或商品交换的规则来付给薪金。其具体表现如下：

(1) 根据人才的价值确定薪金

商品的买卖或交换强调“物有所值”。同样，人才市场则须强调“才有所值”，即根据人才的价值确定薪金。吴作栋说：“在市场经济中，我们是根据一个人的价值来酬报他们。他的贡献有多大？他的能力如何？他的表现如何？”[2]这里，吴作栋实际上是用人才的贡献、能力和表现来判定其价值，确定其薪金。

1994 年，吴作栋在国会演讲中指出，当人们谈论部长与高级公务员薪金标准时，首先必须决定他们所要的是怎么样的政府及具备什么素质的人才。如果人民所要求的只是一个平庸甚至低劣的政府，并准备接受“阿陈阿末”为部长或常任秘书，那政府就可以把部长及高级公务员的薪金标准定在一般新加坡人的平均收入水平上，这约等于每月 1500 元。不过，吴作栋指出，他不能接受这么低落的标准。因为既然国会选

[1]《李光耀 40 年政论选》，第 484 页。
[2]《总理总结薪金白皮书辩论》。

择他为总理，把国家的前途交托给他，他就有义务集合最杰出的人才为国家服务。如果人民希望自己的生活更安全，就必须把治理国家的重任交付给最杰出的人才。这些人的收入都是全国最高的几百名之一。每月至少能赚取4万元。他说，部长的才能不一，在私人企业界的赚钱的能力也不一样。要是他们选择在私人企业界任职的话，他肯定他的内阁中有超过一半的成员，将能名列收入最高的100名受薪人士名单内。新加坡政府认为，有资格成为部长或高级公务员的，应该属于那些有能力登上私人企业界顶峰的人。因此，部长和高级公务员的收入，应该与本地私人企业界的顶尖专业人士相比较。

在新加坡，总理、部长及大法官对人民生活的影响、对国家的责任以及上述职务所要求的能力远远高于当地顶尖的私人企业总裁和律师。但是，当地顶尖的私人企业总裁和律师的薪酬却远比总理、部长和大法官来得高。1985年，新加坡有676人所缴付的所得税比部长们的薪金高。李光耀认为，这些人的收入虽然比部长们高，但他绝不相信，这676人对新加坡会比财政部长，国防部长和国家发展部长更重要。他说："在新加坡，任何人作出的决定，都不会比他们这三位的影响重大深远。"[1]李光耀在1990年底卸下总理职务之前作的最重大任命之一，就是委任一名大法官接替黄宗仁大法官。通过反复挑选，李光耀最后决定选择毕业于剑桥大学法律学院、时任作为本地最大银行的华侨银行主席、并且在新加坡与国际银行家当中建立了正直、能干美誉的杨邦孝担任大法官。如果杨邦孝同意，按规定他必须先担任一年高庭法官，过后才能出任大法官。杨邦孝决定接受这项任命。他离开了华侨银行，并于1989年7月1日受委为高庭法官，1990年9月受委为大法官。作为华侨银行主席，杨邦孝在1989年上半年的薪金、花红和现金代替年假方面的收入是130万元。换句话说，如果杨邦孝留在华侨银行，他在1989年一整年的收入将是260万元。然而，作为一名高庭法官，他在1989年下半年收入总和是17.7万元，不到他在华侨银行上半年年薪的1/7；即使担任大法官之后，收入也不及担任华侨银行主席职务的1/5。李光耀认为，杨邦孝是把大法官工作作为一项使命而接受了这项任命的。当然，由于继承了父母的一些遗产，减薪问题没有对他构成就任的障碍。但是，未来的新加坡不能奢望找到一位同样正直、能干而又刚好继承了父母遗产的大法官。部长的情况也与此类似。李光耀说：

---

[1] 《李光耀40年政论选》，第484页。

“处理数以几十亿元计的部长，不应该领取低薪。低薪不可能吸引能干、又能在本身的专业或商业领域取得杰出成就的人才。低薪所能吸引的只是以公共服务为名，靠甜言蜜语取得政权的伪君子。一旦由他们治理国家，真面目将暴露无遗，国家也将毁在他们手中。”李光耀说：“每当你选区的居民问你：为什么部长要那么高的薪金？告诉他们：经过部长之手的钱以十亿元计，部长的一个签名可以决定一间公司的成败，所以，他必须是具备那种素质、地位、道德的一个人。如果他根本不值得领取市场价格的 60%（当时新加坡政府提出以市场价格的 60% 作为部长薪金的计算标准——引者）作为薪金，他根本不值得担任这个职位！”

(2) 根据供求状况确定薪金

在市场中，商品的供求状况是影响商品价格的重要因素。当商品供不应求时，商品的价格就会上涨；当商品供过于求时，商品的价格就会下跌。一件商品能否卖得出去，或卖多少价钱，取决于有没有人买或愿意花多少钱买。同样，在人才市场中，人才的薪金也必然受到人才供求状况的影响。尊重这一原则，就必须根据市场供求状况确定人才薪金。

当李光耀还是一个年轻的大学生时，他认为专业人士、银行家与普通工人收入的巨大悬殊，是不公平和无必要的。因此，他成为了一名社会主义分子。毕业后，李光耀设立了自己的律师馆。这时候，他才开始体会到市场中的供求定律决定价格与工资。他认识到，“在现时代，在这种客观现实环境里，要吸引最好的人才加入政府的方法，就是以接近他们市场的价值，来酬报他们”。因此，“公平是一个相对的问题”。“以道德价值来制定薪酬，只是对介绍社会主义的教科书，以及谈论社会公平的政治小册子有用罢了。”[1] 李光耀用大量的事例说明供求关系决定人们薪酬的市场定律：

首先，供求关系决定第一流运动员与第二流运动员的薪酬。李光耀说：“在第一流和第二流之间，那种差别是好几百万元的。没有人会喜欢在自己的球拍、运动衫或鞋子上打上二流明星的名字。看看娜拉蒂罗娃，她绝不会放弃把她的名字印在网球拍、网球、运动鞋运动衫上的专利，直到岁月不允许她再跳为止。在她和拾球童之间，差别在哪里？是否有人要观看拾球童打网球？或者拾球？游戏由谁决定？是谁决定奥林匹克运动会金牌奖的价值？那是市场力量在决定。整个体系便是如此。要得到

[1]《新加坡的成功有赖诚实、能干和有创意的领袖——李资政在国会演讲全文》。

最大的成果，就得让市场来决定。”[1]

其次，供求关系决定不同项目运动员的薪酬。比如，贝克在 17 岁时夺得了温布尔登网球冠军，每年赚取超过 1000 万美元。这包括了奖金，宣传球鞋、衣服、短裤、球拍及手表的广告费等。这笔钱远比德国任何优秀的医生、律师在接受了多年的专业训练和经验之后所能赚取的钱更多。如果贝克是一名乒乓球冠军，而不是网球冠军，他即使 50 万美元也赚不到。他的追随者将只是中国人和东南亚的低入息穷人。那些有能力买那些美丽的名牌货的人是在美国、欧洲和日本。而他们并不喜欢乒乓球。没有人会付钱给你作为版权费。你能赚到 5 万美元就算不错了。这就是网球球星的供求。它决定了他们的奖金。而他们所赢得的奖金，又吸引了新的供求。也因为奖金款额庞大，所有在欧洲、美国和澳洲的顶尖运动员，都渴望成为网球冠军。

第三，供求关系决定不同门类医生的薪酬。在医生当中，尽管毕业于同样的医学院，第一流的病理学家、血液学家或儿科医生所赚的收入比普通的妇产科医生或外科医生来得少。为什么会有这种差距呢？李光耀解释说：“能力和报酬之间并没有抽象的‘公平’关系。唯一的关系是出在这三种专科医生的供应与需求。”[2]

从供应与需求的关系来理解，新加坡容易出现政治领袖人才供不应求的状况。一方面，新加坡作为一个国家，麻雀虽小，五脏俱全，需要大批政治人才充实各个政治部门。但其小国寡民的现实，又造成求才不易的问题。另一方面，在稳定与繁荣时期，能干的新加坡人喜欢追求具有挑战性、有满足感和高酬劳的私人界职业，所以，很难说服他们接受政治职业的风险和公众责任。这就造成部长、大法官等人才供不应求。1985 年，新加坡的律师有 1000 名，其中有 12 位有资格当法官。但当邀请他们做法官时，他们却说要等几年赚够钱后再说。当时，新加坡有一个大法官、一个总检察长和两个法官职位的空缺。但是，在符合条件的人中，却没有人愿意接受这几个职位。为什么？李光耀说：“很简单，因为牺牲太大。”为了吸纳优秀人才担任部长、大法官及高级公务员职务，解决政治人才的供不应求，必然要根据供求状况确定薪酬。

(3) 比较收益（成绩）以确定投入（薪金）

“根据市场的做法”，看一项投入是否值得或必要，不能孤立地光看投入本身，而

---

[1] 《李光耀 40 年政论选》，第 490 页。

[2] 《新加坡的成功有赖诚实、能干和有创意的领袖——李资政在国会演讲全文》。

应该比较这项投入所带来的收益，才能作出正确的判断。比如，孤立地看投入，1000 元的投入当然比 2000 元的投入更省钱。但是，联系地看，如果 1000 元的投入仅能带来 1 万元的收益，2000 元的投入则能带来 10 万元的收益，则 2000 元的投入无疑要比 1000 元的投入更合算。

反对党曾攻击人民行动党领导的新加坡政府是世界上最昂贵的政府。李光耀反驳说，便宜没有好政府。1994 年，吴作栋在国会演讲中就部长和高级公务员的薪酬与私人企业顶尖人物挂钩的方程式指出："我在今天吁请大家赞同付给公务员和部长的薪金公式。你应该以成绩来判断这个公式是否正确，而不是以你的收入来和部长及高级公务员的薪金作比较。你应问，今天整个内阁班子是否值得 1700 万元。就像榴莲，吃在口里才知其味。付出代价多少，就得多少报偿。"[1] 他说，新加坡的国内生产总值是 890 亿元，如果增加 1%，就是多了 8.9 亿元，如果减少 3%，就是少了 26.7 亿元。而所有部长的薪金即使按照新的更高的标准加以调整，加起来也只是 2200 万元。他因此问国会，到底是花 2200 万元来确保继续有好的人才来领导新加坡每年取得至少 8.9 亿元的增长比较明智，还是省下 2200 万元但因为政府治理不当和贪污，导致国家收入少了 26.7 亿元来得合算？

3. "公开、可以辩护及行得通"的原则

"公开、可以辩护及行得通"是新加坡"高薪养贤，厚禄养廉"的重要原则：

(1) 公开的原则

提高部长和高级公务员的薪酬在许多国家是一个深具争议性的问题。有些国家把部长大部分的薪酬改以非现金的酬劳来掩饰——房屋、汽车、开支户头、海外度假等；另一些国家则提供其他合法化的收入给部长和代议士；还有一些则默默地容许因公共服务薪金太低所造成的人才流失。新加坡选择公开付予部长实际、堂堂正正的薪金，而不是藏着其他额外利益的低薪。在新加坡，部长们除了享有免税汽车津贴外，并没有房屋津贴、假日津贴等额外津贴。此外，也得缴税务，缴交水电费、电话费、住院费。吴作栋举例说："如果很不幸的，副总理李显龙准将的恶性直肠癌淋巴肿瘤

[1] 《吴总理动议国会接受薪金白皮书演讲摘要》，《联合早报》1994 年 11 月 1 日。

复发的话，他也得自负本身的医药费。”[1] 有人说，公开付予部长实际、堂堂正正的高薪，而不是藏着其他额外利益的低薪的做法“太过开放，太过耿直，太过老实”[2]，吴作栋回答说，政府应该对人民诚实。如果这是国家支付给政府管理人民的实际成本，那么，这也应是人民所能看到的数目。

有人曾问李光耀是否考虑过以其他方式给予部长酬劳，例如给他们车子、房子或其他好处，以及他是否曾参考其他国家支付部长的薪金方式。李光耀回答说，他曾小心考虑其他国家的做法。其实，新加坡可以通过许多方法提高部长酬劳，例如每年给部长免费旅行、免费医药服务等。但是，给予部长这样的好处是危险的，不如让他们拥有自己的户头支付自己的一切费用。他们若不喜欢大型车，可以买辆较小型的。让部长利用自己的薪金像一般人那样支付自己的汽车、汽油和医药费，将能确保廉洁的政府。李光耀访问其他国家时，这些国家的总理和部长们在私下讨论时告诉李光耀，他们非常羡慕和妒忌新加坡有能力把薪酬的事情公开提出来，以接近市场的水平付薪酬给政府的部长和文职官员。在这些国家，历史传统与媒体所制造的公共舆论气候，迫使他们按照习惯标准付很少薪酬给担任高职位者，却为他们提供华丽的办公室、官邸、家庭佣人、司机、汽车和飞机。他们的办法是复杂的。他们不满意，因为最优秀的人才因此不愿意参与政治或替政府做事。

(2) 可以辩护的原则

公开给予部长和高级公务员等高层公职人员实际、堂堂正正的具有竞争力的薪酬，使新加坡政府须付起责任去公开和直接地面对薪金问题，以证明部长和高级公务员等高层公职人员所得的高薪是合理的。因此，部长和高级公务员的薪金，历来是国会辩论乃至公众争论的焦点问题。不过，吴作栋指出：“部长的薪金成了一些人妒忌的根源未必是坏事。我们比较可能从这方面延揽到好部长。如果倒转过来，我反而会极度担心。假使是部长妒忌在私人企业界服务的人，这无疑是朝向贪污的第一步。”[3]

(3) 行得通的原则

1994 年，新加坡大多数公共服务的薪金已跟私人企业的薪金标准挂钩。但是，政

---

[1] 《吴总理总结薪金白皮书辩论》，《联合早报》1994 年 11 月 4 日。

[2] 同上。

[3] 《总理：唯有付高薪才能延揽良才组织好政府》，《联合早报》2000 年 7 月 1 日。

府还没有为部长以及特级和超级公务员，尤其是行政服务的公务员，制订一个正式的薪金标准。为了使“高薪养贤，厚禄养廉”行得通，新加坡政府向国会提交并通过了《以具竞争力薪金建立贤能廉正的政府——部长与高级公务员薪金标准》白皮书。白皮书认为，有资格成为部长或高级公务员的，应该属于那些有能力登上私人企业界顶峰的人。因此，部长和高级公务员的收入，应该与本地私人企业界的顶尖专业人士相比较，并跟私人企业界保持一致的进度。白皮书提出了部长与高级公务员薪金标准的具体方案。其要点如下：

a. 政府根据私人企业中六个专业的收入，为部长和高级公务员制订两个薪金标准；所选定的六个专业是：银行家、会计师、工程师、律师、本地企业和跨国公司执行人员；

b. 第一个薪金标准：特级一，是为部长和特级公务员而设。其方程式是从上述六个专业中，各选出最高薪的四人，然后以他们的平均主要收入的三分之二，作为这一级的薪金标准；

c. 第二个薪金标准：超级 G，是为刚升上超级薪金制的公务员而设。政府将从年龄在 32 岁而又从事上述六个专业的人中，各选出收入排名在第 15 位者，然后以他们的平均主要收入作为标准；

d. 由于资料取自国内税务局，薪金标准其实落后私人企业界两年；

e. 所调整的薪金都将纳入薪金中“非养老金”的部分；

f. 第一个薪金调整将在 1995 年开始；

g. 政府每五年就会对薪金标准进行检讨。

毫无疑问，高薪厚禄并非养贤、养廉的充分条件，因为人类的欲望没有止境，必须辅之以配套的其他制度才能保证政府的廉能。但是，一定程度的高薪厚禄又是养贤、养廉的必要条件，因为悬之于头顶的境界并不是践之于足下的现实；相反，必须立足现实，才能不断提拔人生的境界。实践证明，“高薪养贤，厚禄养廉”的制度有利于新加坡公共部门和内阁争取和保留到好人才，并保证政府保持高程度的廉洁诚实和高水准的能力。世界银行报告《东亚奇迹：经济增长与公共政策》指出：“官吏制度就和几乎其他所有东西一样，你付出什么就得到什么。”而且，“一般而言，公共服务的整体酬劳越比私人界的酬劳好，官吏制度的素质就越好”。报告说：“毫无例外，在这个区域中被普遍认为拥有最能干和廉洁政府的新加坡，付予官员的薪金也是最好的。”[1]

三、台湾地区的移民文化与道德观念

清代以前，闽粤移民大量移居台湾地区，形成台湾移民社会。随着历史的进程，台湾移民社会逐渐转化为定居社会，移民也成为台湾地区的主体居民。移民在迁移台湾的过程中，带去了大陆的传统文化和道德观念，其不仅对台湾地区的社会文化，而且也对当地的经济产生深远的影响。

(一) 台湾地区移民的身份与心理归属感

台湾在清代前期是一个典型的移民社会，其社会特征与大陆的母体社会相比，存在许多明显的差异。然而，随着时间的推移，土地开发的进展，人口的繁衍，以及经济的勃兴，台湾地区的移民社会也渐渐地发生了变化。到清代后期，即 19 世纪五六十年代，台湾地区的人口结构、社会组织以及政经文教制度与大陆基本上趋于一致，民众对现居地的认同感也进一步加强，台湾已由一个移民社会转变为定居社会，而台湾移民的身份也逐渐成为主体居民。

清代前期台湾的居民以移民为主，人口的增长主要以移入增长为主。社会转型之后，新移民在社会人口中所占的比例不大，人口结构以移民的后裔为主，人口的增长也转变为以自然增长为主。这首先可以从前后两个时期不同的人口增长率中得到说明。

据蒋毓英《台湾府志》记载，清统一台湾之初，台湾有男子 1.6 万人，妇女 1.4 万人，总计有 3.0 万人。考虑到当时人口统计中存在的缺漏等因素，据估计整个台湾大约有 10 万人。[2] 早先，清政府虽然对移民渡台实行严格的限制，但由于人多地少所造成的沉重的人口压力，大陆闽、粤两省沿海的居民仍利用各种方式大量偷渡来

[1] 《东亚奇迹：经济增长与公共政策》，《联合早报》1994 年 10 月 22 日。
[2] 蒋毓英：《台湾府志》卷 7，厦门大学出版社 1985 年版，第 71 页。

台，故这一时期台湾人口的增长极为迅速。到乾隆四十七年（1782），台湾的人口已达91.3万人，96年之中，增加了80多万，年增长率为126%。嘉庆十六年（1811），台湾的人口已增至194.4万人，这一阶段台湾人口的增长率为26.40%。[1]由于移民的大量涌入，人口增长和土地开辟的速度都达到了高峰。此后，台湾人口增长的速度趋缓，到割台前夕的1893年，台湾人口数为254.6万人，80余年仅增加了60余万人，年平均增长率为3.29%。[2]此时人口的增加主要是自然的增长，大陆来台的移民已经不多了。光绪元年（1875）日军侵台的事件发生后，清政府实行"开山抚番"政策，在汕头、厦门及香港等三地设招垦局，招大陆移民垦辟卑南、恒春及埔里等地旷土，但应募者寥寥，成效不著，也证明了这一点，因为此时闽粤移民的方向已开始转向南洋群岛等其他地区了。

人口结构的另一变化是性比例和年龄结构渐渐趋于正常。移民偷渡来台是一项高度冒险的活动，且因清廷曾禁止移民携眷渡台，所以前期来台的移民大多为青壮年的单身男子，妇女、老人和儿童极少。如《诸罗县志》所载："男多于女，有村庄数百人而无一眷口者。"康熙末年入台的蓝鼎元在《经理台湾疏》中也说："统计台湾一府，惟中路台邑所属，有夫妻子女之人民。自北路诸罗、彰化以上，淡水、鸡笼、山后千有余里，通共妇女不及百人；南路凤山、新园、琅所以下四五百里，妇女亦不及数百人。性比例的严重失调和年龄组合的异常是清代前期台湾移民社会人口结构的特征。人口结构的失衡造成了严重的社会问题，也是清代台湾社会动乱频繁的主因之一。有鉴于此，在巡台御史及闽省地方官员的建议之下，清廷曾经多次开放禁令，准许民众搬眷过台。乾隆五十三年（1788）林爽文起义被镇压之后，福康安又奏请"嗣后安分良民情愿携眷来台湾者，由地方官查实给照，准其渡海"。经过历次弛禁之后，台湾的人口结构有了明显的改善，据嘉庆十六年（1811）人口统计的资料，各县幼丁男女在总人口中所占比例分别为台湾县36.2%，凤山县41%，嘉义县49.30%，彰化县29.7%，淡水厅45.9%。在清代后期，台湾人口结构已基本上趋于正常。[3]

早期的移民社会中，移民来台之后主要进行开荒拓垦，居民的阶级结构和职业结

---

[1]　连横：《台湾通史》卷7，商务印书馆1983年版，第117、119页。

[2]　曹永和：《台湾早期历史研究》，台北联经出版事业公司1981年版，第18页。

[3]　同上，第20页。

构比较简单，除了业主、富户之外，其他居民则多是佃农、工匠，另外由于游民的大量涌入，许多人到台后找不到工作，所以无业游民（俗称“罗汉脚”）在社会人口中占有相当大的比例。到了清代后期，随着开发进程的深入、经济的发展以及商业贸易的繁荣，居民的职业结构也渐趋复杂和完备。此外，由于道光以后，姚莹等地方官实行“收募游民，化莠为良”的政策以及开港后对外贸易的发展带动了经济的繁荣，制糖、制茶、制樟脑等产业兴起，吸收了大量的劳动力，原来四处飘荡的无业游民在人口中所占的比重大大地减少了。

随着移民人口的稳定及在台湾居住的时间越来越久，作为社会各群体组织在开发进程中所经历的矛盾、冲突及重新整合的结果，一方面，居民的祖籍观念渐趋淡薄；另一方面，他们对台湾本土、台湾现居社区的认同感则有所加强，即在认同意识上，由原来的“唐山人”、“漳州人”、“泉州人”、“安溪人”等概念转变为“台湾人”、“下港人”、“南部人”、“宜兰人”等等。这种认同意识变化的主要表现之一就是祭祀圈的扩大，出现了超聚落、超祖籍，范围涵盖全乡或全镇的祭祀圈。以往属于大陆祖籍地的神明，逐渐超出原有祖籍群体的范围之外，成为居住于同一区域内不同祖籍居民们共同奉祀的新的守护神。在这方面，台湾学者作了相当多的研究，树林的济安宫就是一个十分典型的例子。自康熙末年开始，大陆闽南的泉州府和漳州府等不同祖籍的移民开始入垦树林地方。至乾隆年间，海山庄区内地缘村落相继形成，居民开始创建土地公庙和各种神明会，此时台湾各地尚为瘴地，移民水土不服，难免患病或遇其他灾祸。独有漳州南靖县赖姓移民携奉来台的保生大帝神灵特为显耀，祈求者病悉愈，故信徒日众，渐次普及海山庄内之各村落，该庄大业户张必荣患病，曾祈求大帝保佑而愈。为了答谢神恩，张氏乃于乾隆五十三年（1788）倡导兴建保生大帝庙宇，名济安宫，设庙祝看管，每年祭典由海山庄内各村居民参加，拜拜宴客并演戏庆祝，于是，济安宫保生大帝乃成为整个海山庄内不同祖籍的人群所建立的八个村落之信仰中心。这种祭祀圈的扩大和由不分籍贯的人来共同祭祀同一神明，表明台湾汉人社会已由原来的移民社会转变为定居社会，其归属意识也趋于本土化。

（二）台湾移民社会的家庭形态

一般来说，汉人家庭有三种主要的类型，即核心家庭（nuclearhmily）、扩大家庭

(extendedhmily) 和主干家庭 (stemhmily)。所谓核心家庭是一对夫妇及其未婚子女所组成的家庭，同时也包括一些核心家庭的变形，诸如一对夫妇而无子女或夫妇仅存其一而与其未婚子女所组成的家庭；扩大家庭是年老的父母及其未婚子女与两对以上的已婚子女所组成的家庭，甚至包括四代或四代以上的成员组成的家庭；主干家庭是父母及其未婚子女与一对已婚子女所组成的家庭。

在台湾移民社会，其家庭形态与移民有着密切的联系。据学者们研究，由于移民的影响，台湾移民社会的家庭可分为健全家庭、不健全家庭、单边家庭和双边家庭四大类。健全家庭包括核心家庭、扩大家庭和主干家庭，以及轮吃型家庭和联邦式家庭。不健全家庭是指未婚者，或已成家者但妻子留在祖籍地，他一个人在移居地生活。单边家庭是指移民在祖籍地或移居地的一方组成家庭。移民在祖籍地里已建立家庭，但在移居地里又另组一个家庭，并承担抚养的责任，这种类型的家庭称之为双边家庭。

不健全家庭向健全家庭转变，是台湾移民社会家庭的一个比较突出的特点。清代前期，台湾的家庭类型以不健全家庭为主。据文献记载，从 16 世纪下半叶起，就有渔夫、小贩和其他冒险家由福建来到台湾。荷兰人于明天启四年（1624）占领台湾南部以后，台湾与大陆间的往返更为频繁。起初，冒险家只留住台湾一段短暂的时间。1630 年荷兰人鼓励生产米、糖以后，需要一些劳动力，闽粤移民开始较多地移居台湾，开始有农业聚落的形成。明永历十五年（顺治十八年，1661），郑成功攻打台湾，并于次年驱逐荷兰人之后，有 3 万名士兵、官吏和他们的家人随之来到台湾，这对台湾不正常的人口组成形态有所改善。但是，台湾那种不健全家庭的人口组合情况依然明显存在。“根据清康熙七年（1668）一位清朝的军官指出，明永历十五年随郑成功来台的三万军人与官吏当中，其中十有五六是单身汉。该军官于康熙二十一年又指出，澎湖住有 6000 人以上的‘盗匪’，其中只有 2000 人携眷留住较长一段时间。而其他刚刚到台湾的人也都是单身汉。”[1] 由此可见，随郑氏赴台的官兵，携眷者只占三分之一，而另外三分之二的为不健全的家庭。

清代前期，台湾移民社会仍然是以不健全的家庭为主。这主要是从清初统一台湾起就禁止移民携眷渡台，造成了台湾移民男女性比例严重失调，台湾移民社会的家庭以不健全的家庭为主。这种状况一直延续到乾隆二十五年（1760），禁止移民携眷

[1] 陈绍馨：《台湾的人口变迁与社会变迁》，台北联经出版事业公司 1979 年版，第 454—455 页。

渡台的禁令废除以后，才开始得到缓和。郭廷以教授指出："但是康熙时代，人民只准只身过台，实在说不上是移殖。私自携眷偷渡者虽亦有其人，究居少数。雍正十年（1732）之准台湾居民搬家眷，及1760年禁令之作废，实一大德政。……自乾隆二十五年正式允可搬眷过台，此后前去者为数自然愈众。名义虽是限于台湾原居之民，然而确已开了方便之门。因为眷属的范围包括甚为广泛，从直系的祖父母、父母、妻妾子女、子妇、孙男女到同胞兄弟，其中颇有通融余地。在无所谓户籍行政之时，极易冒名顶替。必要时只略施金钱之力，或私人情面，顺利东渡，当无大阻难。1760年是台湾开发史上划时代的一年。[1]这一年清廷允许移民携眷渡台，移民男女性比例悬殊得到缓和，不健全家庭的现象也相对地减少。自清代乾隆后期以后，台湾移民社会逐步地由不健全的家庭向健全的家庭转变。

不正常的家庭结构向正常家庭结构转化，是台湾移民家庭的另一个特点。不正常的家庭结构是相对于正常的家庭而言的。正常的家庭一般是有婚姻、血缘关系或收养关系而形成的亲属间的社会生活组织单位。台湾不正常的家庭结构主要表现在一个男子没有结婚就收养儿子，出现有父无母的现象。《诸罗县志》记载："自襁褓而育之者，曰螟蛉。台俗八九岁至十五六，皆购为已子。更有年未衰而不娶，忽援壮夫为子，授之室而承其祀。有父无母，悖义伤伦，抑又甚矣。"[2]台湾在拓荒时期的另外一个显著现象，是由于男性人口偏多而造成抢夺掠贩之女为妻，或收养异姓、异族的男子为子。特别是收养异姓、异族的男子为儿子，闽粤社会虽然也有这种现象，但与台湾移民社会相比，明显没有台湾那么多。根据《台湾县志》记载："乡间之人，至四五十岁而未有室者，比比而是。闺女既不可得，或买掠贩之女以为妻，或购掠贩之男以为子。女则自十四五岁至二十岁，男则自五六岁至十五六岁，均不为讶。其有室而不能生育者，亦买他人之子为已子焉。夫礼无异姓为后之文，承祧之义，理所固然，若以非我族类而继宗祧，祖先其享之乎？以掠贩之女为妻，吾见其能守贞者鲜矣！而台之人终于不悟，亦独何哉？"[3]

由于不正常的家庭结构，造成了不正常的财产继承和祖先祭祀。对一般中国人而

[1] 郭廷以：《台湾史事概说》，台北正中出版社1954年版，第456页。

[2] 《诸罗县志》，台湾大通书局1984年版，第59页。

[3] 《台湾县志》，台湾大通书局1984年版，第59页。

言，祖先崇拜仪式是传统家庭生活的一部分。在中国人的宇宙观里，人是有灵魂的。人一旦死后，其灵魂就会到阴间去。阴间犹如阳间，亡魂仍然有衣、食、住、行等日常生活的需要，而且是由阳世的子孙供奉；又恐后代的子孙忘记奉养阴间的祖先，因而就有祖先牌位的设立。李亦园教授指出：传统的崇拜祖先是一个世系观念所衍生的“慎终追远”行为表现；拜祖宗是因为“它”是我们家系中的上代尊亲，并不因为“它”对我们有什么好处我们才崇拜它，而牌位的设立则是作为崇拜祖先的对象，其间不应该有什么特殊的条件才对。[1] 但是，祖先崇拜在台湾却有一个很特殊的发展。根据人类学家爱米莉·阿亨（Emily Ahem）在台北县三峡镇溪南村的调查和研究，发现溪南人的祖先崇拜与财产继承有密切的联系，特别是祖先牌位的设立，几乎是与财产相伴存在的。谁继承了某人的遗产（特别是田地等不动产），谁就有义务为他设立牌位而崇拜之；反之，没有财产遗留下来，就没有人替他设立牌位。爱米莉·阿亨在研究溪南的 75 个祖先崇拜的个案时，发现 11 位没有牌位者都是没有田地遗留下来给子孙的，而 64 位有牌位者之中，则有 51 位是有田地遗下，只有 13 位是无田地作遗产者。所以她认为祖先牌位的设立与否是因有无田地遗产而产生的。[2] 这也是说，它是一种权利义务的作为，而非慎终追远的表现。

清代的台湾由于有大量的游民和季节性的客家移民，他们没有妻室，这就使台湾出现许多不健全的家庭。又因为有些游民收养义子，以及一些单身雇工并到地主的家庭，这就导致了清代台湾出现一些不正常的家庭结构。

不正常的家庭形式又衍生出继承带来的祖籍地文化，或根据中国传统文化原则再建立的文化，可以视为闽粤文化在移居地的延续和发展。另一方面，移民为适应移居地的生态和社会环境，对原有文化进行调整和适应，再加上族群互动等因素，促使不同文化的接触和融合，这就使得移民原有的文化发生变异。

（三）台湾地区宗教信仰的移民特征

台湾地区宗教信仰的产生与大陆民众移居台湾、开发台湾的活动交织在一起，闽

---

[1] 李亦园：《文化的图像：文化发展的人类学探讨（上）》，台湾允晨文化实业股份有限公司 1992 年版，第 24 页。
[2] 陈祥水：《公妈牌的祭祀承续财富与祖先地位之确定》，《“中央研究院”民族学研究所集刊》1993 第 36 期。

粤等地移民把祖籍地的宗教信仰移植到台湾，构成台湾移民信仰的主要内容。这样台湾宗教信仰的产生和发展便带有明显的移民特征。

当移民来到新的地方，人生地疏，面对新的环境，疾病和饥荒时常困扰着他们。开垦荒地，经营小本生意或从事贸易活动，与土著的接触，有许多难以预料或不容易克服的困难和问题，移民往往要祈求神明和祖灵的保佑，这样势必把祖籍地的宗教信仰也移植到移居地，构成移民信仰的基础。在台湾，从闽粤移往台湾的移民信仰与其祖籍地的信仰传统基本一致，即闽粤宗教信仰构成台湾信仰的主体。不过，移民在不同的地方，为了适应当地的社会经济和文化的发展，其信仰也会出现一些差异。

1. 闽粤宗教信仰构成台湾信仰的主体

台湾早期移民的宗教信仰难于稽考，据学者研究，移民最早把妈祖女神和保生大帝的宗教信仰带到台湾。明代万历年间（1573—1619），澎湖最先建造妈祖庙，把渔民所信仰的海上女神供奉在岛屿上。妈祖女神是漳泉渔民最早带到台湾岛屿的民间神祇之一。1661 年，漳化鹿港建有天后宫，被认为是台湾岛上最早的妈祖庙。传说郑成功率军收复台湾前，曾求拜过妈祖庙，祈望女神助以一臂之力。后来郑军顺利攻占台湾，自然格外崇拜妈祖女神，第二年就在鹿耳门建立妈祖庙（今台南市安南区土城），供奉妈祖，妈祖信仰在台湾南部沿海平原地区逐步传开。到康熙统一台湾之前，全岛已有妈祖庙10座。[1] 与此同时，闽南人尊崇的吴苯神医，即保生大帝庙也在台湾落成。保生大帝在台湾又称“大道公”，吴苯庙建于郑成功收复台湾之前。

为什么台湾移民比较早祭拜妈祖和保生大帝呢？移民乘帆船航行到台湾，妈祖是海神，她能保佑渡海的安全；吴苯是神医，他能保佑移民的身体健康。所以这两种神明就较早地被移民带到台湾。郑成功入台后，关帝的信仰得到倡导，遂在台南建造第一座关帝庙。从文献资料来看，这时传入台湾的神明还不多，宫庙也寥寥，而且庙制简陋，还没有形成统一的祭祀礼仪。

闽粤人民大批移居台湾，祖籍地的宗教信仰也就移植台湾。据康熙二十四年（1685）修的《台湾府志》记载，台湾和澎湖已有不少庙宇，现摘录如下：

“府城隍庙在府署之右，伪时所建，今因之。规模隘小，扩充另建，尚有待于将

[1] 林国平、彭文宇：《福建民间信仰》，福建人民出版社 1993 年版，第 352 页。

来焉。东岳庙在府治之东，伪时建，以祀东岳之神。郡守蒋毓英捐俸重修。上帝庙在府治东安坊，伪时建，祀北极大帝。内有明宁靖王楷书扁额‘威灵赫奕’四字。关帝庙三所：府治镇北坊二所，凤山县治土墼埕保一所。天妃宫二所：一在府治镇北坊赤嵌城南。康熙二十三年，台湾平定，将军侯施同诸镇以神有效顺功，各捐俸鼎建，庙址即宁靖王故宅也。内庭有御敕龙匾‘辉煌海滋’。一在凤山县治安平镇渡口。慈济宫四所：一在府治西定坊；一在镇北坊；一在凤山县治安平镇；一在土墼埕保。观音庙在镇北坊，前后座泥金色相，左右塑十八罗汉，俗呼观音亭。沙陶宫在西定坊，神之出处莫考，上人共称沙陶太子。二王庙在东安坊，云神乃代天巡狩之神，威灵显赫，土人祀之，内有宁靖王行书扁‘代天府’三字。真人庙在台湾县保大里，其神聪明正直，亦是代天巡狩之神。王公庙在台湾县长兴里。昆沙宫在凤山县土墼埕保，神称三太子，有宁靖王手书‘昆沙宫’三字扁额。水仙宫在凤山县安平镇。观音庙在诸罗县目加溜湾社，中堂祀观音，左塑天、地、水三官，右则关帝。庭宇高敞，案座修饬。龙湖岩在诸罗县开化里，伪总制陈永华建。环岩皆山也，前有潭名龙潭，潭左右列植杨柳、绯桃，亭内则碧莲浮水，苍松摩空；又有青梅数株，众木荣芬，晚山人画，真岩居之胜地也。靖海将军侯施生祠在西定坊，万姓公建，甘棠遗意也。附澎湖庙宇：天妃宫在东西卫澳。澳前有案山，其澳安澜，可泊百余艘，系郑芝龙建，伪藩更新之。今其灵犹加赫濯焉。大王庙四所：一在良文港；一在沙港；一在通梁澳；一在八罩屿。真人庙在奎壁港。太子庙二所：一在鼎湾澳；一在赤嵌澳。关帝庙二所：一在吉贝屿；一在瓦硐港。将军庙在将军澳，不知何时所建，澳因以为名。”

在乾隆初年，对台湾各地庙宇数的统计，排在前五位是保生大帝庙，23 座；关帝庙，18 座；观音庙，16 座；天妃（妈祖）庙，15 座；元帝（玄天上帝）庙，14 座。在这 5 位神明中，保生大帝和妈祖都是来自福建的神明。[1]

乾隆年间，大陆沿海人民掀起移民台湾的第三次浪潮，成千上万的闽粤沿海人民横渡海峡迁居台湾。移民在台湾拓垦的过程中形成许许多多不同的社区，各地的移民又分别把祖籍地的神明带到台湾，五花八门的神像蜂拥而入，大大小小的宫庙急剧增多。不仅妈祖信仰和保生大帝几乎传遍全岛，而且像漳州人的守护神开漳圣王，福州、闽北、闽东等地区妇幼保护神临水夫人，闽西客家人的定光佛祖等，纷纷漂洋过

[1] 林国平、彭文宇：《福建民间信仰》，第 362 页。

海来到台湾。据《台湾通史》记载："台北一带汀州人聚落，如阿里萫沿岸，家户均供定光佛。"[1] 彰化县在北门内建一座定光庙，祀定光佛。道光年间闽西人集资在淡水镇百分比反推清末台湾神明崇拜，可以获得清末台湾各种神明崇拜的大致情况。在台湾排在前面的 10 大神佛中，1918 年属福建省地方的神明占 4 个，广东地方神有 1 个，其余为全国性的神。1930 年，属福建省地方的神明仍占 4 个，广东地方神有 1 个，其余为全国性的神。另据林国平、彭文宇先生的研究，1930 年台湾民间信仰前 10 名的神明中，来自福建的神明为 4 个，广东 1 个，其他为全国性的神祇。[2] 可见福建民间信仰在台湾影响广泛，占有举足轻重的地位。福建移民不仅带去地方土生土长的民间神祇，同时也传进一些全国性的神明，如玄天大帝、观音菩萨、玉帝、城隍爷、土地爷等信仰。

2. 闽粤宗教信仰在移民社会中的特殊功用

就闽粤宗教信仰来说，人们崇奉神灵往往带有明确的功利目的，宗教信仰的功利目的在闽粤沿海民间社会极为明显。人们求神拜佛是为了保佑合家平安，进献贡品是希望神明关照赐福。为此塑造的每一尊神，都具备了满足某些信徒的要求，即神的职能作用。把中国的宗教信仰与西方国家的宗教信仰相比较，中国宗教信仰世俗化的功利性目的极强。

越洋移民台湾地区，常遭风涛之险，在人地生疏的环境里，又遇谋生之难，除了依赖以血缘和地缘的宗亲组织和同乡组织之外，就祈求神明的保佑。移民祈求保佑的范围很广泛，涉及日常生活的各个方面，诸如祈求消灾弥盗、避祸降福、财丁兴旺等等，他们祈求的内容围绕着中国传统宇宙观的福、禄、寿。移民通常把祖籍地的神明带到移居地，并在移居地建立寺庙。由于移民祈求保佑的内容很广泛，许多神明又有其主要的职能，例如妈祖海神主要保佑航海平安、保生大帝是神医、关帝是财神爷等，所以在移民社会里寺庙越建越多。

台湾宗教信仰深入老百姓的日常生活，对婚丧喜庆、岁时祭祀、生活习惯都产生了深刻的影响。如在婚嫁礼中，花轿起步时，要向花轿撒谷子、麦子、豆子，因为五谷之

---

[1] 连横：《台湾通史》卷 22，宗教志。

[2] 林国平、彭文宇：《福建民间信仰》，第 357 页。

神可以“制煞”，可保新娘一路平安。新娘到达男家要从火盆跨过，主要目的在于驱邪，取意兴旺发达。在岁时祭祀时，除祭祀祖先外，还要祭祀各种民间信仰的神明，一年四季不断，成为重要的民俗节日，其中以七月十五日普度，影响最深，还有如每年的农历七月二十日是客家人特有的义民节，届时新竹、桃园、苗栗等县的客家人聚集在新竹横山义民庙前，举行盛大而隆重的祭祀，据说，这一仪式经历了150多年，从未间断过。此外，土著居民也逐渐接受了移民们的某些宗教信仰，有些庙宇由番汉合建，“其中最著名的则是淡水通事赖科，于康熙五十一年纠合民番建‘干豆门灵山宫’”[1]。

在台湾，移民几乎把所有的祖籍神都移植过去，祖籍神形成一种强大的内聚力。第一，它往往凝聚移民群体形成村庄或聚落。保生大帝是闽籍移民所奉祀之祖籍神明，保生大帝原为泉州同安人所信奉，但后来似乎变成闽南漳、泉二府所共同敬拜的乡土神。例如：树林济安宫保生大帝即是漳州人自泉州同安分灵渡台的。三山国王是粤籍客家人专祀之神。这些祖籍神明的信奉，在台湾拓垦初期曾发生极其重大的影响，由于敬拜相同的神明，乃形成一股内聚力，凝聚了同一祖籍地的移民形成较固定的群体，以应付早期开辟蛮荒的诸多困难，这些群体往往成为今日的村庄、聚落的前身。第二，它是团结和号召信徒参与械斗的有力工具。清朝中叶以后的分类械斗，不同的祖籍神成为号召不同祖籍群体相对抗的象征。陈孔立先生曾作过统计，从乾隆三十三年（1768）到光绪十三年（1887）的120年间，据不完全统计，一共发生了不同类型的械斗事件57起，平均两年一次。将这些事件加以分析，可以看出如下情况：一是按类型划分：分类械斗34起，一般械斗22起。在分类械斗中，闽粤16起，漳泉18起。[2]

可以看出，台湾宗教信仰多个方面都带有浓厚的移民活动留下的痕迹。台湾宗教信仰的产生和发展，与台湾移民史同步前进，台湾宗教信仰既保留母体文化深刻的影响，又带有移民社会的烙印。

（四）台湾的移民精神

台湾作为移民社会，其移民精神具体如下：

[1] 尹章义：《台湾开发史研究·序》，台北联经出版事业公司1984年版。

[2] 陈孔立：《清代台湾移民社会研究》，厦门大学出版社1990年版，第28页。

1. 勇于拼搏，敢冒风险的精神

刚健有为、自强不息原是中国传统文化中一种基本精神。台湾移民继承了这一精神传统，并形成了一种更富实际、更带开拓和冒险精神的气质。闽粤历史上出现的那种远涉重洋，东渡台湾，南下南洋的越海移民，可以看作是这种精神的典型展示。

不为穷苦所困，敢于同生活抗争，是闽粤人甘冒风险，向外发展的驱动力。他们的移民创业史，是一部辛酸而又悲壮的血泪史。旅途的风险，环境的孤寂，开拓的艰辛，使这种越洋移民远不同于大陆内的迁徙。尽管如此，许多闽南人仍然敢于冒险一搏。台湾有句俗语："第一好过番，第二好过台湾。"在大海隔绝的异乡，没有坚忍、刚毅和搏击风浪的精神，是不会有创业的成功的。

闽南以平原、港口和气候构成优越的自然条件，加上宋代以降的开发，商品经济较早发达，商贾之风日盛。在这种特殊的社会、经济环境中，逐渐形成了闽南人的机敏灵巧和善于应变的精神气质。移民台湾的闽南人，又多在平原、港口地区。经商行贾多为闽南人，他们或在当地，或来往于海峡两岸经商贸易，对台湾早期商品经济的发展起了重要作用。闽南地区长期的越洋移民和移民的经商传统，开阔了他们的视野，冲击了传统的固守门前三分田的小农经济思想。背井离乡，离妻别子，冒一生风险，非致富不归．成为台湾移民最普遍的心态。一种既敢冒险、勇于拼搏，又机敏灵巧、善于应变的文化心理，使台湾移民文化在某些方面呈现出大陆文化和海岛文化相结合的独特色彩，这对台湾文化有着相当深刻的影响；它的演化和发展，自然成为今天台湾商业社会的文化基因之一。

2. 开放意识强，有进取精神

台湾移民富有进取精神和开放意识，台湾移民文化的特点之一是具有开放性（与内陆相比，封闭性较少）、求异性（善于吸收别人的优秀文化）、批判性（具有否定旧事物创造新事物的能力）。

台湾移民的这种开放意识，是与闽粤地区的反海禁斗争有关联的。在闽粤地区，沿海居民要从海上讨生活，而朝廷要实行海禁，因此就有诸如走私、海上武装集团等反海禁斗争。中国封建王朝是不开放的。私人海上贸易，历来有所禁止。北宋海关时禁时开，南宋虽然重新设置泉州市的舶司，招徕番商，但严禁中国私商贩海。闽粤沿海商人敢于冲破朝廷禁令。明代严禁沿海之人私自贩海和海外贸易，但闽粤沿海人常冒禁令，未曾断绝海外贸易，走私者极多。明沈德符在《野获篇》卷十二中说：“闽广大家，正利用官府之禁，为私占之地。”“闽中海禁日严，而滨海势豪，全以通番致素封，频年闽南……漳泉二府士大夫主通（番）。”[1] 明清两代活跃于中国南海和南洋一带的海上强人多为闽粤人。

正是这种精神，随着闽粤人的移居台湾被带到了这里，而移居到这里的大陆移民由于生活和经商的需要，将这种精神发扬光大了。

3. 重义气，讲操守的爱国主义精神

崇尚义气，在中国民族文化中有悠久的传统。义气所以在福建农村，尤其是闽南地区受到格外的尊崇，并深染社会风气，同宗族制度的发育有密切的关系。宗族制度在历史的发展中，逐渐形成一套与之相适应的道德规范。在内部，它是维系错综复杂的宗亲、乡族群体的纽带。在外部是协调宗族、乡族之间关系的准则。陈支平先生在对百余部福建族谱研究后认为：“福建民间各家族众多的族规、家范中所体现的核心精神，基本上是以‘敬宗’、‘收族’，是以提高家族内部的合作与团结，树立家族对外威信为目的的。”敬宗的目的既是为了宗族、家族、乡族的和谐，荣誉就成为制约各个成员行为的最高准则。在这个价值观的支配下，中国传统的“义以为上”，在这里同以互助为内涵的族群义气结合起来。

台湾拓荒垦殖时期．移民每每遇到各种意想不到的困境，移民间的相互救助显得格外重要。在以地缘关系为主的聚居生活中，闽南移民的族群义气很快发展起来。当然，族群义气受到宗族、乡族利益的局限。在闽南农村历史上几成乡习的械斗中，明显地暴露了它的消极性。台湾清代地缘聚居的分类械斗和大陆上聚族而居的宗族械斗，尽管在表现形态上有不同特点，起因也极为复杂，但如果从文化心理上看，却都是族群义气极端化的一种表现。

然而，随着历史的发展，族群义气也发生不同变化。义气并不都局限在族群范围。崇尚义气成为一种社会价值观，“忧患难”、“急相助”、“济贫穷”的义气被视为最高的美德。一直受到人们的赞赏和尊敬。从移民中发展起来的义气，对于重气节操守的民族精神的形成，显然起了积极的作用。台湾自 16 世纪下半叶以降的四百多年

[1] 尹章义：《台湾开发史研究·序》。

中，前后十几次地遭受日本、美国、英国、法国、荷兰和西班牙的侵略。其中两次沦为殖民地，时间长达 88 年。日据时期，殖民者为了维护其统治，实行了强迫同化政策，推行所谓“皇民化运动”，企图从思想、文化上泯灭台湾人民的民族意识和爱国思想。然而。他们终究没能得逞。殖民者的血腥统治，激起台湾人民的更大反抗。他们同仇敌忾，前仆后继，进行了可歌可泣的斗争，表现出舍生取义、坚贞不屈的崇高的民族气节和爱国主义精神，在中国人民反抗外来侵略的斗争史上，写下了光辉灿烂的一页。

(五) 台湾地区移民社会的家族观念与市场精神

新加坡内阁资政李光耀曾将“家庭为根”观念视为“亚洲移民社会独有的精神”。李光耀指出：“正是这股亚洲移民社会独有的精神，推动我们奋勇迈进，排除万难，争取成功。”台湾移民社会也同样体现了浓郁的家庭、家族和宗亲意识。上述意识的合理内核成为推动台湾社会发展和经济腾飞的市场精神。

中国传统伦理道德讲求宗亲和睦、互助互利的家族关系，不论你走到哪里，这种根深蒂固的家族观念是难以改变的。中国大陆的移民到台湾省，总是投亲靠友，寻求乡亲族人的帮助。为新来的乡亲排忧解难是宗亲间义不容辞的责任，一切违背相互帮助的行为，都要受到舆论的谴责，有时还要受到惩罚。正是基于此，台湾移民的宗亲乡土意识较为浓厚。

闽人从北方迁来，台人多从福建迁去，为了寄托对中原故土的怀念，他们世代相承编修族谱，又口口相传保留自己的语言。清刘良璧《重修福建台湾府志》云：闽人到台开辟，以故乡地名命名新居地名。台湾地名用福建故乡地名至少有九十一个。例如：南安有院里、淡东、宝山、安园、安平，安溪有岭顶、塔美内、科榜，惠安有大炸，长泰有郭乾、圳古头、石企、溪州，晋江有东石、郭岭寨、玉井、麦园、白沙、洋坑、埕厝，南靖有田中、东田，漳州有园山、芝山，还有南安里、南靖寨、诏安寮、漳浦寨、云霄里、刺桐乡、漳州寮、海澄寮、长泰寮、安溪寮、兴化寮。台湾还有纪念闽人，以志乡族的地名，如高雄县参军庄（纪念郑成功的参军、漳州人陈永华），台南县有林风营（纪念龙溪人林风），云林县有林地埔（纪念龙溪人林地）。[1]

闽粤人重同乡，台人亦重同乡。当初去台者多单身，故同乡结成异性兄弟。《台湾县志》记载："台鲜聚族，集异姓之人，结拜兄弟，胜于同胞。"[2] 台湾多闽人，大体以原籍县乡为单位，形成大小村落。台人的乡族观念深厚是求同性文化的一个表现，乡族观念即同乡观念与同族观念的结合，亦即地缘亲与血缘亲的结合。这是由于闽台人皆是外来各地各亲族结合的缘故。闽粤人重亲族，有聚族而居；台人虽少聚族而居，但多从闽而来，带来了重亲族的传统。

闽台人异常热爱家乡与族亲。唐代长乐林鹇，舍自已所有田 3000 亩，开辟东湖，民食其利。南北朝陈时，长乐严光舍田为西湖，灌溉四万亩。五代，长乐房洗舍田为福湖。台湾爱家乡也是出名的。闽南龙海县角美镇杨厝村过井社（过去叫龙溪县二十九都白石保），有一处著名的古建筑群叫"林氏义庄"。这是台湾巨富林平侯创建的。林平侯系龙溪（今龙海）人，清乾隆年间去台致富，思念故乡族人在大陆家乡创建"林氏义庄"，又把在台湾淡水海山堡水山约五百亩，充为原籍本族义田，年收佃租，寄回家乡，赡给同宗族人贫乏之用。林平侯死后，其子孙继承遗志，四代人坚持办林氏义庄达 116 年之久。[3]

清乾嘉以前，台湾地方文化教育不发达，移民到台湾的福建人，大多也是文化水平比较低的农民。因此，在这阶段台湾大多数家族缺乏修编族谱的文化条件，而族谱是正源明宗反映家族来龙去脉的关键载体。"开家之有谱，犹国之有史也"。各家族都非常重视修纂族谱，修族谱也就成为两地家族间的文化交流的一项重要内容。有不少台湾家族是直接将故乡已编印好的族谱带过去，然后再增加台湾新家族的内容。由此可见，两地家族同修纂族谱在清代已成惯例。台湾学者尹章义先生在《清代台湾移民社会争论》一文中明确指出：在检阅的数千部族谱以及对台湾若干大族的研究报告中，都有记载与大陆家族的联系活动，有的家族与祖籍地祖祠的交往还十分密切。[4]

台湾人爱乡爱族，捐资多用于建祠堂（孝祖）、造庙宇（信神）、办学校（重科举），此亦反映了台湾文化心理传统的特色。闽台人的乡族故土思想，形成一种家庭

[1] 尹章义：《台湾开发史的阶段论和类型论》，《台湾开发史研究·序》。
[2] 刘枝万：《中国民间信仰论集》，台北"中央研究院"民族学研究所 1974 年版，第 55 页。
[3] 王世庆：《民间信仰在不同祖籍移民的乡村之历史》，《台湾文献》1972 年第 3 期。
[4] 林国平、彭文宇：《福建民间信仰》，第 352—353 页。

意识或宗族观念。

宗族是中国传统社会中群体组织的基本形式之一。它既是一个以血缘为主的亲属群体，又是“聚族而居”的地缘单位。在台湾移民的祖籍地闽粤两省，同姓数百家，乃至数千家集居一村，是十分常见的。宗族的形成需要一定的自然因素与社会因素。清代前期，由于政府禁止携眷，渡海来台者多为单身男子，很少有举家举族迁居的现象。以后随着时间的推移和政府禁渡政策的日渐松弛，世代繁衍，人口增多；开发进程的发展使得部分人有了一定的财富积累，宗族形成的条件基本具备，宗族组织开始在台湾汉人移民社会中孕育、形成。

台湾人具有如此浓厚的宗族观念，是由于大陆移民迁徙台湾后，在相当长的时间里，并没有落籍定居的准备。移民社会普遍的“客居”心态，使得宗亲观念在台湾变得比在原籍更为浓烈。他们视台湾为大陆的延伸，在台家庭为大陆家族的延续。海峡的阻隔，社会的动荡，更使一般移民家庭担心宗族关系阻断，薪火失传。只要有条件，移民就续修族谱，重建家庙，返乡谒祖，请回祖灵。许多人去世后在墓碑或神主牌上刻着祖籍郡望堂号，家庭富足的甚至运柩回原籍葬于祖茔。在现存的台湾和闽南的族谱中，可以见到不少这方面的记载。如南安《诗山霞宅陈氏族谱》载：“十一世，诚定，生顺治三年，卒康熙三十年……此柱子孙居于台湾，曾于乾隆癸巳年回家将神主请往台湾奉祀。”又称：“武荣诗山霞宅众裔孙等自昔承实公馆一座，上下两落一护，坐甲向庚兼寅甲，土名坐落台湾府水流观音，南至会馆、北至李家墙，及东西旷地在内。祖龛中崇祀开基始祖一郎公暨姓氏孺人神主。”[1] 南安《蓬岛郭氏家谱》载：“自其祖徙居台湾苗栗郡苑里庄猫盂，公生长其地，与蓬岛祖居远隔万里……惟当光绪庚寅年，我族三修谱牒，公亲率其子若侄，越重洋归来相视，并为其一派先灵填还冥库，虽云卿从俗例，亦属孝子顺孙所用心。”[2] 据台湾学者尹章义对台湾族谱的研究，发现台湾所修族谱，并没有自成独立的家族，而是追溯至大陆的祖籍。如漳州龙溪童氏族谱，记载了由秀弼公三兄弟携先祖牌位迁至台湾，台湾家庭仍以雁门做望号，等等。

移民的宗亲观念通常是同乡族、故土观念结合在一起的。他们初到台湾，往往是

---

[1]　林黎：《宝岛搜古录》第 3 集，台湾新生报社 1980 年版，第 195—201 页。

[2]　福建省宗教研究会编：《宗教与现代社会》，福建教育出版社 1997 年版，第 331 页。

同船到达的同乡、同姓聚居一处，形成以祖籍居地的地缘关系为纽带并结合血缘关系的聚落。在许多地方，都以地籍或姓氏取名，如新竹、彰化的泉州厝庄、安溪寮庄，台中的同安厝庄，嘉义的南靖厝庄，云林东势乡的吕厝庄，台中梧楼镇的陈厝庄，桃园大园乡的许厝港庄，等等。这种聚落形态强化了移民的乡族感。不少移民的宗亲观念并不是都建立在纯血缘的宗族关系基础上的，宗亲关系扩大、延伸为乡族和故土的观念。在台湾一些家庙、宗祠中，不仅立有该姓历代祖先神位，还供奉闽王王审知神位，悬挂"开闽第一"的横匾（台南市五姓宗祠）。有的正殿对联为"八闽孝子裔，三让帝王家"，"泰启纲常一派渊源光宝岛，伯尊伦理千秋经纬溯句吴"（台南市全台吴姓大宗祠）。

虽然经过数代繁衍，出现血缘亲属继嗣群，形成以血缘关系为主，并与地缘关系双重结合的宗族结构，移民社会逐渐转型为定居社会，但是慎终追远已成为台湾社会的重要文化心理。台湾长期遭受异族的入侵和殖民统治。这种宗亲、乡族的观念更融合着深厚的民族感情。日本殖民者据台近半个世纪，仍无法泯灭台湾人民的民族意识，也不得不承认：台湾人的民族意识之根本起源乃系于他们原是属于汉民族的系统……改隶虽然已经过了40余年，但是现在还保持着以往的风俗习惯信仰……这种汉民族的意识似乎不易摆脱，盖其故乡福建、广东两省与台湾，仅一水之隔，且交通来往也极频繁。这些华南地方，台湾人的观念，平素视之为父祖墓坟之地，思慕不已。民族意识的勃兴演化为一种对故土的追寻和归依。台湾文化中的乡愁、怀旧情结和漂泊感、孤独感皆源于此。这种饱含深厚的民族情感的故土情结，超越了移民初期狭隘的宗族观念，形成台湾社会一种独特的文化心态。

正因为台湾人家庭和宗族观念浓厚，中华传统的伦理道德和价值观念才能日渐深入到社会各个阶层。台湾人民和大陆人民在民族性格、观念价值这个层面上体现了广泛的一致性。这就是所谓"民族特征的一致性"或"一致的国民性"。这种具有共同品质和风格的国民性，在台湾移民中表现出来的是好恶、心理取向、处理家庭关系及应酬人际关系和行为道德的通常原则。这种原则表现了台湾追求天、地、人和社会的整体均衡与和谐，它是中国"中和位育"传统文化的典型表现。无论是台湾人的信仰态度，还是他们的生活方式，都无不带有"中和位育"的传统烙印。在追求人与天地的和谐上，民间文化表现为对时空观念的理解。人与时间的和谐通常表现为个体生命配合宇宙时间解释而成的命运，人与空间的和谐表现为人们依阴阳五行观念作出对地理环境选择所形成的“风水”。这两方面在台湾汉族社会中极为流行。有机体个人的整体均衡和谐，则是家庭伦理关系和谐的延续与扩大，这其中包括着祖先崇拜的内容。因而慎终追远和荫封子孙的传统理念，便成为中国传统民间文化挥之不去的千古情结。作为小传统的民间文化所追求的均衡与和谐虽然带有极强的现实功利性，但它却以“中和位育”的境界纵向勾连着中国文化中的大小传统，成为台湾移民的生活文化上的共同特征，也促使了台湾人的道德观念的整合，从而为两岸的统一奠定了文化的基石。

如上所述，台湾移民的家庭及宗族观念较为浓厚，特别是家族主义伦理观深入人心。在当前西方不少人的观念中，家庭并不一定是夫妻子女的组合，两个同性恋者外加一只猫或一只狗，就能组成一个名正言顺的家庭。1994 年，英国广播公司的一个节目要求观众从一张入围名单中，选出一个模范家庭。结果，观众选出了一个漂亮的离婚妇及其男友和她在前一次婚姻所生的 5 岁的女儿。那位男友甚至没有和离婚妇住在一起，只是周末过来住一住。但是，这个“家庭”却是以压倒多数赢得了模范家庭的荣衔。英国伦敦的《泰晤士报》指出，英国广播公司的观众选择他们，并非仅仅因为他们长相吸引人，而是因为观众对他们的行为能够认同。与西方上述观念不同，1980 年代，有学者曾对台北万华社区调查，有 28% 的人以大家庭为理想形式，19% 的人以折中家庭为理想形式，以小家庭为理想形式的有 53%，表明了台湾民众重视家庭、亲情的伦理取向。[1] 这种浓厚的家族主义的伦理观反映在经济活动中，已成为台湾市场经济伦理的基础。学者们认为，这种家族主义的伦理观，出自传统，它与西方的伦理观大相径庭，但与台湾的私有经济相契合，为台湾经济的发展提供了一种可以适用的经济伦理资源。首先，这种伦理使人重视利益。为家庭、为子孙创立家业的欲望，使人们产生一种与西方“天职观”功能相近的对职业的神圣使命感，在自由经济体制下，形成合理地追求正当利润的精神态度。其次，家庭关系的自然组织次序和权威与顺从的伦理约束机制，为民营企业的组织管理提供了一种有益的个人职业伦理。这种使企业、职业与家庭利益合二为一的伦理观念，为台湾工业化发展，特别是民营中小企业的发展提供了伦理动力，促进了台湾 50—60 年代经济快速增长，1964 年后经济进入“起飞”时期，直至 1972 年工业年均增长率高达 19.5%，其中最主要

---

[1] 郭喻元：《台湾社会现状》，台北联经出版事业公司 1992 年版，第 53 页。

的成分，就是民营企业的大量增加和民营资本的迅速膨胀，工业公营与民营的比重，由 1960 年 47.9 : 52.1，发展到 1970 年 27.7 : 72.3，[1] 民营企业成为经济结构中的主要成分。因此，家族主义的经济伦理是台湾经济快速发展的一个内在原因。

四、香港移民文化及其伦理价值

香港作为一个移民社会，客观上也是一个多种族的社会；从某种意义而言，还可以说是一个多民族的社会。早期来香港的人，不管是欧人还是华人，都没有打算在这里生根。他们的想法，不过是在这个生财之地挣一笔钱，然后回到自己的故土置产。所以，他们还是认同自己故土，谁也不认为自己是香港人。但是，香港的魅力，使许多人无法拔足离去，而也正是他们创造了香港的文化、活跃了香港的经济、建构了香港的伦理价值。

(一) 香港的人口概况与移民

据考古发现，香港新石器时代中期遗址 12 处，即表明公元前 4000 多年，当地已有居民，估计是中国南方百越族出海的驻脚地。一些考古发现，又显露华北龙山文化的特征，证明这里很早就与中原文化相通。华人远古祖先的足迹，早已踏上了香港岛。秦始皇统一中国，香港属广东番禺县管辖。秦朝从中原移民 50 万到岭南，使先进的中原文化传播海隅。以后历代王朝，都管辖着香港地区。香港至今有多处“天后庙”，就是“妈祖庙”。妈祖，是中国渔民的航海保护神，因而也是广大海外华人共同信奉的神灵，妈祖原籍在中国福建，唐宋年间，福建沿海的船民，经常迁居香港，捕鱼捞虾。

香港位居珠江入海处，在古代已是南中国海的交通要道。避风良港青山湾古称屯门湾，是外来船只等候进广州的驻泊地。南朝刘宋年间，印度高僧杯渡来中国传经，回国途中留居此地。相传，有人见他乘一木杯横渡大海。因此，屯门山亦名杯渡山，只因这里屯兵护卫海门，方改名屯门。唐代，在屯门湾旁的屯门山设置屯门镇，建立

---

[1] 李木：《台湾经济发展》，台湾允晨文化实业股份有限公司 1990 年版，第 121 页。

海防要塞，大诗人韩愈曾有诗云：“峡山逢飓风，雷电助撞捽。乘潮簸扶胥，近岸指一发。两岸虽云牢，木石瓦飞发。屯门虽云高，亦映波浪没。”

五代十国的南汉，在屯门设立海关，收取外国商船的关税。明代，这里更成为军事重镇。屯门，真是香港的出入境要地。《新唐书》已有这个地名，成为香港地区最早见于文献记载的地名。

清代顺治年间，为了防止沿海民众支持台湾的郑成功，政府颁布“禁海令”，将沿海居民内迁 80 里，香港，就成了无人区。当地百姓强烈反对，两广总督周有德和广东巡抚王来任上书皇帝请求复界，才得康熙帝准许。人口内迁 20 多年，房屋倒塌，土地荒芜。政府采取鼓励政策，内地客家人纷纷迁居。香港又有了 127 个村落。为了纪念这次大迁移，新界锦田建有“周王二公书院”。到了嘉庆年间，香港已有村庄 270 个，成为近似内地农村的地区了。[1]

香港，可以说自古以来就是移民地区和出入境要地。到了近代，特别是鸦片战争后香港 1841 年的开埠，移居香港的移民大量增加。1841 年，英国占领香港后，进行人口普查。那时香港岛的人口为 5650 人。1851 年，香港人口就达到 3.2 万人，是上次统计的 5.8 倍。不过 10 年，人口增长如此迅速，最高的出生率也达不到。这是因为，香港成了鸦片贸易的转口港，大批外国商人涌入，又吸收了更多的中国劳工。1861 年英国殖民者占领九龙，扩展了香港人口。五六十年代，中国发生太平天国运动，先是官员、商民逃港，后来失败的起义军民避难香港或通过香港移民海外。这个阶段，香港人口迅猛增长。1881 年，香港人口 16 万人，是 30 年前的 4.8 倍。从 1911 年起，香港每 10 年进行一次人口普查。1911 年，香港人口 45.6 万人，是 30 年前的 2.8 倍。这里，包括 1898 年英国拓展新界增加的近 10 万人。1921 年，香港人口 62.5 万人，是 10 年前的 1.4 倍。1931 年，香港人口 87.9 万人，是 10 年前的 1.4 倍。1941 年，香港人口 164.0 万人，是 10 年前的 1.8 倍。这期间日本侵华，香港吸收了内地避难人口 75 万。1945 年 8 月，由于日军的迫害，香港人口急剧下降，只有 60 万人了，战后恢复不过两年，1947 年，香港人口已经超过 1941 年，达到 180 万人。1950 年，香港人口突破 200 万大关。1951 年，香港人口 220 万人，是 10 年前的 1.3 倍。每 10 年翻一

[1] 李扬、胡伟平主编：《话说香港》，春风文艺出版社、五洲传播出版社 1997 年版，第 292 页。

番还多，真是少有的人口增长速度。[1]1961 年，香港政府举行了二战后第一次的人口普查，所得人口数字是 312.9 万人。[2]1996 年的人口统计数字是 621.7 万人，差不多是 35 年前的一倍。[3]

列强入侵，军阀混战，灾荒连连，革命不断，中国近代政治动荡、战争频繁，使香港这个避难地吸收了巨大的内地人口。经过近代百年，香港已经从一个人烟稀少的小渔村变成人口繁茂之地了。

(二) 香港移民社会的形成与特征

香港是一个移民社会，今天大多数香港人不是自己是移民，就是移民的后裔，真正土生土长的主要是原来居住在新界地区农村的香港人。作为一个移民社会，其特征是真正香港籍贯的人很少。1981 年香港人口的籍贯构成是：真正祖籍在香港的人占香港人口的比例很低，不足 3 %，这些人大多数是宋元以后迁入到新界地区居住的移民后裔。而祖籍在珠江三角洲地区的香港人占 49.25%，接近半数。祖籍除珠江三角洲以外广东其他地区的占 37.11%。换句话说，香港人口中，86.36%的人祖籍是在广东省，广东省是香港人口的最主要来源。除此之外，祖籍是中国其他地方的占 9.13%，祖籍在东南亚各国的占 4.12%[4]，祖籍在英国等地的占 0.39%。

从国籍方面看，在 1991 年香港人口普查中，中国籍（包括香港的英属土著居民）占 95.50%；外国籍占 4.5%（人口达 24.5 万人），其中英联邦国家籍居民占 1.21%（英国居民 1.6 万人，印度籍居民 1.53 万人）；非英联邦国家籍居民占 1.80%（菲律宾籍居民 3.68 万人，美国籍居民 1.4 万人）。此外，1991 年香港还有越南船民 52036 人。[5]不同国籍的居民居住香港，使香港的人口构成呈现出多种族的特点。

从宗教信仰方面看，香港居民的信仰构成也是多元的。香港居民大部分是华人，他们最信奉的宗教是道教和佛教。据估计，香港现有佛教信徒 65 万至 70 万人。香港

---

[1] Census and Statistics Department Hong Kong Population Census Main Report.

[2] 《香港 1962 年年报》，第 23 页。

[3] 《香港 1997 年年报》，第 15 页。

[4] 陈恩：《香江百年移民潮》，《特区与港澳经济》1997 年第 2—3 期。

[5] 同上。

的道教分“正一”和“全真”两大教派，共有道院、仙馆100多处，团体会员60多个，信徒数十万。在入教仪式较严、可以统计的宗教中，基督教的组织最大，教徒28万人以上，宗派逾50个，会堂超过950间；天主教的组织最严密，教徒约有25万人以上，90%的教徒是中国人，其余分属菲律宾、英、美、葡萄牙等40多个国家，伊斯兰教的教徒约有5万人，他们大多数是中国人，少部分是香港出生的非中国籍人士，以及来自巴基斯坦、印度、马来西亚、印度尼西亚、中东和非洲各国的信徒。此外，香港还有印度教、犹太教、锡克教和巴哈依教等，各教信徒从几千人至万人不等。[1] 尽管不能排除同一民族信仰多种或不同宗教的情况，但来自世界各地名目繁多的宗教在香港地区的风行，在一定程度上反映了香港民族构成的多元性特点。

香港的语言尽管不像国籍的情况那样突出，但也反映出香港民族构成的多元化特点。根据1991年的人口普查，香港约有3.2%的人使用的习惯用语非汉语。语言是一个民族的基本特征，语言以外的几个民族特征，往往需要语言来反映。香港居民在日常生活中使用不同的习语，这反映了香港民族的语言多元性。

饮食业是香港最兴旺的行业之一。占绝大部分人口比例的中国籍居民喜欢吃中式餐食。在香港，比较有名的中国菜有广州菜、顺德菜、东江菜、川菜、京菜、鲁菜、淮扬菜、上海菜、杭州菜、福州菜和台湾菜等。此外，香港还有各式各样的西餐和东餐。东餐除了中国菜外，还有日本、韩国、朝鲜、越南、印度、印度尼西亚、泰国和马来西亚等国的菜食。在《香港名菜精选》中，广东佳肴138种，京川名菜19种，南洋美食（包括缅甸、泰国、越南、印度、印度尼西亚和菲律宾等国）32种。[2] 香港的西餐风味，有法式、德式、俄式、意大利式、南美式、地中海式、澳洲式、阿拉伯式和犹太式等，其中比较著名的美食有法国的蜗牛、鹅肝和餐后的各种乳酪；新西兰的牛排；旧金山的龙虾；意大利的比萨、通心粉；荷兰的家乡牛肉加乳酪；比利时的煎鱼、牛奶煎香菇以及德国的法兰克福香肠和烤猪脚等。这些由世界各民族长期积淀形成的饮食文化在香港的传播、交汇与盛行，也在一定程度上反映了香港民族构成的多元性。

---

[1] 周毅之：《香港的文化》，新华出版社1996年版，第118—123页。

[2] 吴锦锐：《香港名菜精选》，香港万里机构饮食天地出版社1992年版，第41页。

(三) 移民与香港文化

文化，是一定社会和时代人的意识和思维方式，是受其所在社会和时代所左右的，还受着历史、民族、国家和地域制约。其中地域制约性（即地方性）尤为具体。因为这是每个人具体的生长和生活环境，其地方性的文化特征对其熏陶更为切身，潜移默化。而地方性的文化的积淀或汇合，是社会性、民族性、历史性的综合凝视，是历史传统（纵的）和当今世界（横的）文化在一定地方条件下的交融产物。随着内地移民大量移居香港，在经济高度发达的香港社会里，中国的民族传统文化习俗特别是汉族文化却具有相对的独立性。在香港的商业文化中，"招财进宝"、"年年有余"、"飞星祝旺"、"生意兴隆"、"财源茂盛"、"财运亨通"等吉祥标语随处可见；福、禄、寿三星，赵公明，财帛金星，关公神像在商家店铺放在吉位；铜风铃、铜钱、铜麒麟、五帝王钱等悬于店首。"青龙、白虎，旗鼓相当"、"供奉诸神，满宝生光"等不少内地早已消失了的中国古代商业民俗文化，在香港都能与西方最现代的文化景观和睦相处。

信仰习俗方面，香港人除了崇拜各种主要宗教外，还信仰各种神道。其中"天后"女神便是最重要的一个。"天后"又称"妈祖"，是广东、福建一带特有的女神。宋朝以后，福建等地沿海的渔民散户迁港日多。他们大多仍以航海捕捞为生，并带来了原有的宗教风俗，因而香港地区一向依赖海洋为生的渔民也寄望于"天后"的保佑。香港人还特别迷信风水和命相。在香港，人们的办公场所和室内陈设，都讲究风水。"香港很多人稍有不适，或稍遇麻烦，必定求问于风水先生，也难怪香港的电视和报纸杂志，有关风水的节目和栏目总是有大批观众和读者，这实在是和普通市民的心理欲求相吻合的。"[1] 甚至从事文化教育的机构也大谈风水迷信。香港某学院是一所很有名气的学校，它的大门上挂着三块制作精细的八卦牌。"它并非普通的装饰物，而是全院师生寄予厚望的'自卫武器'。"[2] 究其原因，似乎令人难以置信。学院对面新建起一座几十层的高楼后，学生们上课时经常感到气闷头晕，恶心想吐。先是一些学生上不了课，后来教师也讲不下去了，不少人甚至住进了医院。人们以为是那幢大

[1]　贺弘景：《香港的昨天、今天和明天》，世界知识出版社 1991 年版，第 393 页。

[2]　同上，第 394 页。

厦带来的煞气使然，于是为了避邪就挂起三块八卦牌来。在科学日益昌盛的今天，在传播科学文化知识的教育机构里，挂起迷信牌符以避邪，这种现象确实令人费解。

此外，香港人还很注意说话的忌讳，即言语禁忌。香港的书店不叫“书店”而称书局或图书公司。粤语“书”、“输”音同，“店”、“掂”意近即“定”，若说“书店”容易被误解为“输定”而不吉利；香港人在宴席上也不说“干杯”，因为“干”在生意场上表示要输光，所以忌称“干杯”而说“饮胜”；香港人忌数字“13”而喜欢“8”，同样也基于此因；香港人逢年过节都要吃发菜，目的在于图个“发财”吉利。

香港人虽然迷信，但在现实生活中却始终保持一种顽强的拼搏精神。拼搏与迷信结合，是港人世界观的一个重要特征。它为鬼神观念、占星、巫术、命相和风水等迷信活动提供了广阔的天地，也是港英当局赖以调节人际关系和稳定香港社会秩序的一种文化因素。

香港是中国近代被占领的第一块领土，接触西方文化最早。148 年前，英国人占领了香港，也带来了西方文化。在近一个半世纪的时间里，东方和西方，中国和外国两种文化在这里互相碰撞、渗透和交融。由于各民族都有自己富有特色的文化，文化的交流和碰撞，不是使自己的民族文化溶入别民族的文化，而是通过吸收别民族的文化来繁荣和发展自己的文化。所以，在香港中西文化的汇流中，有和平共处，井水不犯河水的；有互相碰撞、竞争，不能合二为一的。但是由于香港的特殊环境，也产生了中西文化合二为一、交融在一起的特殊现象。这是由于在特定的时空条件下，香港人的生活方式、意识形态和价值取向，也就是香港所有的个人活动和集体（社会）行为背后的抽象动力决定产生了这种特殊的多元的混合型的文化。因此，香港的中华文化与大陆的和台湾的中华文化是有不同的，最大的不同就是中西文化交融。

香港是一座华洋共处城市，中西文化在此交融、碰撞和整合，形成独具一格的香港文化。在文化内容上，世界各种文化流派和思潮都可以在这里找到自己的位置，自由地发展，从城市建筑、人们衣冠履带、社情民俗、宗教信仰到宣传广告、饮食娱乐等无不如此。在文化空间上，历史早期展现英国人和华人居住区与商业区对照；近代山野别墅与山下贫民窟以及港九近代西方文明与新界传统闭塞生活方式对照；在物质文化上，香港聚集着巨大财富、先进设备和高科技产品、密集信息，拥有强大的文化优势和能量，故能辐射世界各地。但在精神文化上，香港又是一个迷信盛行，低级、粗俗文化充斥之地。香港文化的复杂性和多元性是历史长期积淀形成的，它作为岭南文化一部分，源头仍是中华文化。但它又深受西方文化影响，表现出强烈的西方文化特质和风格。这就决定了香港文化特殊的历史地位和作用，在中国历史文化地图上占有重要一席地。

（四）香港的移民精神

香港文化是东西文化的融合，移民来自世界各地，从而使香港的移民有一种与内地不同的精神，这种精神主要表现在以下几个方面。

1. 冒险和奋斗的精神

在香港，冒险和奋斗精神表现为更多的现实主义，香港移民是为了求生存，“搏命”；香港人的冒险和奋斗精神表现在他们对机会的把握上。从香港的富豪身上可以看出香港人这种冒险精神的凝聚。李嘉诚先生在1973年世界石油危机之时，以“别人不敢，我敢”的冒险精神，趁机买下大量物业，从此成为香港房地产业巨子。新加坡前总理李光耀曾经感叹道：新加坡经济的发展之所以不如香港，主要是因为缺少像李嘉诚这样一批为追求理想矢志不渝的企业家。李光耀所说的这种“矢志不渝”就是永远如一只伺机出动的猛虎，时刻准备冒险。那些当事业发展到一定程度就谨小慎微的人，绝称不上“矢志不渝”。也许是香港企业家在与占统治地位的英国资本的斗争中，培养了这种拼搏精神，而危机感更激发了这种拼搏精神。据说，1980年李嘉诚刚到香港时连工作也找不到，打零工刚够糊口。他了解到香港有许多山货店需要大枣，在朋友帮助下他亲自到河北沧州农村收大枣。他一棵树一棵树地收，抢在外贸公司前面，连夜开卡车运往深圳。司机室里坐不下，他就坐在货上忍几天几夜。就这样，他的生意越做越大，越来越正规。

香港教育公会曾在青少年中搞了一个“在香港，你最崇拜的人是谁”的民意测验，答案空前一致，全是像李嘉诚这样的大企业家。这表明冒险和奋斗精神已为下一代所继承。我们认为，香港之所以能从一无自然资源，二是土地短缺、人烟稀少的海岛变为环境优美、现代化的国际大都市，取得令中外人士为之赞叹不已的超人成就，根本上说是依靠香港人“劳动的双手”，灵活应变的智慧。一些香港人说得好：“你以为香港随地都可以拾到黄金吗？其实都是拼命拼出来的啊，天上绝不会掉馅饼。”我们看到了许多香港华人的杰出代表发家的经历，不难体会到“看似寻常实奇崛，成如容易实艰辛”的真谛，正是香港人的冒险和奋斗精神造就了香港的繁荣。

2. 敬业精神

说到香港人的敬业精神，人们自然就会联想到香港人的职业感。香港人是没有什么“著名”的观念的，没有什么“……家”的观念的。在他们的眼里，任何人都只是一个一个的职员而已。演员是艺人，顶多是巨星。艺人们也不把自己当回事，而且是真的不当回事。他们说自己干得出色，因为敬业所以才有好收入。他们不认为自己是在创造什么精神食粮，无非是“大家开心”。

香港敬业精神体现在香港的快生活节奏和高工作效率之中。看看他们走路像小跑、碰面像打架的上下班景象，就可窥一斑而知全豹。

3. 以人为本的精神

香港对人的素质的重视可以从其城市管理中窥知。人多、车多、国际性活动多和地域面积狭小是香港的显著特色之一。然而，香港城市美观、整洁、交通舒畅、工作效率高，人流、物流井然有序，给到香港的外地人留下了很深刻的印象。在香港城市建设和管理中，政府非常注重广大市民的参与，听取市民的意见，完善有关政策法规，着力提高全民素质。坚持“知识为本，人才为要”的原则，更加重视基础教育，重视对内地优秀人才的引进。香港特别重视公务员队伍素质的提高。坚持以人为本的宗旨，提出了“关怀为本，顾客为本，尽心为本”的工作理念。正是基于香港人的精神，基于香港政府对提高各个层次人的素质的重视，香港才有了蓬勃的生命力，有了发展的不竭源泉。

（五）香港的市场伦理与市场精神

香港是市场经济十分发达的社会。其市场伦理主要体现在儒家道德与市场经济的相互结合，其市场精神主要体现为“积极的不干预主义”。

1. 市场伦理

儒家道德与市场经济相互融合，形成了具有香港特色的市场伦理。从东亚社会发展来看，儒家伦理所提倡的勤勉，乐于吃苦精神，激励着这个地区许多人走上商业方面的成功之道。《尚书》言："帷日孜孜，无敢逸豫。"[1]《左传》称："民生在勤，勤则不匮。"[2] 儒家所倡导的这些观念，所留下的句句箴言，影响了东亚地区一代又一代的广大人民，培养了他们吃苦耐劳，并以勤劳而著称于世。日本学者名和太郎在《经济与文化》一书中写道："把劳动和忙碌看作是美德的国家并不多，大约只有中国、日本、朝鲜这样一些儒教国家和信仰新教的国家，其他无论是天主教，还是伊斯兰教，大都不将劳动视作光荣。"美国学者蒂博·辛托夫斯基在分析中国台湾和韩国经济得到发展，"获得伟大成功"的原因时也认为，"可以追溯到它们共同的传统，这就是生来勤奋，乐于吃苦"。[3] 瑞士联合银行 1988 年对 52 个国家和地区劳工情况的调查告诉我们，世界工人年均工时为 1966 小时，而香港最高，竟达 2627 小时，日均 9.16 小时，居世界之首，因而被称为世界最紧张的城市之一。当初仅靠一艘拖船起家的霍英东，如果没有儒家倡导的那种勤劳不怠的品德和不怕吃苦的精神，就不可能在香港的航运业占有一席之地，进而使自己的实业发展至包括房地产、建筑、航运、航空、公共交通、造船、酒店、财务金融等许多方面，从而促进香港经济快速发展。

儒家伦理与市场经济的结合，也体现在一系列制度、原则之中。首先，在企业管理中注重对人员的录用与培训；录用时对其年龄、身高、仪表、文化知识、品德等都有具体要求；录用后对其职业道德、业务技能等进行培训，合乎要求者方可上岗；对于各方面都十分优秀的骨干，则予以重用，委以全权，恪守"用人不疑"的准则，给他们提供施展才华的舞台，使企业充满了活力与生机。其次，港人在吸取西方科学经济管理思想的同时，也从理论到实践上将优良的伦理传统与管理相结合融通。他们把"尽交易之本能，获公开之赢利，必诚必信，不诈不虞"作为企业拓展经营业务规模的信条，把顾客当做自己的衣食父母，认为失掉一个顾客，就会减少一份利润，等到

[1] 《尚书·君陈》。

[2] 《左传·宣公十二年》引古箴言。

[3] 《经济社会体制比较》1986 年第 6 期。

大部分买主失掉了，就要关门。

在香港，“金钱至上，个人第一”被认为是香港社会的主流意识形态之一，故有“香港人情薄过纸”之说。另一方面，香港社会中又流传着“香港人情紧过债”的说法。这就是说，香港人虽然“利”字当头，但仍很重视“礼尚往来”，还债可以缓一缓，而社交礼节却不容失。所以，如果亲戚朋友有了喜庆，香港人即便借贷也要送礼致贺。礼尚往来，既属于中国传统的伦理规范，又包含着浓厚的功利主义意识。从这里，我们可以看到，香港的市场经济伦理是由儒家伦理和资本主义伦理构成的一种结合体，这也是中西伦理观念在香港传承演变的结果。

2. 市场精神

人们将香港视为完全自由放任的资本主义典型，其突出表现在港英当局统治时期所实施的“积极的不干预主义”政策。“积极的不干预主义”其实是港英当局管治香港经济社会发展的资本主义伦理观。早在60年代初期，财政司郭伯伟在一次公开答辩时就说过：“在本港经济的广泛领域里，我们应遵循的最好途径仍是19世纪中的‘隐藏的手’，而非对具有敏感的机构，伸出笨拙的带着官僚主义的手指，特别是我们不许损害这一个机构的总弹簧，那就是竞争性企业的自由。”[1]这就是说，香港企业同其他经济活动一样，必须在没有或尽量少的官僚机构干预下，任由个别企业自由决策，自由经营，自由竞争与发展。对于这一点，香港的高层官员也曾加以解释。1961年5月，工商署长晏嘉士曾撰文说：“香港传统性之自由贸易，足堪本港人士引以为荣。自由贸易的意义，仍谓本港非只无繁复关税制度之存在，而一般商人更可在极少管制情况下进行贸易，政府一贯政策，仍任由各行业自由发展，而尽少加以干预。”[2]可见，官方一向认为不干预，或尽量少干预企业的活动，是适用于香港的最好的经济贸易政策，也是适用于香港的一般经济发展政策。

同60年代初期比较，香港的投资环境和经济发展水平尽管已发生了很大变化，但香港的特殊经济环境及其高度依赖对外贸易市场这一基本条件仍然没有改变。后来的夏鼎基接过以往的不干预主义政策，在掌管香港重大经济决策长达10年中，虽然

[1] 《香港经济年鉴》(1962)，第352页。
[2] 同上。

仍反复强调不干预主义政策，但在实际操作上，却比过去富于弹性。从70年代以来，港英当局一方面仍然坚守过去对经济发展的一贯性立场，但在不少具体做法上却更多地从“积极的”方面加以考虑和处理来自香港内部及外部的各种政策问题。例如对香港金融市场、土地供应及楼宇买卖等，当市场出现危机或投机过度时，仍严加整顿，以保持市场的均衡发展。

除了“积极不干预主义”政策外，自由而不放任，加上“外部性”调节与控制，也是当时港英当局资本主义伦理观的另一种表现。所谓“外部性”，在这里指的是个别私人企业发展过程本身的外部环境条件及其同整体经济之间的关系和影响。诸如工业技术变化、工业人才成长与训练、就业与投资、工业能源、工业用水及土地供应、工业地理生态以及出口与目标市场的商业政策、市场拓展、贸易信息与资料服务、工业与金融、工业与交通运输、工业与政府税收等等这些个别企业所无能为力的“外部性”决策，当局都有针对香港的发展，港英当局并没有事事处处直接介入香港微观经济的发展，但十分注意香港经济发展的“外部性”调节和控制，从外部为香港经济发展创造必要条件。这是香港经济管理政策上一个非常突出的特点。

如果没有官方一系列的“外部性”调节与控制配合，自发地运转于市场的香港经济，即使个别企业可以获得成功机会，但就整体来说，很难得到迅速发展。简单说，官方的土地政策一方面是按照市场原则“价高者得”，另一方面又为某些特别行业提供优惠用地，并划定几个工业村；在工业技术方面，一方面充分放手让企业自己开发，同时也通过半官方的生产力促进局加以统筹规划与指导，并为未来的香港工业发展提供有关服务与支援；官方并不干预个别企业的生产经营，但却鼓励半官方机构及非官方工商团体积极为企业提供产品设计、包装、出口信用保险、培训专业人才、拓展市场、管理与技术咨询等服务。在整体投资环境方面，官方不干预市场经济的自由运作，但却为本地及外来的投资者提供充分的法律保障。

五、境外移民文化与市场伦理对特区发展的启示

探讨境外移民文化与市场伦理对于中国经济特区的精神文化与道德伦理建设具有重要意义。其一，深圳特区的价值观念建设必须增进境外移民社会珍惜传统的“寻

根”意识；其二，深圳特区精神文化建设必须吸纳境外移民社会开拓创业的市场精神；其三，深圳特区的道德伦理建设必须弘扬境外移民社会义利兼顾的市场伦理。

(一) 珍惜传统的“寻根”意识

境外移民社会表现出十分浓厚的珍惜传统的“寻根”意识。这里的“根”，主要是指祖先传统的根。因此，“寻根”意识也就是一种弘扬祖先传统的意识。境外移民在远离故土之后，往往产生失根的感觉。这种失根的感觉又往往相反相成地促使移民问祖寻根，从而更加珍惜祖先遗传，弘扬先辈传统。身为移民后裔的新加坡内阁资政李光耀曾说：“所谓传统，是指一个民族铭记和保存祖先经验结晶的一种方法。”[1]传统的由来“和达尔文的社会进化论相似，也就是在一个反复试验的过程中，适者生存”。[2]传统之为传统，是“因为它建立在一种久经磨炼和考验的价值观念制度的基础上”[3]。根据李光耀的上述观点，传统的意义可以归结为如下两方面：一方面，传统是一代又一代的无数前人的集体经验的积淀和集体智慧的结晶。因此，传统的可靠性就要胜过少数天才的头脑，甚至于也要胜过一两代人的“革命性”创造。轻视传统，也就是轻视历史，轻视形成、绵延了这些传统的民众，甚至于也等于反民主。因为没有什么观念意见比传统所能代表的人数更为众多，所反映的民意更为广泛。轻率地抛弃传统，只能将自己归于愚昧；彻底地砸烂传统，只能使社会倒退到没有文化的荒蛮世界。另一方面，传统又是一次又一次的物竞天择的结果。它是经过了无数次试错考验之后适者生存的“战利品”。因此，传统不是人为而成，而是自然天成。片面强调“打碎”传统、抛弃传统，就会走向历史虚无主义的精神荒漠。只有尊重传统，理解传统，才能从传统走向未来。李光耀指出：“尽管一些西方人认为他们的文化价值观比较优越，不过这不足以构成西方自由主义文明取代具有几千年历史，而且根深蒂固的中国和印度传统文明的理由。西方人如果认为他们所具有的价值观更优越，他们必须拿出更好的成绩来证明这一点。”[4]面对儒家传统的丧失，李光耀深感忧虑：“改变

[1] 《总理吁国人新春勿玩火》，1988年2月6日《联合早报》。
[2] 《李光耀40年政论选》，第557页。
[3] 同上，第420页。
[4] 《李资政接受国际电缆新闻网访谈》，1998年12月13日《联合早报》。

在所难免，我们还是必须设法保留我们基本的核心文化价值观，这些价值观使中国文明成为世界持久的文明。”[1]“如果我们彻底地改变，以致丧失了一度保障我们的社群得以生存的品质，又怎么知道英美文化那种散沙式的生活态度，能保障我们的生存呢？我认为那样我们是无法生存的。”[2]因此，“我们必须对年青一代循循善诱，把久经考验的、有力的核心价值观灌输给他们”。[3]李光耀强调：“身居迅速变化的时代，我们希望在探索走向未来的同时不割断与过去的联系。在告别过去的时候，我们有一种深刻的不安，失去传统会使我们一无所有。”[4]

语言是传承传统的最有效载体。李光耀早年曾赴英国剑桥大学学习。在英国期间，李光耀的一口流利英语并没有使英国人将自己视为同类。李光耀从自己的亲身经历中“有过这种体验”：“会讲华语，同时又看得懂华文，能使人产生自信。……只有那些不会讲华语、又不懂华文的新加坡人，在国外受窘或被人嘲笑之后，才能体会那种感到不足和失落的心境。”因此，华语、华文的“心理价值是可以一再强调的。家长们希望孩子出人头地。他们也要孩子保存忠、孝、仁、爱的华族传统美德。通过华语，他们的孩子可以在感情上把自己看成是一个古老文明的一部分。这种文明源远流长，因为它建立在一种久经磨炼和考验的价值观念制度的基础上”[5]。为了不让自己的子女重新陷入“那种感到不足和失落的心境”，李光耀让他们从小读华校，学华语，从而增强了他们坚持传统、抵制“西风”的能力。1971 年，李光耀的大儿子李显龙赴英国读书。当时，英国大学的学生都长发披肩。在每个人都长发披肩的一所大学里要剪短头发，是需要极大的毅力的。李光耀并没有向儿子谈过是否应该留长发。他只是等着看事情会怎样发生。等了半年、一年，李显龙寄回了自己外出读书时的照片。照片中的李显龙仍然留着短头发。李光耀认为这很不平常，因为在全大学一万个学生当中，可能仅有他是短头发。五年后，李显龙的弟弟也去英国读书，一年后寄回照片，也是短头发。儿子的这种表现，李光耀认为是因为他们持有一整套价值观念体系：“我就是我。我是来学你们的科学、你们的工艺，以及你们怎样突破工业生产而进入工艺时

[1] 《李光耀 40 年政论选》，第 423 页。
[2] 韩福光：《李光耀治国之钥》，第 190 页。
[3] 《小人行经违背儒家准则须纠正》，1999 年 10 月 8 日《联合早报》。
[4] ［美］法里德·扎卡里亚：《文化决定命运——李光耀访谈录》，转引自刘军宁：《经济民主与经济自由》，三联书店 1997 年第 1 版，第 201 页。
[5] 《李光耀 40 年政论选》，第 420 页。

代。我并不是为了要留长头发，穿肮脏的牛仔裤，赤着脚走路，穿那些印有古古怪怪的口号的汗衫而来。这些东西跟你们在太空上的成就毫无关联。”[1]

中国经济特区是对外开放的窗口，是改革开放的排头兵。毫无疑问，特区移民对于吸收西方外来文化一般都具有积极的心态，但是，对于弘扬祖先传统文化却往往缺乏积极的态度。研究新加坡等境外移民文化使我们增强了如下意识。光大特区移民文化，必须弘扬中华优秀传统。需要注意的是，今天，我们对于传统的吸纳不仅要挖掘历史，也要开掘“外围”。新加坡贸工部长杨荣文曾说：“在中华文明或东亚文明的现今阶段，外围吸收西方文化之后变得比中央还要进步。中央，也就是中国，需要借助外围完成其重大改革。”站在以儒家文明为主体的中华文明或东亚文明的立场，作为儒家文明母国的中国本土自可称作“中央”，深受儒家文明影响的中国周边也可视为“外围”。如果说，中华文明或东亚文明过往阶段的文化前行表现为“中央”哺养“外围”；那么，其现今阶段的文明发展则已转化为“外围”反哺“中央”。一方面，儒家文明在现代中国花果凋零、摧毁殆尽的遭遇，使得“中央”需要从“外围”寻回失去的文明。李光耀曾说：“中国要实现工业化现代化，不一定就得把基本的文化价值观和信仰全都抛弃。看看中国台湾、韩国、日本、中国香港和新加坡，大家都在想方设法保留勤俭、刻苦的传统价值观，强调学问知识，效忠家庭、宗亲和国家，把社群利益放在个人利益之上。正因为有了这些儒家价值观，才有社会凝聚力、高储蓄、高投资，进而带来高生产力和高增长。”另一方面，儒家文明在当代狮城发扬光大、创新发展的境遇，使得“中央”可以向“外围”汲取鲜活的养料。李光耀曾说：“起源于二千五百年前的儒家思想，是中国农业社会的产物，是为中国农业社会服务的。如果把这个思想原封不动地照搬到今天资讯发达的工业社会里，是绝对行不通的。”因此，“必须给予这些价值观一种现代化的表达方式”。新加坡政府倡导的“讲义务的权利”、“负责任的自由”及“尊重个人”的“社会为先”等观念，正是传统儒家思想的现代表达与创新。如果说，开掘“外围”以反哺“中央”是一个正确的命题，那么，担负着赶超亚洲“四小龙”和率先基本实现现代化的中国经济特区，更应该从开掘“外围”寻找传统、吸收养料。只有这样，才能真正光大中国经济特区的移民文化，弘扬中国经济特区的移民精神。

---

[1] 《李光耀 40 年政论选》，第 390 页。

(二) 发扬开拓创业的市场精神

境外移民社会特别是美国、香港社会表现出强烈的开拓创业的市场精神。就美国移民社会开拓创业的市场精神而言，李光耀曾将其与中国、英国文化进行比较加以说明：在中国，自春秋战国以来，“士农工商”是华人传统的社会等级观念，商人的地位最低，因为人们认为他们不事生产。直到今天，华人的通俗文化里还有这种等级观念。而以儒家思想称道的传统中国社会，是一个自给自足的农业社会。这样的社会不愿接受改变，因此无法激发工业革命和孕育资本主义社会。长久以来，才智过人的中国人，都想通过科举考试进入仕途。深受儒家思想影响的日本人和韩国人，也采纳了这样的制度和价值观。“直到今天，中国、日本、韩国的许多一流大学的杰出学生，都选择在政府里服务，而不是到企业界发展。新加坡的情况也是如此。结果，在这些国家都没有强劲的企业文化。”[1] 至于英国人和美国人的企业精神，也有差别。英国人发明了蒸汽机、纺织机和电车，也赢得许多诺贝尔科学奖，但是他们不善于将这些伟大的发明转化成商品。李光耀相信英国人的这个缺点与他们的文化有关。在英国，两百多年的帝国盛世，使大地主和财富积累了几代的富裕家庭，享有崇高的地位，刚冒出头的富人则受到鄙视。因此，有才智的英国人都选择当律师、医生或从事其他的专业，以展示他们过人的智力。他们都不愿意当工程师或从事会弄脏双手的职业。1980年代，撒切尔夫人当首相时力图改变英国人的价值观。她将国有企业私有化，并且鼓励人们创业，使英国经济变得更有活力。美国是个新兴社会。它与英国社会截然不同。美国社会没阶级之分，人人都想发财致富，整个社会充满创造财富和创业的动力。李光耀说：“在过去10年，当我看到美国经济重整旗鼓，收复了它在80年代在德国人和日本人强力竞争下失去的市场，我彻底地领悟出美国人所倡议的创业精神是怎么一回事。”[2] 李光耀认为，美国人具有不屈不挠的精神，创业失败后还不断尝试。这就是美国经济动力的源泉。

就香港移民社会开拓创业的市场精神而言，李光耀曾将其与新加坡进行比较加以说明。新加坡作为移民社会，同样表现出开拓创业的市场精神。新加坡之所以能够从

---

[1] 《改变价值观　发展创业文化》，《联合早报》2002年2月6日。

[2] 同上。

一个蚊子肆虐的穷乡僻壤变成了一个经济典范，实现经济腾飞，成为举世瞩目的“亚洲四小龙”之一，开拓创业的市场精神是其成功的因素之一。当然，由于新加坡华人的儒家文化传承及新加坡拥有一个关爱人民的好政府，当今的新加坡人——特别是新加坡华人——自然较之其他移民社会的人们更容易满足于优雅富足的稳定生活。于是，大多数潜质很高的新加坡年轻人往往留在政界、政府部门、陆军、空军和海军服务，只有少数成了商人，而真正成为企业家的人数更为稀少。李光耀说，他原本以为企业家是天生的，不过他对新加坡和香港的商人作了多年的比较后，改变了自己的想法。他指出，在共产党解放中国后，大陆沿海城市的企业家、银行家、工厂厂主、船主、贸易商都纷纷涌入香港。这些来自上海、厦门、汕头、广州的企业家，在香港设立了制衣厂、塑料厂、玩具厂，也设立了船运公司和银行。“他们都是富有经验的企业家，并且带头在香港创造了一种企业文化，使许多涌入香港时，生活顿成问题的大陆人也受益。”虽然新加坡华人较之中国内地的大多数中国人更具创业精神，但是，李光耀认为，相对于香港这个移民社会来说，新加坡还是相对缺乏创业文化。他举例说，一名来自香港，后来成了新加坡公民的企业家曾告诉他，他的新加坡籍高级经理为他的制衣厂服务了二三十年，而他从香港聘请过来的经理则早已离开，创立自己的制衣厂。[1] 因此，“政府要告诉人民的是，如果你攀登事业的高峰，你就必须冒险。如果你失败了，你必须再尝试。事实是，在新科技时代，失败不是值得羞耻的事，这种观念在世界都经得起考验。”[2]

借鉴美国和中国香港等移民社会开拓创业的市场精神，中国经济特区的精神文化建设必须弘扬开拓创业精神。一方面，中国经济特区的精神文化建设需要弘扬开拓精神。中国改革开放的总设计师邓小平就此对特区寄予过厚望。邓小平在其著名的“南方谈话”中指出：“改革开放胆子要大一些，敢于试验，不能像小脚女人一样。看准了的，就大胆地试，大胆地闯。深圳的重要经验就是敢闯。没有一点闯的精神，没有一点‘冒’的精神，没有一股气呀、劲呀，就走不出一条好路，走不出一条新路，就干不出新的事业。不冒点风险，办什么事情都有百分之百的把握，万无一失，谁敢说这样的话？一开始就自以为是，认为百分之百正确，没那么回事，我就从来没有那么

[1] 《香港人和台湾人富有创业精神　是因为这两个社会有“企业文化”》，《联合早报》2002 年 2 月 6 日电子版。
[2] 《李资政接受〈圣何塞信使报〉访问》，《联合早报》2001 年 1 月 26 日电子版。

认为。每年领导层都要总结经验，对的就坚持，不对的赶快改，新问题出来抓紧解决。”[1] 经济特区是改革开放的试验场、排头兵，当然需要敢闯的开拓精神。深圳经济特区倡导的“团结、奉献、开拓、创新”的深圳精神就是这种开拓精神的具体写照。另一方面，中国经济特区的精神文化建设必须发扬创业精神。从一定意义来说，创业精神是特指“下海”从商的“资本家精神”。中国传统文化中视商人为末等、视商业为末业的观念及改革开放前的“割资本主义尾巴”的做法，使人们积淀和形成了一种追求吃国家饭、捧铁饭碗的心理，积淀和形成了一种怕冒富、怕当“资本家”和怕“走资本主义道路”的恐惧症。所谓“学好数理化，走遍天下也不怕”和“学好数理化，改朝换代也不怕”的心理，表现的也是一种对于铁饭碗的企求和对于扔掉铁饭碗创业的害怕心理。中国经济特区要赶超“四小龙”、率先基本实现现代化，就必须改变陈旧的思维，发扬光大创业精神。

(三) 倡导义利兼顾的市场伦理

境外移民社会中的新加坡、中国台湾和香港等地既属于儒家文化圈地带，也是市场经济较为发达的亚洲“小龙”。儒家道德与市场经济的结合，产生出义利兼顾的市场伦理。

首先，市场经济体制是强调实现利益的机制。与这种强调实现利益的市场经济体制相适应，新加坡倡导的伦理道德十分关注利。新加坡实行了“高薪养贤，厚禄养廉”的薪金制度，就是这种市场伦理的典型体现。借鉴新加坡的市场伦理，中国经济特区在建设与社会主义市场经济相适应的价值观念的时候也应该关注人们的合理利益。深圳经济特区的有关报刊曾经对“高薪养贤，厚禄养廉”的举措进行过一定程度的讨论。相当数量的讨论参与者往往从党政领导干部应具“献身”精神或“高薪厚禄”并不一定能够养贤、养廉的立场出发，反对“高薪养贤，厚禄养廉”或“以薪养廉”的提法和举措。毫无疑问，高薪厚禄并非养贤、养廉的充分条件，因为人的欲望没有止境，必须辅之以配套的其他制度才能保证政府的廉能。但是，一定程度的高薪厚禄又是养贤、养廉的必要条件，因为悬之于头顶的境界并不是践之于足下的现实；

[1] 《邓小平文选》第3卷，人民出版社1993年版，第372页。

相反，必须立足现实，才能不断提拔人生的境界。李光耀的如下评论值得深思：“中国领导人希望建立一个健全的法律制度，他们又很明白在一个文明社会里实施法治所需的体制结构，不可能在道德真空里凭空建立起来。他们重新提倡群众的儒学教育，为重塑党内成员而展开‘三讲’运动：讲学习，讲政治，讲正气。只不过官员的工资低得离谱，现有的工资水平一日不调整，就是再多的严刑峻法，哪怕是终身徒刑或死刑，也不会有太大的效果。”[1]

其次，市场经济体制是最为讲求道德的机制。与这种讲求道德的市场经济体制相适应，新加坡倡导的伦理道德十分注重义。新加坡政府倡导的“国家至上，社会为先；家庭为根，社会为本”的“共同价值观”就十分典型地体现了义的精神。针对西方将亚洲金融危机归因于亚洲价值观的观点，李光耀提出了不同看法。他说，儒家强调的社会重于个人的价值观，在韩国陷入金融危机的最困难时刻，充分展现了它的意义。“韩国人民当时排队捐献金银首饰和其他个人财宝来解救国家，以使国家免于破产。”他指出，尽管这些努力无法非常有效地解决韩国严重的经济问题，但韩国社会所表现的团结和活力，却赢得世人的尊敬，从而鼓励外商更看好韩国的前景。李光耀相信，当这个地区开始复苏时，儒家所鼓励的勤劳、节俭、为未来牺牲奉献、重视教育和学习等美德，将促使像韩国这样的国家复苏得更快。而且，“亚洲式资本主义最终必定能克服经济危机”[2]。李光耀还说，儒家学说和价值观常常被人歪曲。儒家要求个人照顾家庭，但是这不应该理解为鼓励滥用个人的地位，牺牲公众的利益。“置个人利益于社会之上的‘小人’行经，是直接违背儒家思想的基本道德准则的。这种脱离常轨的行为必须加以纠正。”[3]

另外，新加坡政府还十分强调效率与平等、竞争力与凝聚力的兼顾并存。李光耀曾以阴的符号代表“平等合作的一切阴的原理”，阳的符号代表“刚劲威武、竞争力和求胜意志的阳的原理”。他说：“‘阴性’就如同平等，越多‘阴性’，国家就越团结；而‘阳性’就如同竞争，‘阳性’越多，表现就越好。”[4]但是，阴与阳都不能过度，而必须寻求二者之间的平衡点。一方面，“过多的阴，也就是过多的平

---

[1] 《李光耀回忆录（1965—2000）》，联邦出版社（新）私人有限公司合作出版 2000 年版，第 762 页。
[2] 《李资政：亚洲式资本主义最终能克服经济危机》，《联合早报》1998 年 10 月 22 日。
[3] 《小人行经违背儒家准则须纠正》，《联合早报》1999 年 10 月 8 日电子版。
[4] 《李资政南大演讲答问》，《联合早报》1996 年 3 月 17 日。

等，会导致全面的工作不力，表现欠佳”[1]。“过多的阴”在资本主义世界表现为瑞典和撒切尔夫人执政以前的英国那样的福利国家。由于广泛的福利要求课以重税才能使分配变得平均，使得尽力而为、按劳取酬的原理遭到削弱，民众普遍产生一种依赖心理，经济效能也由此减弱。这种现象发展到一定程度，又导致有才干和受过高深度教育的人不断从阴性高的国家如英国移民到阳性高的国家如美国。因为在阳性高的美国，人们的才干和努力能得到更好的赏识和酬报。“过多的阴”在社会主义国家表现为“一大二公”和“大锅饭”、“铁饭碗”等极端平均主义现象。由于干与不干一个样、干多干少一个样、干好干坏一个样，导致没有人肯努力工作，铁饭碗里的饭变得越来越少。最后，铁饭碗实际上变成空饭碗。另一方面，过多的阳“会带来高度表现，但却必须付出代价；人民没有一种国家团结意识”。[2] 因此，“每个国家因此必须……取得一个平衡点，这也是介于国家团结和维持竞争力之间的平衡点”。[3] 为了实现这个平衡点，一方面，新加坡政府允许人们保有他们赚到的大部分薪酬，人民因此愿意更努力地工作；另一方面，新加坡政府也以资产增值的方法来重新分配经济成果，而不是津贴人们的消费，通过让人们拥有资产来加强国家的团结。新加坡将上述做法概括为“各尽所能，各取所值，同时扶贫济困”。这里，“各尽所能，各取所值”极大地调动了人们的积极性，增强了国家的竞争力；“扶贫济困”又照顾了那些能力较差的低收入者，避免了极端贫困现象的出现，从而保持了国家的凝聚力。

借鉴新加坡移民社会的市场伦理，中国经济特区在建设与社会主义市场经济相适应的价值观念的时候也应该注重道义原则。实际上，中国经济特区在深入建设市场经济体制的同时，也正在逐步培养注重道义的市场伦理。以深圳经济特区为例，一方面，深圳经济特区正在逐步培养“国家至上，集体为先”的道义原则。深圳人不忌讳自己的“淘金”意识，但是，当中国内地的灾区和贫困地区需要援助的时候，深圳人往往能够解囊相助；当有孤寡老人需要帮助的时候，深圳人组织起了自己的义工队伍；当有伤残病人呼唤生命的时候，深圳人排出了献血“长龙”。康佳

---

[1] 《李资政向哈萨克最高苏维埃致词全文》，《联合早报》1991 年 9 月 21 日。

[2] 同上。

[3] 《李资政南大演讲答问》。

集团公司提出的“我为你，你为他，人人为康佳，康佳为国家”的理念正是在关注利益的同时体现了“国家至上，集体为先”的精神。另一方面，深圳经济特区正在逐渐培育“效率优先，兼顾公平”的道义精神。深圳蛇口提出的“时间就是金钱，效率就是生命”的口号无疑体现了效率优先的原则，深圳人建立社会保障制度、实施共同富裕工程和确定最低工资线的举措，又无疑体现了兼顾公平的精神。只有义利兼顾，才是建立适应市场经济体制的价值观念；也只有义利兼顾，才能建立真正意义的市场伦理。

第三章

深圳特区移民文化及其伦理价值

中国现代的移民形式主要有海外移民（向国外流出）、农村向城市的移民（国内流动）、三峡工程等大型设施影响下的政策移民（从本土迁往外地）等，而最具有典型意义的则是20世纪中国举办经济特区所引致的居民由原住地向特区流动的移民潮，如1980年代初开始的由内地向沿海的“孔雀东南飞”现象，大量的人员向广东、海南的迁移。研究这次移民潮所产生的移民文化，即特区移民文化，对中国现代化进程中的文化建设与伦理建构具有相当重要的意义。

一、深圳特区移民文化的含义和精神品质

所谓经济特区，是指在一个国家或地区中，政府为刺激经济发展而提供特殊的经济政策、制度环境和物质环境的行政区域。十一届三中全会后，中国领导人就在考虑可以利用中国的一些地域优势，搞一些试点，以加快改革开放的步伐，促进中国经济的发展。在考察论证的基础上，决定在广东的深圳、珠海、汕头和福建的厦门试办经济特区。从当时的情形看，设立经济特区的目的主要有以下几点[1]：其一是在中国建立一个对外开放和国内改革的窗口。邓小平同志曾经把特区概括为技术、管理、知识和对外政策的窗口，寄希望于特区能够引进外资和技术，获得知识，学到管理，培养人才，同时

[1] ［日］大桥英夫：《中国经济特区的发展及其未来》，见俞可平编：《海外学者论中国经济特区》，中央编译出版社2000年版，第126—141页。

也能够展示我国的现代化建设的成就和扩大对外影响。其二是进行市场经济的实验。特区的外资和合资企业实行资本主义的现代企业管理制度，主要依靠市场机制对经济生活进行调节。经济特区是学习资本主义的管理和现代市场经济制度的理想场所，也是在中国进行社会主义市场经济体制建设的一个试验。其三是开发区域经济，通过经济特区带动周边地区经济的发展。中国的经济特区的规模比其他国家和地区所设立的经济特区要大得多，因此经济特区实际上是区域经济，特区的发展也就是区域经济的发展。其四是引进华侨资本。中国的海外华侨近千万，在四大侨乡设立经济特区，显然有吸纳侨资的意图。其五是实现祖国的统一大业。实现香港、澳门和台湾的早日回归，是中国政府和人民始终不渝的心愿和目标。在深圳、珠海和厦门建经济特区，也是服务于统一中国的大目标的。另外，创办经济特区，既可以增加就业机会，也可以增加国家的外汇收入。中国的深圳、厦门、汕头、珠海和海南经济特区与其他国家和地区的经济特区相比，是一个综合性的经济特区，只是在政策和措施上和内地有所区别，享有不同的特殊政策，整体上实行的仍然是社会主义制度，这有别于香港、澳门等行政特区。

30 年过去了，中国的经济特区的建设成就是有目共睹的。在包括海南省在内的 5 个经济特区中，深圳在社会发展的各个方面都相对突出。因此，把深圳作为一个样本进行剖析，就有着一定的代表意义。下文以深圳移民文化作为范例来研究中国特区移民文化。

30 年艰苦卓绝的努力和奋斗历程中，深圳经济特区一直充当着我国对外交流、开放的“窗口”和改革的“试验田”。今天，深圳以她迅速崛起的形象和骄人的经济成就屹立在世人面前，向全世界展现了中国人民在经济建设方面的巨大潜力和辉煌业绩：2008 年全市国民生产总值达到 7806.53 亿元，其中第二产业和第三产业分别为 3815.78 亿元和 3984.41 亿元，人均生产总值为 13153 美元，是国内第一个人均生产总值超万美元的城市。当我们赞叹深圳在经济建设方面巨大的成就和示范作用的时候，不禁也在思考另外一个问题：短短 30 年间，深圳由一个偏僻、荒凉的小渔村迅速崛起为一个经济巨人，同时也形成了独具特色的文化，塑造了独特的“深圳人格”。在深圳人向现代化迈进的过程中，这种文化起到了什么样的作用？深圳人格适合社会主义市场经济建设和未来社会发展的需要吗？另外，深圳文化模式的选择和深圳人格的塑造为建设中国特色社会主义提供了何种程度上的示范和借鉴意义？

(一) 深圳特区移民文化的内涵

“文化”历来是一个众说纷纭的话题。据统计，“文化”的定义多达200个以上。但在对“文化”这一概念的界定中，比较能够取得公认的是由美国文化学家A.L.克罗伯所作的阐释。克罗伯认为，文化至少应包括5个层面：(1)行为的模式和指导行为的模式；(2)这些明显或隐喻性的模式都是后天学习而获得的，并且学习的方法须通过人工构造的符号系统；(3)后天模式的物化体现在人类的人工作品中，因而人工作品也属于文化；(4)在历史中形成的价值系统是文化的核心，不同质的文化依这种价值系统而区别；(5)文化既是限制人类活动方式的原因，又是人类活动的产物。因此：文化包括各种外显或内隐的行为模式，通过符号系统习得或传递；文化的核心信息来自历史传统；文化具有清晰的内在结构或层面，有其自身的规律。[1] 可以说，克罗伯概括了文化的方方面面，给文化下了一个较为宽泛的定义。这里要着重提出的是，当涉及不同文化的特征时，克罗伯认为历史中形成的价值系统是文化的核心，是不同文化得以区别的根本标志。美国另一位著名社会学家丹尼尔·贝尔认为：“就社会、团体和个人而言，文化是一种借助内聚力来维护本体身份的连续过程。这种内在聚合力的获得，则靠着前后如一的美学观念、有关自我的道德意识，以及人们在装饰家庭、打扮自己的客观过程中所展示的生活方式和与其观念相关的特殊趣味。”[2] 这里，丹尼尔把文化理解为一种依靠该主体的生活方式和特殊趣味来维持其身份的动态过程，换言之，文化就是使社会、团体或个人相互区别的特性或个性。

按照一般的理解，文化可以分为物质文化、制度文化、行为文化和观念文化等层次。当谈到“深圳文化”的时候，我们当然也可以来谈论深圳的物质文化、制度文化、行为文化和观念文化这几个层面，但这样一来，就产生了一些问题：一是概念太宽泛，二是会引起不必要的分歧或争议。比如有人就认为尽管30年来深圳已经创造了灿烂的物质文明，但和国内具有丰富人文资源的地方，如北京、上海相比，深圳是“文化沙漠”。为了避免歧义，本文借助克罗伯和丹尼尔的阐述，把文化界定为通过生活方式及趣味所表现出来的社会或个人的独特的价值观体系。确实，要说在短短的30

---

[1] 向翔：《哲学文化学》，上海科学普及出版社1997年版，第4页。

[2] ［美］丹尼尔·贝尔：《资本主义文化矛盾》，三联书店1992年版，第81—82页。

年中深圳已经创造了多么灿烂的文化，可能有点言之过早，因为一个文化形态的塑造毕竟不是在短时间内就能完成的。但如果说深圳人有自己区别于其他地方人的生活方式和价值观念，相信多数人是会同意的。因此，本文所述的“深圳文化”就指的是深圳人区别于其他地方人的生活方式和价值观念，换句话说，“深圳文化”在本文中专指使得深圳人与其他地方人相区别的、把深圳人塑造为“深圳人”的那些生活方式和价值观念，也就是人们头脑中的“深圳人”的形象和独特的“深圳人格”。

所谓移民文化，是指移民社会特有的文化形态，即移民社会中人们的生活方式和价值观念。移民社会是指那些外来人口占社会总人口的比重在50%以上，且外来人口在社会生活的各个方面占主导地位的国家或地区。移民文化即在该社会成员中占主导地位的生活方式和价值观念。在建立经济特区之前，深圳（原保安县）人口为33万，而2008年深圳常住人口已达876.83万，因此深圳居民中的90%以上是外来移民，且外来移民在深圳社会发展的各个方面已经占据了主导地位。今天，深圳人的生活方式、价值观念、文化特色与本土文化（深圳地处广东，其本土文化即岭南文化）有着根本的不同，带有特别浓厚的移民色彩，故“深圳文化”可以说是一种典型的“移民文化”（岭南文化中的客家文化也是移民文化，但它是中国古代的移民文化，而深圳文化是中国当代的移民文化）。在以下行文中，笔者在同等的意义上使用“深圳文化”、“深圳移民文化”和“深圳特区移民文化”概念（本文所述的“深圳”既包括“深圳经济特区”，也包括二线关外的宝安、龙岗两区，即通常意义上的“深圳市”）。

（二）深圳特区移民文化的产生

深圳文化的产生有其特殊的背景，这些背景是其他国内城市所不能比拟的，因此也是深圳文化形成的个性特征。但在另一方面，如果把深圳文化的产生放在现代化这一历史进程之中，则其产生背景又具有共性。不论个性还是共性，对我国的现代化建设都有重要的借鉴意义。因此，考察深圳文化产生的背景对我们理解深圳文化及“深圳人格”的特性，对我们探讨中国现代化建设的道路就具有了特别的理由。

1. 深圳文化的历史成因

从1980年深圳经济特区成立到今天的这30年，正是我国改革开放，大力进行经济建设的30年，也是我国从一个传统的农业大国向现代化国家迈进的30年。在世界的范围里来看，特别是像我们这样一个传统的农业大国，其现代化的进程，在一定的程度上即是一个都市化过程。据2000年8月21日出版的《时代》报道：农民不断地往城市迁移已成为亚洲发展中国家的潮流。[1]因此，深圳的形成和发展、深圳文化的产生是在我们国家现代化、都市化的大背景下进行的。这也是深圳移民文化产生的共性特征。

2. 深圳文化的政治经济成因

深圳与国内其他地区相比，还有一个共同的背景，这就是自1978年开始，我国把党和国家的工作重点放在了经济建设上来，实行改革开放政策。经济特区的成立，是我国改革开放的一个重要步骤和措施，可以说没有改革开放的政策，就没有深圳特区，也不会有深圳经济的发展。另外一个方面，经济特区因为其邻近香港、澳门和台湾的地理位置，其建设和发展对于祖国统一的意义也是不言而喻的。

3. 深圳文化的政策成因

深圳的发展，在早期尤其得益于国家所给予的优惠政策，比如国家给予深圳一定的决策自主权和立法权，这一点是国内除经济特区（如珠海、汕头等地）外的其他地方所没有的，是深圳早期发展的优势之一。深圳特区所享有的优惠政策主要包括7个方面：在企业注册审批方面，精简原来繁杂的审批登记程序，急事急办，实行限期审批登记制度；在税收方面，特区生产的产品出口免征出口关税，进口的生产设备、原材料和生活用品除烟酒等少数品种外，免征进口税。特区企业从事生产经营所得和其他所得，免收企业所得税和地方所得税。在我国境内工作的外籍人员、港澳台胞和华侨的工资收入，减半征收个人所得税；在土地使用方面，延长土地的使用年限，工业用地30年，旅游业和种植养殖业用地20年，住宅和教育卫生用地50年；在外汇管理方面，特区内外资企业出口产品收汇和经营业务外汇，允许全部保留现汇，经营进出口业务的企业，可以部分留汇；在出入境管理方面，来特区投资办厂和居住的外商，可办理多次有效出入境签证；在银行信贷方面，允许特区吸收存款用作贷款，银

[1] 《南方周末》2000年8月24日第4版。

行信贷资金上级不调用。在特区可设立外资金融机构，适度开放金融市场；在劳动人事方面，外资企业的劳动用工，手续简便，费用低廉，企业劳务费用只占工业企业产品成本的10%左右等等。随着我国改革开放的步伐加快，国内开放地区的范围越来越大，能享受到优惠政策的地区也越来越多，特别是在我国加入WTO的形势下，各地都不可能再享受不同于其他地方的优惠政策和措施。因此，深圳的政策优势已不复存在。但不可否认的是，这些优惠政策为深圳早期的起飞和发展起了重要的加速作用。

4. 深圳文化的地理成因

深圳文化的产生和发展还得益于她特殊的地理位置。深圳位于珠江口，与香港接壤，与澳门隔水相望，历来是大陆与港澳台及海外交流的桥梁。并且，深圳所在的广东属于大陆南部沿海地区，在历史上就有开埠通商的经历，得风气之先。这一得天独厚的优势使得深圳能成为我国最早的出口贸易加工区就顺理成章。“香港接单，深圳生产”或“香港开店，深圳办厂”是早期深圳经济发展的主要模式，因此最早来深圳开办企业的主要是香港商人。深圳与香港接壤的地理位置，使一批香港人在深圳置业成为可能，而节假日更有数以万计的香港人来深圳购物、游玩。据2002年11月的香港电视新闻报道，50%以上的香港人选择“北上”（即来深圳）购物。香港的电台、电视台的节目更是覆盖了深圳。这种状况，加上频繁的人员交流，也使得深圳文化深受港台文化的影响。同时，西方文化也通过香港对深圳文化产生着不容忽视的影响。另外，深圳地处广东省，位于岭南文化的包围圈中，加上深圳移民中相当一部分人是来自岭南文化影响地区的人（深圳移民数量与移民距离具有反比例关系，即从地域上来说，离深圳越近的地区，其居民移往深圳的人数就越少。在深圳移民中，以广东、湖南、四川、江西籍人比例最高，人数最多），因此，深圳文化不可避免地带有岭南文化的痕迹，特别是其中的广府文化、客家文化、潮汕文化对深圳文化都产生着种种程度的影响。

5. 深圳文化的人口成因

20多年来，深圳由一个偏僻、贫困、荒凉的农村地区建设成为一个发达的现代化城市，人口数量也由1980年的33万增长到2008年的876.83万。其中，除深圳原居民外，还包括特区建立之初由北京、上海等地征调的干部，还有一批先来援助深圳建设，后来就地转业变为深圳人的基建工程兵，另有部分是由全国各高校毕业分配而来，其余的大部分则是为了寻求理想而自发迁移来的。因此，深圳人口中的大部分是籍贯非深圳（或原保安县）的外来移民，而这些人又来自全国各地。还有一点要注意的是，2008 年深圳常住人口中，22—44 周岁的约占总人口的 82%，这与国内跨入老龄化的城市截然不同。因此，从一定的意义上可以说深圳人是充满着青春的朝气和活力的一群。

6. 在深圳文化的制度成因方面，我国的户籍制度对深圳社会文化的产生和发展也有很大的影响

在深圳 2008 年的 876.83 万人口中，户籍人口只有 228.07 万，非户籍人口高达 648.76 万。因为没有合法身份，这些非户籍人口中，很少人能对深圳产生深刻的认同感和归属感；户籍本来是一个人在生活地的合法身份，但调查表明，即使在这些户籍人口中，约一半的移民在心理上并不认同法律身份，有 1/3 的移民对法律身份与心理身份有双重认同，真正在心理上认同法律身份的不到 15%。[1] 户籍制度的限制和部分深圳人心理上对法律身份的不认同，再加上每年春节一批打工者回故乡后不再返回深圳，春节后又有大批内地人来深圳求职，人员的频繁更新等都大大提高了深圳人口的流动性。

从以上论述可以看出，深圳文化是在现代化、都市化的大背景下产生并发展的。而“都市化在很大程度上是一种移民现象”，“都市人口的特点是移民比例很高”。[2] 再从人口来源地的分布来看，深圳人来自全国各地，还有一些是因工作关系而长期在深圳生活的外国人及我国港澳台地区同胞等，这也从一个侧面印证了这一论断。而深圳因此也就成了名副其实的移民社会。乐正先生认为，移民社会是一种特殊的社会实体，其主要特征是人口流动性大、社会开放、多元文化并存。人口年龄构成的年轻化，使深圳社会的这些特征更加明显。因此，尽管按地域特征来讲，深圳文化本应属于岭南文化的范畴，但其典型的移民社会特征，使得岭南文化的影响反而相对较弱。在深圳，通用语言不是广东白话，也不是客家话或潮汕话，而是内地的官方语言——

[1] 王晓华：《深圳新移民合法身份与心理归属感》，《深圳大学学报》2000 年第 2 期。
[2] 乐正：《近代上海人社会心态（1860—1910）》，上海人民出版社 1991 年版，第 164、165、174 页。

普通话。全国各地的饮食都能够在深圳找到市场，各地的风俗习惯和民俗文化在深圳也都能看到，一些西方的风俗、习惯、礼节、节日，如情人节、圣诞节和日常礼仪标准、社交用语等也被深圳人广泛接受下来。现在的深圳人，就其原住地来说，可谓五方杂处；就其风俗习惯来说，可谓兼容并包。所有这一切都证明，深圳是一个典型的移民社会，深圳文化具有浓厚、典型的移民文化色彩。

(三) 深圳特区移民文化精神

深圳典型的移民文化塑造了独特的“深圳人”，而“深圳人格”即是深圳人生活方式和价值观念的总结和概括。“深圳人格”是深圳文化的集中体现，也可以说是深圳文化的精神。那么，如何把握深圳的文化精神呢？张岱年先生关于民族精神的论述可以给我们以启发。

张岱年先生认为：“凡是民族的思想意识都可以说属于民族精神。一个民族，作为一个整体，总有共同的心理，即共同的思想倾向。这些共同的思想倾向，总起来称为民族精神。这所谓民族精神亦即文化传统的代称。”广泛意义的民族精神包括所有的学术传统与民俗传统，内容广泛，其中既有先进的成分，也有落后的成分。严格意义的民族精神专指能促进民族发展的积极传统。“民族精神一是具有广泛深远的影响，为大多数人所接受。二是能促进社会的发展，推动社会前进的精神力量。”据此，他把中华民族精神归纳为“自强不息”和“厚德载物”。[1]笔者前面曾把深圳文化界定为深圳人的生活方式和价值观念，既然价值观念是思想意识的基础和核心，按张岱年先生的论述，深圳文化精神就是被大多数深圳人所接受的生活方式和价值观念的概括和总结，因此，深圳文化精神也就是“深圳人格”。

深圳移民文化精神或深圳人格概括起来有以下几个方面：

1. 浓厚的商业意识。深圳特区在创办之初是以贸易加工区为目标的，再加上岭南地区历来有经商的风尚，所以深圳文化中具有浓厚的商业气息一点也不奇怪。许多移民之所以来深圳，就为着能够寻找机会，靠自己的奋斗实现人生的转机和生活的改

---

[1] 张岱年：《炎黄传说与民族精神》，见王俊义：《炎黄文化与民族精神》，中国人民大学出版社 1993 年版，第 10—11 页。

善，而这些都建立在多挣钱、挣大钱的基础之上。因此，在世人的印象中，仿佛深圳人只讲钱，把钱看作第一位的东西。有一句俚语能很好地描述这一印象：不到广东不知道自已钱少。深圳文化中浓厚的商业气息不但表现为深圳人看重金钱，也表现为深圳人强烈的商业意识与精巧的商业运作手腕，像小说《花季·雨季》，电影《兰陵王》、《找乐》、《洗澡》和电视剧《钢铁是怎样炼成的》的包装、宣传等一系列的商业化炒作。深圳人的商业意识由此可见一斑。

2. 开拓创新、务实竞争的精神。深圳人给世人的最大的印象是其积极开拓，不断创新的创业精神。有人统计过，深圳人在建设深圳的过程中创造了200多项让世人为之一震的全国第一，例如率先实行土地批租制、率先实行劳动用工聘用制、率先开办人寿保险业务等妇孺皆知的事例，无不是深圳人在国内没有先例可循的情况下独创出来的。没有敢想敢干的精神，没有开拓、创新的观念和胆识，绝不可能有深圳的今天。邓小平同志赞扬深圳人说："深圳的重要经验就是敢闯。"[1] 深圳人在生活、工作中，崇尚务实，讲实干，不空谈。"实干兴邦，空谈误国"是深圳人响亮的口号。深圳人知道，没有竞争，就不可能激发出活力来，因此，他们欢迎竞争，不惧怕竞争，个人和企业都在竞争中求生存、求发展。深圳人爱学习也是有名的。深圳书城往往人满为患，而遍布全市的大大小小的各类补习班、进修班、夜校也往往爆满。深圳人埋头攻读的内容往往是比较实用的科目，因为他们知道个人发展要靠实用知识。

3. 生活与工作中对时间的重视及工作的高效率。深圳人的高效率、高速度曾经震惊世界。他们创造出了国贸大厦3天一层楼、地王大厦2天一层楼的"深圳速度"，也创下了为企业在短短几天内办好各种手续的全国之最。"时间就是金钱，效率就是生命"是深圳人提出并深入人心的一句名言。在深圳的大街上，几乎看不到游手好闲的人，每个人仿佛都有忙不完的事情，每个人都来去匆匆。在深圳某企业任职的沈先生，来了一位内地的朋友，想让沈先生抽两天时间陪他观赏市容，沈先生却花钱为他请了一位导游。他说，导游费我付得起，时间却赔不起。[2] 深圳人快速高效的节奏，创造了深圳发展的高速度，也创造了惊人奇迹。

4. 重创造，讲享受的幸福观念。多数深圳人为了改善原来的人生和生活的境况

---

[1] 《邓小平文选》第3卷，第372页。

[2] 《新周刊》1998年22期。

而来到深圳，他们渴望能找到人生的转机，改变生活的困窘，因此他们懂得如何去享受生活的幸福。据调查，2000 年深圳 7 成人有私房，2 成人有私家车，[1] 深圳人比较注重享受富裕的生活，越来越多的人选择旅游度假，而“丁克家庭”的数量也有不断增长的趋势。尽管也有不读书、不做工、不务农、不经商的所谓“四不”青年，但那毕竟只是靠地皮富裕起来的少部分原住民的子女，并且他们今天也在不断地改变着自己。大多数深圳人认为生活的幸福绝不是靠别人给予的，而是靠自己的艰苦奋斗、靠个人的双手创造出来的。因此，深圳人既注重生活的享受，更重视幸福的创造。他们的信条是：工作的时候拼命干，休息的时候痛快玩。

5. 兼容并包的心态和独立进取的人格。深圳开发初期恶劣的自然环境和生活境况，使深圳人逐渐形成了独立进取的人格。深圳气候炎热潮湿，蚊虫横生，开发初期，基础生活设施甚差，交通不便，加上多数人来深圳时无亲无故，没有什么可以依靠，只能靠自己来打拼。否则，你就不可能成功，甚至连生存下来都不可能。这就自然而然形成了深圳人独立进取的人格。另外，深圳人每天都要和来自不同地域、具有不同生活方式和风俗习惯的其他人打交道，这就养成了深圳人对与自己不同的人和事物相对较为宽容的兼容并包的心态。你可以追求金钱，可以追求名誉，也可以追求事业，只要你的行为没有损害社会、企业和公众的利益，你在深圳基本上不会受到外在的无谓干涉的。这一状况大概也是深圳人能够取得那么大成就的一个重要原因吧。

二、深圳特区移民文化的现实考察

深圳移民文化体现在深圳人生活的方方面面，我们从微观方面来考察一下深圳移民文化的具体表现及其特色。

（一）深圳特区的企业文化

有一个说法是：中国的企业文化开始于广东，广东的企业文化开始于深圳康佳。

---

[1] 《深圳周刊》2000 年第 35 期。

而康佳是与深圳特区一起成长起来的一个电子企业。由此可以看出深圳特区企业对企业文化建设和发展的重视及自觉了。

企业文化包括一个企业所有成员共通的价值观、企业的行为方式和经营风格、管理作风、管理观念，在具体的方面，它也包括一个企业的管理制度、管理程序等。在企业的不断发展中如果能够形成优良的、适应能力强的企业文化，就能够塑造企业的独特个性，创造企业运作的良好环境。这样的企业文化在企业内部注重与员工的关系，在外部注重与其他利益相关者的关系，塑造企业的独特个性，营造企业发展的良好内外部环境，以利于企业的成功。简单地说，企业文化是企业内部的精神和灵魂，是企业外部的个性形象，对企业的生存和发展至关重要。也因此，企业文化建设成为企业生存和发展的一个重要方面。

“企业文化”这一概念最早是美国《商业周刊》在1980年秋提出来的。1980年代初，日本经济持续多年的高速增长引起了全世界的瞩目，而支撑经济增长的关键是企业的竞争力。因此，在日本经济高速增长时期，日本企业的国际竞争力迅速提高，到80年代初，日本企业大量进入美国市场，抢走了美国企业在本土的市场份额。为了迎接日本企业的挑战，美国企业界开始研究日本企业的管理方式。企业文化理论就是这种研究的一项重大成果。首先是美国哈佛大学的迪尔教授与麦金赛咨询公司的专家肯尼迪受到日本企业的启发，在调查了近100家美国成功企业的基础上，写成了著名的《企业文化论：企业生存的习俗和礼仪》。该书甫一出版就受到了企业管理界的推崇，被评为80年代最有影响的管理学专著之一，也成为企业文化这一新兴管理学科的经典著作。这本书明确提出：日本企业成功的关键因素是它们独特的企业文化。这一观点引起了管理学界的广泛重视，吸引了更多的人从事企业文化的研究。在随后的几年时间里，美国又连续出版了《Z理论——美国企业界怎样迎接日本的挑战》、《日本的管理艺术》、《寻求优势——美国最成功公司的经验》及《美国企业精神》等，在世界范围内掀起了企业文化研究的热潮。

日本企业和管理学界在美国企业文化理论研究的基础上，对日本企业管理的实践进行系统的研究，认为企业文化是“静悄悄的企业革命”和“现代管理的成功之道”。东西方企业管理界的学者通过对70年代末、80年代初世界排名前500名的大企业进行研究发现，这些企业到现在有近三分之一破产或衰落了，著名大企业的平均寿命不足40年，大大低于人的平均寿命。这些大企业早亡的原因很大程度上是没有培养和形成适合自身发展特点的企业文化。诚如美国管理学者汤姆·彼得斯、南希·奥斯汀在《寻求优势》中所说："一个伟大组织能够长久生存下来，最主要的条件并非结构形式或管理技能，而是我们称之为信念的那种精神力量，以及这种信念对于组织全体成员所具有的感召力。"

由此可见，企业文化的理论最早出现于美国，而作为一种主流的管理思想则最早出现于日本。作为管理哲学的企业文化，它是管理实践的结晶，又是管理科学的发展，其基点是以人为本。它强调管理以人为中心，充分尊重员工的价值，重视人的需求的多样性，运用共同的价值观、信念、和谐的人际关系、积极进取的企业精神等文化观念，来营造整体的企业人生，使管理从技术上升为艺术。

作为一种客观的文化现象，企业文化早在我国近代民族工业企业的发展中就曾有意识地开展，并颇有建树。如有"棉纱大王"之称的著名近代实业家穆藕初就曾把"超个人成功"、"超赚钱主义"当做他经营事业的目的。为此，他为自己的民生公司制定了十六字的服务宗旨："服务社会、便利人群、开发产业、富强国家"。在他的大力倡导和身体力行下，形成了著名的"民生精神"。中国共产党人历来重视发挥人的因素，强调："人的因素第一"、"人是要有点精神的"。新中国成立后，在管理思想上，我国也曾提出"两参一改三结合"的"鞍钢宪法"，引起了世界企业管理界的广泛关注。但中国企业和学术界明确提出和自觉地开展现代意义的企业文化研究，则始于20世纪80年代中期。

随着经济体制改革的不断深入，国内企业感受到市场竞争的压力越来越大。为了提高竞争力，国内的企业普遍学习和跟踪国外先进的管理技术。从开始着重学习国外企业的规范管理，到有意识地关注国外企业的企业文化，反映了国内企业管理的进步。但是，在当时技术相当落后、管理不上正轨的情况下，企业文化不可能得到企业家的十分重视，只能停留在谈论和宣传的阶段。直到90年代初，企业在品牌方面的竞争迫使其开始重视企业的形象，而企业对外的形象要靠其内部的文化来支撑。正是在这种品牌竞争的压力下，中国的企业开始重视并具体实施企业文化建设。政府对企业文化给予了应有的关注，中共"十四大"报告明确提出"建设优秀的企业文化"，十四届三中全会《决定》把"管理科学"作为现代企业制度的一个重要特点来加以明确，并对其内涵作了科学阐述。

深圳特区建立之初，新兴企业纷纷诞生，为了应对市场的激烈竞争，必须抛弃计划经济体制下惯用的管理方法，探索适应市场经济需要的新的管理方法和模式。当时的深圳康佳公司为了化解劳资冲突，减少管理中的管理者与被管理者的矛盾，开始尝试性地导入企业文化，取得了意想不到的良好效果，开始了自觉的企业文化建设的实践，也由此拉开了深圳企业进行企业文化建设的序幕。

康佳集团的前身是深圳光明华侨电子厂，是由广东省华侨企业公司与香港港华企业有限公司在1979年合资成立的中国第一家合资电子企业。1980年该厂迁址到特区内的沙河工业区。1985年底，康佳的中方股权转由华侨城集团持有，并及时完成了股份制改造，成为“全国十大最佳合资企业”之一。

康佳的历届董事会都比较重视企业文化的建设工作，崇尚以人为中心的管理，积极发挥员工的主动性、进取性和创造性，企业文化也在自觉的状态下进入了良性循环的轨道。在康佳发展的中早期，康佳就开始利用完善的企业制度特别是运作程序、分配制度和激励机制来规范企业的生产经营活动。多年来康佳集团制定的具有可操作性的制度就有2000多条近10万字，并且——《程序文件》。1995年，又制定颁布了以“组阁制”和定岗定编为主题的3项人事制度。由此，康佳员工的每一行业行为和集团区域内的生活行为，都有规可依，有章可循。

在实行制度管理的同时，康佳又用文化的手段来最大限度地调动员工的积极性，满足成员的自我实现，追踪个体的全面发展，促成员工对企业的效忠意识，加速员工对企业利益的内化，形成统一的价值观念，包括对企业目标和企业制度的认同。比如，他们提出了“我为你，你为他，人人为康佳，康佳为国家”的口号，把个人、企业和国家三者放在了一起，使员工在潜移默化中理解个人与企业、国家的前途和命运的关系。康佳集团充分发挥党、团、妇、工等组织的意识导向作用，对员工进行爱国主义教育和职业道德、社会公德教育，并通过《康佳报》来加强企业与员工的沟通。在企业内部举办职工艺术节、职工运动会，为员工举办生日晚会等等，既丰富了员工的文化生活，为员工提供了自我表现的机会，也使员工和企业更加心连心。“谁升起谁就是太阳”的广泛宣传和“优秀康佳人”的评选活动，促使员工不断自我完善。合理化建议活动培养了员工的参与意识；企业的成功和荣誉与每一员工分享，加强了康佳人的归属感。经过长期不懈的努力，行为规范已深深渗入康佳员工的潜意识，制度约束的痕迹日渐淡化，制度的功能已从控制员工的偏差行为转变为引导精神文化发展的方向。

由康佳集团公司企业文化建设的历程可见深圳企业文化的一斑。今天，深圳特区企业的建设已经进入了一个新的阶段。大多数企业是深圳企业文化研究会和深圳企业形象研究会的会员单位。1989 年深圳又创办了全国第一份公开发行的刊物《特区企业文化》。另外，《深圳特区报》和《深圳商报》上，都开辟了企业文化和企业形象专版。许多企业为自身定制了基本大法，如华为公司制定了《华为基本法》，华侨城集团制定了《华侨城宪章》等；各个企业也积极创办了自己的报纸或刊物，比较有影响的如万科公司的《万科周刊》、宝安集团的《宝安风》等等。

在企业文化建设过程中，深圳企业文化建设形成了自己的特色：[1]

1. 深圳企业得风气之先，因此其自觉的企业文化建设在国内也是最早的。比如我们前面重点介绍的华侨城集团属下的康佳，另外像蛇口招商局（蛇口工业区）、华为公司等等，都比较早地自觉地开始了企业文化建设。

2. 科学管理与文化管理的结合。科学管理通过明确职责和分工、指定工作标准等管理手段来有效地利用人力、物力和财力等有形资源；文化管理则更重视人际关系和含蓄的控制，培育企业精神和经营理念，注重人才开发。文化管理在科学的刚性管理的同时融入柔性管理，刚柔相济，使企业管理更加有效。深圳的企业文化大都具有以柔补刚，刚中有柔的特色。

3. 传统文化与现代文明意识相结合。东方传统文化重礼仪、重情感化、重道德约束，而西方的管理文化更加注重制度、重契约、重量化与严格的管理。因此，由于文化的差异，导致西方的理性主义管理在东方企业中往往行不通。深圳的企业在导入企业文化时，多数比较注重把西方的现代管理与中国传统的礼仪、道德文化结合起来，使其更有中国特色。深圳的企业既注重以人为本，强调个体的作用，又讲求团结，注重发挥总体优势；既尊重职工的个人利益，又讲求为企业、为深圳、为国家作贡献；既讲竞争，又重协作；既注重职工纪律、契约意识的培养，又充分发挥职工的主人翁作用，较好地将中华民族与世界文明的现代意识有机地结合在一起。如锦绣中华有限公司积极将国外的先进管理方式与中国传统礼仪文化、道德文化结合起来，创造出“疏导式管理”、“陪游式清扫”等一系列旅游景区现代化管理的方法，使员工认

---

[1] 邵汉青：《企业文化 ：深圳的实践与探索》，见深圳市企业文化研究会编：《企业文化——深圳的实践与探索》，海天出版社 1996 年版，第 1—8 页。

识到“我就是景区的一个景点”，开始了中国旅游业的一场革命。

4. 个体差异与群体认同的结合。深圳是一个移民城市，企业管理者和员工来自具有不同的文化背景与思想观念的国家和地区。这促使深圳的企业在创建企业文化的过程中，必须在人员结构复杂、个体差异很大的群体中做到“求同存异”，寻找和建立共同的价值观，获得群体的文化认同。因此，有的企业通过员工入股，把员工的利益与企业的发展紧密地联系起来；有的企业注重感情投资，营造和谐一致的环境；有的企业尊重个人的人格和权利，建立公平竞争的机制，极大地调动了员工的积极性，增强了企业的活力和竞争力。

5. 以人为本的思想与主人翁精神的结合。在科技迅猛发展的今天，现代化大生产必须充分发挥企业员工的积极性和创造性，体现企业员工的主人翁地位。在深圳企业文化建设比较好的企业中，无不处处体现着人在企业里的中心地位。这主要表现在企业管理是对人情的关注，对人格的尊重，对人道的支持。如万科公司提倡“丰盛人生”，华为公司提出“不让雷锋吃亏”等，所有这些理念和措施都是围绕“人”这个中心环节运行的，员工的主人翁地位得到了充分的体现。

6. 观念文明与行为文明建设相结合。企业文化的最终目标是塑造具有较高思想、道德、科学、文化素质的企业员工，这必须在观念与行为上都能够体现出来。因此深圳的企业大都注重一些先进观念的树立和培育。如人文意识，即注意人际关系的友善、和谐、平等和民主，尊重他人，尊重个性，尊重自我价值的实现；生活质量观念，即注重人生活的实际质量和个人生存空间的拓展，注重生活风尚对人们深层文化心理的熏陶；形象观念，即注重企业声誉，致力于树立鲜明的企业形象；环境意识，包括自然环境、教育环境、人际环境及治安环境和生产环境等在内的大环境系统，其核心在于营造一个使人们乐于在此投资、工作、居住和生活的良好氛围；精品意识，即精心塑造，追求卓越的意识。这些观念与意识的树立，与具体的管理制度及人们的行为规范相结合，慢慢形成了人们的自觉行动。

7. 明确的企业家意识。企业家是企业的灵魂，是企业文化的创造者和引导者，在计划经济体制下是不可能有企业家意识和企业家精神的，只有在市场经济体制下，企业家个人在企业发展中的重要作用才真正地体现出来。深圳企业在创建自身的文化过程中，十分重视企业家精神和意识的培育和塑造，并涌现出了大批广有知名度的企业家，如万科的王石、华为的任正非、三九集团的赵新先等。赵新先曾总结说，企业家应该具有13种思想：企业家是磨难出来的；企业要讲政治；企业家必须有为事业献身的精神；企业家不是单纯的领导人；实业报国是企业家人生价值的崇高追求和最高体现；企业家精神是人格化了的资产；不能把产品推向市场的企业家不是成功的企业家；企业家的观念要效益化；企业家的才干要专业化；企业家要赚钱，不能贪钱；企业家要有胆识；企业家要有组织能力；企业家要有社会责任等。在这种思想指导下，三九集团培育出了一批有创造力和责任心的企业家。

(二) 深圳特区的社区文化、通俗文化、休闲文化

社区是城市社会生活的基本单元。社区建设是我国现代化建设过程中城市管理改革的一个重要组成部分。深圳因为经济建设条件较好，再加上其制度改革先行一步的思想意识，在城市建设过程中也积极地推进社区建设，社区文化建设是社区建设不可或缺的一环。通俗文化是民间自发自觉的文化形式，休闲文化是人们如何对待闲暇时间、如何在闲暇时间消遣的态度，以及在闲暇时间的生活模式、打发闲暇时间的生活方式等，这两者与社区文化是相互渗透、互为补充的，因此把它们放在一起进行考察。

深圳文化在这些领域中具有以下特点：

1. 深圳社区文化建设的重点是确立居民的认同感和归属感。从深圳经济特区建设发展的历史来看，在1980年代，重点放在建设一个市场经济的经济实验区，1990年代后，已经开始了有意识的城市规划和建设。领导者的新的思维方式与超前意识，使得深圳一开始就能够借鉴国内外城市建设规划的经验教训，特别是以新加坡为城市建设的蓝本，致力于现代化国际大城市的勾画。社区文化建设的宗旨是提高社区文明水平，提高居民的生活质量和道德水准。而对于深圳这样的“一夜城”来说，社区居民多数是移民，相互间缺乏沟通和联系，对社区缺少认同感和归属感。因此，深圳社区文化建设着重在社区营造一种文化氛围，使居民有一种文化上的认同感、精神上的归属感、心理上的平衡感和生活上的依附感，以利于整个城市的稳定、繁荣与发展。比如蛇口工业区以“时间就是金钱，效率就是生命”来培育社区风尚，沙头角中英街以“爱国、爱镇、爱街”来增强凝聚力，莲花北居民小区则以现代化的管理和服务来增进居民的归属感等。

2. 加快农村城市化进程，改变原居民的思想观念，使村民早日转变为现代市民是深圳社区文化建设的一个重要方面的内容。深圳是在原来荒凉的农村经过短时间的艰苦奋斗而迅速崛起的，有“一夜城”之称，这就造成了它与国内其他地方不同的“都市里的村庄”现象，即在繁华的大都市中，隐藏着一个个由原居民（多数是农民、渔民）聚居的村庄。这些村民中的大多数因为拥有土地资源而一夜暴富，这使得他们能够心安理得地保持着自己原有的生活方式和观念意识，也因此这些村庄与深圳整体的城市形象格格不入，显得有点儿另类。为了加快农村城市化的进程，深圳市政府对这些村庄进行了大规模的改制，原来的村民委员会多数转变成了居民委员会，把这些村庄的改造也纳入了城市建设的规划，务求使这些村庄的村民的生活、观念、意识与现代化的居住环境及生活方式相一致，尽快转化为现代城市市民。

3. 近年来，深圳市又在进行着居民委员会向社区管理委员会转变的改革，可以说这代表了城市现代化的方向，也是发展社区文化的前提和基础。每个社区建设一条宣传长廊、一个中心广场和中心花园、一个文化站的要求已经被明确提出，并被写入深圳市“十五”精神文明建设规划。社区开始扮演起了城市精神文明建设的主角，对社会公德、家庭道德和职业道德的宣传，社区文体活动的开展等，成了衡量社区建设好坏的一个重要指标。由此各社区广泛开展了社团活动，组织各种类型的比赛和演出，发掘传统的民间艺术形式，比如蛇口的龙舟竞赛、南山的麒麟舞、龙岗的客家民俗等都得到了恢复。每年各区还举行一些以社区为单位的文体比赛活动，这些都大大促进了社区文化建设。莲花北小区及南岭村成为社区文化及乡镇文化建设的典型代表。

4. 颇具特色的“大家乐”与广场网络文化。深圳人口中的一大部分是持有暂住证的外来青年工，有些地方比如福田区黄冈村的外来人口约为原居民的90倍，且年龄多为20岁左右的青年男女。为了丰富外来青年工的业余生活，帮助他们打发空余时间，深圳于1986年7月第一次在青少年活动中心组织了以青年为主体，以“自愿、自荐、自演、同乐”为原则的“大家乐”舞台。就是由青年打工者自荐上台表演拿手的文艺节目，这在1980年代卡拉OK风行的时代无疑是青年工自娱自乐的一个绝好的形式。后来，这一形式在打工者聚居的地方相继开展，内容也拓展到包括法制教育、科普宣传等多个领域。在深圳，对“大家乐”，社会各界有口皆碑，誉之为“特区平民夜总会”、“打工族心中一片蔚蓝的天”。“大家乐”文化也成了深圳社区文化的一个亮点和招牌。通过借鉴“大家乐”经验而建立起来的艺术广场网络在今天的深圳影响更加巨大，深圳龙岗区龙城广场成为广场网络的典型代表。

5. 在通俗文化和休闲文化方面，深圳歌舞厅文化发达，夜生活丰富多彩。深圳休闲娱乐场所随处可见，工作之余，你可以尽情娱乐放松。文体设施、文娱场所齐备，繁华市区及其大街小巷多姿多彩的夜总会、俱乐部、酒吧、桑拿浴室、迪斯科舞厅、卡拉 OK 歌舞厅、电子游戏室、网吧、书吧、各式各样的快餐店、大排档和大型酒楼、茶馆茶楼、健身俱乐部、保龄球馆、乒乓球、网球和高尔夫俱乐部等也是休闲消遣娱乐的好场所。据统计，1999 年底深圳共有文化娱乐经营单位 3655 家，其中歌舞厅娱乐场所 832 家。深圳歌舞厅文化发达的原因在于：广东人历来有喝早茶、吃消夜的习俗，因此各种娱乐场所往往是客满为患；往来于大陆和港澳的西方商旅及日韩、中国港台的企业管理者和经营者的需要也是深圳夜总会文化发达的一个促进因素；随着人们收入的提高及闲暇时间的增加，合理享乐主义的消费观念也渐渐为深圳市民所接受，一方面人们拼命赚钱，另一方面人们也在拼命花钱，以花钱的快感弥补赚钱的艰苦，体味创造的幸福，这也是深圳娱乐文化发达的一个原因；另外，深圳生活节奏相对较快，很少有人在自己家中款待朋友，基本上都喜欢到饭店、酒楼去潇洒。在以前，这些休闲娱乐场所往往是营业到第二天的 6—8 点，甚至有些是全天候营业，现在深圳有关部门限定娱乐场所必须在凌晨 2 时前结束当天的营业。晚上 9 点，内地许多地方已是人车稀少，许多人也早已沉入睡乡，可在深圳，依然是灯火辉煌，车水马龙，夜生活才刚刚开始呢。

6. 环境优美，休闲去处多。深圳地处亚热带，又濒临我国大陆的南海，因此气候宜人，空气清新，一年四季植物常绿，瓜果不断，环境优美。深圳市在城市规划时也尽力彰显其花园城市的理念——“树更绿、水更清、花更香、街更净、人更美”，住宅小区绿地面积很大，楼距间隔也相对较大，各种设施齐备，生活舒适。市区道路宽阔，道路两旁点缀着绿草、鲜花，即使坐在车上也让人心旷神怡。像深圳景观大道——深南大道，成了深圳道路的一个样板。为了方便市民的休闲娱乐，深圳还修建了众多的公园，而且进出这些公园大部分是免费的。最近几年，深圳又加强了对旧街区的改造工作，修建或改建了华强北商业步行街和东门商业步行街，为人们休闲购物又提供了绝好的去处。超级市场和商场比比皆是，且大多营业到晚 10 点以后。世界有名的国际零售业巨头如沃尔玛、家乐福，饮食连锁店麦当劳、肯德基率先在深圳入驻，且开设了一家又一家分店。每当夜幕降临，深圳的夜景就被绵延的灯光所点亮，高楼大厦、宽阔道路、宁静的街边公园，直与西方发达的都市相媲美。因此，在深圳无论是白天上班，还是晚间漫步，都仿佛置身于画中，让人流连忘返。

7. 游乐性质的旅游景点多。深圳的文明历史有几千年了，人们在南头和龙岗等地都发掘出了中华民族先人的足迹，证明深圳在历史上也曾创造了灿烂的文明。但深圳之所以让人骄傲和激动，之所以让人难以忘怀，还是她最近30年来的艰苦奋斗所创造的奇迹。但恰恰是这一点使得深圳与内地城市相比，显得没有多少文化的积淀。因此深圳人用自己的双手创造了一个又一个人文景观：锦绣中华、中国民俗文化村、世界之窗、海上世界、青青世界、西部田园风光等等旅游景点一个个地建成了，并且获得了巨大的经济效益。更重要的是，深圳的许多旅游景点带有浓厚的游乐性质，比如欢乐谷、航空母舰、香蜜湖水上乐园、野生动物园等，让游客积极参与，让游客在游戏和活动中获得最大的快感和乐趣，因此也成了外地来深圳观光的游客和深圳人休闲娱乐的绝好去处。

8. 休闲文化发达。随着科技的进步，人类不断地从繁重的体力劳动中解放出来，有了充裕的闲暇时间。一般认为，在闲暇时间人们以自身的生活方式愉快地、自愿地去做的事情就是休闲。[1] 今天，休闲已经成为一个国家生产力水平与社会文明的重要标志，也是人的一种崭新的生活方式和生命状态。现代社会生活中，人们对休闲的期望越来越高，休闲在人们生活中的作用也越来越明显。虽然勤奋劳动的美德受到欢迎，工作也被视为一种生财之道，人们花费在工作和劳动上的时间却在减少，休闲正渐渐代替工作而成为人们社交活动和经济福利的中心。而人们也越来越认识到自己的个人幸福、家庭稳定、群体观念、健康、环境和经济等等都与休闲密切相关。我们国家从1995年5月起实行每周5天工作制，2000年开始又实施“五一”和“十一”长假期，人们的休闲时间越来越充裕了。深圳人因为收入较高，经济条件较好，人们的休闲意识尤其浓厚。许多人在闲暇时间选择与家人一起去旅游，或海外、或国内，最少也会与亲戚朋友一起在节假日到省内或市内的一些旅游景点畅游一回。在深圳的一些网站BBS上，闲暇时间征驴友（旅友）一起旅游、野营、登山的信息有很多。还有一些人喜欢自愿结合驾车出游，有些人喜欢玩航模，他们都有自己固定的活动圈子、固定的场所、固定的时间等，自得其乐，玩得有滋有味。

---

[1] ［美］杰弗瑞·戈比：《21世纪的休闲与休闲服务》，云南人民出版社2000年版，第1页。

(三) 深圳特区的婚恋与家庭文化

因为多数深圳人移居于此是为了一个美好的生活，但这是一个陌生的环境，而未来又是那么的不可捉摸，人们很少是举家迁移，多是孤身一人来拼搏闯荡，而后再把家庭的其他成员迁来或在深圳组织家庭。深圳人口的年轻化与男女比例的倒置等因素合在一起，形成了深圳人在婚恋与家庭观念、性行为方面的特色。

1. 婚龄一般比内地高，青年人的婚姻问题较难解决。深圳流动人口数量多，且多数人是从外地迁移来的，而且在深圳又无亲无故，因此青年男女间往往不了解对方的家庭背景和个人的实际情况，也无从去考究或调查。再加上又没有亲戚朋友在旁指点建议，深圳青年男女间特别是白领阶层青年男女间在谈恋爱时往往顾虑重重，高不成低不就，因此组成一个家庭和内地比起来要更难一点。所以深圳的一些中介组织多在周末或节假日组织大型的单身青年男女的寻友聚会，反响巨大，效果良好。也由于深圳人注重个人奋斗和拼搏，更没有多少时间谈恋爱，所以当他们闲下心来可以组织家庭的时候，年龄多在 30 左右了。

2. 性观念和性行为较开放。港台文化及西方文化的浸染、加上受不少港台商人生活方式的影响、深圳人自身生活的现代化等因素导致深圳人在性的观念和行为方面相对较开放。

比如在深圳市计划生育科研所所做的一个名为《深港青少年性知识、态度及行为比较研究》的调研中，就明确显示出深圳青少年与香港青少年相比，性知识贫乏，但性态度和性行为在某些方面反而更开放。[1]

调研表明，深圳中学生主要性知识的来源是大众媒体（包括报刊、电视、广播和书籍），其次是同伴和性教育讲座。而香港学生主要性知识的来源为性教育讲座，其次为大众媒体、同伴和老师。香港学生比深圳学生更多地从老师那里获取性知识。半数以上的深圳中学生认为需要或迫切需要各方面的性知识，尤其是性病及艾滋病防治、性心理和性道德方面的知识。

性态度方面，深圳学生在对待婚外性行为和约会行为的态度上较香港学生开放，深圳有近 50% 男生及 42% 女生接纳非婚同居，50% 男生和 35% 女生接纳婚前性行为，

---

[1] 《深圳中学生性开放超过香港》，见《南方都市报》2002 年 4 月 21 日。

50% 男生和 23% 女生接纳观看黄色物品，30% 男女生接纳堕胎，40% 男生和 34% 女生接纳有多个约会对象。

性行为方面，两地学生恋爱、手淫、观看色情物品和性行为等方面都有一定的发生率，其中深圳学生接触过色情物品（尤其是互联网色情内容）的比例高于香港，深圳男生的性行为发生率较高。首次约会的平均年龄深圳男女生分别比香港男女生晚 1.8 岁和 1.7 岁。

在《深圳周刊》公布的另外一个调查中，也证明了深圳人观念的开放。[1] 这个调查报告说，《中国妇女报》进行的全国性民间调查表明，受访者对婚外情的态度是 100% 反感，而深圳人中，综合深圳市民、大学生及打工者的态度，只有 70% 的人表示不能认同，其他是不太能、大致能及完全能认同。

3．“丁克”家庭日益增多，离婚率上升。“丁克”（英文缩写 DINK 的音译）家庭是指那些夫妻双方都有收入（即双收入）但无子女的家庭（英文全称是 DUBLE INCOME NO KID）。一个社会现代化的重要方面是政治的民主化、经济的效益化及生活的世俗化，中国的现代化也离不开这些方面，并且正在进行着这些方面的巨大变革。受此因素影响，人们创造生活、享受生活的观念日益被人们所接受，这有别于以前人们只知道拼搏奋斗而不知道消费的观念。深圳是一个社会各方面现代化进程比较先进的国内大城市之一，因此，这些观念在深圳也是深入人心。而这些观念使得越来越多的深圳夫妇不愿意要孩子，而是努力赚钱后买房买车，或者去旅游观光、休闲享受。

因为注重婚姻生活的情感与质量，再加上有些人因为各方面的因素（比如长期的两地分居等）而解除了原来的婚姻关系，又组成新的家庭，也使得深圳的离婚率相对较高，在另一方面，深圳已婚人士中具有 2 次以上婚姻史的人的比率比内地要高。

4．注重生活的文化氛围与情感。生活条件改善后，深圳人更多地注重了生活的文化氛围，从住房的装修、家具的风格中可以看出来。在家庭成员特别是夫妻间的情感方面，深圳人也给予了极大的关注。

一项调查对此进行了数据化的证明。[2]《深圳商报》文艺编辑部和深圳市九鼎

---

[1]　易松国：《关于婚外情的深度调查》，《深圳周刊》2002 年 164 号。

[2]　《数字解码深圳婚姻状况》，《深圳商报》2002 年 10 月 18 日。

文化调查公司曾经共同推出了一个“夫妻情感满意程度”调查。这次调查采取随机抽样的方式，共有200人接受调查，对象主要为中青年夫妇。接受调查的男女比例为53∶47，双方数量基本一致。在所有接受调查的家庭中，有小孩的夫妻占41%。被调查者学历以大专为主，占总数42%，其次为高中或中专，占29%，大学学历占22%，其他学历占7%。调查对象的月收入呈两头小、中间大的纺锤形分布，中等收入即3000—5000元的占46%，3000元以下和5000元以上的则分别占30%和24%。调查发现：中国人重视家庭、重视亲情的传统美德在深圳得到充分的体现和发扬。在深圳这座生活节奏较快的城市，面对工作的压力、生存的压力，人们对家庭的依恋程度越来越高，家庭气氛浓厚仍是感情世界里的主旋律。60%的人经常帮配偶做家务。57%的人会共同支配家庭的经济收入，这种基本融合的经济状况从一个侧面表明，多数夫妻相互信任的程度较高。

夫妻双方的性生活是维系家庭生活和谐的重要因素。在“夫妻性生活是否频繁”的问题中，回答“一周一两次”的占总人数的60%。这表明多数人处于正常状态，但因为深圳生活节奏快、工作压力较大，也导致部分人明显少于正常指标。夫妻双方在一起相聚的时间也构成深圳人休闲时间的主要线条。有78%的人一周有三次以上和家人共进晚餐，63%的人经常一起消遣、购物，92%的人经常在下班后会打电话问候，或告诉对方自己什么时候回家。

情人式婚外恋一直是夫妻双方最敏感的话题。调查显示，深圳人夫妻双方相互尊重，家庭和睦占主流。83%的人在外面没有亲密的异性，80%的人记得双方共同的重要日子，接受调查的人均选择了“经常一起回忆过去美好的片断和展望未来”。由此可见，深圳人较为重视夫妻双方的感情交流，有共同精心维护家庭稳定的愿望。

深圳人虽然重视家庭，但细心经营爱情生活的激情却逐渐冷却，未能将婚后双方的爱情升华。从调查当中发现，深圳人婚后感情趋于淡漠已成为普遍现象。60%的人很少对配偶说“我爱你”。有50%的人会选择晚上和配偶一起看电视，但63%的人选择了很少“会给对方泡一杯热茶，或削一个水果”。39%的人除非对方要求，外出时才会给对方买礼物。有70%的人早上起床后、晚上睡觉前，不会问候、亲吻对方。还有80%的人很少经常和爱人交流感情。

5. 家庭生活中的民主气氛较浓。现代生活与家庭观念，使深圳人容许家庭成员间的平等，因此家庭民主气氛较浓，大家共同参与，共同决策。这主要是因为夫妻双方各自保留自己的隐私，又各自有经济来源。因此，经济和生活上的自立使得大家能够在精神上相互独立、平等、公平地处理和解决家庭问题。另一方面，深圳人对子女的权利也给予了一定程度的尊重和重视，很多父母与子女间一般是一种平等的关系。

(四) 深圳特区的制度文化

中国的经济特区与内地最大的不同是它实行一系列特殊政策，拥有更大的自主权，如在管理体制方面，享有更大的经营和决策自主权；在投资融资方面，以吸引和利用外资为主，优先发展中外合资和外商独资企业；在产品市场方面，以出口为主，重点发展出口导向型经济。在这些特殊政策的扶持下，中央又给予深圳以立法权，深圳发扬敢想敢闯的精神，在制度的建设方面大胆创新，突破了一些“禁区”，走出了一条适合社会主义市场经济体制的路子。有人统计，深圳曾经创造了近200项全国第一，比如率先实行工程招标；率先改革劳动用工制度，1983年规定市属企事业单位、国家机关、团体及县以上集体所有制单位新招工人一律实行劳动合同制；率先打破电信垄断，于1983年成立了邮电系统第一家中外合资公司；1983年率先成立新中国第一家股份制企业——宝安联合投资公司，成为新中国证券市场的先行者；率先放开价格，取消票证，于1984年实行粮油敞开供应；1987年成立全国第一家国有资产管理公司，开始了国有资产管理体制改革的探索；接着，又敲响了新中国第一次土地使用权拍卖的槌声，宣告土地进入商品行列，掀开了中国土地管理史上新的一页，并直接推动了宪法的修改（1988年4月七届全国人大第一次会议通过宪法修正案，改“禁止出租土地”为“土地的使用权可依照法律的规定转让”）；1989年，深圳又在国内率先实行了住房商品化改革，首次把住房作为商品推向市场。

今天，深圳已经基本形成了社会主义市场经济十大体系，即：以公有制为主体，多种经济成分平等竞争共同发展的所有制体系；以资本为纽带的国有资产监督管理和营运体系；以市场为主导的价格体系；以商品市场为基础，要素市场为支柱的市场体系；与国际惯例接轨的国民经济核算和企业财务会计体系；以中介组织为主体的社会服务监督体系；社会共济与个人保障相结合的社会保障体系；以按劳分配为主，多种分配形式并存的分配体系；以间接手段为主面向全社会的经济管理调控体系；适应特区社会主义市场经济要求的法规体系等。这些体系构成了深圳社会主义市场经济体制的基本框架。

深圳之所以能够率先进行社会主义市场经济体制创建，是因为最初它面向的对象很多是外商，而和外商打交道，不按照国际惯例或通行规则去做的话，你就会很吃亏或根本赚不到便宜。曾任深圳市委书记和市长的李灏说："按国际规则打篮球"，就是要在深圳建立一个符合国际惯例、实行公平竞争的市场经济的游戏规则，以利于吸引外资，也为全国提供借鉴，肩负起中央交给深圳的使命。[1]

曾经于1979年担任深圳市革委会副主任的李定回忆道：深圳1980年代初已经在探索市场经济，不过当时不是在系统理论的指导下有意识地去做，甚至还不知道这个名词。有许多探索是在实际工作中为了解决困难而"逼"出来的，是在实践中"闯"出来的。[2]比如说，在荔枝收购方面就是这样走过来的。荔枝是深圳外贸创汇的"拳头产品"，往常每年都收购上百吨，但1979年后逐年减少，只能收购到几十吨。原因是国家规定的外贸收购价是0.08—0.12元一斤，而深圳农贸市场价格要高几倍，香港市场更高，果农只有偷偷到市场或香港去卖而不愿意交给国家。为了防止荔枝外流，当时组织了很多人去市场上查，在海边守，但根本守不住。没有办法，只有采取以高于农贸市场、低于香港价格的方式了。这样，荔枝收购价提到了0.8—1.2元一斤的水平，很快收到了500多吨，赚了几十万。深圳外贸还是头一回赚了这么多的钱呢。当时上级部门认为深圳的做法违反了物价政策，打电话、发文件、召开会议批评制止，并且派工作组前来调查。深圳人只能解释说，中央文件明确规定对经济特区实行特殊政策、灵活措施的。后来，上面也没有再追究，第二年，有关部门默认了这种做法，第三年这种做法就被作为经验推广了。因此，如果没有敢闯的精神，没有实事求是的作风，没有中央的政策，这种措施是很难实行的。

深圳的房改措施同样是如此得以推行的。[3]1988年，深圳人口达到150多万，是1980年的50倍！市政府无偿分房的包袱越背越大，商品房价高难企，住房难成了深圳的燃眉之急。由此，深圳市拟订了鼓励职工买房的思路，在全国率先提出了补贴提

[1]　李灏：《按国际规则打篮球》，《深圳文史》第1辑。

[2]　李定：《深圳是如何探索市场经济之路的》，《深圳文史》第1辑。

[3]　王昉：《一张半的赞成票》，《深圳文史》第2辑。

租、鼓励买房、建立基金的方案。房改的原则是：由实物分配逐步转为货币分配；由财政、单位负担转为财政、单位、个人三者负担，并最终转为完全由个人负担；由福利性分房逐步过渡到住房商品化。在由北京、上海、广州、西安等地20多名专家学者组成的方案论证会上，这个方案只拿到了一张半赞成票，深圳人想在全国范围内取得支持和舆论的希望被当头浇了盆冷水，落空了。但深圳人依然于当年10月实施了房改方案和具体详尽的配套细则。1998年，中国政府宣布，我国的福利分房制度将被商品化货币化住房政策所代替。深圳人平静地对待这一政策，因为他们早在10年前已经把住房作为一项商品来看待了。

因此，深圳在制度文化方面更多地体现了开拓创新、与国际接轨的特征。

（五）深圳特区主流文化及多种文化形态的整合

所谓主流文化即在一个社会中具有意识形态性质的、占主导地位的文化，它具有一定的政府或社会价值导向性。深圳主流文化建设方面具有以下特点：

1.注重文化设施的建设。1980年时的深圳，只有一个有线广播站，一家电影院，一间新华书店，一个戏院，原来的文化站基本垮了，文艺宣传队也解散了，图书馆卖掉了，文化队伍也是人心不稳，跑的跑，转行的转行，整个文化系统状况可以说是基础差，起点低。[1] 面对这么困难的状况，深圳人不是退缩，而是积极面对。1982年底，深圳审定了全市文化设施的建设规划，确定了图书馆、博物馆、深圳特区报、电视台、体育馆、大剧院、科技馆和新闻中心八大文化设施。从1981年到1983年的三年中，深圳市用于思想文化建设的投资总额，占地方财政基建投资总额的33%。八大文化设施也成为深圳特区建设两个文明的一大壮举，闻名全国，影响深远。1983年，深圳又以高速度高质量创办了深圳大学。

2.精品意识。在文艺创作过程中，深圳人自觉地把创作精品作为目标。歌曲《春天的故事》、《走进新时代》，歌舞剧《追求——深圳故事》，小说《花季·雨季》，话剧《窗外有片红树林》等先后获得中宣部“五个一”工程奖。其他如电影《少年犯》、《过年》、《找乐》、《洗澡》、《兰陵王》，电视剧《花季·雨季》、《深圳人》、《钢铁是怎

---

[1] 李伟彦：《在文化起步的岁月里》，《深圳文史》第3辑。

样炼成的》及一系列的文艺作品先后在全国获得大奖，这是对深圳人努力的承认与认可，也是深圳人拼搏进取的当然回报。

3. 产业化模式与商业化操作。在文化追求上，以经济为重。深圳文化表现出强烈的经济色彩。从某种意义上说，深圳文化本质上是一种经济文化，而从政治文化到清淡文化，再到经济文化，是现代文化的主要特征。虽然深圳的其他文化成分也得到了较大发展，但深圳经济文化发展最快，内容最为丰富，表现形式也最为多样，其他文化在一定程度上成了经济文化的表现形式。深圳文化中浓厚的商业气息及产业化最开始是从香港文化产业的运作中借鉴来的，但深圳人今天已经能够炉火纯青地运用自如了。深圳文化的商业气息不但表现为深圳人看重金钱，也表现为深圳人强烈的商业意识、善于发现商机、熟悉商业运作及精于商业包装和炒作。比如小说《花季·雨季》的炒作，比如电影《兰陵王》、《找乐》、《洗澡》和电视剧《钢铁是怎样炼成的》的包装、宣传等的商业化炒作。这些既是文化的成功，更是商业炒作的成功，也是文化产业化模式粗具雏形的明证。

4. 在文化品位上，深圳文化建设方向以大众为先。深圳文化虽然雅俗共存，但在其品位上是以大众为主体的。深圳的文化设施、文化企业、文化产品、文化活动，都具有极强的大众性。因此从某种程度上说，深圳文化又是一种大众文化，这是深圳文化的一个重要特征。

5. 在文化操作上，以实用为主。文化追求上的效益化、文化模式的产业化和文化品位上的大众性，决定了文化操作上的实用性。与内地相比，深圳文化无论从内容还是形式上看，都比较注重实效性。人们的文化活动十分注重实效，具有极浓的功利色彩，这与中国传统文化中的务虚特征有着极大的区别。

文化不是像我们分析的那样分门别类地一一呈现在我们面前的，而是作为生活的一部分深深地蕴涵在人们的生活、人们的行为和人们的观念之中的。因此，深圳文化作为一个整体来说，是深圳各具体领域文化的综合表现。深圳各领域文化的相互影响与渗透形成了今日深圳文化的精神和实质，而深圳各文化领域整合的状况如何，又关系到深圳创建社会主义市场经济伦理能不能适应、维护和发展深圳社会的各个方面。因此，在各文化领域的整合方面，社会和政府应该有事可做，也正可以发挥政府的管理职能。

在文化导向方面，政府和社会相关部门及机构如宣传、文化、教育、媒体等应该弘扬社会主旋律，倡导积极、健康、活泼、向上且能够符合社会主义市场经济需要的价值观与世界观。

在文化产业方面，应该放手让企业按经济规律去做自己的事，而不是过多地干预和干涉。企业在市场规则的规范与制约下，在社会效益与经济效益的双重引导下，自觉地促进文化产业的发展。

在民间文化与通俗文化的建设上，社会和政府可以多加扶持，防止出现不健康的黄赌毒等现象，让群众有丰富多彩的业余文化生活和娱乐空间，让社会成员安居乐业。

健康的、共通的价值取向来自对健康生活方式的倡导和推行。当年新加坡在帮助居民由棚屋迁入公屋时就发现，良好的社会环境需要高素质的社会公民来维护，必须彻底改变原来的落后生活方式和生活习惯。深圳市民是中国传统文化影响下的居民，与内地的中国人一样，因为长期的农业社会的背景，在社会公德与职业道德方面资源相对匮乏。因此，提倡健康的生活方式与习惯对于培育市民良好的社会心理与心态无疑是重要的。

三、深圳特区移民文化的伦理价值与现实意义

在中国现代化建设的进程中，深圳特区移民文化的精神实质具有什么样的伦理价值？这些问题对我们建设中国特色社会主义有着重要的意义，因此这是我们应该着重研究的。

（一）深圳特区移民文化的伦理价值

我们应该如何评价深圳移民文化或深圳人格？以什么标准来评判深圳移民文化精神或深圳人格的伦理价值？深圳人格的伦理价值何在？

我们国家正处于从传统社会向现代社会转型的时期，即从传统走向现代化，现代化的目标是社会的发展和进步、人生的完善和幸福。在传统迈向现代化的进程中，我们选择了社会主义市场经济这一条必由之路。因此，评判深圳人生活方式及价值观念

的伦理价值的标准就应该看它是否符合市场经济的要求，是否能够促进社会的发展和进步，是否能促成个体人生的完善和幸福。

市场经济就是通过市场来实现对资源的有效配置。根据经济学理论，市场通常是组织经济活动的一种好方法，它运用看不见的手来实现资源的有效配置，达到效益的最佳化。市场通过商品生产者（企业和个人）相互交换劳动产品、通过供需平衡来调节资源的配置，所以在一定程度上，市场经济就是建立在个人本位基础上的经济体制。正因此，市场经济条件下的伦理就应该是既能够有利于实现资源的有效配置，实现利益最大化，发展社会生产力，同时又能促进个体确立自我意识，实现个性解放的伦理。

陈钧先生认为，我国传统的经济伦理中，用“以义生利，勤劳敬业”来规范生产行为，用“恪守礼制，以德驭众”来规范经济管理行为，用“反对竞争，讲求诚信”来规范商业行为。[1] 深圳人的伦理观念与此有着极大的区别。深圳文化中的浓厚商业气息，深圳人开拓创新、务实竞争的精神及工作、生活的快节奏、高效率等等，无不是对中国传统文化中“重义轻利”、“正其谊而不谋其利，明其道而不计其功”的改造，而这种改造又是符合市场经济的要求的。这种改造在中国传统的思维方式里的作用是震撼性的，所以，“时间就是金钱，效率就是生命”这句名言最初让人愕然，而后就迅速风靡全国，得到了国人的认同和赞许。

在另一方面，深圳人重创造、讲享受的幸福观念，兼容并包的心态，独立进取的人格等，又内含着极强的自我观念和个体意识。这对中国传统价值观中的整体主义观念也是一个极大的挑战。

近代以前的中国社会是一个宗法等级制社会，奉行的是宗族本位主义的道德价值导向，其实质是以位尊者为本位，而位卑者则无个性自由、无人格独立、无自我价值可言。它宣扬的是人格依附，即个人在人身、人格上没有自己的独立性，必须而且应该依附于一定的群体或特权者。19 世纪 40 年代以来，要求个性自由和解放在我国开始形成一股强大的思潮，以个性自由和解放反对封建宗族本位主义的道德价值导向就成了近代道德革命的主要内容。[2]

---

[1] 陈钧：《传统经济伦理的近世转型》，见《中国文化的现代转型》，湖北教育出版社 1996 年版，第 301—323 页。

[2] 朱贻庭等：《当代中国道德价值导向》，华东师范大学出版社 1994 年版，第 73 页。

在道德生活领域里，所谓个性自由，是个人的人格构成，主要指意志自由，体现为人格独立、人格平等、人格尊严，当然也包括个人的志趣、爱好、才能、性格的自由发展等等。伦理学中的道德选择的意志自由或自愿原则，是指人们在行为中自愿地选择和自觉地遵循当然之则，是自愿与自觉的统一。自愿出于意志自由，自觉出于理性认识。只有正确把握客观规律并使人的行动与之保持一致，人的意志才能实现自愿，才能实现真正的自由。所以，意志应当以理性、知识为指导，它绝不是非理性的，更不是反理性的。

马克思主义者历来反对人格依附，提倡个性自由和解放，推崇人格独立，强调人在道德生活领域中的自觉自愿原则。马克思在《政治经济学批判（1857—1858年草稿)》中，在个人与社会的关系上提出了社会历史发展“三阶段”或“三形态”论：人的依赖关系是最初的社会形态，以物的依赖性为基础的人的独立性是第二大形态，建立在个人全面发展和他们共同的社会生产能力成为他们的社会财富这一基础上的自由个性是第三阶段。[1] 毛泽东在《论联合政府》中也曾论证道：若没有几万万人民的个性解放和个性的发展，要想建立起社会主义来只是一个空想。

深圳人的自我观念和个体意识就是这种个性自由、个性解放和个性发展的表现。

20多年的建设和发展，使深圳成为一个经济强市，其经济指标有多项在国内名列前茅，不但发展了社会生产力，增强了深圳的综合实力，而且也提高了人民的生活水平，深圳人的个性解放与个性发展也得到了不同程度的保障。因此，从总的方面来讲，深圳移民文化的精神或深圳人格是符合市场经济的需要，能够促进社会的发展和进步，利于人生的完善和幸福的。

但在另一方面，对深圳移民文化精神、深圳人格中的负面因素也不容忽视。经济学认为，市场在某种特殊的情况下也会失灵，不能够实现对资源的有效配置，因此影响到效益的最大化。在文化中的过于浓厚的商业气息及一切讲求实用的趋向，有时会使人只考虑经济效益而忽视了社会效益，只看到眼前利益而忽视了长远利益。香港和深圳之所以会有“文化沙漠”之名，也和这些城市有着过浓的商业气息而人文资源相对缺乏有很大关系。另外，自我意识的增强确实是对中国传统文化中整体主义价值取向的一种矫正，但个人本位观也会引至极端个人主义、自由主义和利己主义等不良倾

[1]　《马克思恩格斯全集》第46卷，人民出版社1979年版，第104页。

向，讲实用、重享受的观念也可能会引至实惠主义和享乐主义的不良倾向。这种负面影响不仅仅只是理论上的，在现实中也已有所反映。如果不重视这些倾向，对现代化建设将会起到极大的阻碍作用。

总的说来，深圳移民文化的精神是符合市场经济的要求，能够促进社会的发展和进步、实现人生完善和幸福的，因此与中国传统文化相比，必将促生全新的市场经济伦理。

但如前所述，深圳文化只是融合了全国各地的文化及岭南文化、港台文化和西方文化的一种杂糅的移民文化。严格说来，除西方文化是外来文化，港台文化内含外来文化的因素外，其他文化都是中华文化而已。为什么深圳的这种杂糅的移民文化能够在传统里面开创出市场经济伦理的“新”，塑造出具有现代特性的人格来呢？这个问题对我们建设中国特色的社会主义新文化，实现从传统社会到现代社会的转变有着重要的理论和现实意义。

事实上，中国传统文化中，儒家文化里面有着极强烈的入世态度，但它的整体主义的价值取向严重地窒息了其个人自主性、能动性和积极性的发挥。因此，这种传统守成有余而创新不足。其正谊不谋利、明道不计功的观念也不利于市场的发展。但传统文化中的地域文化又各有其鲜明的特点，当不同地域的文化在同一地点相互融合的过程中，就会扬长避短，产生杂交优势。深圳杂糅的移民文化正是这样。中国传统文化在整体上讲，是有其对市场经济伦理的阻碍作用，但其在各地域文化中作用的程度也稍有不同。深圳地处岭南，而岭南自古以来就是“化外之地”。根据郑刚先生的见解，岭南文化的特异品格是不重传统，不畏权威，中国传统文化中的正统性、儒家学说的保守性在岭南文化中是不存在的。岭南文化自明清之际形成以来，就确立了其战斗、革新的精神，这一精神体现在政治上就是岭南的革命传统，体现在经济上就是岭南的创新。[1] 岭南文化的这一特性与中国传统文化中积极的入世态度、沉稳的风格相融合，就会促生开拓创新和进取务实的精神来。

另外，深圳在创建之初就立足于建立现代化的经济制度，与世界接轨。比如她建立了现代企业制度、率先在全国建立了相对完善的市场经济体制。她的许多企业都是按照现代方式管理和运作的，这些有利于培养员工进取、竞争的意识，形成高效率、

[1] 郑刚：《岭南文化向何处去》，广东旅游出版社 1997 年版，第 51、71 页。

快节奏的工作和生活方式。

深圳移民在无所依靠的环境中养成了奋斗进取的人格，不同文化背景、不同生活方式的磨合，又促成了其兼容并包心态的产生。

所有这一切结合起来最终就促成了深圳移民文化精神的产生，形成了符合市场经济伦理的深圳人格。

综上所述，我们可以明确地认定，移民确实是“促进社会和政治变革的一种力量”[1]，并顺理成章地得出下面几点结论：

1. 来自不同文化背景、具有不同生活习惯的移民走到一起，有利于形成移民们开阔的心胸，因此在移民文化中往往具有开放、兼容的精神。这对于一个民族在自身发展中不断地吸取先进的文化，奠定自身的发展优势无疑是重要的。

2. 不同文化的融合易于产生文化的取长补短，形成杂交优势，促成新的价值观念的产生，这是移民文化中往往具有创新精神的一个重要方面。

3. 正是由于移民是外来的，所以其生存及奋斗拼搏的精神是显而易见的，这样移民文化中最容易产生昂扬向上的精神气质。

4. 移民往往是受到原居住地的排挤或者移居地的吸引而产生的。在移居过程中，其自身权益的争取和维护显然有利于其自我意识的增强，这对中国传统文化中重整体轻个人的整体主义价值取向无疑是一个极大的开创性的改造，也是我们实现现代化的一个重要因素。

5. 人们的价值观念选择了人们的生活方式，但他们的生活方式是价值观念产生的基础，最终决定着其价值观念的形成。因此，市场经济体制的建立对新伦理精神和新人格的产生起着最终的决定作用。

深圳移民文化的精神或深圳人格是深圳人生活方式和价值观念的集中反映，它产生于深圳人的社会生活，为多数深圳人接受，而又在潜意识里面引导、影响着深圳人的思维和行为，塑造着深圳人。经济特区的建设和发展是20世纪末中国一场巨大社会变革的实验，深圳因其特殊的原因成为中国这次变革的最大的实验地。深圳人自觉不自觉之中、有意识或无意识地成为这场实验的参加者，他们用实践探索着中国走向现代化

---

[1] ［美］斯蒂芬·卡斯尔斯：《亚太地区新移民：促进社会和政治变化的一种力量》，见中国社会科学杂志社编：《社会转型：多文化多民族社会》，社会科学文献出版社2000年版，第278页。

的道路，用实践来探讨着韦伯问题的答案，成为中国特色社会主义的实践者。这一点应该是深圳人引以为傲和最为自豪的地方。今天，深圳已把率先基本实现现代化作为奋斗目标，深圳移民文化精神即深圳人格的作用更值得我们重视，我们也企盼着深圳能为全国在文化建设和人格的塑造方面提供借鉴作用。

（二）深圳特区移民文化与深圳人的现代化

越来越多的人认识到，人的发展是社会进步的重要尺度和标志。人是社会的主体，他在创造世界的同时也在创造着自身，因此他自身的素质是社会发展与进步的重要因素，也是社会发展与进步的主要结果。人既然是社会发展的重要目标和目的，因此考察社会发展时就应该着重于人的发展这个核心。在中国现代化的大背景下，社会的现代化归结到底，也是人的现代化。现代化的过程从一定的意义上说也就是使中国人从传统的人转变为现代人的过程。

传统中的中国人具备什么样的素质和个性？它与现代人的区别在哪里？

中国传统的社会结构及其伦理观念，造成了中西文化与社会发展的巨大的差异，也造就了中国人与西方人的不同。杨适先生认为，从西周经秦汉到清末，这个时期的中国社会是宗法制社会，其现实生活基础是宗法人伦的制度和文化。中国文化本是重“人”的文化，但在这样的基础上的“人”只能是人伦的“人”，并且是“宗法人伦”或“宗法等级人伦”。“宗法等级”与“人伦”本不是相同的概念，前者指人与人间的不平等，是支配和服从的关系，其中有压迫和剥削，而后者是指人与人间的自然亲密关系，其本义是没有压迫和剥削的。但在宗法制下，这两个有差别的东西结合在一起组成了“宗法人伦”。

“宗法人伦”与原来的天道自然人伦不同而且相反。它把宗法性和人伦性这二者包括在自身内并加以统一，所以是一个对立统一物。这种人伦有自身的特点：（1）宗法制度本身就包含着人伦，并且始终离不开人伦，因为宗法人伦就是借人伦关系来建立和划分的；（2）这种人伦是统治者人为加工后的特定人伦，它成为维护权力和财富不平等的分配，维护统治者对其他人的剥削压迫并要求他们顺从的形式，这一点从把君臣关系奉为人伦之首就表现得最清楚；（3）宗法人伦是把人为的等级统治秩序同自然的血缘和亲属关系糅合为一的东西。它具有二重性，既是自然的又是人为的，既是等级森严的又是讲团结和睦的，既把人按尊卑上下名分分离对立起来又要人按亲爱感情联系结合起来。

而与此相对照，西方从古希腊开始的文化传统中，比较注重人的自由。这种自由是建立在商品经济自由交换的基础之上的。因此，在西方的人论中，可以发现其人与自然的分离，灵魂与肉体的分离，个人与整体的分离这三个特点。到了近代，西方人论主要发展了其主体性三原则，即：人作为主体是能动的，人是目的的，人类通过异化和扬弃异化来实现主体的自由。

因此，西方人发展了以“自由”即商品关系为基础的自由文化，它的基本因素是个体私有制、商品经济和城邦民主制度；中国人发展了以“人伦”即宗法人伦为基础的文化，它的基本因素是家庭私有制和宗法人伦社会国家制度的演进。[1] 所以可以说中西人伦理论和实践的区别造成了中西社会及生活各个领域的巨大差异，也造成了中国人独特的素质与民族心理。

而导致西方现代化的因素是什么？亨廷顿曾经概括说，普遍地认为，西方文明核心的体制、实践和信念包括以下方面：希腊哲学和理性主义、罗马法、拉丁语和基督教等古典遗产；具有成熟的社会群体感的天主教和新教；欧洲语言；精神权威和世俗权威的分离；为宪政和人权保护奠定基础、保护财产权不受专制权力侵犯的法治传统；并非建立在血缘关系或婚姻基础之上的多样化的自主集团的兴起和延续，以及由此产生的社会多元主义；全国层次上的代议制及以地方层次上的自治措施相补充的政治架构；个人主义意识及个人权利和自由传统等。这些因素单独来说没有一个是西方独有的，然而所有这些因素的结合却是西方独有的，是它们赋予了西方独特性，它们也在很大程度上是使西方能够在实现自身和世界的现代化中起带头作用的因素。[2]

所以，在中西双方来说，一方是在天道自然人伦和宗法人伦双重束缚与压迫下的人，一方是具有个人主义意识及个人权利和自由传统的人，其差异是十分明显的。

现代人应该具有什么样的素质？换句话说，什么样的人是现代化的人？

现代化是建立在市场经济基础之上的，而商品交换条件下的人格，是崇尚平等、自由，维护人的价值和尊严，由法律明确规定了个人的权利和义务的人格。崔宜明先

---

[1]　杨适：《中西人论的冲突——文化比较的一种新探求》，中国人民大学出版社 1991 年版，第 31 页。

[2]　[美] 塞缪尔·亨廷顿：《文明的冲突与世界秩序的重建》，新华出版社 2002 年版，第 60—63 页。

生认为，市场经济的主体是一种利益主体，他在市场中通过交换自己的专属权利来谋求利益。因此，他必须有强烈而鲜明的权利意识，捍卫自己的权利，并尊重他人的权利；他必须有自我负责，承担命运所带来的一切的勇气，有不等不靠、凭自己的汗水和才智去创造自己美好生活的坚定信念；他必须有自由的能力。这里的自由指自愿并且可行；他还必须是一个与他人平等的利益主体，懂得服从规范、尊重法律；还必须有创新精神、合作意识、信用观念等等。[1]

归纳起来，人的现代化的素质应该包括以下方面：

1. 个性的解放与自由

马克思在《关于费尔巴哈的提纲》中指出：人的本质并不是单个人所固有的抽象物。在其现实性上，它是一切社会关系的总和。而人的发展的目标是“通过人并且为了人而对人的本质的真正占有”[2]。也就是说，未来社会将是“以每个人的全面自由发展为基本原则的社会形式”[3]，其特征是“建立在个人全面发展和他们共同的社会生产能力成为社会财富这一基础上的自由个性”[4]。因此，人的自由和解放在马克思看来是社会发展的最终目标。人的解放与自由又内含以下内容：

第一，独立人格。欧洲自文艺复兴以来，摆脱了中世纪人权对神权的屈从，在人类社会历史上高扬人性主义的大旗，倡导个性的独立和解放，开始了张扬个性，发展个人自身的兴趣爱好的时代，真正地走向了使人成为“人”的历史大道。这种人性的自由和解放的浪潮使得人摆脱了封建集权下人对社会关系、对政权、对神权的依附，是人类解放的第一个阶段，即摆脱人的依赖关系的阶段。

但在人努力地摆脱人的依赖关系的同时，人的劳动及人的本质又产生了异化。本来人是通过劳动而实现自身的，但现在劳动变成了一部分人压迫另一部分人的手段，使人的劳动不被人所占有，不为人所支配，劳动和劳动成果即财富反过来成了奴役人、控制人的手段和工具。这样，人摆脱了人的依赖关系，却并没有实现人的完全的

---

[1] 崔宜明：《道德哲学之重建——中国社会结构的转型与伦理变革》，见上海中西哲学与文化比较研究会编：《20世纪末的文化审视》，学林出版社2000年版，第119—120页。

[2] 《马克思恩格斯全集》第42卷，人民出版社1979年版，第120页。

[3] 马克思：《资本论》第3卷，人民出版社1975年版，第349页。

[4] 《马克思恩格斯全集》第46卷（上），人民出版社1979年版，第104页。

独立，而又堕入对物的依赖，达到了人的发展的第二个阶段，即马克思所说的以物的依赖性为基础的人的独立性。

而人的发展的最终目标是个性的自由和解放，即达到对自然和社会、人的本质和规律的完备的理解和把握，实现人由必然王国到自由王国的飞跃。

从中国的发展来讲，人的发展首先表现为人对传统宗法关系或家族式社会关系的摆脱，然后表现为由家国同构下被淹没的人向现代社会的个人的转变。宗法关系下受双重压迫和束缚的人是无个性、无自主人格的人，而现代人则是有充分发展的个性和自主地位人格的人；家国同构的社会形态中，家庭是组成社会或国家的细胞，是最小的单位要素，个人被淹没在社会整体之中，个人的价值、利益和尊严也被社会或国家整体的价值、利益和尊严取代，而现代社会的人则是社会生活和市场交往的主体，是个人的价值、利益和尊严被重视并被彰显的个人。这种人应该是从旧有的社会关系和体制的束缚下获得了解放的人，是一个有着充分的自由和全面权利的人。因为现代化的目标是个人的完善与社会的进步，其核心是人的幸福。所以，在一定的意义上可以说现代化实际上是人的现代化，而人格的现代化又是人的现代化的一个重要方面和向度。个性的解放和人格的独立与自由，是中国人现代化的一个重要的方面，也是社会主义市场经济体制的内在要求。这一变化来自社会结构的变迁和转型，社会主义市场经济体制的初步确立，将为中国人全新独立人格的确立创造条件，为最终实现人的现代化奠定坚实的基础。

深圳移民文化精神中，已能发现，市场经济体制的初步确立，深圳人的个性解放和人格的独立与自由的趋势已经确定，不可逆转。深圳人对幸福生活的追求与享受，深圳人兼容并包的心态及独立进取的人格等等，证明深圳社会的初步实现，深圳人已经达到了对人的依赖关系的摆脱。但在另一方面，与发达资本主义国家的市场经济体系相比，深圳的市场经济体系还不完善，社会化、市场化的程度还不高，因此，要达到人的个性的全面自由的发展还必须继续发展和巩固社会主义市场经济体制，还必须走一段艰难困苦的路程。

第二，人的尊严。[1] 人的尊严是个性解放和自由发展的必然产物，是现代社会的一个重要标志。在康德那里，人的尊严就体现为“人是目的”这一著名论断中：“一

[1]　[英] 史蒂文·卢克斯：《个人主义》，江苏人民出版社 2001 年版，第 43—67 页。

般说来，每个人都作为目的本身而存在，他完全不是作为手段而任由这样或那样的意志随意使用。他的一切行为，不论对于自己还是对其他理性的存在，都必须始终把他同时当作目的”，或者“你要始终以这样的行为方式对待人性：把你自身的人性和其他人的人性，在任何时候都同样看作是目的，永远不能只看作手段”。

其实，从目的与手段的关系来看，在人身上，二者并不是必然绝对对立的，一定情况下的目的，只不过是实现更长时期目的的手段而已。因此，任何时候、任何情况下，人不可能只是目的不是手段，也不应当只是手段不是目的。需要反对的是在社会生活中那种只把人看作手段而不同时也看作目的的做法和思维方式。

中国长期的封建社会形态，造成了人只是统治阶级和统治者实现自己目的的手段，而从来也没有成为人自身目的的状况。现代化就是要把人从仅是手段转变为也是社会活动的目的这一地位上来。

深圳人的人格尊严，就体现在他们自我意识的觉醒，体现在他们能够自觉地维护自身的权益，自觉自愿地去开创属于自己的幸福生活等方面。

第三，自主。所谓自主即一个人的思想和行为应该是他自己的，是他自己深思熟虑的结果，而不应该是受制于外界的力量或原因。如果一个人能够对他用以行事的各种行为规范进行自觉的批判性的评价，并通过独立思考形成自己的目标和决定的话，这个人在理论和社会学的意义上就应该是自主的。

自主是个性解放和自由的一个重要的核心价值，也是马克思所一再声明的人的全面而自由地发展的一个重要组成部分。在康德那里，自由概念和自主概念不可分离地联系着，他的意志的第三项实践原则——“每个理性人的意志都是普遍立法的意志”——即阐明的是自主这一内涵：“法律应当这样来遵守：它必须也被看作意志为自己而立，正是由于这个原因，首要之务就是服从法律（因为意志可以自认为是立法者)。”在他看来，道德就是意志自主的必然结果。

人的自主就是做自己的主人，不随波逐流也不被外界所强制，这也是社会进步的一个标志。因此，中国社会的现代化进程自然也包括了这一方面。在深圳人的思想观念中，通过自己的思考做出选择是一个大家普遍认可并遵循的观念和行为标准。当他们自身的权益受到侵害时，敢于维护求得保障，勇于拿起法律武器讨还公道；他们也勇于为自己的行为负起责任。

第四，隐私。所谓隐私即个人不受或不应该受到他人干涉，能够去做或思考他所想做的任何事情，或按照他自己的方式去追求他自己的利益。隐私和公共领域是对应的，也是公共领域的重要组成部分。在现代社会生活中，个人应该有一块属于他个人的领域，这一领域与别人毫不相干，他人不得染指，不得侵犯。而这种局面可以通过个人的退避或公众的宽容来实现。

在中国传统文化中是没有隐私的概念的，有的是与光明磊落相反的那种“不愿告人的或不愿公开的个人的事”[1]，或者是作为“不可告人的坏事”[2]的“阴私”。很显然，不论是隐私还是阴私，都是与“公”相反的概念，是自己那些不能公开的，不愿让大家知道的事。在这里，其道德的负面评价是不言而喻的。因此，诸如教师以了解、关怀、帮助的名义截留拆开学生的信件，家长以各种方式偷阅孩子的日记，甚或家长里短流言飞语满天飞的情形屡见不鲜。

在深圳人中，家长与孩子的平等地位，使得孩子能够保持自己的隐私，而这个前提是孩子与父母都是家庭的成员，大家能够充分地交流感想与看法。在社会生活方面，深圳人对邻里的事情，只要不是牵涉自身利益或公共利益的损害，而且只要你的目的及手段是正当、合理、合法的，大家也不会去无谓地干涉你行动的自由的。

第五，自我发展。自我发展是马克思主义的一个重要概念。马克思认为人是应该有广泛创造潜力的，未来社会“将是这样一个联合体，在那里，每个人的自由发展是一切人发展的条件”，而“只有在集体中，个人才能获得全面发展其才能的手段”。

自我发展应该是个人具有不受别人干涉地选择自己的生活道路和生活方式的能力和权利。每个人应该有其个性，而不是泯灭于整体之中，他的价值、他的利益、他的个性、他的兴趣爱好等都是独特的，是任何其他人无法取代的。因此，自我发展也是马克思主义命题中的应有之义，更是现代社会人的发展的一个重要方面。

从深圳特区移民文化的精神内涵来看，深圳人注重自立自强，信奉自我发展和自我实现，这是他们的个性解放和自由获得了初步满足的表现。

2. 市民社会及其所隐含的公民意识

深圳特区移民文化的发展有很多向度，其中重要的一个就是市民社会（或称公民

[1] 《现代汉语词典》，商务印书馆 1998 年版，第 1506 页。

[2] 同上，第 1498 页。

社会、民间社会，英文 Civil Society 的汉译）因素的出现。

“市民社会”这一概念来自西方，其含义曾几经变迁。但一般认为，市民社会具有以下结构性要素及特征：[1]（1）私人领域。是私人自主从事商品生产和交换活动的领域，也包括个人的家庭生活或私人生活领域。个人私域构成个人自我发展和道德选择的领域，个人在这一领域享有充分的隐私权。（2）志愿性社团。是团体成员基于共同利益或信仰而自愿结成的社团，是一种非政府的、非营利的社团组织，成员的加入或退出是自愿的。这是公民社会的核心要素。（3）公共领域。是介于私人领域和公共权威间的一个非官方领域，是各种公众聚会场所的总称，公众在这一领域对公共权威及其政策和其他共同关心的问题作出评判。自由、理性、批判性讨论构成这一领域的基本特征。（4）社会运动。这是反叛现实社会和实现理想社会的希望所在。与此相对应，公民社会还包括与结构性要素互为表里和相互支持的基本价值或原则。这些基本价值或原则构成公民社会的文化特征。它们包括：（1）个人主义。个人是社会生活的基本单位，公民社会和国家都是为了保护和增进个人的权利和利益而存在的；（2）多元主义。即个人生活方式的多样化，社团组织的多样性，思想的多元化。维系这种多元主义的是提倡宽容和妥协的文化；（3）公开性和开放性。政务活动的公开化和公共领域的开放性是公众在公共领域进行讨论和进行政治参与的前提条件；（4）参与性。强调公民参与社会政治生活和制约国家权力；（5）法治原则。应该从法律上保障公民社会与国家的分离。法治原则是为了划定国家行动的界限，国家不得随意干预公民社会内部事务，从而保证公民社会成为一个真正自主的领域。

从上面的分析，我们可以看出，市民社会与传统社会的根本不同在于它的法治基础和个人权利的彰显。中国传统社会中还从不曾出现过市民社会，即使是上世纪二三十年代的中国上海也是如此。而在深圳人生活的方方面面，我们可以观察到这些文化因素的萌芽。比如深圳人有较强的维权意识、平等自由观念；一些志愿性团体也开始出现（如义工联等）；人们相互之间总能保持一定的距离，既能够相互交往又不干涉别人的私生活等等。因此，深圳移民文化中已经内含了市民社会的文化因素，深圳已经具有市民社会的雏形，这是深圳社会和文化发展的一个重要的方向，也是深圳社会现代化的一个重要标志。

[1] 何增科：《公民社会与第三部门》，社会科学文献出版社 2000 年版，第 4—5 页。

更重要的是，市民社会已经隐含了一个前提，那就是个性的解放和发展。也因此，每一个市民或称公民都是自由的，在社会地位上都是平等的，不论是政治的、经济的或伦理的地位都是如此。公民或市民的权利与义务是法律所确定的，未经公民个人允许或法律程序，任何人无权剥夺；公民与社会、国家的关系是法律上的相互的权利与义务关系。在这里，公民的概念有别于政治上的人民概念，是法治基础上的现代国家中个人与国家关系的产物。公民意识就是公民个人意识到自己是国家的一个成员，与其他公民或市民是平等的，也一样拥有相应的权利和义务，义务他必须履行，而权利他也可以享受。自己的正当权益，国家、社会和他人应该充分地给予尊重，而对社会国家的责任又必须去自觉地承担，也就是说一个方面，国家、社会、他人对个人的尊重与满足，另一方面，是个人对国家、社会、他人的责任和奉献。这二者是相互的，没有前者，个人就不可能正常生存和发展；没有后者，个人的价值和尊严也无法体现。

公民概念和公民意识也是中国传统社会所缺失的，因此今天有必要重视它。而深圳移民文化中，也已包含了这方面的因素。

3. 对城市主体的自我认同与归属感

市民是城市生活的主体，也是治理与建设城市的主体。市民对这种主体身份的认同及他们对城市的归属感，是发挥他们的主动性、积极性与创造性的前提和保证。他们是城市的主人，因此他们应该有参与城市管理、决策和建设的权利和义务。

在现代化的因素中，对本土文化与地域的认同是一个重要方面。愈是民族的，便愈是世界的，而现代化的进程也使得越来越多的国家和民族认识到必须保持自身的优势和特征。在城市之中，市民的认同与归属感是城市健康发展的前提。

深圳因为她优越的地理位置，适宜的气候条件，良好的经济基础，众多的移民，使越来越多的市民对她有强烈的认同和归属感。深圳人提出了很吸引人的口号，如："同在一方热土，共创美好明天"，如"深圳是我家，清洁卫生靠大家"，如"有了您的纳税，才有深圳的光荣"等等，正是这种认同与归属感的真实写照。

公民意识与城市管理过程中的以人为本的体制，极大地增强了深圳人的城市归属感与认同感。但是因为深圳有过多的流动人口，而在前文中，我们也曾经引文证明深圳人的认同感与归属感还有进一步增强的必要。特别是对那些为深圳做出特别贡献的打工仔打工妹来说更是如此，他们离井别乡，来深圳打工，目的是想赚点儿钱养家或改善自己及家人贫困的生活面貌，在可能的情况下，他们也想长期地生活在这块土地上。但是，他们没有户口，因而不能享受常住人口所能享受到的社会福利，甚至他们工作和生活中又会遭遇料想不到的人为的困难或挫折，有人查户口或暂住证时，他们提心吊胆；社会上的烂仔欺负他们时，他们只能忍气吞声；在工作中受到委屈或不公正的待遇时，他们也往往很难申诉。一切种种，他们对深圳的认同和归属感肯定是微乎其微的。因此，加强打工族对深圳的认同，一方面需要社会各界和政府多多加强对企业在劳动用工方面的监管，加强与打工一族的交流与沟通，另一方面，也需要打工族们多多参与深圳的社会事务，更多地深入到深圳社会的方方面面，变深圳过客为深圳的主人。

4. 以人为中心的人本主义的社会发展与管理体制和思想

在制定社会发展计划、进行社会管理的过程中，应该注意以人为本，充分尊重人民群众的意愿和权益。民众的追求目标只要是合理合法的，手段只要是正当的，国家和社会不应盲目干涉，而是积极帮助他们达到自己的目标或为他们实现自己的目标创造条件。以人为本，是尊重群众的利益，是为群众创造安定团结、心情舒畅的良好生存与生活环境，这必将大大地提高中国人民的参与意识，发挥他们工作和生活的智慧、积极性与创造性，也会大大地提高他们生活质量，为中国现代化奠定坚实的精神基础。

深圳城市建设过程中，更多地加入了以人为中心的思路，这对深圳人对深圳的认同与归属感无疑是重要的。

(三) 深圳特区移民文化与伦理道德建设

中华民族和中国共产党历来重视文化在社会发展和人的完善中的重要作用。江泽民同志在十六大报告中指出，文化的力量深深地熔铸在民族的生命力、创造力和凝聚力之中，因此，必须深刻认识文化建设的战略意义，推动社会主义文化的发展繁荣。那么，深圳移民文化与先进文化间是一个什么关系？它符合市场经济伦理道德的要求吗？在中国特色社会主义建设中，深圳移民文化对伦理道德的建设有什么样的作用和意义？

1. 先进文化的要求与深圳移民文化

江泽民同志明确指出，在当代中国，先进文化就是面向现代化、面向世界、面向未来的，民族的科学的大众的社会主义文化。这种文化应该立足于改革开放和现代化的建设实践，着眼于世界文化发展的前沿，发扬民族文化的优良传统，汲取世界各民族文化的长处，在内容和形式上都具有创新性，并且具有吸引力和感召力，这种文化的目的和作用是不断丰富人们的精神世界，增强人们的精神力量。

从深圳移民文化产生的地域特征来看，它处于中西交汇的地方，紧邻带有浓厚西方文化色彩的港台文化影响区域；从深圳移民文化产生的时代背景及其作用来看，它又是作为中国改革开放最前沿地带的窗口和试验田来建设的，总能得风气之先。因此，深圳移民文化在形成的过程中，既能够很方便地发扬民族文化的优秀传统，又能够方便地汲取世界先进文化。这就形成了它内在的面向现代化、面向世界、面向未来的特征。它的开拓进取精神、注重实际的作风、兼容并包的心态等等，恰是这种表现。深圳移民文化只是中国传统文化的一个杂糅的亚形态，从本质上讲，它是传统的；它的通俗文化的兴盛、大众化价值取向、重速度讲效益的风尚，说明它是民族的大众的科学的。因此，在一定的程度和一定的意义上讲，深圳移民文化是符合先进文化的要求的。

2. 深圳移民文化与市场经济伦理的要求

市场经济体制是我们致力的目标，它应该有一定的伦理基础。现实的、成熟的市场经济必然蕴含着一系列道德伦理，这些伦理观念、规范和制度的存在是市场经济生存与发展的必要条件。市场经济与其是无法割裂开的，市场经济体制的经济关系、经济体制对社会的伦理道德具有重要影响和意义。反过来，人们的伦理观念和社会伦理规范对市场经济的经济关系、经济发展也有很大作用。两个方面在现实生活中是内在地联系在一起的。因此，考察深圳移民文化就应该重点研究它与社会主义市场经济伦理的要求是不是相符合的。

那么市场经济内含的伦理道德基础在文化领域中表现为什么呢？或者，社会主义市场经济伦理的要求是什么？这可以从理论建设和道德或伦理观念建设两个方面来进行考察和论证。

从理论建设方面来说，在社会主义市场经济体制下，培育市场经济伦理必须首先

进行社会主义道德体系的研究。罗国杰先生认为，与社会主义市场经济相适应的道德体系应该着重进行以下的探索：[1]

因为社会主义道德体系是一个开放的系统，它的框架要有最高的理想；规范上要有层次性；实践上要有可操作性。所以，应该从五个方面来研究和培育与社会主义市场经济相适应的社会主义道德体系。这个体系大致说来如下：(1) 市场经济的建立与发展给道德提出的新问题；(2) 社会主义市场经济条件下道德建设的指导思想和价值导向；(3) 社会主义市场经济条件下道德建设的核心和原则；(4) 社会主义市场经济条件下若干重要道德理论的研究；(5) 社会主义市场经济条件下的“德治”和道德教育。在进行以上研究的基础上，进行广泛深刻的社会主义市场经济伦理道德的建设。

从道德或伦理观念建设方面来说，社会主义市场经济伦理应该包括以下的内容：[2]

第一，集体主义的原则。集体主义是社会主义市场经济道德体系的原则，它体现了国家、集体和个人三者的利益辩证关系的准则。马克思主义强调集体是个人自由发展的前提，又指出个人的自由对于集体发展的重要性。

集体主义是对历史上中国传统的整体主义和西方传统的个人主义的超越与整合，它既克服了个人主义和整体主义的缺陷，又汲取了二者有益的符合未来发展的因素。既重视个人的价值和尊严，又强调集体的利益。个人利益和集体利益从根本上来说是可以一致起来、统一起来的。这种统一就是集体主义的体现：集体主义是个人利益的基础和保证；社会要承认、尊重和关心个人利益，并通过发展生产而不断地满足每个社会成员的物质文化生活需要；当个人利益和集体利益发生矛盾时，个人利益要服从集体利益，而社会和集体也应该对那些为了集体利益而牺牲了个人利益的人进行适当的补偿。

第二，为人民服务的道德价值核心。为人民服务是中国共产党的根本宗旨，也是“三个代表”思想的中心所在。而为人民服务的内容则主要有：为人民利益而无私奉献甚至献身的精神；一刻也不脱离群众，一切从人民利益出发；要做人民群众的“孺子牛”；对工作极端负责及坚定不移地走群众路线等。

---

[1] 罗国杰：《建设与社会主义市场经济相适应的道德体系》，《光明日报》2001 年 3 月 4 日。

[2] 章海山：《当代道德的转型和建构》，中山大学出版社 1999 年版，第 190—220 页。

第三，“我为人人，人人为我”的职业道德观念。我为人人，即个人踏踏实实、兢兢业业、精益求精地完成自己的本职工作；人人为我，即每个人都能够在工作中做到“我为人人”的话，那我们在社会生活中就能够享受到高质量的产品和服务了。这种观念看似要求不高，事实上，却内含着深刻的意义。中国历史传统的农业文明长期的延续与宗法等级制长期的存在，使得中国社会普遍缺乏社会公共领域的生活的锻炼，也使中国人的伦理道德观念中缺少了社会公德与职业道德方面的规范。因此，在现时期，普及“我为人人，人人为我”的职业道德观念，是我们能够真正实现“爱岗敬业，诚实守信，办事公道，服务群众，奉献社会”等职业道德要求的重要思想准备，也必定能够大大地提高全社会的思想道德水平与社会风尚。

第四，人道主义。人道主义是西方文艺复兴运动以来所兴起的重要的理念，也是社会主义市场经济伦理的重要组成部分。它的主要内容是把人当人对待，在社会生活中，充分重视人的生命、价值和尊严，在管理中贯彻以人为本的思想等等。

第五，公正。这是经济社会的一个重要原则，它包括起点的公正、过程的公正（规则的公正）与结果的公正。它是现代社会的基本价值。罗尔斯和诺齐克在公正上曾有过剧烈的争论，但公正的基本意思是“得其应得”或“以同样的规则对待同样的对象”。

第六，诚信。所谓诚信，即诚实、诚恳、信用、信任。它包括两层含义：一是要以信用取信于人；二是对他人要给予信任。只有忠诚老实，诚恳待人，才会取得信任；只有讲信用，才会有信誉。做人，首先是要诚实。诚实守信，是为人处世的基本准则，也是中华民族的传统道德。诚信，是社会经济发展的道德基础。诚信是处理个人与社会、个人与个人之间相互关系的基础性道德规范，也是市场经济领域中一项基础性的行为规范。没有了诚信，人们的经济生活、政治生活、社会生活就失去了基本的维系和支撑；缺少了诚信，经济发展和社会进步就缺少了前进的动力和可靠的保证。在经济领域，当前的一个严重问题，是假冒伪劣和欺诈行为十分猖獗，不仅仅是一般的商品假冒伪劣现象严重，而且连统计、审计、财会和合同，也出现了严重的欺诈现象。可以说，假冒伪劣和欺诈行为已遍及当今经济领域的各个角落。党和国家领导同志大声疾呼要以诚信为本，江泽民同志号召不但要建立与社会主义市场经济体制相适应的法律体系，而且要建立与社会主义市场经济体制相适应的道德体系。国务院专门颁布了整顿和治理社会主义市场经济秩序的法规，其中强调要把依法治国和以德治国结合起来，靠法治和德治两手，从源头上根治假冒伪劣和欺诈行为。美国的安然事件与中国股市中的生态农业、银广夏事件无疑为我们在诚信方面树立了反面的教材，也证明在当前加强诚信规范教育与自律的重要性。

社会主义市场经济伦理的建设，应该在实践中入手。这个实践就是建设中国特色社会主义的实践，就是中国现代化建设的实践。在建设社会主义市场经济体制的过程中，人本身也被塑造、被完善。传统农业社会下的生活方式和行为习惯在新体制和新制度下的改变，使我们可以逐步确立社会主义市场经济伦理。

从深圳移民文化的产生看，正是深圳社会主义市场经济体系的初步确立，催生了深圳文化。深圳人在建设市场经济的过程中，逐步磨炼了自己独特的个性，形成了自己的特色。市场的主体能够相对规范地遵循交往的规则与要求；从深圳移民文化的内容来看，与内地相比，它更多地蕴含了市场的因素，带有市场经济伦理的特征。比如它重视商业化操作的务实精神，办事情按市场的内在规律去做，重实效讲效率的观念等都是这样。但是另一方面也应该看到，在世界普遍的信用危机的背景下，在急功近利的影响下，特别是社会主义市场经济体制的不成熟不完善，深圳移民文化中也有不符合社会主义市场经济体制要求的因素，确立全社会的信用体系，从长远的目标来规范和约束人们和企事业法人的行为依然是摆在我们面前的重要工作。

3. 深圳移民文化对中国特色社会主义伦理道德建设的重要作用和示范意义

客观地说，深圳移民文化与社会主义市场经济伦理基本上是相符合的。综观深圳移民文化的方方面面，可以对深圳移民文化在中国特色社会主义伦理道德建设中的重要作用进行如下简单的概述：

第一，深圳移民文化对中国建设社会主义市场经济伦理具有重要的示范作用。深圳在中国改革开放的紧要关头，起到了排头兵的作用。深圳移民文化在深圳社会经济及各方面发展中的重要作用也是有目共睹的，这对全国性的经济文化建设也起着一种排头兵的作用，其示范与借鉴意义是不言而喻的。

第二，文化是中国特色社会主义的一个有机组成部分，与社会的经济发展是相辅相成、不可或缺的。文化是文明的集中表现，而文明是由物质文明和精神文明集中体现出来的，因此深圳移民文化就集中体现了深圳社会物质文明与精神文明的总体成果。从这样的角度和意义上讲，中国特色社会主义的建设应该在致力于发展社会经济的同时重视文化建设。

第三，市场经济体制与文化是相互作用的。深圳移民文化是深圳建设社会主义市场经济体系的过程中催生出来的，同时它还巩固着市场经济建设的成果。因此，一方面要重点进行市场经济体制的建设，为新型文化的产生和发展创造良好的物质条件和环境，另一方面要加强文化建设，用符合社会主义市场经济体制的伦理文化为建设和巩固市场经济体制而服务。

第四，深圳移民文化的一个重要意义在于，为我们正确对待传统文化提供了一个可供选择的有效途径和方法，那就是在现代化进程中，传统应该保持，但必须对之进行创造性的改造，必须对传统文化进行创新才可能使之不断地发扬光大。深圳移民文化是中国传统儒家文化的一个亚形态，但它是一个经过创造性转换的具有创新内容和精神的新型的文化，这种文化既使传统文化具有了无穷的生命力和吸引力，也能够为现代化建设提供有力的保证。

深圳特区移民文化的形成和发展是深圳社会主义市场经济体制确立所带来的重要成就，也是深圳社会主义精神文明建设的重要成就。深圳特区移民文化中所蕴含的市场经济伦理，是建设社会主义市场经济体制初步成果的展示，它使我们对中国的未来和前途更有信心。

第四章

信息时代深圳特区移民道德观念的整合

全球化与信息时代意味着人类间的交流与合作将更为普遍和密切，面对诸如环境、核武等全球性的问题，为了人类的生存和共同的利益，建立普遍伦理不仅是现实的需要，而且也具备物质和文化基础。同时，在信息时代，唤醒和发掘个人的道德自觉不仅是必要的，而且也是伦理发展的必然趋势。在当前恐怖主义已经成为国际性公害的情况下，探讨和研究我们所面对的社会问题和伦理问题，建立全球化的普遍伦理，唤醒人们的道德自觉，无疑是具有理论和现实意义的。

一、全球化背景下的伦理问题及其发展趋势

信息技术的运用和普及，使得全球化更加以势不可挡的趋势展开。我们知道全球化不仅是在经济层面上的，而且也是在文化、价值层面上的。这就使得全球化也和任何事物一样，具有其多面性——对不同的国家和个人，它带来的影响和结果都是不同的——有人欢迎、有人抵制。但我们已经看到，无论如何，全球化都在各个层面不断展开。我们应该清楚地认识到，对于我们这样一个人口众多的、多民族的、地区间发展极不平衡的发展中的大国来说，所面临的问题会更加多样和复杂。特别是 2001 年美国发生“9·11”事件之后，整个世界局势以至人们的价值观都发生了新的改变。显然，我们又面临了新的问题。在全球化趋势下，恐怖主义成了人类所共同面对的问题。其实，究其深层原因，恐怖主义某种程度上可以说是全球化在文化与价值上冲突

的后果之一。因为从某种程度上讲，全球化其实就是美国等西方发达国家的经济、文化、价值的全球化。这必然加剧西方文明与伊斯兰文明本来已经存在的矛盾和斗争。"9·11"事件留给我们的启示和思考就是，经济不一定是第一位的，有时候，文化与价值上的理解、宽容和认同更为重要；全球化也就是多样化；任何社会的主流文化与价值都应该宽容和理解非主流的文化与价值，不能让那些具有极端倾向的个人沦为恐怖主义的工具。

(一) 当前社会的伦理问题及其发展趋势

众所周知，全球化（globalization）的过程始于经济的全球化发展，资本一旦出现，它必然会按照其内在逻辑——为了赚取利润而无限扩张地发展，对此马克思早就曾经预言。而电脑及相关信息技术的飞速发展又把人类推进了网络和信息的时代，这反过来又再进一步加速了全球化的进程。或者说"全球化在通讯技术和科技发展中所遇到的障碍是最小的。因为通讯技术在当今已几乎不可能被置于某一个人的控制之下"[1]。我们知道1769年开始的工业革命使人类告别传统的农业社会而进入工业社会，而从1946年第一台电脑的诞生到现在，人类又正在进入一个新的时代和社会——信息时代、信息社会。无疑"我们正处在由工业化社会向信息化社会的转变之中。这一转变将开启人类文明的新时代"[2]。当然，社会的这一变迁必然对人类的生产和生活的方方面面都带来巨大的影响，原有的伦理价值和伦理观念也必然受到了冲击和侵袭。在这种情况下，社会问题和伦理问题不断浮现，并引起了人们的注意和讨论。

1. 社会问题和伦理问题

快速变动和不确定性显然是我们这个时代最为显著的特征之一。反射在人们的伦理和价值观念上，普遍的表现就是人们不再对传统的伦理和价值观念确信无疑，而是充满了怀疑和不信任，同时对未来也充满了忧虑。由此导致了伦理相对主义和怀疑论的盛行，而相对主义和怀疑论发展到极点就必然会产生对善与恶、是与非、美与丑等

[1]　[英] E. 霍布斯鲍姆著、邓浩译：《国家与全球化》，《现代外国哲学社会科学文摘》1998年第8期，第35页。
[2]　朱葆伟、金吾伦：《社会的信息化与观念变革》，《光明日报》1997年11月15日。

的判断与衡量标准的丧失。也就是说在很多问题上似乎已经没有标准可言。在现实世界中则表现为：政治生活上的腐败和以权谋私等徇私行为成为当代社会的严重社会问题，严重影响到了普通人对道德生活的追求并降低了他们的道德水准；经济生活中的欺诈等各种短期行为不仅严重影响了正常的经济秩序，而且也冲击了整个社会的道德防线；文化和艺术的多元化和丰富的发展、生活的艺术化一定程度上导致人们更加注重追求审美的价值（美与丑）而淡化了对与错的道德和价值判断；另外，由于“法的影响力不断增强，越来越多的人转向依靠法而忽视了道德的力量。”[1] 也就是说人们逐步转向依靠外在的法的力量而忽略了自我的内在的道德力量。换言之，人们逐渐放弃了对自我的内在的道德追寻，放弃了自己本应有的道德责任。

在信息网络时代，计算机犯罪已经成为全球共同面临的棘手问题。而且有资料显示，计算机犯罪的主体主要是青年，是那些拥有丰富的计算机知识并通晓网络通信、解密访问规程等技术的所谓的电脑“黑客”。现代社会由于计算机在各领域的普遍使用，所以使得计算机犯罪影响到了小起市民生活大至国家机密等的广泛领域。电脑“黑客”的肆意横行一方面与我们的有关的立法没有能及时跟上信息技术的发展有关，另一方面也与年青的“黑客”们缺乏社会与个人的责任感有关，换言之，这与整个社会的道德滑坡及其对青年的影响而致使他们的行为失范和青年人游戏人生的价值观也有关。“青年群体中出现的计算机犯罪，源于掌握计算机技术的一些青年人的道德行为的失范，而道德行为失范的原因，又根源于社会的道德滑坡。”[2]

不仅如此，由于中国社会的特有的历史与客观背景，在全球化与信息化的冲击之下，社会问题与伦理问题就显得更为突出和尖锐，可以用四个字来形容——混乱、无序。首先，由于全球文化的交融，信息膨胀及其传播途径的多样化，对个人特别是对青少年来讲，可以说是耳目应接不暇，造成的结果或者是在没有来得及进行理性思考和判断并选择性地接受之前就可能已经转化为自己的东西，或者是面对太多的信息而无从选择，由此陷入混乱和困惑。总之一句话，太多的信息必然带来混乱。其次，由于大多数的人在文化观念上，面对或选择了不同的东西，那么，不管是教育还是宣传都很难再像以前那种封闭式的环境下，很容易就把人们的文化和思想统一到某一认识

---

[1] 马云驰：《应当与是——从道德命令到道德关怀》，《深圳大学学报》1999 年第 3 期。

[2] 赵祖地、周其力：《计算机犯罪与道德建设》，《道德与文明》1999 年第 4 期。

的共同点上，这正是我们的教育和宣传部门不可回避的客观事实。总之，文化和思想上的统一并不容易，但多元化和无序的状态却是事实。第三，由于中国幅员广阔，地区间发展极不平衡，全球化和信息化的过程也呈现出有别于其他国家的特征。在西方，自 20 世纪 70 年代已经开始进入信息社会（information society），而信息社会这个概念的出现则代表着在社会中，信息（information）已经取代资本（capital）而成为关键的资源。[1] 而中国社会的实际则是，一方面，我们要实现由农业社会向工业社会的转变（这是对于广大的农村和落后地区而言），另一方面又同时要迎接信息时代的来临和挑战（东部沿海的发达地区）。因此说“中国社会的时代变迁具有双重意义。一是由古典社会进入现代社会，二是由农业时代向工业和信息时代作双重跨越”[2]。这就意味着我们社会在总体上要在同一个时间内实现和完成两种转变，也就是说我们现阶段的社会转型是双重的。因此，我们所面对的由于社会的双重转型所带来的问题和矛盾必然会更加复杂和激化。显然，在立法尚有待进一步发展和健全、在原有文化与价值已被冲击和侵袭，但新的价值观念和价值体系尚未形成的时候，混乱和无序是在所难免的。

2. 伦理发展趋势

1993 年，宗教组织在世界宗教会议上发表了《全球伦理》的宣言，这可以算是人类为了解决诸如环境、人口、核武等全球性问题而寻求建立普遍伦理的开始。后来，在其他个人和组织特别是在联合国教科文组织的努力和推动下，建立世界性的普遍伦理日益为人们所重视。而所谓的普遍伦理应该是，由于人类生存与发展的命运已紧紧连在一起，因此在行为规范和价值准则上人类应达成某种共识。也就是说，建立普遍伦理有助于协调日益普遍和密切的人类交往过程中的各种行为，有助于解决业已出现的各种全球性的问题。

现代世界人们的一个深刻的体会就是，不同国家、不同民族之间的交流和交往比以往任何时代都更加频繁和密切，不同的文化和价值也在交流和沟通当中发生碰撞和融合，人类的个体和群体都深深感受到相互间的依赖性。以往，人们更多地站在

---

[1] Michae　Cahill，*The New Social Policy Blackwell Publishers* 1994，p. 8.

[2] 任剑涛：《信息时代伦理整合的传统资源》，人大复印资料《伦理学》1998 年第 5 期。

个人、国家、民族利益的角度考虑问题，因此所强调的是文化之间的差异，伦理与价值观因不同的国家、不同的历史时期而不同，总之就是突出各自的差异与不同，这正是意识形态时代的突出特点。而今天的全球化时代，由于生存和发展的需要，由于个体、国家和人类总体之间的命运息息相关，我们不得不站在全人类的角度来考虑问题，人们所强调的重点显然是文化的共同性和共通性，因此在伦理价值上寻求和达成比较一致的观念，建立我们共同需要的普遍伦理，这不仅是可能的也是现实的需要。所以说正是人类共同的生存和共同的利益需要，促成了普遍伦理的建立并构成了建立普遍伦理的现实物质与文化基础。

普遍伦理的建立也源自解决全球性问题的需要。虽然，不可否认在国际社会生活中，国家与民族的权力和利益仍然居主要地位，但是，众所周知，人口问题、环境和生态问题、核武的问题是关系和威胁到整个人类的全球性问题，需要全人类的共同努力和相互配合才能应付和解决。显然，在面对这些共同的问题的时候，在为大家共同的利益的时候，人类当然需要研究并形成共同的行为规范和准则，来约束和规范人们在处理类似环境等全球性问题时的行为。这确实是非常现实的问题。我们可以看到的可喜之处是，在保护环境的问题上，不管是发达国家还是发展中国家，应该说都已经意识到了环境对于人类生存的重要性，意识到了保护环境的必要性和紧迫性。因此可以说基本上形成了保护环境的道德自觉。这应该是许多环保组织和个人多年不遗余力的努力而使环境意识普及的结果，也是全人类共同努力的结果。所以说全球性问题的出现，使得人类只能把自己“作为一个整体处理与自然的关系。全人类面对着对付全球性问题的迫切需要，不得不形成一个人类共同体。人类共同体自然也是伦理共同体”[1]。因此，建立普遍伦理不仅是解决全球性问题的现实需要，而且也体现了人类整体对自身责任的深刻意识，是人类整体的道德觉悟。通俗地讲建立普遍伦理是整个人类对自己的行为和命运负责任的一种表现。

总之，随着全球化过程的进一步发展，对建立普遍伦理的要求必将越来越迫切。因为如果不达成我们在行为规范和价值观念上的共识，由政治、经济到文化等方面的全面交往就必然会碰到障碍。人类是一家，地球是我们共同生活的村落，遵守共同的行为规范和寻找共同的价值基础，是“地球村”每一位成员的义务和责任。

---

[1]　牛京辉、李伦：《全球性问题与普遍伦理》，人大复印资料《伦理学》1998 年第 12 期。

比尔·盖茨认为网络的普及和使用，逐步消除或重新定义了社会之间的界限，从而加强了人际之间的交往和文化的交流。同时，网络的生活方式也突破了许多我们原本认为是理所当然的限制。的确，信息技术和网络的普及，使得普通人也可以建立自己的网页，最弱者也可以发出自己的呼声和发表自己的见解，任何人都可以在网上在最快的时间内发表自己的见解和观点，并在瞬间传播开来，同时也可以最快的时间看到网上的其他的新闻和信息。人们之间的交流可以免去原来的许多中间环节（中间的必要环节只是一台联网的电脑），在这种情况下，社会中原有的垄断和权威就会不攻自破，社会结构将更加体现一一对等的人与人之间的关系。换言之相对于原来的社会，对个人而言平等和公平在一定程度上将得到进一步的体现。这应该就是比尔·盖茨所说的网络生活方式对原来社会的许多限制的突破。显然，这是科学技术的力量的体现，也是它给个人和整个人类带来的福祉。

但是，信息技术和网络的普及所带来的问题不仅已经浮现，而且也呈越来越严重的发展态势。其中最为严重的问题就是上文所讲的计算机犯罪问题，当然，信息技术本身并不是问题的根源，我们至多只能把计算机犯罪归结为信息技术的第三者效应，或者像尼葛洛庞帝所说的那样"每一种技术或科学的馈赠都有其黑暗面"。[1] 对于计算机犯罪问题，毫无疑问，我们应该加快相关的法律建设，才能对它进行有效的打击。而信息技术和网络的普及所引起的道德约束力的削弱问题则不得不引起我们的重视。首先，一方面，网络的世界对于有些人来讲，又是另外一个世界，或是一个虚拟世界——相对于现实的物质世界，鼠标和键盘是虚拟世界里实现目标的重要手段，似乎这与现实世界的任何道德规范和伦理价值并无瓜葛，久而久之，就习惯成自然，道德规范的约束力也就自然地减弱了。另一方面，对另外一些人来讲，良莠不齐的爆炸性的源源不断的网上信息也使他们有可能在不假思索的情况下就加以吸收，使个人的理性分析能力和道德判断力逐渐下降。其次，虽然，信息化和网络生活方式是否会使人类的生活非人化的问题还在争议和有待证明，但毋庸置疑，它已经给人类的生活带来了深刻而深远的影响。一切都在变动当中，在这个角度看来，原有道德规范的力度减弱也是一种改变，属于正常的情况。接下来的问题则在于如何寻找适合于网络生活方式的伦理和道德。因为过一种道德的生活正是人类生活的最本质的特征之一，即使

[1] ［美］N. 尼葛洛庞帝著，胡泳、范海燕译：《数字化生存》，海南出版社 1996 年版，第 267 页。

是在信息的时代，人类的生活同样也离不开伦理和道德的支持和依托。不可否认，寻找或形成适合于网络生活方式的伦理价值的过程必然不会在短时间内完成，那么，如何来弥补由于信息技术的冲击和网络的普及所带来的道德规范的力度削弱的问题呢？

在这种情况下，唤醒个人的道德自觉就显得尤为重要了。首先，因为在信息时代，法律和公开的社会道德舆论对个人行为的监管已经不像原来那么容易，因为任何一台联网的计算机都可以成为人们发布信息或犯罪的工具，在时间和空间上要加以限制和监管是非常困难的，因为在时间上有瞬时性，而在空间上则有变动性。因此，在做与不做、如何做的问题上，决定权完全在个人手里，由此可见，人的道德水准和道德自觉在这种情况下的作用是非常大的。换言之，在很多情况下，要完全靠人的道德自觉性来对自己的行为进行规范和约束。如果个人没有了对自我的道德自觉和约束，那么，犯罪或违反社会规范的事情就随时都有发生的可能。其次，信息技术正在逐步地改变着原有的社会结构，知识、信息、技术在顷刻间可以赋予个人力量和财富，从而改变个人的命运。可见，信息时代给人们带来了无数的机会，同时也给个人和社会带来许多潜在的危险。因为对那些掌握和精通了信息和网络技术的人来说，坐在一台计算机前，稍不留神或心术不正，就有可能在瞬间作出对个人和社会都危害极大的事情来。例如目前计算机犯罪中有的是有意、而有的则是在贪玩和无意之间就铸成大错。因此，对当前的在校的青少年和在岗工作的青年，我们都应该大力加强道德与法制的教育，唤醒他们对自己和对社会的道德责任感，使他们能够自觉地规范和约束自己的行为。因为“青年道德水平的提高和道德责任心的加强是预防青年计算机犯罪最为有效的措施”[1]。否则，随着电脑网络的迅速普及与发展，它对青少年以至对整个社会有可能造成的危害将是难以估计的。

总之，信息技术对于人类的积极意义在于它冲破了原有的许多社会限制，更进一步解放了个人，使个人拥有了更多的机会和权利。但我们知道，人的权利和义务总是对等的，在获得权利的同时也会相应地增加了人的责任和义务，这是毫无疑问的。你享有了这个权利，你当然就要负起相应的道德责任，这应该成为人们的一种道德自觉。换句话说在信息时代，个人发展的机会多了，而且拥有了在网上自由地发表意见和接收信息等权利。因此，在某种程度上，人们比以往获得了更多的权利和自由，相

[1] 赵祖地、周其力：《计算机犯罪与道德建设》，《道德与文明》1999 年第 4 期。

应的，他的道德责任当然也会随之而增加。我们知道，萨特早就论证了自由与责任的不可分割性。因此对个人道德自觉的要求，可以说是信息时代的一种伦理的必然发展。道德文明和进步的最终意义也在于人的道德自觉性的不断发觉和人的良心的发现。这也就是道德的发展不断地由他律走向自律的必然的过程。陀思妥耶夫斯基认为，人也只有达到发自内在的道德自律，才能获得一种伦理学意义上的自由。孟子所说的“人有鸡犬放，则知求之；有放心，而不知求。学问之道无他，求其放心而已矣”[1]的真义也就在于此。

我们都已经意识到，人类正在进入一个新的时代，“向信息社会的转变与以往的技术革命或由技术创新引发的革命的最大不同之处，就在于它不只是限于传统的物质领域，而同时又是文化领域中的革命”。[2]也就是说信息文明不仅改变着人类的生活方式，而且也改变着人类的思维方式。显然，人类的道德实践和伦理理论思维也在发生改变。伦理思维上最为明显的改变就是现代伦理学的兴起和发展，促成了伦理学由传统伦理思维的道德命令到现代伦理思维的道德关怀的转变。这一转变的深刻意义在于道德自觉性的发现和对人的道德生存空间的拓展。也许，正是因为信息技术和网络的普及，才是人们真正感到道德自觉的重要性。这可以说是信息技术所具有的文化与道德意义。

伦理理论和思维上的另一个转变应该是，人们将更加注重诸如正义、公平与公正等具有普遍意义的伦理规范与伦理价值，同时也会更加注重公共道德的价值。因为在全球化和信息时代，“交往、文化与公共性问题必将成为人类必须面对的主题”[3]。在不同的国家、民族、社会团体和个人间的这种频繁的和全方位的交往过程中，显然，公共道德是十分必要的。同时像公平、公正、正义等具有普遍意义的伦理规范和伦理价值也必然会越来越显示出其重要性，因为这些具有普遍意义的伦理规范与伦理价值一直都深深地根植于不同文化传统的民族和个人的思想和文化当中。它们是个人、社会团体、国家得以立足的根本所在。所以也能够广泛地为人们所接受。如果把它们作为普遍伦理的主要内容和重要规范，应该比较容易在不同国家的人们之间引起共鸣。

---

[1] 李双译：《孟子：白话今译》，中国书店出版社 1992 年版，第 267 页。

[2] 朱葆伟、金吾伦：《社会的信息化与观念变革》，《光明日报》1997 年 11 月 15 日。

[3] 任平：《新全球化时代与 21 世纪公共哲学》，《新华文摘》1999 年第 8 期。

道德宽容是另一伦理发展的趋势。道德宽容一方面体现在各种现代伦理学流派的兴起和发展上，这表明面对变动和日益复杂的社会环境和人类处境，人类正尝试寻求各种新的伦理和道德理论，从而为人们的生存提供理论的解释和支持。换句话说不同的人有不同的处境，同一个人在不同的时间其境遇也不同。但他们都可以在相继兴起的各种不同的伦理学流派中找到为其行为和生活提供支持的理论依据。道德宽容的另一方面则体现在，面对现实的道德问题时，人们不再以不变的道德规范作为唯一的判断标准，而是更多地考虑到人们当下的处境或实际的际遇。我们可以看到，在现实生活中，很多在过去看来是要被人们从道德上加以指责的事情，而现在的人们却表示了理解和宽容，不再从道德上加以指责。也就是说，面对日益复杂的世界和生活环境，人们深感个人的压力和负担，因而表现出了更多的理解与宽容。而道德上的宽容又为普遍伦理的建立提供了必要的人文环境。因此建立普遍伦理不仅是现实的需要，而且也具备了其所需要的物质和文化的条件。

总之，在这里我们无法列出伦理发展的所有趋势，因为一切还在形成和发展之中。需要指出的是，我们没有理由因为全球化与信息化所带来的冲击而造成的暂时的社会问题和伦理问题而感到悲观，相反，我们应乐观地来看待这个问题。因为随着外在的他律（法律、社会道德规范等）作用力度的减弱，在困惑和无序的疑问和寻找当中，人们可能会慢慢地发现并转向依靠自己内在的道德力量，这也就是人“求其放心”的过程。人们发自内在的道德自觉，这才是道德文明的真正进步。而且前面也已论证，对个人道德自觉的要求是信息时代伦理发展的一种必然。这也应该就是信息技术所具有的道德意义了。我们知道伦理的有序和社会的有序在任何时候都一方面要依赖硬件的法律和法规，另一方面也要依赖软件的社会道德规范的约束，而我们知道道德对人的约束在很大程度上则要依赖人的道德自觉。既然道德自觉是信息时代伦理发展的必然趋势，而且我们也已经从观念上意识到这一点的话，那么，我们有理由相信，经过全球化和信息化的冲击和洗礼，我们社会的伦理必将能够从无序走向有序，从混乱走向整合。我想学术界讨论已久的中国伦理重建的真正意义也大半在于此。也就是说伦理重建并不是说要重新建构一套新的伦理道德规范和价值，而“重建”的意思主要是要使我们的社会重新回到伦理的有序化当中来。

最后，全球化与信息时代是一个交往的时代，也是一个开放的时代，是机遇和危机并存的时代。传统的观念和价值正不断地消融于正在产生和形成的新的观念和价值当中，这是必然的发展趋势。在这种发展趋势当中普遍伦理必然可以呼之欲出，“全球普遍伦理可以在各种国际组织的积极推动下，在世界大众意识的层面上逐渐建立起来，从而形成人类对待和处理全球问题的道德自律。”[1] 同时，即使是信息时代，信息技术所能改变的也只是我们的生活方式和思维方式，但绝对不可能改变我们作为人这个事实，每个人都不应该忘记他始终是责任主体和道德主体，因此，伦理与道德仍然是信息时代，人类生存（数字化生存）的最终的和最深层的支持和依托。正如庞龙所言：“我们生存下去的唯一指望就在这段话中：我们都是同一星球上的旅伴，我们都同样地要为我们所生活的这个世界的福祉承担责任。”[2]

(二) 深圳特区社会的道德问题

关于特区社会的道德问题，我们的研究基本围绕了以下问题而展开，比如在快速现代化和城市化的过程中，传统的道德原则在深圳人的心目中还有多少分量呢？在进行道德选择的时候，人们更多地会受什么因素影响呢？深圳人又是如何看待社会的主流道德标准的呢？在快速变迁的社会环境中，人们的道德观呈现出了什么样的特点呢？等等这些问题都是本课题研究的重点。经过以往多年的调查和最近的研究我们发现，来自五湖四海的深圳人基本谨守了中国人的传统道德价值。

比如在问到是否会“凭着良心做人、做事”这一中国人一向所尊崇的道德原则时，我们发现 70% 以上的深圳人表示了自己一直谨守这一原则。

由此可见，这条传统的道德原则在超过七成的深圳人心目中还是在起着作用，说明在某种程度上，传统的道德还具有其存在的价值。值得注意的是，认为根本不需要的人占 18%，虽然是少数，但比例还是不算少的，这说明在法律加强的同时，道德的作用在很多人心目中已经淡化。换言之，在现代社会，法律生存空间扩大，但道德生存空间缩小了。这是笔者以前在论述现代社会的道德问题时所提出的观点之一，看来通过这次调查得到的数据，还真的不幸被笔者言中了。另外，表示无所谓的占 10.8%，加上 18% 为 28.8%，显示道德淡化和道德麻木的情况在深圳一定程度上存在，也有力

---

[1]　高扬先：《关于建立普遍伦理的思考》，人大复印资料《伦理学》1999 年第 1 期。

[2]　［美］庞龙著、何兆武等译：《人类的家园》，东方出版社 1998 年版，第 6 页。

地说明了加强公民道德建设的必要性。

道德选择显然是每个人都不可回避的事，而且人们在进行这种选择的时候必然要考虑到各种各样的因素，而最后的选择也必然是因为某个更加重要的因素在起作用。那么深圳人在进行道德选择时，更多地考虑哪方面的因素呢？在列举出的 4 个影响因素中，人们首先考虑的是对家庭的影响，其次是对个人因素，再次是对社会的影响，最后是对他人的影响。所占比例分别为：37%，29.3%，26.4% 和 7.3%。

看来考虑对家庭的影响虽然比例不算很高，但却是最多的，说明家庭仍然是人们在进行道德选择时所首要的考虑因素，这表明大多数的深圳人还是延续了中国人比较注重家庭的传统，家庭仍然是人们所看重的首要价值。人们在进行道德选择时其次要考虑的就是个人因素了，相反，考虑对他人的影响所占的比例最小，人们的利己心在此已表露无余。而考虑对社会的影响占 26.4%，处在家庭和个人之后，说明在进行道德选择时，人们也一定程度上在意个人的社会声誉，在意自己的行为对社会造成的影响，具有一定的社会责任感。

任何社会都会通过各种方式倡导其所推崇的主流的道德观和价值观，并期望民众接受并以此为其主要的价值取向，也只有这样，整个社会才能在一定程度上达到整合，获得稳定而持续的发展。那么，深圳市民对于社会所倡导的主流的道德价值标准的态度是怎么样的呢？被访者对“你是否一般都会认可和遵循社会的主流道德价值标准？”这一问题，有 76% 的被访者表示一般都会认可和遵循社会的主流道德价值标准，占了大多数，说明深圳社会具有较高的整合度，这也是深圳社会能够稳定持续发展的前提之一。而表示完全不认可和遵循社会的主流道德价值标准的只占 7.2%，有 16.8% 的人表示有时是，有时不是。我想，这个比例在任何社会都应属于正常情况。

在回答“媒体的宣传和引导对你个人的道德价值观是否起作用？”时，只有 9.3% 的人肯定媒体的宣传对他们的道德观起作用，大部分人认为只是起到了一定的或者是多少有一点的作用，体现了人们在这个问题上的怀疑和不确定，或许也说明了我们的媒体要想真正起到这方面的作用，还应努力。易言之，这也说明了我们的媒体在这方面的工作还不够。要唤醒人们的道德意识，提高个人以至整个社会的道德水准，还需要政府、媒体的共同努力。

对于“道德宽容比道德惩罚重要”的命题，有 56.4% 的被访者表示同意，10.3% 的被访者表示非常同意，19.8% 的表示既不同意也不反对，只有 13.5% 的被访者表示不同意。这说明大多数人更加看重道德宽容，并认为道德宽容比道德惩罚更加重要，这与笔者以前所得出的深圳已形成比较宽容的文化氛围的结论是一致的，而且也以真实的调查数据证明了深圳移民文化的宽容性特点。这体现了深圳人素质的提高，标志了深圳社会的文明与进步。我们知道传统的道德更多地体现为道德命令，而现代道德自境遇伦理学开始已经发生了由道德命令到道德关怀的转变，道德宽容正是道德关怀的具体表现之一。特区人更加看重道德宽容，这是非常可贵的，也说明了特区人的道德观正在发生从传统的道德命令到现代的道德关怀的转变，预示着中国社会未来社会伦理发展的趋势和转向。

人们会想，深圳是一座新兴的移民城市，是我国改革开放的前沿阵地，地理位置上又毗邻港澳，而且市场经济发育得又早等等，这些有利的因素一定会给深圳人的思想、价值等带来一些新的元素，使他们的价值观具有某种意义上的超前性或特殊性。那么，深圳人是怎样看待诸如家庭、健康、财富、个人感情、学历、社会责任、工作等这些人生必要的价值的呢？我们在调查中要求被访者对以上七项按重要性程度进行排序，结果健康以很高的比数被排在第一位，排在第二位是家庭，而工作和财富处于第三和第四位，但在数据上相差很小，处于第五和第六位的学历和个人感情也是一样，几乎接近，而社会责任则以较小的比数被人们排在第七位。从结果来看，健康在我们以往多次的调查中也都是位居前列的，不管任何时候、任何情况下健康当然都是重要的，没有健康的身体，金钱财富对于人来说就没有任何的意义。把家庭放在第二的重要位置，这一方面与我们本次调查的样本有关，另一方面也与前面在进行道德选择时大多深圳人都看重家庭的价值的结论是一致的，也证明了深圳人尽管有很多新的观念和创新思想，但毕竟是中国人，大多数深圳人还是继承了中国人注重家庭的文化传统。而排在第三和第四的工作和财富比数相差不到 1%，这可能是因为在某种程度上工作其实就等于财富，同时也说明深圳人是比较看重工作和财富的。学历和个人感情位居第五第六位，但有 15% 左右的人把个人感情排在第三，说明这部分人是比较看重个人感情的，相对于前面六项来讲，社会责任自然就不那么重要了，这说明在深圳人们更加注重与个人密切相关的实在的东西，对于那些只身闯深圳的移民来说，这些东西当然会显得更加重要。因为他们来到深圳，一切都是从零开始，找工作，租房子等等——安身立命变得十分迫切。事实上，对于处于现实社会中的个人来讲，的确，个人主义比集体主义更为真实，这与市场经济以来中国人个体意识的觉醒和个体价值的发现的发展趋势也是相一致的。

从以上的调查的结果可以概括出深圳社会道德状况呈现以下特点：

1. 人们的道德观介于传统和现代之间。这表现在大部分人并没有完全抛弃传统的道德准则，但同时又具有比较宽容的现代道德观。同时大部分的深圳人都认可和遵循社会的主流的道德和价值标准，表现出深圳社会具有比较高程度的整合性。

2. 深圳社会存在着一定程度的道德淡化现象。可以看出，人们在道德选择面前更加注重个体的需要，同时，对很多道德问题也采取了回避或无所谓的态度，当然这与当前整个社会的道德淡化趋势是分不开的。

3. 道德宽容也是深圳这所新兴的移民城市的突出的道德特点之一。这与移民社会在文化和价值上所具有的包容性的特点是分不开的。而且，深圳人正在形成和发展出比较强的自主性意识，这应该是深圳经济和社会的发展与进步中最有意义的方面之一，它标志着人的进步，标志着市民意识和市民社会正在形成。

总体上，市民的主体意识有所提高，个人作为道德主体与责任主体的意识也在市场经济的大潮冲击中逐步确立起来，从中凸现了特区建立与发展的文化与道德意义。

(三) 信息网络普及对深圳特区社会道德的影响

不可否认，在人类历史上，还从来没有一项技术像信息技术这样给社会带来如此深刻和巨大的变化。人们也从来没有像今天这样对信息技术和网络倾注如此大的热情。但热情冷却之后，就需要冷静的思考了。在经历了网络的激情之后，人们已经感受到了网络给社会带来的不仅仅是快捷、方便、自由等进步的一面，而且同时也带来了各种我们事先没有预见到的诸多问题，显示了其破坏性的一面。国外有学者把信息技术和网络普及所带来的这些问题概括为“7P”问题，即：Privacy（隐私），Piracy（盗版），Pornography（色情），Pricing（价格），Policing（政策制订），Psychology（心理学），Protection of the network（网络保护）。这个概括基本上可以说是囊括了信息技术和网络普及所引发的社会和道德问题。网络保护其实就是网络安全问题，而心理学当然是指要研究网络对人们身心带来的影响。深圳是我国信息化程度较高的城市之一，因此也没有例外地受到了信息技术和网络的普及所带来的社会问题和道德问题的纷扰。主要有以下几方面的表现：

1. 网络沉迷

网络沉迷是信息技术和网络普及给各社会所带来的社会问题之一。这主要表现为一些未成年的青少年对上网的迷恋和沉溺，以致影响到了学习、身体，甚至被犯罪分子利用。所以难怪有人把网络称为“电子海洛因”。据 2002 年 8 月 20《深圳法制报》报道，家住新洲花园的张女士向记者反映，她的儿子已经两天两夜没回家，最后她才在石厦的某网吧找到上了 48 小时网已经不像人样的儿子。本篇报道的记者还写到，在今年暑假记者走访了市内多家网吧，发现有相当数量的上网者都是青少年，而且他们主要就是在玩电子游戏、聊天和看色情网页。我们知道青少年的自我控制能力差，又特别好奇，容易接受新事物，对网络的沉迷也是可以理解的。这些典型的个案其实也反映出了我们社会所存在的一些问题。比如由于深圳的生活工作压力比较大，很多家长整天忙于工作，与孩子缺少必要的沟通，他们就有可能去上网聊天，满足自己心理需要。另外我们的教育一直缺乏对性方面的科学教育和恰当的引导，有的家长对自己的小孩也避而不谈这方面的问题。但我们知道青少年恰恰又处在性发育的阶段，既对这方面非常好奇，又有着朦胧的需要。而家庭和学校都缺乏对他们的正确的教育和引导，但社会的媒体特别是网络又充斥了色情等有关性方面的信息，这就必然会导致他们去浏览或迷恋色情等有关网页，这一方面可以满足他们的好奇心，另一方面也满足了他们对这方面的某种需要。确实应该引起家长们和社会的关注。一方面，家长们应该清楚，要与孩子有融洽的沟通，以适当的方式和方法给孩子讲述有关性方面的知识。而且家长自己也必须重新学习，比如要掌握有关网络方面的知识，敢于面对自己的再度社会化问题。这样才能更好地与孩子沟通并从正面影响孩子们。一般来说，家庭成员之间有良好沟通的家庭的孩子是不会沉迷于网吧的。另一方面，政府有必要从政策、技术、教育等各个方面对网站、网吧等加强有效的监督和管理，特别要加快有关方面的立法，才能有效地打击各种利用网络犯罪的行为。

2. 网络欺骗

网络给所有人都提供了方便，当然也包括那些用心不良的人和犯罪分子，因为技术本身不会去识别或选择好人坏人，换言之，信息技术只是工具，如何去使用它，使它给人们带来福祉，完全取决于使用它的人。深圳是信息技术比较普及的城市，大部分的青少年都经常上网，据悉上网的人当中 80% 以上都是 30 岁以下的年轻人。由此也给很多用心不良的人提供了欺骗的机会。发生了各种稀奇古怪的带有欺骗性质的事情。据2002年7月22日《深圳法制报》报道，深圳某高校二年级女生刘某，在网上聊天认识了名为“大灰狼”的男友，后来被“大灰狼”邀请到松岗镇某酒店为其庆祝生日，“大灰狼”中间借机溜走，结果刘某和一同前去的两位女生被迫买了3000多元的单。回来后就收到“大灰狼”的邮件：“你骗了我，你明明是丑女，却冒充是美女，让我上次为你过生日白白花了600多元，所以我今天要报复一下，咱俩就算扯平了。”虽然他们之间是自愿交往，但“大灰狼”的所作所为显然是一种有蓄谋的恶意欺骗，是对个人财产的变相的盗窃。因此不仅是不道德的行为，而且也应该受到法律的制裁。另据2002年7月17日《深圳法制报》题为“女网友频约会目的何在？”的报道，有些女网友以交朋友，做情人为名，同时与多名男网友交往，并经常要男网友们请她们吃喝玩乐，有的更为过分，竟然与西餐厅合作收取回扣。为了证实市民王先生的投诉，《深圳法制报》的吴记者还在王先生的指点下，亲自上了深圳之窗聊天室的“人到中年房间”与那位欺骗了王先生的女网友聊天，果然，这位已把网名由“品月”改为“寂寞周末”的女网友很快就约记者第二天见面，而见面果然就在一家西餐厅附近，而且约会的时间也由她定在中午11点，没聊两句，女网友就建议到附近的西餐厅坐坐，由男性请吃饭就是难免的了。这样的事情虽然说是一个愿打，一个愿挨，但实际上，有些人是在利用网络来巧妙地欺骗别人，不仅违背了社会的道德规范，而且也应该受到法律的惩罚，可惜我们在这一方面法律是滞后的。所以恰恰给了这些不法分子可乘之机。

3. 个人隐私

隐私显然是信息时代困扰我们的严重的问题之一。这是因为，一方面，信息技术使得收集个人的信息变得十分容易而且可以很隐蔽。简单的比如进入某网页剪贴、复制就可以了，复杂的那就是拥有高技术的人的有意入侵、盗取别人的资料。另一方面，个人的信息资料也很容易被作为商品经过重新组合后用来交换或买卖，因为个人的信息对商家来说是有价值的资源。因此，可以说个人的隐私权在信息时代受到前所未有的挑战。笔者就曾经因为要找一本书，上了“旌旗网上书店”，书是找到了，但在最后决定要买的时候问题就来了，原因是付款通过银行卡，需要在网上填写个人的几乎所有的资料，在信息安全还成问题的情况下，不仅要担心个人资料泄露，而且更担心银行卡密码被泄露，如果是这样，不但卡上的钱全无，还会遭人恶意透支，那就惨了，考虑再三，最后还是不敢购买。所以理查德·A. 斯皮内洛说："在这个信息时代出现的最具爆炸性的问题之一便是个人隐私的保护。"[1] 我想，这是所有网上的消费者都会考虑和担心的问题，也应该是电子商务发展难于突破的瓶颈之一。最近，深圳标准市场研究有限公司的调查也显示，八成的网虫不上网购物，而其中最首要的原因就是安全问题。据 2002 年 9 月 6 日《深圳法制报》题为"有人卖邮箱地址赚钱"的报道说，某公司研究开发了可以进入其他网站的软件"邮件扫描软件"，用来盗取其他网站中储存的个人资料和邮箱地址，然后出卖给有需要的人，特别是那些做市场营销的商人。造成了很多人每天都收到很多垃圾邮件。显然，这种行为不仅侵犯了个人隐私权，而且也是违法的。所以，全面考虑来看，个人的隐私问题既是信息安全问题，又是个人和企业的社会和道德责任问题。要保证客户的个人资料的安全，信息公司就需要比较高的信息安全技术，否则很容易被入侵。而如果掌管个人信息的企业和企业员工不负责任，只为了他们自己的利益，个人的信息就有可能被出卖或转让。所以，我们不仅要呼吁网络道德建设，唤醒人们的道德自觉，而且要健全有关方面的法律。否则，个人隐私在信息时代就只能是危如累卵了。

4. 知识产权

向来，对是否应该保护知识产权问题就存在分歧。有的人主张知识就应该是公共的，要大家一起分享，所以不应该保护知识产权。而相反，也有的人主张应该尽量保护知识产权，使知识的创造者得到最大的回报，这样才能最大程度地鼓励知识创新。到了信息时代，信息技术不仅普及，而且知识在短时间内大量复制也是非常简单和容易的事。因此，知识产权问题就更成为困扰企业和个人的主要问题之一。理查德·A. 斯皮内洛称知识产权为信息时代的"一个普遍而又麻烦的道德问题"。两年前深圳市婚姻介绍所和其原来合作的某某数据库公司就曾经因为到底谁拥有"情网"（主要包括登记在线的客户的资料）的产权而打起了官司。在当时的深圳可以说是轰动一时的有关网络知识产权争议的案件。其实这里面不仅有知识产权问题，而且擅自利用已登记的客户资料的一方也严重侵犯了客户的个人隐私，违背了应该尊重个人隐私的

[1] ［美］理查德·A. 斯皮内洛著、刘钢译：《信息技术的伦理方面》，中央编译出版社 1999 年版，前言，第 162 页。

原则。最近,《深圳法制报》也时而有报道这方面的问题,比如有的公司的网页第二天打开,突然变成了另外一个公司的,这是恶劣的侵犯网络知识产权的案件。域名权是网络空间中形成的知识产权。由于域名在网络中的唯一性,造成了有些人故意在别人还来不及注册域名之前,就以别人的名称在网上抢先注册,以便以后出卖赢利。这也就是恶意抢注域名的问题。深圳的有些企业在前几年就碰到过这样的难题。迫使它们只好在网上注册了与原来公司或商标不太一样的域名。这样就不利于公司在网上沿用和拓展原有的名声、名誉、商标等无形资产,从而也妨碍了公司电子商务的顺利开展。这一定程度上也反映了我们有关电子商务立法上的滞后,使得有些人有空子可钻。

总之,可以肯定的是,笔者在这里不可能穷尽信息技术和网络的普及给特区所带来的所有社会问题和道德问题,因为,类似的问题还会不断地以各种方式出现。换言之,犯罪分子总是会挖空心思地利用网络这一便利的工具来达到自己的目的的。新的问题总是会不断出现的。我们所能做的就是唤醒人们内在的道德意识,呼吁重视网络道德的建设,加快网络立法的发展步伐。

二、深圳特区移民道德观念的整合

显然,和其他地区一样,深圳也饱受了信息技术和网络的普及所带来的冲击,同时也最先接受了市场经济大潮的洗礼。人们的道德价值观也正是在这不断的冲击和洗礼当中调整,或者说,正是这种环境的逼迫,打造出了理性、务实、而又充满创新精神的深圳人。

(一) 移民城市的新风尚

经过30年的风雨历程,深圳的经济发展取得了举世瞩目的成就。显然这是需要社会在文化、价值与观念上的支持的。易言之,深圳社会必然在道德价值观念上达到了一定的整合程度。因为经济的发展离不开人的因素,没有高素质的人,经济要持续高速发展就只能是一句空话。显然,市场经济的环境,快速增长的经济,充满竞争的社会也培育和造就了深圳人,使深圳移民在人格上表现出了以下特征。

1.深圳人的优点与缺点

创新、吃苦耐劳、理性务实被选为深圳人的三大优点。众所周知，经过30年的创业和努力，深圳已从昔日的边陲小镇，一跃成为现代化的国际花园城市。当然，深圳所取得的成就不仅体现在标志经济增长的一系列数据上，而且也体现在社会发展和人的进步上。那么，30年来，深圳人究竟形成了哪些主要的优秀品质呢？他们又存在着哪些比较明显的缺点呢？在Q调查中，我们列出了10种品质，要求被访者选出最能代表深圳人优秀品质的选项，结果如下表：

深圳人的优秀品质排序

排序	1	2	3	4	5	6	7	8	9	10
选项	创新	吃苦耐劳	理性务实	自强自律自主	好学	守法	宽容	自尊自爱	自由至上	博爱
百分比	71.3%	46.1%	36.6%	35.9%	29%	23.7%	21.2%	17.6%	12.5%	1.3%

由表格可以看出，创新、吃苦耐劳、理性务实是最能代表深圳人优秀品质的三项，排在第四位的自强自律自主和排在第三位的理性务实仅差0.7%个百分点，几乎可以说是并列第三。从表格我们可以一目了然地看出深圳人的优秀品质是哪些。的确，没有创新的思想和观念，没有敢拼敢干的吃苦耐劳的精神，就不会有今日的深圳；而邓小平思想中所涵有的合理的实用主义的思想精髓也已化成了特区人精神和特质的一部分——理性务实；作为新的移民城市，相对于整个中国来说，深圳的市场经济发育得是比较早的，这个充满梦想和机会的城市，吸引了一批又一批的寻梦者和创业者，他们来到深圳，一切从零开始，所取得的一点成绩都是经过自己不懈的努力而得来的，因此，他们养成了自强自律自主的品性，换言之，移民们的自主性在特区的熔炉中得到培养（关于自主性本文接下来还会涉及）。同时，好学也是深圳人自主性的另一个表现，据统计，深圳的图书销售额已连续几年居全国城市榜首，所以，好学被选为深圳人第五位优秀品质确实一点也不过分。

在Q调查中，我们列出了关于缺点的10个选项，要求被访者选出哪些代表了深圳人的缺点，结果如下表：

深圳人的缺点排序

排序	1	2	3	4	5	6	7	8	9	10
选项	人情淡薄	势利	唯利是图	爱面子	道德观念淡化	浮躁	浅薄	刻薄	懒惰	其他
百分比	57.2%	54.9%	46.2%	39.1%	34.5%	23.2%	13.7%	12.6%	10.2%	3%

从表格可以看出深圳人认为自己的三大缺点是人情淡薄、势利和唯利是图。应该说在这一点上深圳人给自己是毫不留情面的，人情淡薄被选为第一大缺点，这应该是移民城市必然出现的问题。同时这从另一方面，其实反映出了深圳社会的一种进步。因为我们知道，传统的中国社会向来是人情大于天，一切都以亲情和附带的裙带关系为中心，这极其不利于有序社会的形成和发展，而且它与市场经济的本质和法治化社会也是完全矛盾的。深圳是移民城市，市场经济发育得比较早，而且法治也比较健全，在这种环境下，深圳社会必然会慢慢形成一种与市场经济相适应的，以法律为准绳的，看重个人的价值和利益的价值观念和文化心理，从而必然突破传统社会的人情网络。所以，人们感到人情淡薄也是必然的现象。前面三大缺点其实多少也与我们在此的分析有关，因为移民们两手空空来到深圳，首先碰到的就是立足和如何安身立命的生存的实际问题，一切都得从头开始，靠自己的双手去争取和努力，应该说开始的生活是非常不容易的。据我们了解，大部分人开始都是从几个人一起挤的铁皮棚开始他们在深圳的生活和奋斗的。他们对实际利益的重要性的体会当然会比其他人更为深刻，由此也造成了他们看重利的缺点，这也是完全可以理解的。

2. 深圳人已具有一定程度的自主性

个人是否具有自主性和自主性意识其实也是社会进步的标准之一。因为自主性不会从天而降，它是需要相应的社会的环境和土壤才能够生长的。那么，经过市场的竞争、碰撞和锻炼，深圳人的自主性是否得到培育呢？为此，我们特意设计了以下三个问题：

（1）你认为个人的境遇在很大程度上是谁造成的？选择个人境遇是自己造成的最多，为 44.4%，接下来依次为社会造成，偶然因素造成和命中注定。这说明更多的人意识到在人生过程中，个人因素是更为重要的，很多人已经意识到通过自己的奋斗和努力可以取得成功，从而改变自己的人生。这正是人们自主性的一种体现，而事实上深圳的很多移民所走的也就是这样的一条人生道路。

（2）目前个人发展的最大阻力在哪方面？超过一半的人从自身的角度来找寻阻碍个人发展的原因，说明这部分人已经具有相当程度的自主性。金钱方面占 21.6%，比例不算高，但排第二位，说明人们把金钱与个人发展紧密联系在一起，同时也说明了人们对金钱也是比较注重的。而从被访者的选择看，其他方面都没有构成个人发展的重要的因素。

（3）深圳的社会环境是否逼迫你不断完善自己、激发了你的自主性和创造性？共有 92.3% 的人表示深圳的社会环境不同程度地激发了他们的自主性和创造性，这与上面得出的结论是完全一致的，也从社会环境的角度说明深圳的确已经形成了有利于个人自主性形成的外部环境。确实，30 年来，深圳吸引了一批又一批的寻梦者和创业者，同时也圆了很多人的梦，在这片充满了梦想和竞争的土地上，要想立足，要想成功，就要不懈地努力，个人的自主性也正是在这样的过程中培养起来的。所以，可以得出结论，深圳的社会环境与人的发展已经形成了一种良性的互动，并由此可以概括出深圳市民已经形成了以下的新风尚和新特质。

第一，多元文化的深圳、宽容的深圳人。由于市场经济的日趋成熟的发展，已经为文化的多元化与个性化的发展提供了条件。深圳的文化市场，既有阳春白雪，又有下里巴人。《春天的故事》和《走进新时代》等由深圳原创的歌曲，曾唱红大江南北；近几年来各种学术界活动中也不乏深圳学者的身影，他们在各自领域的研究和成果都得到了学术界的公认，也并不是像有些人所认为的那样，深圳人都在忙于赚钱；而全国各地的各种小手工艺等民间文化都可以在深圳找到它的市场和生存空间；美国的“麦当劳”和“肯德基”等外来的快餐文化虽然来势凶猛，但具有民族特色的本地中式快餐“面点王”也不甘示弱；既有欢快、青春的小说——《花季·雨季》，又有沉重、忧患的学术论著——《现代化的陷阱》等等，所有这些都说明了深圳文化正在呈现多元化的发展趋势。近年来在小说、诗歌、绘画等文化方面深圳更是达到了空前的繁荣。

深圳在人口结构上可以说有着某种优势。这种优势首先体现在人口的自然年龄结构较为年轻；其次体现在人口来自全国各地，所以说深圳是一个新兴的移民城市。一个大多数是由年轻人构成的社会必然使它的文化带上年轻人特有的活力和开放性。而来自东南西北的移民，由于他们都带来了各自的文化，不同的文化有机会在这块土地上不断地碰撞、交流与融合（包括与原来深圳本地的以客家文化和潮汕文化为主的岭南文化）。在这个过程中产生的文化自然就会带有包容性，因为只有相互包容才能共同生存。所以，深圳人与深圳文化必然具有海纳百川的开放性和宽容性的特质。我们知道美国是一个移民国家，所以美国文化也被称为“熔炉文化”，而我们也知道，正是这种“熔炉文化”给美国社会的发展带来的巨大的活力和动力。在这一点上，深圳的移民文化虽然不能与美国的“熔炉文化”媲美，但不可否认它同样也已经给特区社会的发展带来了活力。这种作用是无形的、潜移默化的。

第二，领潮流与风尚之先的深圳人。深圳人和深圳文化也呈现大众化与世俗化的发展趋势。这与整个世界文化发展的主流趋势是一致的。布热津斯基认为大众文化（通俗文化）正是美国给世界的奉献之一。不可否认，自二战以后，美国的大众文化就以势不可挡的趋势传遍了世界各个角落。深圳由于地域和资迅的优势，在大众休闲娱乐等大众文化方面在国内是领潮流之先的。当然，对文化的大众化与世俗化的发展，我们应该以辩证的观点来看待和评价。但这从某种角度上却显示了深圳文化发展与世界文化发展趋势的一致性。总之，不管是在服装、饮食、文化娱乐等各个方面，深圳人可以毫不谦虚地说：我们带领了潮流与风尚。

第三，较强的法律意识。自 1992 年 7 月 1 日全国人大赋予深圳人大和市政府立法权以来，特区共制订修订法律法规近 200 项，不仅做到了依法治市，而且在依法治市的过程中，市民的法律意识也不断得到加强，形成了一种自觉讲法、遵法、守法、尚法的社会氛围。深圳有专业的法律书店，报名参加律师资格考试的人数年年增加，今年的人数又居全省之首。推动国家宪法增加保护私营企业与私有经济内容的人也是深圳本地的私营企业家（人大代表郑卓辉）。这绝不是偶然的，而是私营经济在深圳这个成熟与完善的市场经济条件下得以发展壮大的必然现象。同时也表明深圳真正出现了具有文化意义上的现代企业家。一定程度上讲，法律已经上升到了人们思想和文化规范的层次。显然，这种法律上的自觉无疑是具有文化上的意义，也必然会成为特区社会和经济进一步发展的推动力。

第四，学习的深圳人。深圳人有一种重学习、重知识和科技的倾向。几乎全国所有知名的大学都在深圳设了硕士和博士的招生点，深圳的夜校等各种形式的成人教育和职业培训点也是居全国前列的，所以确实可以给深圳人冠上“学习的深圳人”的美称。从我们最近做的一次关于职业声望的问卷调查显示，排在职业声望最前面的依次是科学家、网络工程师、大学教授等。[1] 这说明在深圳市民的心目中，知识和科技处于十分重要的位置。（虽然，在其他城市的调查也可能会呈现同样的结果，但至少可以反驳那种说深圳人只看重经济和金钱而不注重知识和文化的观点。）而且据统计，深圳的图书销量也是位居全国城市图书销量榜首的。皮尔森认为“文化是人的伟大的动态性的学习过程”[2]。意思应该是说文化其实就是在人们的学习和实践的过程中不断生成和发展的。这样看来，一个“文化的深圳”是指日可待的。

第五，重效率、敢竞争与自主的深圳人。在早年特区的建设过程中，深圳早就形成了“时间就是金钱，效率就是生命”的时间观与效益观。我们知道“人的生存方式的一个基本特征是有时间观念”。[3] 这种积极进取的时间观念既带来了深圳建设的成就，也创造了闻名遐迩的“深圳速度”。而年轻的移民来到深圳，大多数都是从一无所有开始，他们必须为自己的生存、立足、发展而奋斗，这样自然就会形成自强、自立的奋斗与竞争意识。因为每年都有大量的优秀人才进入深圳，你如果不自强不息地努力，你很有可能就会被取代或淘汰。而个人的自主性也在这个过程中逐步确立。我们知道自主性或自主意识对于国民的素质来说是非常重要的，它是现代人素质的一种基本要素。深圳的现代化建设正要依赖于市民的这种现代素质，所以说深圳正在形成一种与现代化建设相适应的新文化。“这种文化是与工业化、现代化相适应的，是在对外开放、与国际交往过程中逐渐发展起来的一种朝阳文化。”[4] 而深圳人的自强、自立的拓荒牛的奋斗精神也可以说是 “天行健，君子以自强不息” 的中华民族的优秀的传统文化与精神在特区的一种再现。

（二）自主的个体——道德与责任主体

关于深圳的文化特别是移民文化中已经发展出了一定程度的个人自主性的观点，

---

[1] 马云驰：《深圳百种职业声望最新排行榜》，《深圳周刊》2000 年第 5 期。

[2] ［荷］C.A. 冯・皮尔森：《文化战略》，中国社会科学出版社 1992 年版，第 161 页。

[3] 同上，第 17 页。

[4] 于幼军：《论社会主义初级阶段文化的特质》，人大复印资料《文化研究》1999 年第 11 期。

不仅可以从自己的亲身体会、而且也可以从许多深圳人身上得到确证。[1] 市场经济为个人自主的发展创造提供了机会和条件，这一观点在现代一直为哈耶克等人所论证并推崇，也可以说是对亚当·斯密的古典自由主义经济学智慧的一种继承和发扬。弗里德曼在论述到这一点时给予了高度的评价："亚当·斯密的真知灼见，在于其认识价格是出于买卖双方的自愿交易。简言之，在自由市场上价格能协调千百万人的活动，借着每个人都追求自身的利益，而使每个人都能获得利益。每个人追求自身利益的无意识活动，竟能衍生出经济秩序来。"[2] 因为在市场中，个人可以通过价格的参考来自由地作出自己的选择，而且这种选择必须是在全面、理性的分析基础之上作出的，否则自己的利益就会受损。显然，这十分有利于个人自主性和理性的培养和发展。而这些在计划经济体制下是不可能发生的事。我们国家的市场经济体制的确立虽然只有不到十年的历史，但深圳作为中国的经济特区，市场机制的建立已经有十几年的历史，深圳人的自主性在市场经济的大潮中得到了锻炼和培育。例如，深圳最早打破铁饭碗，引进劳动合同制，并形成了全国最早的人才和人力资源市场，个人可以在人才市场上自由地选择自己的职业，确定自己的位置，实现自己的人生价值。显然，个人的自主性已经从中得到了某种程度的培育。换言之，市场经济的较早和较成熟的发展已经催生出了具有一定自主意识的深圳人。这无疑是具有文化与道德意义的，"因为只有自主的和自由的个体才是真正意义上的道德主体和责任主体"[3]。

而且，因深圳是一座新兴的移民城市，一批又一批的新移民来到深圳，他们大多都是从零开始，首先面对的就是生存的问题，其次是在这座城市如何立足的问题。所以，吃苦耐劳、自强不息、自我奋斗等优良的品质都在新移民身上得到发扬。在这种不断进取的自强自立的奋斗过程中，个人的自主性也必然逐渐形成。而这种自主性形成也表现于以下的方面：在人才市场上自主选择职业或工作；较强的法律意识；不断地学习的进取精神；较强的竞争意识；自觉遵守公共道德和维护公共秩序（深圳最早实行了公共汽车无人售票，前门上车，后门下车的做法，据悉和其他城市比较，实施的效果和市民自觉遵守的程度都是最好的）等。而且，移民们大多都经自己的努力奋

[1]　马云驰：《形成、发展、变化中的深圳文化》，《广东社会科学》2000 年第 5 期。

[2]　Milton & Rose Friedman：《选择的自由》，台湾长河出版社 1997 年版，第 24 页。

[3]　马云驰：《竞争社会中的个体价值和伦理秩序》，《社会科学》2000 年第 3 期，第 34 页。

斗才能立足，所以，一般都会比较珍惜所获得的一切，不会轻易去违反道德或法律，也就是说他们是比较自律的。这应该也是个人自主性的一种体现。另外，深圳市民也有较强的市民意识和参政意识，前不久召开的“两会”期间向市民公开的网站，每天点击访问的人数很多，通过网上提建议和议案的市民也很多，充分体现了市民的自主意识。在工作价值观上，深圳人在竞争日益激烈的市场经济环境中，已经形成了努力拼搏、不断学习提高的自我规划和奋斗的观念，在特区几乎没有人是会坐以待毙，等待救济的。即使是十几岁小小年纪，家庭遭受不幸，他们也边学习，边干活来维持家庭和自己的学业（《深圳特区报》不久前报道过两个中学生支撑起两个家庭的感人的事例）等等，所有这些都无不体现了深圳市民所具有的自主性和奋斗精神。

市场比计划体制给人们提供了更大的自由空间，这是毫无疑问的。深圳日渐成熟的市场经济的发展同样也为个人提供了广阔的自由发展的空间。我们知道自由对个人和社会来讲，无疑都是具有深远意义的，哈耶克说：“我们必须指出，自由不仅是一特殊价值，而且还是大多数道德价值的渊源和条件。一个自由的社会所提供给个人的远远多于他仅作为一个自由者所能做的。”[1] 也就是说，自由具有深厚的道德价值和意义，一个人越是摆脱了约束和压制（当然包括物质和精神上的），他就越自由和自主，同时他也就越会对自己的行为和生活负起责任（包括道德责任）。可以想象，一个没有人生自由的奴隶是根本谈不上对他自己和他人负责的，就更不要奢谈什么道德责任了。而一个自由的有行为能力的人是可以也应该对他的行为负责的（虽然他可以选择不负责）。到这里我们已经可以明了：市场的确为个人自由发展提供和创造了条件，同时自主与自由的个体也是道德责任的必要条件。因为“自由不仅意味着个人拥有选择的机会并承受选择的重负，而且还意味着他必须承担其行为的后果，接受对其行为的赞扬或谴责。自由与责任实不可分”。而且，“如果一个自由社会的成员不将‘每个个人所处的境况乃出于其行动’这种现象视为正当，亦不将这种境况作为其行动的后果来接受，那么这个自由的社会就不可能发挥作用或维续自身”[2]。随着市场经济的进一步发展，人们一定会逐步认识到这一点。

通过调查，令我们感到欣慰的是，特区社会的发展并不仅仅体现在经济的增长、

[1]　[英] 弗里德利希·冯·哈耶克著、邓正来译：《自由秩序原理》上，三联书店 1997 年版，导论第 8 页。

[2]　同上，导论第 83 页。

人们物质生活的富足、社会环境的优化上，而且也体现在特区人的精神风貌上，而其中最有意义的进步则是人们主体意识和自主性的增强，更有力地支撑起了作为责任主体和道德主体的个人。换言之，特区的社会环境已经催生出了具有自主意识的特区人。深圳社会和文化已经取得了出乎人们意料的发展和成绩，焕发出了移民社会应有的生气和活力。

(三) 深圳特区社会环境与人的道德发展的互动

深圳特区社会环境与人的道德之所以能形成互动发展，主要是因为在特区建立和发展之初，我们就确立了物质文明建设和精神文明建设一起抓的指导思想，并始终坚持不懈。从一开始就在全市各行各业开展了以爱国主义、集体主义、社会主义、艰苦奋斗精神为核心的思想政治教育，培育和形成了“开拓、创新、团结、奉献”的深圳精神。同时我们的精神文明建设还从细微之处着手，比如在各住宅小区开展了安全文明小区创建的活动，既改善了小区的环境，又提高了居民的素质。又比如为了丰富广大外来打工者的文化生活，团市委还首创了闻名遐迩的“大家乐”舞台。这些举措都大大地提高了整个特区社会的文明程度，改善了特区的人文环境。优美文明的社会环境自然一定程度上陶冶了人们的情趣，规范了人们的行为，道德上的进步是不言而喻的。

其实，社会环境与人的道德的互动发展，也内涵于市场经济发展的内在要求当中。首先，一方面，经济的发展，人们物质生活水平的提高，使人们有条件去追求更高层次的精神生活。而另一方面，人们也只有不断地提升自己，才能跟上时代与社会的发展，这似乎已经变成了深圳人的一种自觉。所以，造成的结果就是，深圳的各种培训市场总是十分兴旺，通过学习来提高自己已经成为深圳人的一种习惯。无疑，知识的学习的过程也是文化与道德的学习和提高过程。这反过来又会有利于整个社会形成一种积极向上的气氛。而这种气氛又会触动新人更加努力。因此，特区社会环境与人的道德的互动发展已经成为一种必然的发展趋势。这无疑将为特区的可持续性发展提供必要的支持。其次，市场经济本质上是法治经济、信用经济。它要求企业和个人必须以诚信为本，坑、蒙、拐、骗最终是行不通的。事实上，企业和个人都应该明白，如果人们已经决定负起道德上的责任，也就不必要去受法律的惩罚了。所以，市场经济的不断发展，必然不断地规范企业与个人的行为，使人们为了自己的利益，自觉地回到道德的立场上来。这也就是亚当·斯密所言的市场这只“无形的手”的力量和作用了。

深圳特区社会环境与人的道德的互动发展通过具体、鲜活的普通市民得以体现。早年有家喻户晓的当代“活雷锋”陈观玉；近年有创办“爱心一族”的沙井镇居民曾柳英；由自愿者组成的义工队伍日益壮大，目前全市已建成义工服务站100多个，义工正在每天以50人的速度增加，他们中年龄最大的有75岁，最小的14岁，在义工们的无私奉献的带动下，一种互助友爱的良好气氛正在全社会慢慢形成，“赠人玫瑰，手有余香”的义工精神滋润着整个特区的社会；每年到贫困山区支教的自愿报名者也是大大超过需要的人数……显然，这些现象的出现并不是偶然的，它折射出了特区社会、经济、文化的发展与进步；凝聚了30年来特区精神文明建设的成就。目前，深圳又借鉴香港经验，率先在全国推行社工专业化和职业化的实践，实行政府购买、社会管理和经营的模式，使义工逐步走向职业化和正规化。

三、深圳特区建立与发展的文化与道德意义

因为我们在政策上开始的只是把深圳作为经济特区，造成很多人都只是从经济的角度来看待特区。说得通俗一点，他们以为特区就是经济发达了一点，人们的钱多一点，要说文化，那就是沙漠了，道德价值、精神就更不屑说了。其实，深圳特区20多年来的发展与成绩不仅有力地驳斥了这种观点，而且也已经向世人昭示她所具有的文化与道德意义。

(一) 深圳特区移民道德价值发展趋势的分析

在一批又一批移民的努力下，深圳的经济取得了辉煌的发展，为文化与道德的发展与进步提供了物质条件。在此同时，移民们各自同时也带来了他们的道德文化传统，不同的文化融化在深圳这片热土上，产生了具有时代感和包容性等特征的深圳文化，并催生了具有自主性和道德自觉的深圳人。

1. 先进的文化意识为道德的发展提供了良好的精神土壤

深圳的道路、建筑、园林、服装、饮食和社会氛围等等都无不透露出深圳人强烈的文化意识。首先，这种文化意识一定程度上闪现着实用主义的思想精髓和浪漫主义的思想火花。众所周知，深圳特区的建立与发展，得益于邓小平的理论、构想和国家的改革开放政策。自 1991 年邓小平南方重要讲话之后，更是坚定了特区人改革开放、走社会主义市场经济道路的决心。而深圳发展的成功在很大程度上可以说是坚持和实践了邓小平改革开放和社会主义市场经济的理论。我们知道，在改革开放的早期，为了使改革开放、发展中国经济的观念尽快地深入民心，从而营造一个有利于改革开放、发展经济的社会大环境，邓小平同志以他非凡的魄力和眼光，以通俗易懂和幽默的语言表达了他的思想。其中如“摸着石头过河”，“不管白猫黑猫、抓到老鼠就是好猫”等的精彩论断，事实上包含了实用主义的思想精髓。不可否认，这曾经极大地激励和影响了改革开放初期的深圳的建设者们。随着时间的推移，它已经慢慢地沉淀到深圳人的思想和文化观念当中，构成深圳文化意识或观念的底蕴之一。而文化意识中的英雄和浪漫主义则可以从《钢铁是怎样炼成的？》被拍成电视剧中可窥见一斑。可以想象现在的人一般都会认为这种小说有点过时了，但深圳人能想到并敢于拍摄成电视剧，成功推向市场，再现了保尔的英雄主义和浪漫主义，并在全国的文化界掀起了一股“保尔”热（现在各书摊都在卖《钢铁是怎样炼成的？》）。这显然是当年深圳的拓荒牛的精神和英雄气概的一种延续。而且，该剧还特别受到了中学生的喜爱，说明了深圳的新生代在物质生活富裕之后，已经自觉地意识到要珍惜和呼唤热情、英雄和浪漫。这就足以说明了深圳的文化意识当中既有着可贵的务实精神，又不失可爱的英雄主义和浪漫情怀。

其次，深圳的文化意识内涵着现实主义和勇于创新的时代精神。经济与文化的相得益彰曾多次在深圳的实践中取得成功，最早有蛇口的“海上世界”，接着又有华侨城的各个主题公园，还有即将开放的航空母舰“明思克”军事主题公园，等等，这些都既是经济，又是文化，既产生了经济效益，又创造了文化，这确实需要既立足于现实但又要敢于创新的精神，因为这些在中国都是一种全新的尝试。没有“敢为天下先”的创新精神，就不可能有这种创举，而不脚踏实地地从实际出发，这种创新就会失去基础。我们知道文化与经济的结合与互动发展是近年来世界文化产业化发展的一种潮流和趋势。应该说这种文化与经济结合的模式能在中国试验成功，深圳是起到了示范和带头作用。

再次，深圳文化是敏锐的现代意识和优秀的传统意识的结合。或者说市场经济先行与成熟地发展已经为这种文化意识的产生提供了基础和背景条件。我们知道，信息技术的飞速发展是我们时代的最大特征，而“科学、经济和艺术构成文化领域”[1]。近年来，深圳不仅形成了国内最大和最早的电子市场，国内最早的网站也首先出现在深圳，而且不久前深圳也举行了第一届国际高新技术成果交易会——被誉为永不落幕的“高交会”。这说明了深圳从市民到政府，都具有非常敏锐的现代科技意识。而这无疑会进一步强化已经形成的文化意识和推动文化的发展。因为“社会行为与科技实践的培育，是造就文化、文化发展及其精致化的要素”[2]。而放眼深圳的服装业和饮食业，在某些成功的经营中，它们的饮食文化和服装文化都散发着浓厚的中国传统文化的色彩，而且广受消费者欢迎。这表明不管是经营者还是消费者，都在以另外一种朴实的方式传承着优秀的传统文化及其特色。中国传统文化的强大的影响力和生命力在这个现代化的城市依然存在。所以，可以说深圳文化意识体现了“民族性与时代性的统一”[3]。

可以说，多年来深圳所逐步形成的这些文化意识和观念也意味着道德上的进步。因为，从广义上讲，道德也属于文化的范畴。因此，可以说，人们已经形成了具有时代感的、介于传统与现代的道德观念。

2. 经济、文化、道德的发展初步形成了互相促进的格局

总体上讲，经过 30 年的发展，深圳基本上形成了一个以移民文化为主，原来或附近的客家文化、潮汕文化和外来文化等多种文化成分构成的，各种文化相互交融，互相辉映的多元文化格局。这当然是得益于经济的发展，因为经济的发展无疑已经为文化与道德的发展提供了物质条件。而移民文化一方面可以说是博取了中华各地文化之精华，因为保留、发扬与展现原来各自文化中优秀和特长的部分是移民们的一种自然倾向或天性。这一点可以从移民到海外的华侨身上得到确证，移居海外的华人虽然

---

[1]　［德］彼得·科斯洛夫斯基著、毛怡红译：《后现代文化》，中央编译出版社 1999 年版，第 39 页。

[2]　同上，第 12 页。

[3]　《于幼军谈笑风生话“热点”》，《深圳特区报》2000 年 6 月 18 日第 4 版。

只有被同化，才能立足和融入新的社会，但他们同时也给本地带来了中华民族的传统文化，只要有华人的地方就有富有中华文化特色的China Town，就可以证明这一点。另一方面，深圳移民文化必然也秉承了优秀的民族文化传统，这与第一方面是联系在一起的，因为各地的文化特长事实上就是传统文化的一种延续和发展，因此，移民所带来的各自的文化特长其实也就是在发扬传统文化。而客家文化和潮汕文化都分别具有各自的地缘特色，比如它们都特别保留了传统文化中那种对家庭和家族的注重，也就是说家庭的价值在客家文化和潮汕文化中占有很大的分量。老实说客家人特别是潮汕人对家庭和家族的注重程度是其他地方所不能比的。这正好可以一定程度上中和外来文化和急剧变迁的社会所带来的文化冲击，使深圳文化中保留了某些传统的特色。而且客家文化和潮汕文化中都包含着极其丰富的内容，比如饮食文化、陶瓷工艺等。外来文化则主要由邻近的港澳和传播媒介传入，虽然，随着网络的普及，外来文化对深圳特别是对深圳的新生代的影响将会更大。但可喜的是“经过近二十年的改革开放，经济的腾飞，政治的稳定，中国人特别是特区人有了更多的文化自信和思想免疫力”[1]。各种迹象都显示，特区的新生代虽然受各种因素的影响，但仍不失为自信、可爱而又有活力的新人类。所以，经过弃其糟粕，吸取精华的过程，不仅会更加丰富正在形成和发展的深圳文化的内涵，而且也会推动深圳人的道德水准的不断提高。

文化模式显然是受社会环境和文化构成影响的。我们知道特区首先是经济特区，所以发展经济，提高效率是最为首要的。受其影响，深圳形成了以经济为主，文化、道德与经济互动发展的模式。例如华侨城的发展就是企业文化与经济效率紧密结合的文化与经济的互动模式，不仅华侨城的地产、旅游等收到效益，而且优秀的传统文化和外来文化也得到推广和发展。现在，这种文化与经济互动发展的模式已经为社会广泛接受。而由于文化构成的多元化，也造成文化发展呈现多层次、多样化的模式。例如丰富多彩的饮食文化，个性化与理性化的消费文化，建立在对个人隐私的尊重基础上的轻松而融洽的人际交往文化，集购物、休闲、娱乐、学习、商务为一体的商业文化等。总之，深圳的文化模式还在形成和发展之中，因为“文化的发展需要历史的积

[1] 白采：《中国经济特区的文化使命与发展路向》，人大复印资料《文化研究》1999年第2期。

淀，需要时间这个酵母去酿制它”[1]。要形成一种模式就更需要时日了，同时也需要人们从理论上进行研究和概括。但不管怎么说，深圳时时刻刻都在实践着她的文化，文化着她的文化。我们期待着深圳不仅能给中国提供一个成功的经济发展的模式，而且也能提供一个成功的文化发展的模式——经济、文化、道德的互相促进，共同发展。

不久前，深圳市第三次党代会提出深圳市要建立中国特色社会主义示范市，要率先基本实现社会主义现代化。我们知道任何社会的现代化都并不只是经济的现代化，而且同时也是人的现代化。而人的现代化的最主要内容就是人的素质的全面提高。显然，文化素质是人的素质的重要内容。英格尔斯认为现代化不应该只被看作是一种政治或经济体系的形式，而是一种精神现象或一种心态（mentality）。[2] 也就是说社会的现代化应该是政治、经济与文化的现代化和它们的协调和统一的发展。中国特色的社会主义现代化就更应该是经济、政治、文化的全面发展和有机统一。可以看到，特区 30 年的市场经济的发展已经催生出了具有一定现代素质的深圳人，而这反过来又成为推动特区前进与发展的动力。“可以说，特区前进的每一步，都离不开先进文化的作用与影响，离不开思想解放、价值观念的更新和科学文化事业的推动”[3]。所以，我们应该从思想上认识到文化、道德发展的战略意义，从政策上积极推动文化与道德的繁荣与发展。因为“如果在国民之中没有我们确认为现代的那种素质的普遍存在，无论是快速的经济成长还是有效的管理，都不可能发展；如果已经开始发展，也不会维持太久。在当代世界的情况下，个人现代素质并不是一种奢侈，而是一种必需。它们不是派生于制度现代化过程的边际收益，而是这些制度得以长期成功运转的先决条件”[4]。而人的素质要提高，最有效的方法就是在发展经济提高其物质文明的同时，又发展教育和文化提高其精神文明。以目前深圳的经济和文化的发展已经取得的成就为基础，只要我们继续努力，一个充满文化气息和道德感的现代化的城市是可期望的。

---

[1] 白采：《中国经济特区的文化使命与发展路向》，人大复印资料《文化研究》1999 年第 2 期。

[2] ［美］阿列克斯·英格尔斯、戴维·H. 史密斯著，顾昕译：《从传统人到现代人》，中国人民大学出版社 1992 年版，第 20—21 页。

[3] 《创造性地推进文化建设——五论贯彻落实市第三次党代会精神》，《深圳特区报》2000 年 6 月 8 日。

[4] ［美］阿列克斯·英格尔斯、戴维·H. 史密斯著，顾昕译：《从传统人到现代人》，中国人民大学出版社 1992 年版，第 454—455 页。

当今世界，人们都已经意识到了文化、道德对于社会和个人的力量和意义。亨廷顿早就认为文化已经成为继经济和意识形态之后影响世界的重要因素，也是引起冲突的根源。丹尼尔·贝尔说“就社会、团体和个人而言，文化是一种借助内聚力来维护本身身份（identity）的连续过程”[1]。意思也就是说文化是一个社会或团体延续不断的发展内聚力，也是该社会的标志和象征。对个人而言，文化也具有相同的意义和作用，而且文化也正是通过对个人的教化、同化等功能来起到增强社会内聚力的作用的。我们知道中华民族的传统文化（其中重要的就是它的道德价值）几千年来维系和支持了中国社会的持续发展，正好证明了传统文化所具有的力量和生命力，这也正是我们所要继承和发扬光大的。当然，“文化是在变化的。在经济增长、技术创新和社会转型的影响下，文化不会岿然不动”[2]。因此，深圳的文化与道德建设与研究同样也要面对传统文化、道德的继承与现代转变的问题。要建立中国特色社会主义示范市，继承和弘扬优秀的传统文化和传统的道德就显得更为重要，因为传统文化正是中国特色之一。而且，在全球化的时代，传承优秀的传统文化也正是对世界文化与文明发展的贡献。以传统文化作为底蕴，可以使深圳文化的发展更具历史感，以弥补深圳文化发展中所存在的历史短暂的不足。同时又可以使深圳的文化发展连接过去与未来。金耀基认为“建构中国现代性的部分资源应该并且必然会来自中国这个‘轴心期文明’的文化传统”。[3] 也就是说传统文化必定是我们构建新的现代文化的资源之一，因为我们不可能割断传统文化的脐带。所以，深圳的文化和道德的建设与发展也一样，应以传统文化和道德为基础，充分挖掘其中的可利用资源，实现文化与道德由传统向现代的转变。

总之，深圳不仅已经形成了一种积极向上的充满青春活力的朝阳文化，散发着积极向上的道德价值观。例如深圳有全国最早的由志愿者组成的义工队伍，已由原来的 19 人发展到今天的数万人，他们在特区扶弱救苦，给需要者送来温暖。同时每年都有不少的青年志愿者到贵州的贫穷山区支教等等，这些人与事物都无不反映出了特区社会已经形成一种积极向上的文化与价值取向和良好的社会氛围。而且相对于其他

[1] [美] 丹尼尔·贝尔著、赵一凡等译：《资本主义文化矛盾》，三联书店 1989 年版，第 81 页。
[2] [美]法里德·扎卡里亚：《文化决定命运——李光耀访谈录》，载于《经济民主与经济自由》，三联书店 1998 年版，第 210 页。
[3] 金耀基：《中国现代的文明秩序的建构》，载于《经济民主与经济自由》，三联书店 1998 年版，第 53 页。

地方，深圳也已经形成了一个有利于文化和道德价值发展的比较宽松的社会环境。这表现在不同文化间的交流在深圳并没有碰到什么障碍，深圳人对外来文化也不抱有偏见，而且新来的移民一般都很快地就被同化。这无不表明了深圳人及其文化所具有的开放性、包容性和较强的同化力，显示了深圳——这个新兴的移民城市产生的移民文化所必然具有的优势与特色。所有这些都会构成特区文化、道德以至整个社会进一步发展的内在动力。毋庸置疑，经过30年的发展，深圳文化不仅已经形成，而且，不可否认深圳文化中所溶解和包含的一些先进的外来文化和观念也已经通过深圳这个中介，辐射和影响到了全国的其他地方。但我们不应该以此为傲，而是应该看到深圳文化发展的弱势和存在的问题，同时更要充分认识到文化发展的战略意义，在某种程度上，可以说今天的文化与教育就是明天的社会。只要我们继续在文化发展的软件和硬件上下工夫，那么，深圳文化、道德一定能和它的经济一样，获得更进一步的发展。

(二) 深圳特区人的道德自觉

深圳特区人在道德上已有了一定程度的自觉性，这在本书的前面和后面都已经或将论述到，这里我们要特别看一下从2002年的3月5日开始，在全市范围展开的“深圳精神如何与时俱进”的大讨论，以及探讨一下通过这样的大讨论，是如何体现出深圳人的道德自觉的。

首先，提出“深圳精神如何与时俱进”的大讨论本身就已经凸现了深圳人在道德上的一种自觉。因为通过20年的发展，深圳特区已经取得了有目共睹的成就，这是与党的特区政策和建设特区初期特区人的开拓、创新、团结、奉献精神和“时间就是金钱”的观念分不开的。而面对21世纪的新挑战和我国入世的压力，深圳应该怎么办？是满足于现状，还是迎接挑战，再创辉煌？这是摆在深圳市委和每一个深圳人面前的问题。要前进，就要有动力，更要有精神上的鼓舞。深圳精神要与时俱进，才能鼓舞深圳人再创辉煌。

其次，大讨论的过程和内容也体现了特区人的道德自觉。这场大讨论分为：回顾深圳精神，对照深圳精神找差距，重新提炼大力弘扬深圳精神三个阶段的主题讨论。在历时4个月的讨论中，从政府官员到市民百姓，从公司老总到打工仔……都各抒己见，建言献策，表现出了极大的热情。这不仅说明市民们具有了提升自己的自觉和欲望，而且也体现了市民们高度的参与意识，初显市民意识。

再次，经过大讨论，对深圳精神的内涵（即高尚的社会主义人文精神、科学的理性精神、坚忍不拔的开拓进取精神）所达成的共识，也显示了深圳人的道德自觉。因为市民已经认识到深圳的发展，离不开文化和精神上的动力，一个人需要一点精神，一个社会和一座城市也需要精神的支持。能够达成这样的共识，应该说和全体市民们的积极参与是分不开的。据不完全统计，全市各新闻单位共组织座谈会 42 场，记者谈访 42 期，开辟专题、专栏 110 期，发稿 900 多篇。关于如何丰富“深圳精神”的建议，市委宣传部、文明办和主要媒体共收到数以千件之多，由此可见市民的热情和自觉。

当然，有关这场“深圳精神如何与时俱进”的大讨论，也并不是空洞的，在大讨论的过程中，人们也发现了许多与深圳精神一样闪光的人和事例。比如宝安区沙井镇居民曾柳英所创立的扶贫济困组织“爱心一族”协会，几年来在特区给周围的贫困、孤寡老人等弱者提供了无私的帮助，他们默默无闻地，一点一滴地奉献爱心，塑造了最为典型的体现特区无私奉献精神的范例。曾柳英及其“爱心一族”协会的事迹经新闻媒体报道后，在全社会引起了广泛的反响，广大市民纷纷通过亲自上门、打电话、传真等各种方式与“爱心一族”协会联系，并要求加入这个献爱心的行列。应该说市民们的这种行动表现，充分说明了其道德自觉已达到一定程度。又如自发成立于 2008 年元旦的爱心互助群和论坛两年来就资助了 200 个贫困山区的儿童，而其成员都是普普通通的深圳市民。

(三) 深圳特区的实践也是文化与道德的实践

不可否认，现代社会，人们对道德产生了某种怀疑，值得注意的是，这种怀疑的情绪是较为普遍的，而不是个别的。这具体表现为：相对于社会目前出现的各种令人发指的不道德甚至违法行为，人们不禁会问，道德的力量和作用何在？道德与良知在人们心目中还有多少分量呢？就目前的社会现实来说，应该承认这种怀疑并不是没有道理的。换个角度看，这种怀疑恰恰表明了人们对构建有序社会的要求和期望。换言之，是人们对重建中国伦理的期望。而且这种怀疑越是普遍，就越说明人们对有秩序的社会生活的要求愈加强烈。因为“伦理体系得以建立，乃是源于有组织的群体希望创造社会生活的起码条件的强烈愿望。制定社会道德原则，是为了约束群体间的过分行为、减少掠夺性行为和违背良心的行为，培养对邻人的关心，从而增加和谐共处的可能性”。[1] 所以，问题和怀疑并不足为惧，而且也是暂时的。只要我们敢于承认和面对问题，从理论的角度加以认识和分析，加上政府、传媒和大众的共同努力，就能够重塑我们的道德理想，重树我们的道德信心。特区在经济发展的同时，也造就出了一批批的具有良好道德风貌和高尚精神情操的人，说明了经济的实践也是对人的道德情操的磨炼，特区的实践也是文化与道德的实践。

1. 道德观念的现代嬗变

技术特别是信息技术的发展已经加剧了现代社会的变迁。人们在道德价值观上的怀疑和不确定，在精神上或多或少的迷茫，已经反映出了社会的急剧变化。深圳特区 30 年来的变化与发展（快速的城市化、经济的飞速发展、信息技术的普及等）恰好浓缩地反映出了当前中国社会的变迁。所以，探讨与研究特区移民的道德价值观念的内涵、特征等，发掘其中有价值的成分，对中国社会伦理秩序的重建是具有深刻意义的。

（1）**技术与大众消费时代的影响**　包括道德观念与价值在内的所有的观念与价值都处在变化之中，这已经成为公认的事实。原因在于这些价值和观念所赖于存在的基础——社会环境在不断地、快速地改变。例如，我们可以考查一下像“勤俭”、“节约”等这些原来被尊崇的传统美德，在规模和批量生产的模式形成之后，不管是厂家、商人还是媒体都一致鼓励人们多消费，甚至于浪费（过度的消费事实上就是浪费），因为没有大量地消费，生产就不能进一步扩大和发展，国外学者把规模化生产后的社会发展阶段称为“大众消费时代”也是有一定道理的。在这样的情况下人们当然也就不会再去恪守和珍惜“勤俭”、“节约”的美德了。在鼓励消费的时代必然形成相应的弃旧置新的消费方式和消费文化，久而久之就会习惯成自然，造成人们观念上的一种错觉——似乎弃旧换新是应该的、合理的。于是，喜新厌旧的情绪蔓延，这对原有的道德价值观念的冲击和影响显然是不言而喻的。

而原有的其他的一些道德与价值观念同样也会受到技术进步与社会变迁的冲击和

---

[1]　[英] E. 博登海默著，邓正来、姬敬武译：《法理学—法哲学及其方法》，华夏出版社 1987 年版，第 360 页。

影响，比如，“克隆”技术的出现，使生命的唯一性和尊严受到挑战，原来的伦理与道德观念也不可避免地会受到冲击和影响。而且2000年6月26日科学家宣布人类的基因组草图已经完成，这意味着基因密码即将破解，人们在欣喜若狂的同时又忧心忡忡，喜的是人类将最终可以揭开自身的秘密的那一天已经不远了，到那时候人就可以按照自己的意愿来塑造自己，从而改变自己的命运，忧的是基因技术是否像核技术那样，成了悬在人类头顶的又一把“达摩克利斯之剑”。原有的家庭伦理和现有的婚姻制度等都将受到挑战，比如，家庭作为哺养后代的功能将被削弱等，可以说，促动原有家庭制度的因素正在孕育之中，家庭的功能、作用等都将受到质疑。显然，人类又面临了新的伦理和社会问题。

（2）**法律生存空间的扩大与道德生存空间的缩小** 道德命令或道德要求不断转化为社会的法律规则的发展趋势已经持续了很长的时间，特别是现代社会这一趋势得到了加强。正如博登海默所言：“那些被视为是社会交往的基本而必要的道德正义原则，在一切社会中都被赋予了具有强大力量的强制性质。这些道德原则的约束力的增强，是通过将它们转化为法律规则而实现的”[1]。法律的加强显然维护了社会秩序，但不得不承认道德的生存空间却由此而被压缩小了，以至会使人们产生了某种误解：或许道德已经不重要了，法律才能真正地发挥作用。换言之，人们会更相信和依赖法律而忽视和淡化道德的作用。深圳作为依法治市的试点，自1992年全国人大赋予市人大立法权以来，已经先后制定和颁布200多项法律、法规，成果斐然。但在法律加强的同时，必然也存在着一定程度的道德淡化的趋势，这应该引起我们的注意。这是因为，我们并不是为了惩罚而制定法律，法律加强的目的也不是要使人们放弃原有的良知或道德，而是为了更加强化或加强人们心中的道德律。从根本上讲，法律最终是为了社会的正常秩序和和谐发展，为了人类追求更高质量的生活。而不容怀疑的是，和谐和高质量的生活显然是离不开人们良好的道德修养和高尚品格的。因此，法律并不是万能的，也不是我们的最终目的，在加强法律的同时还应该注意有意地去扩大道德的生存空间。

（3）**道德的淡化趋势** 除了可以从法律的加强中看出道德的淡化之外，道德的淡化还表现在其他方面。例如，“文化和艺术的多元化和丰富的发展，生活的艺术化一

[1] ［英］E. 博登海默著，邓正来、姬敬武译：《法理学—法哲学及其方法》，第361页。

定程度上导致人们更加注重追求审美的价值（美与丑）而淡化了对与错的道德与价值判断”。[1] 另外，由于信息技术的飞速发展，网络的普及，虚拟世界出现了。在虚拟世界里，鼠标和键盘是实现目标的手段，似乎与现实世界的道德观念和规范没有任何的瓜葛，时间长了，就会习惯成自然，道德淡化也就不可避免了。这也可以称为网络对生活的异化现象。深圳是高新技术发展的前沿，近年来网站如雨后春笋般发展，网络用户和网民的人数也迅速增加，据市统计信息局的统计，2009 年全市各类网络用户已超过 500 万，手机上网用户也因为 3G 而迅速增长。而且，种种迹象表明，网民的数量还在迅速增长。这从一方面看当然是值得欣慰的，因为它表明了深圳市信息化的飞速发展，但从另一方面看也存在着一些隐忧，首先它有可能使部分人生活异化，道德约束力减弱；其次，根据统计资料，深圳网民中 30 岁以下的占 85%，18—22 岁的占 20.5%（资料来自深圳市德慧市场调研有限公司）。我们知道年轻人控制能力和辨别能力都不够，比较容易上当受骗、容易受诱惑和毒害。虽然，到目前为止还没有出现任何大的问题，但潜在的问题却是不容忽视的（比如对网络的沉迷，一些非法网吧的存在，上网者容易受到淫秽、煽动等有害信息的毒害，特别是对青少年来说危害就更大）。所以，公安部门应该与市数据局携手，坚决取缔和打击非法网吧，加强网络信息安全工作，才能防患于未然。否则，随着网络的进一步推广和普及，网民人数的不断增加，不仅会出现道德淡化的趋势，而且还会出现各种违背道德规范甚至犯罪的行为。对此，我们应该有充分的认识和准备。一方面要加快有关方面的立法，以有效地打击各种违法行为，另一方面也要发掘和唤醒人的道德自觉性，才能最终消除各种不道德和违法现象。

2. 传统道德现代转变的基点

如何实现传统道德的现代转变，不仅是我们面临的实际问题，也是需要研究的理论问题。人们已经达成的共识是：“市场经济条件下的道德重建，并不是对传统道德理想的简单抛弃，它包含着对传统的分离、辨析、撮取和再造。”[2] 那么，对传统道德的继承和再造，或者说传统道德的现代转变的关键在哪里呢？我们知道，儒家传统道

[1] 马云驰：《全球化与信息时代伦理问题研究》，《学术研究》2000 年第 4 期。

[2] 张人杰、邓云洲：《对市场经济伦理的道德审视》，人大复印资料《伦理学》1999 年第 4 期。

德架构的基点是——家庭（亲情），传统道德的合理性和它对社会的亲和力也在于此。换言之，传统道德是由家庭出发而演绎社会伦理。我们同时也知道，历史的车轮滚滚向前，国人的个人意识和自主意识已经觉醒，那种为了家庭或家族的利益而牺牲个人感情甚至幸福的人已经成为往日的故事；那种一人有罪，诛连九族的酷刑也已经是消失的噩梦；计划经济的铁饭碗已经打破，市场经济已经为整个中国带来了生机，“市场经济的本质其实内涵着对个人尊严和价值的肯定，它是一种建立在理性的个人自愿交换与自由合作的基础上的经济制度”[1]。因此，传统道德的现代转变也应顺应这一客观历史发展的逻辑，在道德架构的基点上实现由家庭（家族）到个体的转变。换言之，应该由个体出发而演绎社会伦理，而不是由家庭出发演绎社会伦理，只有这样才能使个人成为真正的道德主体和责任主体。也只有这样，才能在观念和价值上与整个市场经济的发展趋于一致。

从前面的分析可以看到，在深圳，由于市场经济的逐步成熟的发展使得这一转变过程正在发生当中。也就是说，深圳人的自主意识已经逐步确立，并且在向责任主体和道德主体靠近。这一转变可以从许多方面得到验证。早在20世纪90年代初，深圳市就在全市范围内开展了有关制订市民行为道德规范的讨论，并于1995年出台了《深圳市民行为道德规范》，这可以说是深圳人整体上对自我的道德要求和道德期望，也是一种道德自觉。后来，又由《深圳商报》发起，在全市范围内又开展了一场“怎样做一个深圳人”的大讨论，记得当时在报纸上畅所欲言的一些普通市民，已经体现出了一定的个人的道德境界和道德修养。在特区庆祝建立20周年之际，深圳人又正在展开关于“全国关注深圳，深圳应该怎么办”的讨论。这又一次充分展示了深圳人在文化和道德上的自觉性。当然，不可否认，特区社会和其他地方一样，也存在着少数道德败坏分子，但在整体上，可以看到市民的文化与道德素质正不断提高。特别是“特区日益增强的经济实力，正越来越明显地成为特区文化的优势资源”[2]。许多深圳人温饱思上进，物质生活富裕之后，正转而追求文化与精神上的充实，出现了很多令人感动的人和事：多年如一日不留名不留姓地给福利院免费送大米的好人，不断发展壮大的深圳义工队伍，踊跃报名参加支持边远山区教育的人们，几十年如一日帮助别

[1] 马云驰：《竞争社会中的个体价值和伦理秩序》，《社会科学》2000年第3期。
[2] 白采：《中国经济特区的文化使命与发展路向》，人大复印资料《文化研究》1999年第2期。

人的特区活雷锋——陈观玉等等，这些事例都说明了特区人们的道德自觉正在加强，并逐步凸现为责任主体和道德主体，使得深圳正在形成一种积极向上的良好的社会氛围。我们知道，形成一个崇尚道德的社会环境和氛围是非常重要的，这需要政府、媒体和全社会的共同努力。在这一方面，不管是深圳，还是整个中国，都还是“革命尚未成功，同志仍需努力”。也只有这样，人们的道德观念才能得到不断加强，整个社会的道德水准才可以逐步提高。因此，可以肯定的是在特区随着经济与社会的发展，道德也在发展和进步。

另外，由于市场的竞争日益激烈，为了生存和发展，大多数的深圳移民都自然养成了爱业、敬业、自强不息的奋斗精神。同时，物质生活上的逐步改善，也使人们有条件进一步追求文化和精神生活，个性化和格调的消费也逐步兴起，新的消费文化和消费观念正在形成，显然，包括道德修养在内的人们的精神素养也会在这个过程中不断得到提高。

3. 经济特区的实践也是文化与道德的实践和探索

虽然，特区是经济特区，但是，毫无疑问，特区建立与发展的实践必定是要超越纯粹的经济发展的限域的。因为，不仅经济活动是人参与的社会活动，而且，任何特区或社会都必定是经济、文化与道德等方面的全面协调发展。这是所有人类活动的必然倾向和趋势，否则，就是畸形的人和畸形的社会。也正是因为这样，我们才提出要物质文明和精神文明两手抓的政策。特区二十年的发展，已经取得了举世瞩目的成就，可以看到特区发展的成就不仅体现在标志经济增长的一系列数据上，而且也体现在文化、道德和人的素质的发展和提高上。“经过二十年的改革开放，经济的腾飞，政治的稳定，中国人特别是特区人有了更多的文化自信和思想免疫力。”[1] 也就是说，特区已经形成了自己的文化意识、思想道德和精神风貌，已经具有对外来文化与观念进行筛选的能力。

前面已经论述特区文化与道德形成与发展过程中最有意义的地方在于，在特区，以个体为基点而构建的文化与道德体系正在形成当中。这是市场经济逐步发展成熟后的一种自然发生的转变过程。我们知道中国传统道德是以家庭为基点而构建的，而且

---

[1]　白采：《中国经济特区的文化使命与发展路向》，第 88 页。

我们也清楚，由于社会的急剧变迁和信息化浪潮的冲击，传统道德体系已经解体，但毋庸置疑，传统道德的理念和精神是需要传承的。因为这实际上是在延续我们的文化生命。要保持和发扬传统道德的理念和精神，实现传统道德的现代转变，关键就在于在道德的基点上由家庭到个体的转变。因为“中国构建现代文明秩序的过程，应该不止是中国旧的传统文明秩序的解构，也应该是它的重构。中国的新文明是‘现代的’也是‘中国的’”[1]。显然，在道德基点上实现由家庭到个体的转变就是一种对传统道德的重构过程。而且在全球化的时代，保留和发扬中国的传统文化与道德也正是对世界文明的贡献。特区企业和个人创业的实践也说明，能够立足于传统并发扬传统文化与道德精华的企业与个人最终是会成功的（例如深圳的“鱼”牌服装，石化集团向饮食业转型而发展的中式快餐“面点王”等）。显然，这些企业和个人在创造经济效益的同时也在实践和创造着深圳的文化与道德。

早在 1988 年 9 月，李光耀到访深圳时就已经坦言：深圳的未来就是中国的未来。今天看来，他确实是一位很有远见的政治家。我们可以看到，今日的深圳不管是企业还是个人，都出现了一些标志着文化与道德方面都有所进步的一道道风景线：“致富思源，富而思进”的南岭村人。华侨城集团颁布了“华侨城宪章”，并在不久前举办了具有文化意义的华侨城狂欢节。以深圳企业——万科牵头而组建的“中国城市房地产协作网络”提出了“新住宅运动”的口号，开创住宅的新文化、新观念，并倡导新的生活方式，用“中城房网”的第一届轮值主席王石自己的话来说就是“‘新住宅运动’又是一次文化创新运动”。深圳私营企业家、人大代表郑卓辉推动国家宪法增加了保护私营经济和私有财产的内容。深圳佳顺通公司的士司机吕宗宝自愿推出“军警老病残免费乘车”服务，据记者对他的采访报道，他在深圳开了 6 年的士，生活富裕后决心以这样的行动来回报社会，为市民做一点好事。所有这些都说明了特区的社会环境和人的进步（道德与精神的提升）已经形成了良性互动发展。由此可见，特区的实践绝对不仅仅是经济上的实践，而且同时也是文化与道德上的实践，是新经济、新文化、新观念、新道德的实践。毋庸置疑，经济特区的建立和成功发展已经超越了纯粹经济的囿阈，具有了文化与道德上的意义。

[1] 金耀基：《中国现代的文明秩序的建构》，载《经济民主与经济自由》，三联书店 1998 年版，第 54 页。

四、信用与市场秩序

信用在某种程度上讲就是道德的具体化。讲信用既是市场经济对企业的伦理要求，也是市场经济对个人的伦理要求。众所周知，中国是一个古老的重信用、讲信用的国家。“信”是五常之一，是儒学的重要范畴，也是我们向来都重视的人生价值之一。所谓的“君子一言，驷马难追”，“人无信不立”说的就是诚信对于作为一个人的重要性。今天的深圳人，可以说都或多或少地感受到了社会丧失和缺乏信用所带来的危害。我们经常会听到邻居有关缺斤短两的抱怨，也经常在报纸上看到有关消费者受骗上当的各种报道。根据 1998 年，美国、中国香港与内地三地学者在中国内地四个城市（上海、天津、武汉、深圳）所作的调查显示，平均有 30% 的人认为社会上大多数人值得信任，其中深圳的社会信任度仅为 16.8%。[1] 由此可见，特区的社会信任度已经很低，社会信用已经到了令人担忧的地步。如果任其发展下去，必然会影响到经济以至整个社会的进一步发展。因为“缺乏信任导致了低劣的经济运作，还带来了潜在的社会问题”[2]。所以我们没有理由抛弃我们原本有的这一优秀传统，也有必要来谈谈我们所存在的信用问题。

（一）深圳特区社会的信用问题及其形成原因分析

不可否认，和其他地方一样，特区也存在着一定程度的信用问题，而且这一问题很可能比起其他地方来说会更为严重。这是因为，众所周知，深圳是新兴的移民城市，导致了信用在一定程度上的自然或缺。为什么呢？大家都来自不同的地方，互不知道过去的底细，不用去顾忌左邻右舍的看法，比起常年或几辈人都住在同一个地方相互之间的那种信用的约束显然少了很多；同时，比起比较稳定的传统社区，移民城市也一定程度缺乏维持信用的传统机制（比如家族几代人住在同一个社区，都相互认识、也就所谓的乡里乡亲，当然不会相互欺骗，否则，大家都不再与你交往，你在那个地方就很难再待下去）。而在一个新地方，大家之间都互不相识，不怕丧失信用。

---

[1] 王绍光、刘欣：《信任的基础：一种政治社会学的解释》，《城市消费文化研讨会论文》，2000 年 5 月，耶鲁大学。

[2] [美] 弗朗西斯·福山著、彭志化译：《信任——社会美德与创造经济繁荣》，海南出版社 2001 年版，第 11 页。

所以，给有些个人或企业打一枪换一个地方提供了很大的便利。特别是在特区发展的早期，城市基础建设和配套措施不齐，生活比较辛苦，很多的移民还没有看到特区发展的前景，他们有些人还抱着赚一笔就打回老家的想法，更加导致了许多不讲信用的短期行为。总之，人们的行为没有了传统的“人言可畏”的舆论监督，信用也就失去了原有的作用——人们不再看重它。

同时，急功近利的价值观在整个社会普遍盛行，导致了各种短期行为，比如不止一家上市公司造假，公然欺骗股东和股民，这些公司的行为已经远远超出了不讲信用的范围。不仅给股东造成了损失，而且也造成了及其严重的社会后果——致使整体社会信用的丧失。显然。这也一定程度上影响了深圳社会。在特区，坑蒙拐骗的现象一定程度上存在：媒体曝光的“黑豆腐”问题；企业拖欠工人工资问题时有发生；市民对房地产商的关于楼房缩水等方面的投诉也不绝于耳；消费者委员会接到的关于对美容院的各种美容项目名不副实的投诉更是多不胜举；《深圳法制报》曾多次接到市民反映，有的健身会所收了会员的会费，办了一年或终身健身卡以后就消失得无影无踪……这些欺骗消费者的现象都说明了特区社会存在着严重的信用问题。这些企业等社会团体的不守信行为造成了及其严重的社会后果，使得社会的整个信任度大大地降低，我们研究发现超过六成半的被访者对别人表示了不信任，这确实也反映出了特区社会人与人之间不太信任的实际。因此，确实有必要重建社会信任。

另外，由于社会处于快速变动中，一切都变化得太快，致使人们淡化了对诸如信用这种需要时间和毅力来建立和维持的恒久价值的追求。换言之，面对快速的变化，人们失去了追求恒久价值的耐心。深圳这座“一夜城”可以说是中国社会快速变迁的最典型的缩影：现代化的高楼大厦、农村的城市化、流动的人口、快餐及快餐文化的普及等等，这些似乎都在一夜间发生或形成，而且还处在不断的变化与形成当中。每个人都自觉或不自觉地被卷入了这样的变化旋涡中，还来不及考虑诸如信用等沉重的道德问题，就已经被信用问题所烦扰了。或者说，人们已经或者不得不习惯于变化而忘记了诸如信用等恒久价值对个人和社会的重要性了。

总之，“一夜致富的梦想”（在特区发展的早几年，因为股票市场，也确实存在一夜就发了财的实例）扰乱了人们平静的心，也扰乱了整个社会原有的秩序。不可否认，混乱和无序在市场经济发展的初期是有它存在的空间，易言之，因市场经济发展的早期，市场缺乏规范，有些人利用坑蒙拐骗等不讲信用的手段也发了财，但这不仅扰乱了市场经济的正常发展，而且也影响了整个社会的风气。试想如果坑蒙拐骗不讲信用可以轻易发财致富，那谁还会傻傻的去固守讲信用、讲良心的道德底线呢？但是，如果任由情况这样发展下去，企业还做不做生意呢？人们之间还有没有交往可言呢？最后谁又能从中受益呢？显然，丧失了信用的社会也就丧失了发展的机会。因为不仅整个社会的交易成本会因为缺乏信用而大大提高，而且福山还认为信用程度低的社会将永远无法利用信息技术带来的便利。人们生活在这样的社会也会时时担心受骗，因缺乏信任感而感到索然无味。虽然，特区社会的信用问题还没有发展到如此严重的地步，但特区要进一步发展，要面对“入世”的实际和挑战，完善社会的信用体系，构筑“信用城市”不仅十分必要，而且也已提到了日程上。

(二) 构筑“信用深圳”的必要性和举措

近几年深圳人谈的话题之一就是，深圳与上海的比较，一般得出的结论是，深圳的发展在最近几年不如上海了。当然，这是有多方面原因的，比如深圳就没有上海的历史悠久，缺乏作为推动经济和社会发展的文化动力——城市发展的历史文化和人文精神的沉淀。在社会信用体系的建设方面，上海也先行一步，已经于1999年率先建立了个人信用联合征信体系，收集了几百万市民的金融和部分社会信用信息。这样银行通过掌握客户的信用状况，确定可否发放信用卡以及允许透支的额度。同时，对市民的购房、购车按揭等，银行和商家也可以很快根据这个网络所提供的信息做出决策。这样不仅会带动社会的整体消费，而且显然大大提高了商业运转的速度，从而也大大降低了商业和整个社会运作成本，提高了效率。结果肯定就是优化了整体社会的投资环境。一比较，就可以看出问题，找到造成差距的原因。因此，要保持深圳的竞争地位，优化特区的投资环境，必须尽快着手于有关个人和企业的信用体系的建立方面的工作。正如弗朗西斯·福山所言“我们从检验经济生活中获得的一个重要的启示是：一个国家的福利以及它参与竞争的能力取决于一个普遍的文化特征，即社会本身的信任度”。[1] 所以，要保持深圳经济持续有效地发展，使深圳成为有活力和竞争力的城市。就要尽快提高深圳社会的信任度。

---

[1]　[美] 弗朗西斯·福山著、彭志化译：《信任——社会美德与创造经济繁荣》，第8页。

建立社会信用体系实际上应该作为精神文明建设的重要工作之一。因为精神文明并不是空洞的，而是包涵实际内容的，企业和个人信用的提高应该是一个社会道德和文明进步的标志之一。我们也相信生活在一个讲信用的社会是大多数人的愿望。我们知道经济的发展，物质的富裕不会自动带来道德的进步，人们也不会因此而感到生活幸福，社会信用也不会自然而然形成。“道德就其主要部分而言，肯定是不会随着经济的发展自然而然地提高的，但是道德还是有可能随着经济的发展得到提高的。”[1] 要想达到道德随着经济的发展得到提高这样的效果，显然需要人们付出努力——建立社会信用体系就是努力的一个方面——实际上就是建立起具体道德运转的机制。

事实上，我们在一般的意义上也没有间断过强调精神文明建设，但不得不承认总是有点人浮于事的感觉——效果不是那么好——整个社会的信用和道德水准没有相应得到提高。这其中的原因之一可能是没有把它具体化，也就是说除了法律之外，没有有效的规范企业和个人行为的道德机制。换言之，我们没有从具体措施上有效地规范精神文明建设及其成果。因此，尽快建立起一个覆盖全社会的信用体系，有效地规范企业和个人的信用行为，势在必行。

深圳从 1999 年便开始了个人信用征信项目的有关讨论和筹备工作，于 2001 年底发布了《深圳市个人信用征信及评级管理办法》，并于 2002 年 1 月 7 日起正式实施。目前，市有关部门已经组织专门力量，进行数据采集、制定合作协议、服务品种开发等方面的工作，已经完成了 16 家商业银行的数据采样与分析，正在进行与公安、国土、工商、社保、法院等部门进行协作。据悉个人信用档案包括个人身份（姓名、婚姻、家庭、职业等），个人商业信用记录（个人在各商业银行的贷款和偿还情况、信用卡情况等有关记录），社会公共信息记录（个人纳税、社会保障情况、财产变更等），还包括可能影响个人信用状况的涉及民事、刑事、行政诉讼和行政处罚的特别记录。然后由专门的机构将根据个人的信息，依据信用评级标准对个人的信用等级进行评定。个人有了信用等级，今后从银行贷款，将不再需要抵押和担保，你被评定的信用等级越高，贷款就越方便，贷款额度也越大。

在企业信用体系的建立方面，虽然还没有建立全市统一的数据库，但人民银行深圳支行有企业信贷登记系统，它能跟踪、评价并真实记录企业信贷情况和资信状况。

---

[1] 何怀宏：《经济发展会带来道德进步吗？》，刘志峰主编：《道德中国》，中国社会科学出版社 2001 年版，第 85 页。

市工商局自1987年也开始开发企业资料库，开展对外查询服务。该系统每天都接受上百人前来查询企业信用信息。为了加快企业信用征信体系的建设，市有关部门已经初步制定了《深圳市企业信用信息系统建设方案》，计划年内初步建立企业信用基础数据库，明年实现主要市直机关、海关、金融机构信息资源共享，并向社会提供服务。据《深圳法制报》2002年8月31日报道，深圳市房地产业协会为了加快房地产优胜劣汰，促进房地产业健康发展，已经决定于9月10日在深圳房地产信息网推出房地产业信用档案，该档案包括了深圳市所有注册登记的640家房地产开发企业、210家中介机构等有关房地产行业人员的信用情况。购房者只要登录该网页，就可以了解到房地产开发企业的资信情况。这可以说是深圳房地产业建立诚信体系走出的第一步。

总之，深圳的信用体系建设才刚刚起步，我们相信随着个人和企业信用体系的建立和完善，信用就会成为个人的第二张身份证和企业的第二个名称，信用将成为人才考量的新标准和依据，也就是说在聘用员工的时候，公司会考虑应聘者的信用情况；而企业的产品或服务的好坏实际上也就是企业信用评级的高低。到那时候，不管是个人，还是企业，就都会去珍惜和看重信用，那么，我们离“信用深圳”的距离也就不远了。

（三）企业信用的确立是形成信用社会的关键

随着市场经济的深入发展，企业对市场经济以至对整个社会的作用和影响必然更加凸现，对于整个社会的信用来说，企业信用的确立就有如一个成功的建筑施工队，只有他们的劳动，才能平地起高楼，建筑设计大师的精神和理念才能转化为现实，为人们所欣赏，一种建筑风格也才能由此产生和流传。这是因为在市场为主导的情况下，企业的行为、理念和它所倡导的价值（当然包括企业的信用）会通过无所不在的市场而传遍社会的每一个角落（比如通过企业的广告及其产品）。其结果就是企业的行为和信用“不止影响到个人，或只影响到消费者，而且能影响到其他的企业、社会、政府及环境。因此，它对整个经济、社会的伦理水准的影响比各种经济人带来的影响更广泛，更持久。”[1] 换句话说，因为其产品，企业的行为是有形可见的，它

[1]　周继红：《经济伦理与过度经济》，陶黎宝华、邱仁宗主编：《价值与社会》，中国社会科学出版社1997年版，第233页。

对整个社会的示范效应作用非常明显。我们之所以强调企业在注重经济效益的同时也要注重社会效应的原因也就在于此。因此，一方面，作为意欲在充满竞争的市场中求得生存与发展的企业，就应该清楚地意识到这一点，对自己的行为自觉地以法律为准则，以诚信为经营之本。另一方面，政府与社会也应该认识到，在对企业的经营活动加强法律的监管力度的同时也要注意道德舆论的宣传、监督和评价作用。比如媒体要重点宣传守信企业，树立典范，而对那些不守信用的企业应该加以曝光，使它们在社会中难于立足。我们知道，市场经济初期由于法律的不健全和伦理秩序的混乱，有的企业和个人浑水摸鱼，出现的诸如假货、欺诈等不守信用的短期行为，已经给我们的社会造成了很严重的后果和极其不良的影响，大大降低了整个社会的整体信任度。所以，从企业与整个社会的关系来看，企业信用的确立对于整个社会信用的确立是十分重要的。

此外，就企业自身的发展来说，理论和实践的发展都已经证明了一个成功的企业必然是那种不仅把它的产品带给社会，而且同时也把它的伦理价值（其中最重要的就是信用）带给社会的企业。因此，加强企业的道德建设，以诚信为经营之本，尽快确立起企业的信用，也是企业自身发展的内在需要。对企业来讲，信用就是一种无形资产，企业的产品能否占有市场，在很大程度上就是靠企业的信誉，信用好的产品，消费者自然会放心购买，这样的企业才可以占领市场，占有了市场，企业才能有经济效益，这样才能在充满竞争的商场上立足与发展。正如古人所言“信盖天下，然后方能得天下”。试想，如果所有的企业在进行经营活动的时候，都以诚信为本，担负起企业应有的社会责任，那么整个社会的信用自然也就会逐渐地恢复。所以，我们应该加快企业信用体系的建设步伐，使企业都逐渐地向信用靠拢，那么，整个社会信用的建立也就迈出了关键的一步。

所以，不管是从企业自身的存在与发展的需要来说，还是从企业与整个社会的关系来说，尽快建立起企业的信用都是十分必要的。特别是我国“入世”以后，规范和讲信用地经营更为重要，否则，国内的企业就会被国外发展成熟和信用好的企业所淘汰。这也是时代的发展给深圳的企业和企业家们提出的新的要求和期望，也是新的挑战，事实已经证明“从经济发展效益的长远性来看，最先重视企业道德的将收到事半功倍的效果”。特别是在经济全球化的背景下，“公司要在不同文化、法律环境和经济、政治系统里有效地运作，就需要企业道德和企业伦理的支持”[1]。目前，在英、美等国，50% 以上的大企业都制定了一整套的伦理准则。美国的高校自 20 世纪 70 年代开始就开设了企业伦理课程，而且是经济、管理、法律等专业的基础必修课。这些国家和他们企业的做法确实是值得我们借鉴的。毫无疑问，我们的社会需要的是不仅能创造高的效率，而且能够对社会负有道义感和责任感的新型企业，一句话，社会需要讲信用的企业。深圳的企业和企业家们都应该清楚地意识到这一点。否则，面对竞争日益激烈的市场，它们就会因为失去消费者和整个社会的认同而最终面临被淘汰的命运。可以预见，在未来的社会，只有那些把效率与伦理精神结合得很好的企业才能在充满竞争的市场中立于不败之地并不断发展壮大。换言之，在今后，只有那些讲信用的企业，才能生存与发展。

(四) 必须为“讲信用”创造相应的社会和文化环境

要构筑“信用深圳”，使讲信用真正成为人们发自内心的一种自觉。是需要相应的社会和文化环境作为依托的。因此，如何创造一个有利于形成社会信用的社会和文化环境也是信用建设过程中的一个重要问题。不可否认，我们社会一定程度上存在重效率，轻公平，只看重结果，而不注意手段和过程等不利于形成信用的倾向。比如我们在媒体上多数是看到人们如何致富、成功等的宣传和报道，几乎没有关于讲信用方面的事例报道，这样久而久之，人们就不会视信用为重要价值而去珍惜和维护它。不可否认，有些政府官员的腐败显然是使政府在百姓心目中信任度降低的主要原因之一。加上特区政府官员频繁更换，有的政策有时也朝令夕改，使得政府的信用在人们心目中也打了折扣。普通市民肯定会想，政府都如此，我们还有必要讲信用吗？这多少也造成了一种不利于信用的社会氛围。所以，在为特区创造一个有利于形成社会信用的社会和文化环境方面，笔者认为政府和媒体的作用是非常重要的。我们早就有“上梁不正，下梁歪”的古训，政府要为市民排忧解难，兑现诺言，才能在市民心中提高其公信度。媒体不仅要加强和注重对信用方面人与事的宣传，不畏权势，敢于曝光那些不守信用的企业和个人，为形成社会信用造舆论。而

---

[1]　刘光明：《布拉格第 10 届国际企业伦理年会侧记》，人大复印资料《伦理学》1998 年第 2 期。

且媒体自身也应该自律，不能一切以经济效率为重，比如在刊登广告时就应该有所筛选，事实上有些上当受骗的消费者也是从媒体上最先得到信息，相信了广告，结果才受骗。在这个问题上，媒体也是应该负有一定责任的。如果再这样下去，人们就会慢慢地对媒体失去信任，极其不利于形成一个有利于社会信用的社会心理和社会文化条件。因此，政府和媒体应共同努力，才能营造一个有利于形成社会信用的社会和文化环境。

我们研究发现有 76% 的被访者表示一般都会认可和遵循社会的主流道德价值标准，占了大多数，这不仅说明深圳社会具有较高的整合度，而且也说明了社会的大多数人是认可和遵循社会的主流道德价值标准的。由此可见，政府对一个社会的道德引导作用是非常明显的。而表示完全不认可和遵循社会的主流道德价值标准的只占 7.2%，有 16.8% 的人表示有时是，有时不是。这个比例在任何社会都应属于正常情况。

有近九成的人表示媒体的宣传和引导对他们的道德价值观起到了或多或少的作用。由此可见，媒体的宣传和引导对普通人的道德观是有一定作用的。说明媒体对构建信用社会具有不可推卸的责任。

同时，健全法律制度，保障诚信者的利益得到实现，使不守信者受到应有的惩罚，也是形成良好的社会诚信环境，并使之得以持续的根本保证。因为在有关法律健全的情况下，失信者不仅要受到经济上的惩罚，而且也要负刑事责任。特别是对那些“造假、售假、骗税”等行为更是应该加大打击力度。这样对其他的人就会起到警示作用，他们在做出不守信的决策或行为之前，就会掂量一下其中的得失，使他们“望失信而却步”。另外，在信用体系的建立过程中还应该注意几方面的问题：首先，在信息的征集过程中，应该有相应的法律依据，这是我们目前所缺乏的，比如在个人信息征集过程中，就会出现涉及个人隐私等方面的问题，如何保证个人隐私不受侵害，同时又保证信息的完整性，是我们要研究和解决的问题，显然法律上的保护是首要的。其次，如何保证所征信息的真实性，对提供的假信息应该怎样处置，也需要依法进行操作。

另外，整个社会都应该提倡注重精神与道德的价值，使讲德、有德者受到嘉奖和回报，既要依法治国，又要以德治国。江泽民同志在全国宣传部长会议上明确阐述了在治理国家中必须坚持“法治”和“德治”的重要意义。他指出：“要坚持不懈地加强社会主义道德建设，以德治国。对一个国家的治理来说，法治和德治从来都是相辅相成相互促进的。二者缺一不可，也不可偏废。法治属于政治建设属于政治文明，德治属于思想建设属于精神文明。二者范畴不同，但其地位和功能都是非常重要的。我们应始终注意把法制建设与道德建设紧密结合起来，把依法治国与以德治国紧密结合起来。”显然，信用建设是以德治国的重要内容之一，在目前整个社会道德淡化的情况下，江泽民同志强调要加强以德治国是非常及时的。只有使人们感觉到讲道德是光荣的，有意义、有价值的，使讲信用的人真正得到回报，诚信才能为人们所珍视，也只有这样才能扭转整个社会道德淡化的趋势，真正地为社会信用的确立创造良好的社会心理和文化条件。

总之，必须创造一个有利于形成信用的社会心理和文化环境，才能有利于形成信用社会，也才能使市场经济顺利发展，经济学家吴敬琏说：失去信用，交易的链条就会断裂，市场经济根本无法运转。所以，信用是经济运转的前提，也是企业立足的根本。为了创造一个有利于形成信用的社会心理和文化环境，构筑“信用深圳”，需要全社会的共同努力，但笔者一直认为，其中政府和媒体的作用是最为重要和关键的。

五、网络时代的自由、道德与责任

网络的推广和应用，在改变世界的同时也带来了网络安全和网络道德的问题，如何确保网络使用的安全和解决由于网络的普及所带来的道德问题成了目前整个社会广泛关注的焦点。应该清楚的是网络安全并不是纯粹的技术问题，网络道德也不是与原来的道德截然不同的，原有道德的一些最基本的原则在网络时代或虚拟世界同样是适用的。因为说到底网络对人类来说也只是工具，要过人的生活，过一种高质量的、美好的生活，伦理道德就像烹调离不开盐一样，是人类生活所必需的。网络时代的自由与责任并没有减少，而是更多地转移到了个体身上。

网络安全与网络道德已经成为目前最需要关注和解决的社会问题之一。“不难看出，计算机技术的伦理问题似乎成了20世纪90年代及此后的主要问题”[1]，原因在

[1]　[美] 理查德·A. 斯皮内洛著、刘钢译：《信息技术的伦理方面》，中央编译出版社1999年版，前言，第1页。

于网络已经成为目前人类运用最为普遍的工具之一，而利用这一工具进行犯罪的个案也在不断增加，此外，“黑客”也不断涌现。而且，相对于前网络社会，对有些人来说，网络似乎造就了另一个社会或世界——一个虚拟的生存空间或虚拟世界，致使这些人迷失于虚拟世界之中。于是，网络安全和网络道德的问题也因此而浮现。

(一) 网络安全并不是纯技术性问题

显然，网络安全并不是纯技术性问题。原因在于，首先，理论上讲，每一种网络安全的防护技术都存在着可能破解的技术。其次，已经发生的事实也表明，不管是普通的网络平台，还是有高度安全防范措施的国家军事网站，甚至于微软帝国（据报道微软于10月25日左右被“黑客”袭击，视窗的源代码差点被盗）都难于避免“黑客”入侵和袭击。因而，事实也证明了网络安全并不是纯技术性问题，也就是说理论上讲，技术上的防范可以说是防不胜防的。因此，网络的安全使用问题其实是对人的行为的规范和形成网络道德的问题，而归根结底又是人的道德自觉性的问题。也就是说一方面必须消除对Internet的故意的或肆意的入侵或袭击行为，另一方面从事和操作网络技术的人员必须自觉地遵守行业的规定，他们必须明确自己的道德责任，才能最终保证网络安全。

我们知道，规范人的行为历来都依靠了外在的法律和内在的道德。就过去的经验和传统而言，应该承认这是一种行之有效的做法，也是人类已获得的传统。按哈耶克的说法，就是文化进化的结果，也是获得扩展的秩序。[1]正因为如此，学术界一方面呼吁要加快有关网络方面的立法，我们政府的有关部门也在研究和制定相关的法律，另一方面也呼吁不能忽视网络道德的建设，只有加强有关网络的立法和形成网络行为的道德规范，才能形成网络行为的秩序。这其实也就是对传统的继承和对秩序的扩展。

因此，可以肯定的是，网络安全并不是纯技术性问题。不管是由内部或外部所引发的安全问题，都不同程度地也是道德问题。“网络的安全问题是在通向信息化社会的进程中遇到的，研究和解决这些问题已经远远不是单纯的技术问题，而是未来信息

---

[1]　[英] F.A. 哈耶克著、冯克利等译：《致命的自负》，中国社会科学出版社2000年版，第6页。

社会所面临的社会问题。”[1] 社会问题当然也就是某种程度上的伦理问题。

另外，网络本身既是一种技术，更是一种文化，它改变了人们的观念，创造了新的生活方式。从这个角度看，网络安全的问题就更不能说是纯技术性问题，而是与网络行为者的文化与价值观念等有着密切关系的问题。说到底，网络行为也和人类的其他行为一样，不仅必然牵扯到意愿、情感、道义等选择，而且也必然对他人和社会带来后果和影响。随着网络的进一步普及，到了网络已经构成我们每个人日常生活方式的一个部分的时候，人们就会在更加看重网络安全的同时，也会更加意识到网络安全并不是纯粹的技术问题。

(二) 解读“黑客”

大部分对网络的破坏都来自“黑客”之手，资料显示，仅1999年一年，网络中的攻击行为，就给美国企业和机构带来了近3亿美元的损失。据报道2000年9月上旬，深圳市政府的网站也被“黑客”攻击，有的政府网页被换成黄色画面，造成了极其恶劣影响。总之，网络安全已经引起了人们的高度重视，人们也普遍感到了“黑客”对经济和社会的巨大的破坏力，但人们对“黑客”的评价却是不一的。比如有“黑客”是侠还是盗之争；也有人说“黑客”是数字化时代的恐怖分子，又有人说“黑客”是最后的剑客。凡此种种，莫衷一是。那么，究竟应该怎样来看待“黑客”呢?

首先，我们不得不惊叹于“黑客”的过人才智，承认他们的超人智力。而事实上有部分“黑客”入侵的目的也就在于此，他们无非想向世人证明一下自己的聪明才智。对这部分“黑客”，社会应该是完全可以化敌为友，化黑为白的。在美国，早期的“黑客”大部分都已经成为政府或企业的反“黑客”的主要力量。其次，从某种角度看，“黑客”可以说是微小的个人力量对强大的外在力量的一种反抗，是证明个人存在的手段和捷径。人道地讲，为自己的存在进行抗争是无可厚非的，但因此对他人和社会所造成的破坏却是不仅不可原谅，而且要负法律责任的。这正是“黑客”们必须认识到的。再次，应该清楚地看到，有些“黑客”实际上就是网络罪犯，

---

[1] 严耕、陆俊、孙伟平:《网络伦理》，北京出版社1998年版，第75页。

他们不仅以此为乐，而且还以此作为赚取横财的手段。对此应该加快立法进行坚决打击。

笔者一直关注和研究网络及相关问题，比如我们发现有28.6%的中学生选择“黑客”破坏了网络世界的秩序，也造成了现实的危害，应该受到惩罚；有1.1%的人选择“黑客”值得同情；有6.1%的人选择了“黑客”是电子时代的侠客，47.2%选择应该把“黑客”引导到正面作用上来；16.9%的人表示没想过。数据显示，有近半数的人认为应该把“黑客”引导到正面作用上来；有超过半数的学生对“黑客”表示了道德的宽容，他们更为看重“黑客”的能力而不是他们所犯下的错。显然，学生更多地从能力的角度来看待和评价黑客，而不是从是非或道义的角度来对其进行评价。换言之，他们的价值取向倾向能力判断而不注重是非与对错的道德判断。不可否认，这也代表了在道德淡化趋势下，我们社会的相当一部分人所持的看法。重能力、轻道德似乎也是现代社会的一种时髦，其实这是一种危险的信号。

虽然，早期的黑客们提出了他们所信奉的“黑客伦理”，其主要包括了以下几点：进入计算机的权力应当是不受限制的和完全的；所有信息应是免费的；不相信权威当局——提倡分权；你可以使用计算机创造艺术与美；计算机可以使你的生活更美好。[1]但就最近的情况看来，也不是每个黑客都信奉和遵守它。而且，黑客们即使是出于正义或爱国的愿望所进行的相互攻击，之后，对相互攻击的双方来说，剩下的就是需要技术和巨额资金来维修的机器。正如有些人所言，只是一种发泄罢了。所以，不管是从经济的角度，还是从理性的角度来考虑，理性和有序的社会是不应该推崇黑客行为的。因此，笔者认为，对黑客给予高度评价是欠妥的。

（三）传统道德与网络道德

有网友曾戏言：“不要跟我讲道德，要讲道德你就不会上网了。”难道网络的出现，就真的不需要约束、不需要责任和道德了吗？我们历经千百年的苦难而获得的醒悟、理性和秩序在网络时代就完全失去存在的价值了吗？对于那些曾经戏言的网友，只要他们在网上受骗或自己的亲人（比如他们的孩子）受到不良网络信息的毒害，相

---

[1] 王小东：《信息时代的世界地图》，中国人民大学出版社1997年版，第167—168页。

信他们很快就会幡然醒悟：原来网络也离不开约束和道德的。我们原来的调查显示，有 78.8% 的深圳中学生表示，在网络世界也应该坚守做人的原则和社会的道德规范，其中部分的学生还表示同时也应该发展出与网络相适应的新的原则和规范。中学生都有如此看法，说明了我们社会人们都不同程度地意识到网络时代同样是需要道德和规则的，网络行为也需要规范。否则，由于计算机技术的脆弱性，不仅会导致网络世界的失序，而且会导致整个社会的失序。

那么，传统的道德原则是否还适用于网络时代呢？不可否认，信息技术的高速发展，它的普及与应用，使人类进入了数字化生活的时代，对传统道德带来了前所未有的冲击。但应该清楚的是，这种冲击并不意味着对传统道德的完全抛弃。否则，文化与价值的发展就会出现断层。而且，我们也应该清楚地看到，网络世界也只不过是现实世界某种延伸，换言之，网络只是一定程度上拓展了我们的生存空间，比如人们可以在网上交朋友、交换信息、做生意等等，一切都更加方便和快捷了，如此而已。每个在网上行事的人还是原来的他，他作为责任主体和道德主体的身份并没有因他利用了网络就发生任何的改变。因此，完全可以肯定地回答，传统的道德原则在网络时代同样适用。道理其实很简单，谁也不能说他进入了网络世界，他就不是人了，就不需要坚持做人的原则和遵守社会规则了。换言之，网络技术尽管神奇，但它并不能使人们价值中立。

因此，从传统社会到信息社会，是一场革命，也是一种社会发展的延续。同样，从传统道德到网络道德，也是人类理性和道德情感的一种延续，传统道德的基本原则在网络时代也还是有它的存在价值的，因为我们仍然是要过人的生活。但同时，毫无疑问的是，我们应该研究网络技术所带来的新的问题，探讨和发展出适合网络世界的新的道德规范来。毕竟，在网上，人们也同样需要阳光和氧气，而不需要欺骗、谩骂、污秽和垃圾。所以，发展网络道德，净化网络环境，创造网络文明，不仅刻不容缓，而且也是我们每个人的需要和责任。在这个过程中，我们当然既要保留和发扬传统道德的精髓和基本原则，又要研究新的问题，发展出与网络世界相适应的新的道德规范和原则来。我们知道："传统道德是人们长期的社会实践中形成的，它的一般原理和基本的运行机制反映了人们社会活动的一般规律，对规范人们的行为是有效的。人们的行为应该具有一致性，社会的发展也应该具有连续性，因此，应该立足于发展既有道德，利用既有道德的一般原则培养网络道德生成运行机制和网络道德规范体系，通过协调既有道德与网络道德之间的关系，使之整体发展为信息社会更高水平的道德。”[1]

相对于传统道德，网络道德有什么主要特点呢？笔者认为网络道德主要有普遍性、自主与自觉性、开放性等特点。这是因为，首先，网络已把整个世界联在一起，只有所有上网的人都遵守共同的道德准则，相互间的网络行为才可以进行下去，就像在网上大家都要使用共同的语言才能有效沟通一样。所以，网络道德必然是具有普遍性的特点的。其次，以往的道德约束和评价主要都依赖道德主体之外的道德原则和社会的舆论等，我们可以看到这种情况在网络时代已经发生改变，一个人坐在联网的计算机前，可以干任何事，一般不会受到任何的约束，他是干好事还是干坏事完全要看他的自主性和自觉性，社会舆论似乎一时间是管不到他的。换言之，“虽然传统伦理也讲‘慎独’，但实际上对个体真正起重大作用的往往是强大的道德舆论压力。而在以信息技术为基础的网络社会中，人与人之间的关系便凸现出间接的性质。在这种情况下，直面的道德舆论评价难于进行，而个体的道德自律成了正常的伦理关系得以维持的主要保障”。[2] 所以，道德上的自主与自觉是网络道德的特点，也是网络时代伦理发展的必然趋势。[3] 再次，从传统社会的封闭到现代社会的开放也必然要求开放性的道德，网络技术的出现可以说进一步加大了现代社会的开放程度。任何闭关自守和自我封闭的做法都是和网络时代格格不入的，人们必须放下固有的观念，迎接挑战和研究新的问题，形成和发展出与网络时代相适应的新道德，才能与世界共同进步。

总之，即使是网络时代，“信息技术所能改变的也只是我们的生活方式和思维方式，但绝对不可能改变我们作为“人”的事实，每个人都不应该忘记他始终是责任主体和道德主体，因此，伦理与道德仍然是信息时代人类生存的最终的和最深层的支持和依托。”[4]

---

[1] 王志萍：《网络伦理：虚拟与现实》，《人文杂志》2000 年第 3 期。

[2] 黄东桂：《关于网络社会的伦理思考》，《学术论坛》2000 年第 6 期。

[3] 马云驰：《全球化与信息时代伦理问题研究》，第 46—47 页。

[4] 同上，第 48 页。

(四) 作为工具的网络

在如今的商业社会，由于媒体的推波助澜的炒作，曾使人们一度忘乎所以，以为网络就是一切，以致人们完全忘记了网络其实对人类来讲只不过是工具而已。“我以为，将网络认定为人类生存或生活的工具更有价值与意义。或者说网络原本就只是人类生存或生活的工具。作为工具，它只是人类自然身体的一种延长，人类可以使用它，但并不以其为生存或生活的载体；它根本不是对于真实世界的‘虚拟’，而只是一种真实世界运行的手段，流动于其上的永远是真实世界的信息而不是人类生存或生活的‘虚拟实在’。”[1] 所以，只能说有了网络这个工具，人们的视野和生存空间扩大了，生活和交往变得更加快捷和方便了。因此，网络只是工具，而不是目的或一切。

网络只具有工具的价值还体现在它的有限性上，这也可说是所有工具的共同特点。比如它可以传递感情，但却代替不了人类的真感情；它可以提供方便，但却代替不了人手的介入和操作；它可以帮助你完成文字输入排版等，但却代替不了你的思想和观点；等等。总之，对于网络这个工具，也和其他任何人类发明和创造的工具一样，人们只有加以善用，才能使它发挥出对人类社会的积极作用。否则，它的黑暗面就会给人类带来伤害甚至是致命的伤害，我想对于科学技术的黑暗面曾给人类带来的灾难人们是不会忘记的。而所谓的善用首先当然就包括所有运用网络的人都应该遵守一定的规则或原则——网络道德，同时明确自己的责任和义务，否则，就根本谈不上什么善用。

从工具的角度来认定网络，不仅可以避免对网络的过分崇拜而带来的种种问题，而且也可以使人们明白“网络技术的‘可行’并不直接等于网络社会道德规范的‘应该’”[2] 的道理。人类为什么自觉地意识到要限制核武器，限制克隆技术运用于克隆人也基于同样的道理。不论如何，对人来说，总是存在着一些能力上可以做到的事，但基于道义的原因，我们心里清楚是不应该去做的，或者至少我们会迟疑我应不应该去做呢？这应该也就是康德所说的“我心中的道德律”的含义之一吧。

---

[1] 陈彩虹：《网络激情的批判》，《读书》2000 年第 9 期。

[2] 蒋爱华、陈芳：《“网络社会”道德建设初探》，《南京社会科学》2000 年第 6 期。

(五) 网络时代的自由与责任

网络赋予了人们更多的自由，这是大家所公认的。因为它冲破了原有的许多社会限制，更进一步解放了个人，使个人拥有了更多的机会和权利。比如，每个人都可以在网上自由地发表自己的意见和见解，也可以自由地接收各种各样的信息。换言之，人们比以往获得了更多的权利和自由，相应的，他的道德责任和义务当然也会随之而增加。因为权利和义务、自由与责任总是对等的，更多更大的自由意味着更多更大的责任。正如哈耶克所言“自由不仅意味着个人拥有选择的机会并承受选择的重负，而且还意味着他必须承担其行为的后果，接受对其行为的赞扬或谴责。自由与责任实不可分”。

网络时代的自由与责任的特点就是，它在更大的程度上把自由给予个人，同时也在更大程度上把责任还给个人。换言之，网络社会的自由与责任在某种程度上更加体现为个体自由的扩大与个体责任的扩大。不像传统社会特别是中国的传统社会那样，个人的自由极大地被限制于家庭、家族或更大的集体当中，而相应的，个人所犯的错误也要由整个家族来承担，导致了荒唐的所谓的株连九族的酷刑。在这种情况下，显然个人的责任已经被无限地扩大以致消失，应验了物极必反的规则。而直到近现代，不得不承认我们仍然不能摆脱旧的传统，道德的评判和评价依然以集体为中心，“领导的签字、单位的盖章”是至高无上的，个人完全丧失了作为责任主体和道德主体的地位。笔者认为这应该也是导致个人道德水准下降的原因之一（社会上假公章的泛滥与这也有一定的关系），因为在这种情况下公章比个人的人格更具有信用度，人们宁可相信公章也不相信个人。网络技术的出现可以说使个人获得了前所未有的自由和解放，个人的解放无疑是具有深刻的历史意义的。因为，不仅个人的解放是整个人类解放的前提，网络技术所具有的社会和历史意义也就在这里了。而且，个人的解放也可以进一步确立起个体作为责任主体和道德主体的地位，这对于我们这个长期以来都不以个体为责任主体和道德主体的社会来说是非常重要的。这正是网络技术所具有的深刻的道德价值和意义。作为网络时代的个体，应该充分认识到自己的责任必然随着自由的加大而增加的道理，做个负责任的网迷或网民。否则，最终必然只能被网络的浪潮所淘汰。

所以，网络时代的自由和责任并不是减少了，而是发生了转移，更多地转移到了个体身上，个体的自由与责任都相应地扩大了，人的自主性和道德自觉性都会在这个过程中逐步得到提高，我们知道个人自主性的提高也是衡量社会进步的标准之一。关于人们的自主性在现代的社会环境下得到提高这一点，我们的调查表明，有超过半数的深圳市民认同个人的境遇主要是由个人自己造成；而有 92.3% 的被访者同意深圳的社会环境在某种程度上极大地提高了个人的自主性和激发了个人的奋斗意识。我们知道深圳是一座迅速发展起来的年轻的现代化移民城市，它的高新技术在全国处于领先水平，整个社会的信息化程度也是非常高的，加上市场经济发育得早等等，所有这些环境和因素都为个人的自主性的形成和发展提供了土壤和条件。由此可见，经过市场经济大潮的洗礼和信息化浪潮的冲击，深圳市民的自主性已得到一定程度的提高，深圳的社会发展与人的进步已经形成了良性的互动，这种良性的互动显然也从整体上提高了特区社会的整合度。

第五章

深圳特区思想道德建设与市场经济伦理的建构

深圳特区移民文化不仅对人们的思想道德观念产生重要影响，而且为特区的思想道德建设和市场经济伦理的建构提供了重要资源。如果说特区移民文化是凝聚特区广大移民的黏合剂，那么特区思想道德建设就是使这种黏合剂有效分布于特区移民市场行为之间，形成向心力的内在要素。因此，特区的思想道德建设和市场经济伦理的建构，对特区的社会主义现代化建设和特区人思想道德素质的普遍提高，具有十分重要的意义。

深圳特区的思想道德建设立足于深圳特区市场经济的快速发展、高新科技的日新月异和移民城市化的突飞猛进，在继承和弘扬中国传统思想道德文化精华、吸取和借鉴外来文化先进成分的基础上，结合特区移民文化建设实践和特区人的思想道德现状，探索特区现代化进程中特区人思想道德观念现代化的有效途径。

一、中国传统道德文化在深圳特区的现代转化

中国传统道德文化包括中国古代思想道德文化和中国近现代的革命思想道德文化。其中中国古代思想道德文化主要分为儒、道、佛三家，三者中对中国思想道德影响最大的是儒家思想道德文化，因此这里着重分析儒家思想道德文化和革命传统思想道德文化对特区人思想道德观念的影响及其在特区的现代转化。

(一) 儒家思想道德文化在特区的现代转化

千百年来，儒家思想道德文化与社会礼俗相结合，共同造就了中国人温柔敦厚、和平礼让的东方古典主义的人文品格，给传统中国人提供了稳定的价值支撑和理想认同。这种道德文化和伦理精神为特区的现代化提供了重要的道德资源。

深圳是我国最早建立的经济特区，是体制改革的试验场和对外开放的窗口。深圳特区的现代化建设正以其“深圳速度”突飞猛进地发展。然而现代化不仅局限于经济领域，还包括精神领域，即思想道德观念的现代化。在实现经济现代化的同时，如何实现人的思想道德观念的现代化是当前特区思想道德建设面临的重大课题。尤其是对中国传统伦理的核心儒家思想道德文化进行创造性转换，是特区道德建设和法治建设的重要内容，也是坚持以德治市和以法治市相结合、实现特区人的思想道德观念现代化的重要环节。

1. 儒家思想道德文化的现代价值

儒家思想道德文化对人们的思想道德观念的现代化究竟有何影响？关于儒家思想道德文化的现代价值，笔者拟概括为内在价值和外在价值两个方面。所谓内在价值是指儒家思想道德文化对现代道德主体心性的修养、人格塑造的作用，是为了满足主体的内心需要和精神追求，因而是“内在”的；所谓外在价值是指儒家思想道德文化对协调和规约现代社会人际关系，营造和谐社会氛围的作用，是外在于主体自身的功能，具有工具性，因而是“外在”的。内在价值与外在价值的统一共同构成了儒家思想道德文化的现代价值。

儒家思想道德文化的内在价值具体表现在：首先是理想人格的追求。孔子主张，在物质生活基本满足的情况下，把追求崇高的理想人格，作为人生需求中一种高层次的需要。他甚至认为，即使在物质生活条件极端困苦的情况下，只要抱有一种高尚的追求，仍然可以生活得乐观愉快、奋发有为。他说：“饭疏食饮水，曲肱而枕之，乐亦在其中矣。不义而富且贵，于我如浮云。”[1] 孟子进一步将这种人格理想具体化为“大丈夫”的人格楷模。他说：“富贵不能淫，贫贱不能移，威武不能屈，此之谓大丈

[1] 《论语·述而》。

夫。”[1] 正是这种人格力量激励着无数中华儿女，在完善人格的道路上坚贞不屈、矢志不渝。现代人将从这种重气节、重操守的道德观中受到启迪和教益。其次，仁爱品德的养成。孔子强调仁爱，指出：“仁者，爱人。”[2] 他认为，判断一个人有无道德或道德觉悟的高低，最重要的标准，就是看他能不能“爱人”。“爱人”主要体现于：“己所不欲，勿施于人”[3]；“己欲立而立人，己欲达而达人”[4]；“吾不欲人加诸我也，吾亦无欲加诸人”[5]；“能行五者（恭、宽、信、敏、惠）于天下为仁矣”[6]。在这里，孔子把仁爱看作一种最高的道德准则和道德品质。而现代社会最需要的就是：让世界充满爱。再次，自强不息的精神。自强不息是一种自我超越、不断进取的品质，它体现的是一种不屈不挠、顽强奋斗的道德力量。孔子提倡并努力实践“发愤忘食，乐以忘忧”[7] 的精神，鄙视“饱食终日，无所用心”[8] 的人生态度，强调“日新”、“革新”，如《礼记·大学》称赞的：“苟日新，日日新，又日新。”强调天天有进步，日日有创新。《易传》说：“天行健，君子以自强不息。”就像天体运行，周而复始，刚健有力，君子应当效法这种精神，不懈努力，持之以恒，力求进步，改革创新。正是这种自强不息的精神，增强了民族的向心力，孕育了中华民族自信、自尊、自立的精神和反抗压迫、不屈不挠的品质以及不断学习、不断改革、不断进取、不断开拓的决心。

儒家思想道德文化的外在价值主要表现在：首先是天下为公的价值取向。儒家思想道德文化强调个体与群体、个体与社会之间的统一性，主张个体生命的存在与发展，必须同群体、同整个社会的存在与发展统一起来。这种整体主义精神，本质上是先公后私，个人私利服从社会公利的精神。《礼记·礼运》说：“大道之行也，天下为公。”正是这种“天下为公”的价值理想，培育了人们对社会、民族的义务感、历史感、责任感、使命感，造就了一批批“以天下为己任”、“先天下之忧而忧，后天下之乐而乐”的仁人志士。其次，重义轻利的处世原则。孔子说：“君子而不仁者有矣夫，

---

[1] 《孟子·滕文公下》。
[2] 《论语·颜渊》。
[3] 《论语·卫灵公》。
[4] 《论语·雍也》。
[5] 《论语·公冶长》。
[6] 《论语·阳货》。
[7] 《论语·述而》。
[8] 《论语·阳货》。

未有小人而仁者也。”[1]“君子喻于义，小人喻于利。”[2]在区分小人与君子中，孔子提出的“重义轻利”的处世原则，要求人们在现实生活中超脱功利，追求道德仁义。他说：“志士仁人，无求生以害仁，有杀身以成仁。”[3]他的“重义轻利”的思想，到孟子那里，发展成为“舍生取义”的精神，即当物质利益（乃至生命）与道德正义不能兼顾时，宁愿舍去物质利益（甚至生命）也要维护道德正义。孟子提倡的这种“舍生取义”的精神，激励着一代代的志士仁人，为维护民族的整体利益，为了国家的尊严，为了坚持真理，奋不顾身，大义凛然。再次，普遍和谐的社会理想。《论语·学而》说：“和为贵”，主张人与人之间、人与家庭之间、人与国家之间、人与自然之间，和谐共处，相互支持，共同发展。在家庭中做到“父慈子孝，兄爱弟敬”，实现家庭和谐；在与周围人的关系上，要“和长幼”、和邻里、和朋友，实现人我和谐；在人与社会群体之间，提倡“舍个人而就群体”、“舍小家而顾大家”，实现群己和谐；在民族国家关系中，提倡“四海一家”、“和谐天下”，推崇和平外交，反对不义之战，以实现民族国家的和谐。达到这种普遍和谐的境界后，人便能“从心所欲而不逾矩”[4]，实现与道和、与人和、与天地和，使社会成为理想的社会，使世界成为完美的世界。

2. 儒家思想道德文化与特区的法治精神

儒家思想道德文化的核心是德治伦理，它的现代价值，包括内在价值和外在价值，都集中体现于以德治国的精神。儒家德治伦理的目的，就是要内圣而外王，齐家治国平天下。对此，孔子曾明确指出：“道之以政，齐之以刑，民免而无耻；道之以德，齐之以礼，有耻且格。”[5]这里的“德”是指道德教化，“礼”是指典章制度。在孔子看来，“铸刑鼎”，制定和公布成文法那一套做法，是单纯依靠行政命令和刑罚来治理、约束人民，这只能使人民免于犯罪，而不能使他们以犯罪为耻；如果用伦理道德来引导人民，用周礼来约束人民，就不仅能使人民以犯罪为羞耻，而且还会心甘情

[1] 《论语·宪问》。
[2] 《论语·里仁》。
[3] 《论语·卫灵公》。
[4] 《论语·为政》。
[5] 同上。

愿地服从于国家的利益。

深圳特区最早迎来对外开放的第一缕阳光，在全国率先建立社会主义市场经济体制，而市场经济的突出特点是以法制为基础，或者说是一种法制经济。中央赋予特区特有的立法权，目的也就在于使特区建立起与市场经济发展相适应的法制体系，保障市场经济健康、稳步的发展，使特区快速步入国际化的轨道。30年来，特区良好的法制环境和社会秩序，特区人较高的法制水平和较强的法律意识，正是特区在建设社会主义市场经济过程中所形成的法治精神的体现。

那么儒家的德治伦理与特区的法治精神是否背道而驰、水火不相容呢？其实不然。一方面，儒家强调德治，并非不讲法治。孔子曾指出："君子怀德"，"君子怀刑"。[1]就是说，君子最关心的是德刑两手，也叫"宽猛相济"。孔子指责"道之以政，齐之以刑"，是反对只诉诸刑罚和滥用刑罚，而不是反对刑罚本身。他反对"不教而杀"，主张"教而后诛"，而不是"教而不诛"；他赞扬他的学生子路"片言可以折狱"，公开表示自己"听讼"和别人没有区别。大量事实表明，儒家的德治伦理本身就包含了刑罚的内容，"德刑兼施，德主刑辅"是儒家的一贯主张。另一方面，法治也离不开德治。以往人们认识中存在一个误区，即把德治等同于人治，使德治与法治对立起来，从而对德治产生偏见，甚至拒拆德治，认为市场经济与德治是背道而驰的。而事实上，法律与道德在社会生活中相辅相成，缺一不可。一个具有高尚道德情操的领导者，即便在德治社会里也必然是以身作则、大公无私的典范，其言行举止也必然"从心所欲而不逾矩"。相反，即便在法治社会里，具有完善的法律法规和成文法典，但如果世人没有良好的道德素质，也可能会出现以法律为盾牌，甚至滥用刑罚的人治现象。可见，法治也离不开德治，二者具有其独特的地位和功能。法治以其权威性和强制性手段规范社会成员的行为，德治以其感召力和劝导力提高社会成员的思想认识和道德觉悟。社会主义法治是建立、维护、实行社会主义道德的法律保障，社会主义德治是以社会主义思想道德来规范社会成员的行为，提高社会成员的道德水平。

因此，特区在改革开放和建设社会主义市场经济过程中，必须坚持德治与法治相结合，在充分利用中央赋予的立法权完善特区法律法规的同时，必须加强社会主义精

---

[1]《论语·里仁》。

神文明建设和思想道德建设，通过艰苦、深入、细致的思想政治工作，形成良好的舆论环境和道德氛围，使马克思主义和建设中国特色社会主义的思想理论深入特区党员、干部和全体市民的头脑之中，使爱国主义、集体主义和社会主义思想真正成为凝聚和团结特区人民的坚强精神支柱。

可见，儒家的德治伦理与特区的法治精神并非背道而驰，而且儒家思想道德文化还为特区的精神文明建设提供了丰富的思想资源。特区的思想道德建设必须围绕树立正确的世界观、人生观和价值观，实行继承优良传统和弘扬时代精神相结合，尊重个人合法权益与承担社会责任相统一，注重效率与维护社会公平相协调，努力形成与特区市场经济发展相适应的健康和谐、积极向上的思想道德规范，并且把思想道德观念的要求融于有关的法律法规和名项具体政策中，融于社会的各项管理中，不断推动特区社会主义思想道德体系的完善和现代化建设的顺利进行。

3. 儒家思想道德文化在特区的现代转化

从前面的论述来看，一方面儒家思想道德文化具有巨大的现代价值，蕴含着丰富的人道主义和整体主义成分，蕴含着如何做人和如何处理人际关系的学问，为我们提供了导向现代化的重要资源，因此儒家思想道德文化的传统美德完全可以和传统制度相分离，与现代社会相结合。并且儒家思想道德文化只有与当代社会的道德实践相结合，才能具有生命力，才能得到弘扬和发展。另一方面深圳特区的现代化需要儒家思想道德文化，它是中国社会的延续，而不是中国历史的断层，是中国由传统向现代转化的前沿阵地，因此它本身就蕴含着中国传统文化（包含儒家思想道德文化）的现代化。同时，深圳特区的法治精神需要与儒家思想道德文化相结合，吸收和弘扬其传统美德和德治伦理，从而使特区的以德治市和以法治市有机结合起来，互相促进。因此，儒家思想道德文化在深圳的现代转化是特区思想道德建设所面临的重大任务。笔者认为，要成功地实现这一转化，必须做好如下几方面的工作：

第一，研究工作，即对儒家伦理和深圳实践的研究。要实现从传统到现代的转化，首先要深入研究实际问题，即研究深圳人的思想观念和道德实践。深圳作为中国改革开放的窗口与试验场，同时也是一个新兴的移民城市，经过 30 年的发展与建设，所取得的成就是有目共睹的。毫无疑问，这是离不开文化底蕴与伦理精神作为支撑的。换言之，深圳人肯定已形成并实践着自己特有的移民文化与道德观念。因此，必须从理论上对这种已经形成和正在形成的移民文化和道德观念进行研究和整合，从而把握特区人的道德实践和精神需求。其次，要对儒家道德文化进行深入的分析和研究，使其充满仁爱精神的思想精华与有关封建等级制度的思想糟粕相分离，取其精华，去其糟粕。总之，我们既要从现实生活的道德需要来研究，也要从儒家思想道德文化的影响、利用和改造的角度来研究，只有把这二者结合起来，才能真正从儒家思想道德文化中得到精华，成功地实现儒家思想道德文化的创造性转化。

第二，普及工作，即对儒家思想道德文化中的传统美德进行宣传和普及。只有通过普及，传统美德才能被人们所了解和接受，并且内化为自身的道德意识、道德信念和道德理想，指导其道德行为和道德实践。具体而言，传统美德的普及可以通过如下几个途径：其一是社会宣传。借助社会传媒的新闻报道，宣扬传统美德；在公共场所（如车站、机场、码头、超市、公交车等）张贴和书写宣传美德标语，使人们随时注意传统美德，使自己的言行合乎传统美德，像新加坡把孔子语录带进人来人往的地铁站，以“培育人文素质，边走边受教育”为旨意，就是一种很好的宣传方式。其二是学校教育，这是普及传统美德的主渠道。学校可以开设传统美德课，编制传统美德教材和课外读物，对学生进行系统的传统美德教育，从而提高学生的道德素质和道德水平。如新加坡把《儒家伦理》放到中学课堂、首都师范大学开设《中华伦理》课、广东编写传统美德普及读物《新三字经》等，都是值得学习的做法。其三是家庭熏陶。家庭是普及传统美德的第一场所，父母是最好的启蒙老师。和谐的家庭氛围、父母的表率作用将使子女在温馨的家庭生活中感受到传统美德的魅力，在耳濡目染中受到传统美德的陶冶，在潜移默化中养成良好的道德习惯。

第三，实践工作，即根据儒家思想道德文化中传统美德的要求，引导人们从事有效的道德实践。道德实践是传统美德现代转化的关键环节。在道德实践中，一方面人们把传统美德中的信念、理想付诸现实，加深了对儒家思想道德文化的感性认识，有了切身的体会和感悟，使传统美德与自己的身心需要相结合，产生出理性道德行为；另一方面在人们把自身的道德信念和道德理想外化为道德行为的过程中，感受到一种身心的愉悦和精神的满足，自然地产生出道德情感，进而转化为内在的、稳定的心灵需求，于是形成了自觉的道德意识。这个由外在到内在、由感性到理性、由约束到自觉的过程，就是人们道德认知的过程，也是个体道德建构的过程。可见，引导人们从事正确、有效的道德实践，对传统美德的现代转化和思想道德建设至关重要。在这方面，新加坡开展的“礼貌月”、“敬老周”、“家庭日”活动和深圳正在进行的“义务支教”、“母难日”、到贫困山区建友谊献爱心的城乡小朋友手拉手活动等等，都是对弘扬传统美德非常有益的道德实践活动。

总之，实现儒家思想道德文化的现代转化和建构特区的市场经济伦理，既要从历史传统中寻找资源，又要从现实中提炼理想，并且在人们的道德实践中将传统美德和现代理想有机结合；不仅建立显性的道德关系与道德理想，而且要渗透到人们的深层心理结构中，内化为隐性的道德心态、道德信念和道德美感。

(二) 革命传统思想道德文化在特区的现代转化

革命传统思想道德文化是无产阶级和人民大众利益的体现，是在无产阶级和人民革命的实践中产生，在批判继承传统美德的基础上形成的。它在中国现代的人民民主革命和社会主义革命与建设的过程中发挥了重要作用。作为革命工具，它为无产阶级和人民大众取得革命的胜利，达到革命的目的提供了重要的精神力量；作为革命目的，它又是无产阶级和人民大众在革命过程中所追求的思想上和精神上的目标。[1]

革命传统思想道德文化是在革命年代形成的，并且在革命过程中发挥了无可替代的作用。那么，在改革开放的今天，在特区建设社会主义市场经济的过程中，革命传统思想道德文化是否过时了呢？邓小平同志曾指出：“我们最近十年的发展是好的。最重要的一条是，在经济得到可喜发展、人民生活水平得到改善的情况下，应该保持艰苦奋斗的传统。坚持这个传统，才能抗住腐败现象。所以要加强对人民进行思想政治工作，提倡艰苦奋斗。这是中国几十年的建设中得出的经验。”[2] 江泽民同志在 2001 年初的全国宣传部长会议上指出：面对新世纪、新形势、新任务，我们要在全党和全社会大力宣传“五种精神”，即解放思想、实事求是的精神，紧跟时代、勇于创新的精神，知难而进、一往无前的精神，艰苦奋斗、务求实效的精神，淡泊名利、无私奉献的精神。显然，这“五种精神”是继承优良传统与弘扬时代精神的结晶。可见，在现时代，在改革开放的特区，保持和发扬革命优良传统，不仅意义重大，而且十分必要。

---

[1]　夏伟东：《道德的历史与现实》，教育科学出版社 1999 年版，第 35 页。

[2]　《邓小平文选》第 3 卷，人民出版社 1993 年版，第 290 页。

1. 革命传统思想道德文化的精髓

革命传统思想道德文化具体包括哪些内容呢？笔者认为，在中国民主主义革命和社会主义革命与建设过程中形成和发展起来的革命传统思想道德文化，其核心是：解放思想、实事求是，具体包括如下几个方面内容：革命理想主义精神，实事求是、理论联系实际的精神，艰苦奋斗、自力更生的精神，无私奉献、为人民服务的精神。

(1) 革命理想主义精神

在革命年代，革命理想主义是广大革命者的精神支柱和精神动力。正是这种崇高的革命精神，鼓舞和激励着无数中华优秀儿女为人民的解放和祖国的富强抛头颅、洒热血，战斗不息、奋斗不止。抗战期间，延安是一个充满革命理想主义和全心全意为人民服务精神的革命圣地，在这里铸造出的延安精神就是革命理想主义的光辉体现。革命者在这里无私无畏、亲密无间，怀着无比的信心和无限的热情，战斗着、生活着。到这里参观或采访过的国统区的人甚至外国人，都对此大为惊异、大惑不解。抗日战争前夕到延安的美国记者埃德加·斯诺在其闻名海内外的《西行漫记》中，对这里充满着革命理想主义的战斗生活和人们的精神面貌作了生动的记述："我在他们身上开始发现一种后来我在这样奇怪的铁一般团结的中国革命家身上一再碰到的特有的品质。有某种东西使得个人的痛苦或胜利成了大家集体的负担或愉悦，有某种力量消除了个人的差别，使他们真正忘记了自己的存在，但是却又发现存在于他们与别人共自由同患难之中。"[1] 斯诺所说的"某种东西"、"某种力量"不是别的，恰恰就是革命的理想主义精神。共同的革命理想，为实现理想而进行的共同奋斗，使他们紧密地团结在一起，表现出真正的集体主义精神。革命理想主义精神是一种巨大的精神力量，它不仅使个人融于革命集体之中，而且使一切物质上的困难都相形见绌。当时陕北的物质条件极其艰苦，而且还是在残酷的战争环境中，但物质上的困难并没有使革命者灰心丧气、畏惧不前，而是更加激发了他们的战斗豪情，赋予他们真正的乐观主义情绪，这就是革命理想主义精神。

(2) 实事求是、理论联系实际的精神

实事求是、理论联系实际，是中国共产党人取得革命胜利的重要法宝。正是在实事求是、理论联系实际精神的指引下，以毛泽东为首的中国革命家领导中国人民走出

---

[1] ［美］埃德加·斯诺：《西行漫记》，三联书店 1979 年版，第 49 页。

了一条具有中国特色的“从农村包围城市、武装夺取政权”的成功之路。实事求是、理论联系实际的精神与教条主义、主观主义是对立的。1942 年开始的延安整风运动的主要内容之一，就是反对主观主义以整顿党的作风。毛泽东在《整顿党的作风》中指出：“学风问题是领导机关、全体干部、全体党员的思想方法问题，是我们对待马克思列宁主义的态度问题，是全党同志的工作态度问题。既然是这样，学风问题就是一个非常重要的问题，就是第一个重要的问题。”[1] 他说，对待马克思列宁主义，向来存在两种根本对立的态度，一种是马克思列宁主义的态度，坚持把马列主义和中国革命的具体实践结合起来，把马列主义当成行动的指南，是为着中国革命的理论和策略问题到马克思列宁主义那里找立场、观点、方法的。他们在马克思列宁主义指导下，面向实际，面向群众，实事求是，脚踏实地，在革命实践中不断验证和丰富发展马克思列宁主义的真理。

另一种态度，是伪装马克思列宁主义的主观主义态度。主观主义有两种表现形式：一种是教条主义，一种是经验主义。教条主义的根本特征是把马列经典著作的个别词句，当做包医百病的灵丹妙药，奉为教条，生搬硬套。他们轻视千百万群众的革命实践，根本不愿也不会运用马克思列宁主义的立场、观点、方法去认识和改造客观世界。经验主义则不同，他们轻视理论，把狭隘的局部的经验当做普遍的真理。两者表现形式虽不同，但本质却一样，都是以主观与客观相分裂、认识和实践相脱离的唯心论和形而上学为特征的。

为了彻底揭穿主观主义的伪装，纠正理论脱离实际的倾向，毛泽东对什么是理论，什么是理论家，什么是理论联系实际等问题，作了精辟的论述。他特别强调对待马克思列宁主义，一定要坚持理论联系实际的原则，一定要做到“有的放矢”和“实事求是”。这就要求用马克思列宁主义这个“矢”，去射中国革命这个“的”，就是要运用马克思列宁主义理论，去研究中国革命中一切客观存在着的事物，找出其内在规律性，借以指导革命，从而“以无产阶级的马列主义的思想，去克服存在于我们同志中的非无产阶级的非马列主义的思想，使我们全党思想更加统一，意志更加集中，全体同志更能团结在以毛泽东为首的党中央周围，一心一意地去完成中国革命的事

---

[1] 《毛泽东选集》，人民出版社 1966 年版，第 771 页。

业”。[1] 正是这种实事求是、理论联系实际的革命优良传统鼓舞和引导着革命者一往无前地走向革命的胜利。

(3) 艰苦奋斗、自力更生的精神

艰苦奋斗、自力更生，是中国共产党人不屈不挠、克服困难、自立自强的优良传统。抗战期间，为了战胜由于日寇残酷“扫荡”和国民党经济封锁造成的严重物质困难，全党在开展整风运动的同时，又领导解放区军民开展自力更生的大生产运动。毛泽东指出：“我们是主张自力更生的。我们希望有外援，但是我们不能依赖它，我们依靠自己的努力，依靠全体军民的创造力。”[2] 本着自力更生、艰苦奋斗的精神，当时党中央号召陕甘宁边区军民要做到“自己动手，丰衣足食”，其他解放区也要做到“自己动手，克服困难”。陕甘宁边区的部队，根据党中央的指示精神，在“背枪上战场，荷锄到田庄”的口号中，开展了南泥湾、槐树庄、大风川等地的屯田运动。八路军三五九旅的广大干部和战士，在王震同志率领下，以“一把镢头一支枪，生产自给保中央”的战斗姿态，于一九四一年开进了荆棘丛生、野狼成群的南泥湾，战天斗地，不到三年，把荒原变成了万顷良田的陕北“江南”，取得了辉煌成绩。正是在这种艰苦奋斗、自力更生精神的鼓舞和激励下，解放区军民克服了各种各样的困难，为走向中国革命的胜利奠定了坚实的基础。这种精神被美国著名作家特里尔称之为“红色军队斯多噶式的英雄主义”。[3]

(4) 无私奉献、为人民服务的精神

无私奉献、为人民服务，是中国共产党人对自身的基本道德要求，也是无数革命先烈高尚道德情操的真实写照。在毛泽东思想哺育下成长起来的伟大的共产主义战士雷锋，就是无私奉献、为人民服务的光辉典范。

雷锋在日记中写道：一个人的作用，对于革命事业来说，就如一架机器上的一颗螺丝钉。机器由于有许许多多的螺丝钉的连接和固定，才成了一个坚实的整体，才能够运转自如，发挥它巨大的工作能力。螺丝钉虽小，其作用是不可估量的。只要能为人民服务，无论什么工作，无论什么岗位，无论“分内”、“分外”，他都乐于去做，

[1] 《邓小平文选》第 1 卷，人民出版社 1994 年版，第 86 页。
[2] 《毛泽东选集》，人民出版社 1966 年版，第 917 页。
[3] [美] 特里尔：《毛泽东传》，河北人民出版社 1989 年版，第 181 页。

并且干一行，爱一行，专一行，勤勤恳恳地在平凡的工作中干出不平凡的业绩。因此雷锋处处以党的利益为重，处处从革命的需要出发，组织上分配他到哪里，他就坚决到哪里去，从来不挑肥拣瘦、怕苦怕难、计较个人得失。在雷锋心目中，集体是最伟大的，“一个人只有当他把自己和集体事业融合在一起的时候才能有力量”，集体利益是至高无上的。一个人应该竭尽全力为谋取集体利益而奋斗，只有集体事业发展壮大了，才能谈得上个人的前途和个人的利益。他说，个人同集体的关系，就是“细胞和人的整个身体”的关系，就是“螺丝钉和整个机器”的关系，就是“一滴水和大海”的关系。当个人利益同集体利益发生矛盾的时候，就应该毫不犹豫地作出抉择，无条件地服从集体利益。雷锋的一生始终如一地贯彻这种“螺丝钉精神”，像一颗“永不生锈的螺丝钉”。

雷锋把为人民服务作为自己毕生的事业，他说：“我觉得要使自己活着，就是为了使别人过得更美好；我觉得人生在世，只有勤劳、发愤图强，用自己的双手创造财富，为人类的解放事业——共产主义贡献自己的一切，这才是最幸福的，我们吃饭是为了活着，可活着不是为了吃饭。我活着是为了全心全意为人民服务，是为了人类的解放事业——共产主义而奋斗。”他说，人活着是为了使别人过得更美好，那么当革命事业需要他献出宝贵生命的时候，他也必然会视死如归，乐于用自己的死去殉我们伟大的事业。诚然，人的生命是可贵的，生命属于每个人只有一次，但为了使别人过得更美好而活着，或者为谋求集体的永生而光荣牺牲。正如《钢铁是怎样炼成的》主人公保尔·柯察金所说的那样：“人最宝贵的东西是生命，生命属于我们只有一次。人的一生应该这样度过：当他回首往事的时候，不因虚度年华而悔恨，也不因碌碌无为而羞耻。这样，在他临死的时候，他就能够说：我所有的一切，包括宝贵的生命，都已献给世界上最壮丽的事业——为人类的解放而斗争。”这是保尔精神的光辉，同时也是雷锋精神的写照。

2. 特区需要优良革命传统

作为改革开放的前沿阵地，深圳经济特区的实践表明：弘扬优良革命传统，是新时期精神文明建设和思想道德建设的重要内容，同时也是特区现代化建设的精神动力和思想保证。

第一，特区“同在一方热土、共创美好明天”的口号与革命理想主义精神深圳是我国最早建立的经济特区，是改革开放的前沿阵地，而延安是革命年代的特区，陕甘宁边区的中心，是领导和指挥中国革命的圣地，在这里培育和形成的延安精神鼓舞和激励中国人民取得了革命的胜利，建立了新中国。深圳和延安是不同时代的特区，延安精神作为中国革命传统思想道德文化的精髓，在革命年代光彩夺目；在改革的年代，在特区的建立和发展中的作用不可替代。

1980年以前，深圳还是一个小渔村，建立特区之后，从各地到深圳创业的移民们，住的是厂棚茅舍，吃的是粗茶淡饭，白天机器轰鸣，晚上蚊虫叮咬，过着单调枯燥的生活，忍受着与家人分离的痛苦。就是在这种极其艰苦的条件下，特区的创业者发扬先烈们火红年代的革命理想主义和革命乐观主义精神，唱着“同在一方热土，共创美好明天”的战歌，用勤劳和智慧创造出被誉为中国奇迹的“深圳速度”，在短短的30年里，把昔日的小渔村建设成为一座现代化国际花园城市。正是革命理想主义精神的鼓舞，特区建设者们创造了举世瞩目的成就，并将继续在这种精神的感召下，率先实现社会主义现代化，共同创造更加美好的明天。

第二，特区“改革开放，求实创新”的口号与解放思想、实事求是的精神

深圳特区的建设是在党中央的改革开放总方针指导下进行的，要实现改革开放，就必须摆脱“姓资姓社”的纠缠，解除教条主义和经验主义的束缚，实事求是，理论联系实际，走中国特色的社会主义道路。正是在实事求是精神的鼓舞下，特区人提出“空谈误国，实干兴邦”的口号，以求实创新的精神面貌，适应经济全球化的需要，发展开放型经济，招商引资，外引内联，实现与国际经济接轨，取得了巨大的成功。2008年深圳的进出口总额为2999.55亿美元，连续16年位居全国大中城市榜首；国内总产值7806.53亿元，超过了重庆、天津和广州，在全国仅次于上海和北京。

第三，特区的“拓荒牛”精神与艰苦奋斗、自力更生精神

特区建立之初，面临重重困难，可谓是“三无”地区。一无资金（“中央没有钱”）；二无技术（1980年前只有2名工程师）；三无基础（偏僻落后的小渔村）。之所以能在短短的30年内使这片贫瘠的土地发生神奇的变化，创造“中国奇迹”，靠的是什么呢？靠的就是特区人“拓荒牛”式的艰苦奋斗精神。首先是解放思想，敢闯、敢试、敢为天下先，提出“时间就金钱，效率就是生命”，以一度惊动中央的“四分钱的奖励”，大大提高劳动效率和建设速度，在时间上抢得先机；走自力更生之路，通过拍卖土地使用权筹措资金，通过建立证券交易所和证券市场，拓宽融资

渠道，导引出一条被称为“第二次革命”的改革开放之路。其次是不畏艰难，夜以继日，埋头苦干，挑战极限，三天一层楼，创造了闻名中外的“深圳速度”。再次是敢于突破旧的经济模式，由借船出海到租船出海和买船出海再到造船出海，发展对外贸易和外向型经济。正是这种大无畏的“拓荒牛”精神和艰苦奋斗的精神，使特区人通过招商引资，吸引人才，引进先进技术和管理经验，为率先基本实现现代化奠定了良好的基础。

第四，特区的义工精神与无私奉献精神

特区的义工精神源于深圳市义务工作者联合会，它最初是一支小小的、只有19人的队伍，那是1989年8月的事，而今已发展到数万人，其成员来自全市各行各业，最小的14岁，最大的75岁。其中有一辈子做好事、在人间播撒爱心的“活雷锋”陈观玉，为子弟兵理发并义务培训理发员的学雷锋积极分子、双拥模范傅天省，等等。深圳市义工联是全国第一支义务工作者队伍。第一支义工队伍出现在全国第一个经济特区，并不是偶然的，正如原市委书记厉有为同志所说的那样：“义工精神是深圳精神的具体体现，是深圳30年来改革开放中精神文明建设的成果。精神文明建设与物质文明建设的相辅相成，是义工联诞生的社会原因。”在义工联的带动下，助人为乐在特区蔚然成风，无偿献血、捐赠器官、义务支教层出不穷。更重要的是，一种互助、参与、奉献、进步的新型人际关系正在特区逐渐形成。

在把时间当做金钱的特区，为什么会有那么多人牺牲宝贵的时间参加不计报酬的义工活动呢？对此，义工们的看法是，义务工作使从事这项工作的人走出了狭小的自我，将关怀的目光投向他人，投向大众，在帮助别人的同时，充分体味到“给予”所带来的快乐，获得了一生用之不尽的财富——积极宽容的人生态度、高尚纯洁的道德情怀。用他们的话说，就是：助人自助，“送人玫瑰，手有余香”。有位义工还充满深情地写道：“义工，其实很平凡，平凡得像风，不过她是酷暑里的一股凉爽；平凡得像空气，不过她是尘土飞扬下的一抹纯净。如果有更多的人能理解这种平凡，有更多的人愿欣赏这种平凡，有更多的人成为这种平凡的人，那么我们的社会将会不平凡，我们的生活将会不平凡！”义工确实很平凡，他们平凡得像一颗螺丝钉，特区精神文明建设的螺丝钉。正是这种螺丝钉精神，特区的精神文明大厦才矗立于南粤大地，放射出耀眼的光芒。

可见，深圳特区的改革开放和现代化建设需要革命传统思想道德文化，需要延安精神和雷锋精神，需要“拓荒牛”精神和义工精神，并且还要继续发扬光大，以此促进特区的精神文明和思想道德建设，不断提高市民的思想道德素质。

3. 革命传统思想道德文化在特区的现代转化

前面的论述表明，革命传统思想道德文化在改革开放年代并没有过时，尤其是作为精髓的延安精神和雷锋精神，已成为特区现代化建设的重要精神动力。同时亦说明，革命传统思想道德文化只有与当代的改革开放实践相结合，才能具有生机活力，才能得到发扬光大，得到发展和深化。那么，怎样才能使革命传统思想道德文化与特区的改革开放实践相结合呢？其中的关键是，如何实现革命传统思想道德文化在深圳特区的现代转化。笔者认为，要成功地实现这一转化，应该做好如下几方面工作：

第一，革命传统思想道德文化与特区文化建设相结合。

特区文化建设是特区精神文明建设的重要组成部分，它包括社区文化建设、企业文化建设和旅游文化建设等。因此要使中国革命传统思想道德文化与特区文化相结合，就必须把革命传统道德文化的精髓渗透到社区文化、企业文化和旅游文化之中。

社区文化是社区人际关系的“黏合剂”，社区文化的好坏集中体现于社区居民的精神面貌。社区文化建设可根据社区环境和居民的特点，吸取革命传统思想道德文化的精华（如助人为乐、团结奉献等），形成自己的社区精神，并在居民喜闻乐见、广泛参与的各种文化活动中得到展现。如深圳莲花北小区，通过开展“为老人献爱心办实事”、“自愿报名当义工，乐为他人作贡献”等活动，拆除了社区内人与人之间心灵的“篱笆”，以“近邻胜过远亲”取代了“老死不相往来”，彼此感受到挚友亲情。整个小区见不到一块“禁止”、“罚款”之类的警示牌，然而题为“莲花北，我们的家园”的村报，通过刊登各类服务信息和评论文章，讴歌真善美，鞭策假恶丑，在小区营造出一种和谐、文明、友好的氛围，成为全国优秀示范小区。

企业文化是现代企业成熟的标志，是企业员工的凝聚力所在。因此企业文化的建设，可根据企业和员工的特点，吸取革命传统思想道德文化的精华（如艰苦奋斗、团结奉献、报效祖国等），提炼出企业经营理念和企业文化核心，形成富有有自身特色的企业精神。如深圳的康佳集团，从最初的300多名归国华侨员工弘扬爱国情，到集团国内外公司的员工面向国旗的“康佳晨读”成为企业精神象征；从施行“爱国爱厂、团结协作、遵纪守法、好学上进”16字厂风，到恪守“我为你，你为他，人人为康佳，康佳为国家”，再到“团结开拓，求实创新，以振兴民族经济为己任”，“康佳为国家”的企业精神在广大员工中形成了一股牢不可破的凝聚力，促使员工不断创新、拼搏、奉献，为企业的发展提供了巨大的精神动力，从而名列“全国十大最佳合资企业”。

旅游文化是旅游景点的文化意蕴和内在魅力。旅游文化的建设，可根据旅游景点的具体情况，吸收革命传统思想道德文化的精华，充实和丰富其文化内涵。如深圳的华侨城，确立“文化旅游”的理念，走“文化—旅游—文化”的发展道路，兴建“锦绣中华”、“中国民俗文化村”、“世界之窗”等人文景点，以文化为出发点，经过旅游这个中间环节，在创造经济效益的同时，落脚于弘扬民族文化和革命传统思想道德文化，使人们在旅游中受到文化熏陶，耳濡目染，深得教益，因此虽为人工景点，却长盛不衰，经济效益和社会效益双丰收。

第二，革命传统思想道德文化与特区道德建设相结合。

特区思想道德建设是特区精神文明建设的核心，是深化和发展革命传统思想道德文化的重要渠道。特区思想道德建设，不仅要提炼和形成富有特区特色的深圳精神、建构与特区发展相适应的市场经济伦理，而且还要制定和完善特区的市民行为道德规范。因此要实现革命传统思想道德文化在特区的现代转化，就必须使之融汇于深圳精神、市场经济伦理和市民行为道德规范之中。

深圳精神是深圳人精神面貌的反映，深圳特区的改革开放和现代化建设需要具有强大凝聚力的精神支柱。历史证明，凡是社会处于深刻变革的转折关头，都呼唤与之相适应的新的思想观念的产生。而这种新的思想观念一旦产生，其威力无穷，往往是推动社会发展的“先导”力量，并且对整个社会起着一种内在的无形的支配作用。因此，特区人在总结和概括特区改革开放实践的基础上，通过吸收中国古代优秀传统文化和革命传统思想道德文化以及外来先进观念，提炼出以“开拓、创新、团结、奉献”为主要内涵的深圳精神。可见，深圳精神本身就是中国优秀传统文化与特区实践相结合的产物，是中国优秀传统文化在特区现代转化的体现。

特区的市场经济伦理是特区改革开放和社会主义市场经济发展的需要。市场经济具有自身的价值和理性，它本身也内涵伦理秩序；同时深圳作为我国改革开放的窗口和试验场，经过30年的建设和发展，已初步建立起社会主义市场经济体制，需要与之相适应的道德观念和伦理精神作为支撑。特区市场经济伦理的建构，不仅可以成为特区进一步发展的精神动力，而且还可以推动转型时期社会伦理道德体系的完善。因此特区人在研究和整理特区移民文化与伦理道德观念的同时，可吸取中国传统思想道德文化的精华，建构具有民族特色、适合特区发展的市场经济伦理。

市民行为道德规范是对特区市民的基本道德要求，也是深圳精神和特区市场经济伦理在特区道德主体身上的内化和体现。因此特区市民行为道德规范的制定，必然要反映和体现中国传统思想道德文化的要求，从而确保中华民族的传统美德在特区市民身上得到发扬光大，真正建成具有中国特色的社会主义特区。

第三，革命传统思想道德文化与特区教育改革相结合。

特区教育是特区精神文明建设的重要途径，是灌输和渗透革命传统思想道德文化的主要渠道。就学校教育而言，特区教育包括学科教育、品德教育和课外教育等几个方面。因此，要实现革命传统思想道德文化在特区的现代转化，就要充分发挥特区教育中学科教育、品德教育和课外教育等主渠道的作用。

学科教育是特区各级各类学校所开设的、以传授专业知识为主的教育，是特区素质教育改革的重要组成部分，是培养和提高特区青少年科学文化素质的主要渠道。学校教育在特区教育改革中，不仅要传授系统的学科专业知识，还要发挥育人功能，适当灌输和渗透传统文化和传统美德，培育特区青少年真善美的心灵。

品德教育是特区教育中系统传授思想品德理论、培养和提高特区青少年思想道德素质的教育，是灌输和渗透革命传统思想道德文化的主阵地。特区的品德教育要坚持以党的基本理论和基本路线为指导，围绕树立建设中国特色社会主义的共同理想和正确的世界观、人生观、价值观，坚持继承优良传统与弘扬时代精神相结合，尊重个人合法权益与承担社会责任相统一，注重效率与维护社会公平相协调，把先进性要求与广泛性要求有机联系起来，努力形成和发扬与特区社会主义市场经济发展相适应的思想道德和伦理精神。

课外教育是特区素质教育的重要补充，是灌输和渗透革命传统思想道德文化最宽松、自由、活泼的教育形式。如深圳特区教育部门组织和开展的“与贫困地区小朋友手拉手、献爱心”的教育活动，“与港澳台小网民交朋友、讲历史、谈国情”的教育活动，以华侨城“锦绣中华”、蛇口赤湾炮台、“富而思源、富而思进”的岭南村为基地的“回顾历史、了解现实、畅想未来”的课外教育活动等。在这些丰富多彩、生动活泼的课外教育活动中，特区青少年亲身感受到革命传统美德的价值和魅力，心灵得到陶冶、净化和升华，自觉地树立起科学的世界观、人生观、价值观和道德观。

二、深圳特区经济的高速发展与思想道德建设的互动

深圳特区经济发展的速度和成就是有目共睹的。深圳不仅取得了经济建设和物质文明的丰收，而且取得了道德建设和精神文明的丰收。深圳特区的实践表明，经济与道德并非“二律背反”，特区经济与道德建设是并行不悖的。特区经济的高速发展为道德建设和道德教育奠定了坚实的经济基础，而道德建设和道德教育对经济发展具有巨大推动作用，二者是互相促进、共同发展的互动关系。

(一) 经济与道德并非“二律背反”

在全球化的强烈影响下，市场经济在大力推行改革开放的社会主义特区中以其特有的生机和活力迅速发展起来，形成了一股巨大的浪潮，对原有的社会结构体系的各个领域产生了不可避免的强大冲击。在市场经济浪潮的冲击下，特区社会伦理道德变化的基本趋势究竟是怎样的呢？我们应该如何看待特区伦理道德的这些变化呢？

有的学者认为，特区道德领域中发生的种种问题，说明在发展市场经济的进程中出现了明显的道德滑坡，社会道德水平在下降。我们过去很不容易培养起来的道德传统，在市场经济浪潮的冲击下正在流失，令人痛惜。而之所以出现这种情况，是由于市场经济本来就以利益分化、各谋其利为前提，市场没有感情，没有良心，它必然导致利己主义、拜金主义等非道德倾向。由此，引出结论，市场经济与道德进步是相互拒斥的，这种拒斥关系，用康德的话说，就是“二律背反”。

还有的学者主张对特区道德领域的矛盾与冲突做积极的评价，认为它的主流是一种进步，而不是所谓“滑坡”。市场经济的发展推动人们重新认识集体利益与个人利益、共同利益与特殊利益的关系，促使个性意识的觉醒，呼唤创新进取精神，并使社会公平超越平均主义的浅陋形态而确立于效率的基础之上，这些都是道德进步的表现，是应该肯定的。而市场经济所冲击的，主要是旧体制下形成的某些僵化的或扭曲

的道德观念，如“抽象的共同利益观”，“重义轻利、崇贫恐富的义利观”，“平均主义的公平观”等等，这些观念本来就是有偏差的，是应该予以纠正和淘汰的。[1]

那么特区市场经济与伦理道德之间究竟是相互拒斥、“二律背反”，还是并行不悖、互相促进呢？这就需要我们对特区市场经济与伦理道德的关系进行深入的考察和研究。

第一，从特区市场经济与伦理道德相互作用来看，市场经济行为是伦理道德准则的实践源和载体，伦理道德准则是市场经济行为的价值导向和目标。

在人类改造自然、改造社会的过程中，工具制造、物质生产、劳动交换、商品消费是市场经济行为的原生形态，科学革命、产业更新、组织增生（如银行）等一系列生产力的裂变则是市场经济行为的次生形态。市场经济行为本质上是人与自然、人与人之间的制衡关系，它是人类生产和发展的基础，是人性的对象化与自我肯定。市场经济的消失、萎缩和病态增长都将导致人的失衡与异化。

然而，市场经济行为不是人类生存和发展的唯一基础。当人类开始思索人与自然以及人与人关系的时候，伦理道德准则也就随之降临人间，并且在结构与功能上迅速成长为与市场经济行为不相上下的另一种文化形态。尔后，它们相互渗透、水乳交融。但伦理道德准则始终不能取代市场经济行为，它一直作为市场经济行为的原动力和理想目标而存在。与凸现实践载体的市场经济行为有所不同，伦理道德准则的典型意义体现在它具有面向现实生活的价值取向。这意味着，市场经济行为与伦理道德准则之所以能够实现互动，正在于各自的实践性。市场经济行为需要伦理道德准则的启动与疏导，伦理道德准则则呼唤市场经济行为的支撑与充实。没有伦理道德准则的规约，市场经济行为将是低层次的生产活动；没有市场经济的铺垫，伦理道德准则只能是徒劳的劝谕和苍白的呐喊。

深圳作为中国改革开放的窗口与试验场，经过 30 年的发展与建设，已逐步建立起社会主义市场经济体制。市场经济具有自身的理性与价值，它本身也内涵伦理秩序。毫无疑问，特区肯定正在形成并实践着自己特有的伦理道德准则。这些在市场经济中产生和发展起来的伦理道德准则，反过来又成为特区市场经济得以顺利进行的理性支撑和精神保证。

---

[1]　贾高建等：《市场经济与道德流变》，中共中央党校出版社 1997 年版，第 5 页。

第二，从特区市场经济行为与伦理道德实践的主体来看，（它们各自的主体）经济人和道德人的理想状态是合而为一。

利益是市场经济行为的主体（经济人）追逐的对象，人格是伦理道德实践的主体（道德人）寻求的目标。利益的最大化与人格理想的完善如何才能整合统一，这是当代思想道德建设所面临的难题之一。无休止地追逐利益，其结果将是灾难性的，即物欲横流、拜金主义吞噬一切，人沦为精神乞丐。因此，在市场经济行为的背后，必须有伦理道德准则的规约和矫正。相反的危险也是存在的，即伦理道德准则的孤芳自赏会导致道德的人沦为生活乞丐，甚至背叛道德。

于是，特区市场经济行为与伦理道德准则之间的互动成为一种合理和必然，成为人类健康向上的强烈呼声与内在要求。二者的主体经济人与道德人的合而为一是完美人性的基本条件。利益与人格之间并无绝对的对立与隔离，它们需要在与对方的关系中互相实现、不断提高。可以说，确保人的主体性不致分裂是当代思想道德建设的奋斗目标，捍卫、丰富、完善主体性也促使市场经济行为与伦理道德准则的互动成为永恒。

第三，从特区市场经济发展与伦理道德进步的衡量标准来看，二者都以促进人的发展为目标，并在互动中促使这个目标的实现。

特区发展的不平衡性使市场经济行为与伦理道德准则的关系处于动态变化之中。而协调市场经济行为与伦理道德准则的发展方向、速度与模式，正是经济与伦理互动的重要内容。当然，不可忽视市场经济发展与伦理道德进步之间的差异，前者主要是社会生产力的发达，后者主要是人的思想道德的升华。因此进行特区思想道德建设，既要看到市场经济行为与伦理道德准则的相对独立性，又要充分发掘、利用市场经济行为与伦理道德准则的内在功能与同化作用，从而为两者的同步发展规范了可能性的现实倾向。

人的因素始终是特区市场经济行为与伦理道德准则的内核，利益最大与理想人格构成了人的二重性矛盾。这一状况既为特区市场经济与伦理道德的同步发展构想设置了障碍，同时又引发了一种难以排拒的动力。而人的发展是市场经济发展与伦理道德发展的实质性内蕴，它突出地映照着社会发展的终极关怀。在很大程度上，人的发展规约着市场经济与伦理道德的同步发展的可能性及其现实性，它是前提又是目的。离开了人的发展，也就偏离了社会发展的主题，就会导致市场经济与伦理道德之间的欺罔与盲动。当然，同步发展并不意味着步调一致、整齐划一，而是强调相互之间的默契、通感与和谐。市场经济与伦理道德的同步发展是特区现代化的重要标准，也是特区人的全面发展的重要尺度。

第四，从社会转型的角度来看，特区市场经济和伦理道德的地位和角色不是绝对的，始终处于相互转化的互动之中。

在特区社会转型的过程中，市场经济与伦理道德的互动发生着从形式到内容的一系列震荡与裂变，以期保持旺盛的生命力。这既不是僵硬的一一对应，也没有不可把握的飘忽感受。它们的互动是一种常量与变量之间的耦合振动，既相对稳定、又不断翻新。二者的关系也相应地予以变更，重构原来的形式、扬弃固有的内容。不然的话，它们的互动不仅不能引领前进的步伐，而且可能落伍于时代的大潮，甚至被淘汰出局。在特区市场经济与伦理道德的互动关系中，市场经济与伦理道德的作用和地位不是绝对的，它们可以互相转化。有时，市场经济与伦理道德平分秋色；有时，市场经济发挥主导作用，抑或相反。总之，在社会转型过程中，合理化的自我扬弃、吐故纳新是市场经济与伦理道德关系的一个重要方面，它指向未来。

第五，从历史发展的角度来看，特区市场经济与伦理道德的互动不是偶然性的相互刺激与制衡，而是一种有规律的运动过程。

特区市场经济与伦理道德的互动是一种特殊的运动形式，互动的强度、方向、频率、结果充满了可能性与偶然性，远非机械的单摆。如果把视野仅仅局限于此，那么就会排除对市场经济与伦理道德互动关系的任何实质性理解。因此，必须由可能性与偶然性层面再往下深入，以便获取规律性的精髓。在开展特区思想道德建设的过程中，我们既不应该绕开市场经济与伦理道德互动的可能性与偶然性，又不应该被其所缠绕。在绝对的意义上，市场经济与伦理道德的互动不受偶然性支配。否则，市场经济与伦理道德的互动只能是机缘与巧合的拼凑，而非必然。事实上，这种互动是合规律性的运动，它是偶然与必然的对立统一。

可见，特区市场经济与伦理道德并不是相互拒斥的“二律背反”，而是合规律性的互动。我们既要看到二者的内在一致性，坚定发展社会主义市场经济的信心，充分发挥特区市场经济对社会生产力发展的巨大推动作用；又要看到二者的矛盾性，做到越是发展市场经济，越要加强思想道德建设，充分发挥特区思想道德建设在团结五湖四海移民、共同建设特区社会主义现代化的凝聚力和向心力。

(二) 深圳特区经济的高速发展及其影响

马克思认为，在人类社会发展史上，一定的社会经济基础制约着政治、法律和道德等构成的上层建筑的发展过程。他指出："人们自觉地或不自觉地，归根到底总是从他们的阶级地位所依据的实际关系中——从他们进行生产和交换的经济关系中，吸取自己的道德观念。"[1] 换句话说，有什么样的经济，就有什么样的道德文化。经济关系决定道德体系的基本原则和主要规范，道德文化的变迁源于经济关系的变化。诚如俄国思想家普列汉诺夫所指出的："人类道德的发展一步一步跟随着经济上的需要，它确切地适应社会的实际需要。"在人类历史上，一切道德体系的兴衰起落、进退消长，归根到底，都是导源于经济关系的状况。当旧的社会经济关系日益腐朽、新的社会经济关系日益形成的时候，旧的社会道德关系也必然随之日益衰败，新的道德关系便随之日益兴盛。因此，市场经济的发展也必然引起旧的伦理道德关系的变化。

深圳过去 30 年发展的最大成就之一就是在全国率先建立起一个有利于经济持续发展的社会主义市场经济体系，创造了全国闻名的"深圳速度"和"深圳效益"，由一个边陲小镇迅速发展成为粗具规模的现代化城市，综合经济实力进入全国大中城市前列。2008 年深圳的国内生产总值 7806.53 亿元，按照常住人口计算的人均生产总值为 89814 元，按人民币对美元折算率计算，人均生产总值为 13153 美元。已达到和赶上世界上中等收入国家水平（3126—9655 美元）。

深圳特区经济的高速发展对人们的思想道德观念和思想道德建设究竟产生怎样的影响呢？笔者认为，大致具有如下几方面的影响。

第一，特区经济的高速发展对人们的思想意识的影响。

历史唯物主义认为，社会存在决定社会意识。特区经济这一社会存在的发展变化，必然引起人们思想意识和道德观念的变化。思想意识是指对人的本质和社会的本质的一整套观念，即对人应该怎样做，社会应该怎样组织的看法。

特区经济的高速发展对人们的思想意识的影响集中体现在如下几方面：

其一，对社会制度进行道德辩护的思想意识。任何一种制度，只有在它拥有为全社会，至少是为大多数人所接受的行使社会权威的道德的正当性时，才能被大众视为

---

[1] 《马克思恩格斯选集》第 3 卷，人民出版社 1972 年版，第 133 页。

是正义的，才能为社会大众所认可和接受，由此才能使制度得以维持。关于制度的道德上的合法性，许多学者都作过系统的论述，如S. 李普塞就认为，“合法性的意义包括，这个制度能否形成并维持这种信念，即现存的政治制度最适用于这个社会”。经济学家罗宾逊夫人也认为，任何一种经济制度都需要一套规则，需要一种意识形态来为他们辩护，并且需要一种个人的良知促使他努力去实践它们。[1] 也就是说，社会制度通常由一套道德观念为之辩护并提供其基础，道德观念又要求在具体的制度层面上体现出道德的合法性。

比如说，关于股份制经济的认识。过去通常把公有制等同于国有制。但在特区的改革开放过程中，随着新型的股份制经济的出现，与国际接轨的现代企业制度和国有企业的股份制改造成为必然之势。华为、中兴通讯等一批股份制企业逐渐成为推动特区经济高速发展的主力军，它们以集体所有形式出现的公有性质开始得到人们的认同和肯定，并以其出色的业绩和突出的贡献受到社会保护和道义上的支持。

其二，对社会现象进行道德攻击的思想意识。在社会变迁和社会转型的情况下，常常会出现两种互不相容的思想意识，其中一种是努力维护原有的事物，而另一种则猛烈攻击之。如果攻击的一派获胜的话，他们就会依其新的意识形态制定新的社会制度。在这种情况下，思想意识面临严峻考验，不可避免地要从攻击性的转变为维护性的，即依照新的社会现象调整其社会制度，以适应变化了的社会环境。

譬如，对于私有经济的态度。过去一直把私有经济等同于资本主义而加以打击、压制和排斥。但随着特区经济体制的改革和多种经济成分的出现，私有经济以其机制灵活的特点获得了长足发展，个体企业、独资企业、合资企业等异军突起，几乎占据了特区的半壁江山，成为推动特区经济繁荣发展的一支不可忽视的重要力量。于是，人们由反对私有经济转而维护和支持私有经济的发展，承认私有经济在政治上的合法性和道德上的合理性。

其三，缓解心理压力的思想意识。人们经常发现，当事实与愿望相矛盾时，会滋生出各种思想意识，而思想意识的主要功能，就是解释矛盾的成因，并缓解因矛盾而产生的心理压力。

我们知道，特区的高速发展，使挑战与机遇并存，失败与成功同在。特区的创业

---

[1]　李皓：《市场经济与道德建设》，山东人民出版社1997年版，第153页。

者面临高强度、高竞争、高淘汰率，难免出现事实与愿望的矛盾，背负着沉重的心理压力，因而产生出解脱和舒缓这种心理压力的公平意识、竞争意识、时效观念和法制观念。

第二，特区经济的高速发展对人们精神追求的影响。

人类不仅通过生产满足其生存需要，而且在生产过程中不断创造出新的需要。动物的需要是天生的，而人的需要则主要是自身创造出来的。马克思和恩格斯从哲学的高度，对人的需要作了最精辟、最科学的阐述，他们认为人的需要可以概括为生存需要、享受需要和发展需要，把人的需要的内容或对象物分为生存资料、享受资料和发展资料。[1] 特区经济的高速发展使人们基本达到小康水平，满足了生存需要，包括享受健康（舍得花钱买门票到公共体育场馆锻炼身体）和享受环境（创建花园城市、营造良好的生态环境和人文环境、形成真善美的社会氛围），同时不断创造出新的发展需要，包括物质方面的发展和精神方面的发展。而精神方面的发展又集中体现在对深圳精神的追求。

特区在改革开放过程中形成了“开拓、创新、团结、奉献”的深圳精神。特区人十分重视深圳精神的培育和发扬，以此增进深圳的凝聚力。一是鼓励青少年勇于开拓、敢于创新，敢为天下先，敢走前人没有走过的路，敢于攀登前人没有攀登过的高峰。二是大力表彰先进典型，运用多种形式使具有开拓和创新精神的企业和其他行业的模范人物、具有奉献精神的优秀市民，在深圳家喻户晓，人人皆知。三是在全市大力提倡和广泛发扬奉献精神，支援内地建设，支援山区老区，捐助“希望工程”，充分体现出特区人“富而思源、富而思进”、“送人玫瑰，手有余香”的高尚情怀和道德风貌。

第三，特区经济的高速发展对人们的整体素质的影响。

经过30年的高速经济发展，深圳已基本完成初期工业化即经济起飞阶段，由小康进入全面现代化建设的新阶段。现代化是一个总体性进程，是社会的物质方面和精神方面同步发展的历史运动。这就是说，深圳的现代化正由以经济现代化为核心的阶段转变为注重经济、文化、教育和人的现代化协调发展的阶段，这就意味着在现代化建设中突出文化教育的重要性和迫切性，使得广大群众在“文而化之”的过程中，从

[1] 《马克思恩格斯选集》第3卷，第572页。

心理到行为都获得与现代化发展相适应的综合素质，真正成为现代文明的主体。深圳人对此有一定的认识，并逐步转化为工作的指导思想。

在迈向现代化建设的过程中，深圳的文化教育已开始由“自在”阶段转变为“自为”阶段，其显著特征是：变被动应付为主动规划，自觉、能动地发挥文化教育在提高人的素质、搞好社会风气、推动社会全面进步方面的作用；变说教式为渗透式，让文化教育进入城市的各个角落，走进人民群众的日常生活，真正成为人们观念上、行为上的东西。这种自为性建设使深圳文化教育有了长足的发展，2008 年深圳市学龄儿童入学率和小学毕业生升学率均保持在 100%，初中毕业生升学率 71.8%。也就是说，深圳不仅圆满完成了普及九年义务教育的任务，而且正在将义务教育逐渐普及到高中。

深圳经济的高速发展不仅为文化教育建设提供了优越的物质条件，而且为深圳建立现代学习化社会奠定了良好的物质基础。在科学技术和现代文明突飞猛进、高速发展的形势下，适应知识经济时代的需要，深圳大力提倡并全力以赴建立全面参与的现代学习型社会，普遍提高市民的整体素质。所谓全面参与的学习型社会，一是全民性。不论干部和一般群众，所有公民都有积极参加、接受教育的义务。二是多元性。建立由基础教育、学历教育、职业教育、在职教育、专门学校教育、单位培训等多层次、多形式的网络型教育体系。三是终身性。建立完善的继续教育体系，每位公民都需要接受和进入终身教育体系，强化公民的知识更新能力、知识发展能力、知识创新能力和知识应用能力。从而使深圳人在日新月异的知识经济时代，不断提高其整体素质和竞争能力，在全球化的浪潮中立于不败之地。

(三) 深圳特区思想道德建设的精神力量

特区市场经济的发展为思想道德建设提供了必要的物质基础，对人们的思想道德观念产生决定性的影响。同时，特区思想道德建设对市场经济的发展具有巨大的推动作用，是特区市场经济发展的重要精神动力。具体而言，特区思想道德建设的精神力量主要体现在如下几个方面：

第一，确立价值导向，规范市场行为。

市场运作过程中，同时存在着两种截然不同而又紧密相关的动机在起作用。一方面交换本身受自利动机的驱动，人们做生意都是为了赚钱，这是完全正当、无可非议的；同时做生意又必须遵守市场规则，这是受法律和道德约束限制的，它是反自利的。一个成熟的市场体制最根本的特征就是自利动机和道德约束的协同作用。但是在当今大工业、科学技术背景和国际贸易的前提下，为了赚取更多的钱或生活得更好些，生产者、推销者、所有者和消费者已使世界形成一个复杂的商业关系网，从而编织出一幅“天下熙熙，皆为利来；天下攘攘，皆为利往”的市场敛财逐利图。像典型的“囚犯难题”就是有力的佐证。有一个富翁在家中被谋杀，财产被盗。警方在侦讯中抓到两名嫌疑犯甲某和乙某，在他们家中搜出了被盗的财物。但他们否认杀人，声称他们是在发现富翁被杀后，才进屋顺手牵羊偷了一些东西。于是，警方在将甲、乙隔离的情况下分别对他们说：因为偷东西有确凿证据，这将被判刑一年；如果拒不坦白杀人而被另一方检举，则将被判 30 年；如果坦白杀人将被判刑 10 年；此时如果检举他人，另一方抵赖的话，则可受奖无罪释放。试问在这种情况下，甲、乙二人将会作出怎样的选择？对此，他们各有两种选择，否认杀人或承认合伙杀人。当然，对嫌疑犯来说，最好的结果是双方都否认杀人，他俩各被判 1 年监禁的偷窃罪。但由于二人在隔离的情况下不能串供，万一被对方出卖，对方可获无罪释放的宽大处理，自己则被从严判处 30 年徒刑。所以还不如承认杀人，被判 10 年徒刑的风险小，而且如果对方不承认的话，还可得到无罪释放的宽大处理。因此，最后的结果必然是双方都承认杀人，各被判刑 10 年。原本对双方最有利的结局（都不承认杀人，各被判 1 年）却不会出现。这个结果与他们是否真的杀人无关。他们即使从未杀人，也会作出承认杀人的选择。这就是著名的“囚犯两难选择”。

这个“囚犯两难选择”具有极为深刻的启迪意义。它说明了在自利原则的强力“磁场”的吸引下，人性被扭曲变形，变得何等的卑下、自私、龌龊。它还清楚地解释了当人们短视地仅以一己私利为目标时，必将导致对大家都不利的结局。但事实上，在特区建设市场经济的过程中，尤其是在建立特区的初期也不乏这样的事例。比如，人们都痛恨假冒伪劣商品，可是对一个具体的厂家或商家来说，以假冒真，以劣充优，却可以赚得比别人更多的钱。其结果导致假冒伪劣商品充斥整个市场，造成尔虞我诈的混乱局面，严重损害了整个商业的信誉和城市的形象。因此，这种敛财逐利的市场行为需要一定的秩序整合。为了最大限度地满足每个人的利益欲望，必须在人们的相互利益关系和市场行为中建立起一整套行之有效的秩序规则。这些规则中除了一部分属于纯技术性的市场交换规则和有关的法律法规之外，还有一个非常重要的部分，就是以价值导向为核心的道德规范。

特区思想道德建设就是要帮助人们确立正确的价值取向，促使当事者通过互利而后自利，从而促进人们之间的相互理解、尊重和自我实现。这样，每个人自觉不自觉的权利、责任关系，终得以呈现为一种整体的同构关系。当人们普遍确立起服务他人、服务社会、以顾客为上帝的价值取向，当互惠互利、公平竞争的准则成为每个人的行为习惯，每个人依此准则办事而不斤斤计较个人眼前利益得失时，特区良好的市场秩序和道德氛围也就形成了，特区思想道德建设的作用也因此得到充分发挥和体现。

第二，增强道德意识，弥补市场缺陷。

1990 年诺贝尔经济学奖获得者、美国纽约市立大学教授马克维茨曾对中国记者说："市场没有心脏和头脑，因而不能指望市场自身能够自觉地意识到它所带来的严重的社会不平等，更不能指望市场自身来纠正这种不平等。"[1] 这就是说，市场经济虽然是经济活动的重要调节机制，但市场机制绝不是万能的，它不可能解决一切经济和社会问题，它在调节经济活动中必然在一定范围内和一定程度上存在着缺陷。所谓市场缺陷，是指在满足一切理想条件，从而市场机制能够充分发挥作用的情况下，市场对一些经济活动仍然无能为力。这种缺陷主要表现有二：

其一，由于市场交换的中介化、普遍化，促使买和卖的分裂与对立。一方面，它具有历史必然性和进步性。正如马克思在《资本论》第一卷中所指出："流通所以能够打破产品交换的时间、空间和个人的限制，正是因为它把这里存在的换出自己的劳动产品和换进别人的劳动产品这二者之间的直接的同一性，分裂成卖和买这二者之间的对立。"[2] 由于以货币为中介的买和卖的分裂，拓展了交换的空间，缩短了交换的时间，因而它跟人类早期以物易物的简单商品交换相比，无疑是大大增加了交易的机会，促进了社会经济的活跃和发展。然而另一方面，这种买和卖的分裂与脱节，也对交换产生了一些消极影响，它使买和卖变成了对立的两种行为：作为卖者，他不一定能把商品如愿地卖得出去；作为买者，他也不一定马上能买到自己所需要的商品。这就会诱发人们利用这种供需暂时失衡现象，进行投机倒把，囤积居奇的活动。于是，

---

[1] 李皓：《市场经济与道德建设》，山东人民出版社 1997 年版，第 158 页。

[2] 《马克思恩格斯全集》第 23 卷，人民出版社 1956 年版，第 133 页。

或以贱卖贵、漫天要价，或乘人之危、压低价钱等不道德的市场行为时有发生。

因此，在特区发展市场经济过程中，必须加强思想道德建设，增强市民作为市场主体的道德意识，牢记自己既是经济人又是道德人的双重身份，不断加强市场行为中道德防范和补偿工作，坚决制止各种违反、破坏道德规范的灰色经济、黑色经济现象的回潮和泛滥，从而确保特区市场经济健康、高速发展。

其二，市场竞争的结果必然导致收入分配的不平等。美国著名经济学家奥肯曾明确指出："美国的经济制度建立在自愿交换和生产资料私有制基础上，这种经济制度依靠金钱的奖赏和惩罚，并由此产生收入与财富方面的不平等分配。"[1] 在市场分配收入的情况下，收入的不平等是必然的，因为市场是按照投入生产的要素的贡献来分配的。因此，在市场经济这个制度中，人们的收入水平和消费水平取决于对生产诸要素的占有。这样，不同的要素所有者，由于他们拥有要素的数量和质量不同，他们的竞争机会也就不均等，从而他们的收入也就不平等。要素的差别，主要体现在拥有的财产和个人天赋上的差别。而财产和个人天赋的差别所产生的机会不均等和收入不平等正是市场缺陷所致。这主要是因为财产和个人天赋的差别从而引起的收入的差别并非都出自个人原因。从财产差别来看，一个重要因素是他的家庭地位是否优越。各种家庭的社会地位与经济地位不同，每个人所能继承的财产也就不同，这就使他们的竞争并不公平。从个人天赋来看，这方面的差别似乎完全取决于个人原因，其实不然，家庭的社会地位和经济地位对个人天赋的高低也是一个重要的决定性因素。这一方面来自父母的遗传；另一方面，家庭的社会地位和经济地位不同，其子女所能得到的营养和教育就会不同，如有钱的家庭就可以资助子女上大学和出国深造，他们比起那些条件较差，从而没有财力接受高等教育的家庭中的子女，会处于较有利的竞争地位，可能获得更高的收入。这种由于知识财富分配的不平等而造成的收入不平等，是当代社会的普遍现象。因此仅靠市场机制无法保证收入分配的平等。

因此，为了缩小贫富差距，消除两极分化，缓和社会矛盾，特区建设者通过建立新型的社会保障体系，对社会财富进行二次分配，使全体社会成员都能分享经济发展和社会进步的成果，为所有员工提供养老、医疗、劳动、住房等基本生活保障，避免由于社会成员之间收入差别过分悬殊而引起的社会震荡，从而保证特区社会主义市场

---

[1]　[美]奥肯：《平等与效率》，华夏出版社 1987 年版，第 29 页。

经济得以健康发展。

同时，特区建设者还认识到，如果没有先进的思想文化，没有高尚的道德情操，没有良好的社会风气和人文环境，是不可能建设高度的物质文明的，即使建立起来了，也是难以维持下去的。正如英国史学家汤因比说："人不仅是靠面包过活的。无论人的物质生活可能被提高得多么高，也无法治愈他在精神上对社会公平的需要。"[1]因此特区建设者们一方面建立新型的社会保障体系，弥补市场缺陷所造成的不平等；另一方面又大力加强思想道德教育，不断提高全体市民的思想政治觉悟和走共同富裕的社会主义道德意识，发挥特区的制度优势和环境优势，坚持两个文明一起抓，建设起高度的社会主义精神文明，营造现代化国际性城市所需要的人文精神和道德风尚，弥补市场缺陷在人们的精神领域所造成的不良影响。

第三，提高道德素质，降低社会成本。

市场经济发展的快慢、好坏，与社会成本的高低有着密切的联系。因为市场经济是以市场为中介来进行的人与人之间价值交换的经济形式。既然是人与人之间的交换活动，道德准则必然在这种活动中发挥作用。合理的道德准则会在总体上减少交换摩擦、降低交换费用，否则就会增加社会成本，影响市场经济的快速发展。在市场经济中，作为经济人的生产者和销售者为了追求最大限度的利润，在自利动机的支配下，当然要节约成本和尽量地增加收益。如果缺乏制度约束，难免偷工减料、以次充好、盗用名牌商标等。这时，生产者为了保护自身利益，不得不拿出巨额资金对市场中的假冒伪劣的侵权产品进行打击，政府为了保护经济主体的合法权益也必须加大投入以整顿市场，确保交换双方的正当权益不受侵害，乃至用行政手段来降低不正当竞争造成的不公正索取。可见，思想道德素质与交换活动之间有不可分割的关联性。

西方国家的大量事实证明，在一个人们行为缺乏道德规范、道德素质低下的社会中，必将会引发大量的社会成本。比如，缺乏道德约束的盗窃行为，虽然它只是财富在不同主体之间的转移，并没有导致社会总财富的减少，但它却引起社会防盗问题的产生。为了防止盗窃，就要建立防盗设施，设置保卫部门以及破获盗窃案件，这些都会引起有限社会资源的占用。社会为防止盗窃行为而引起的支出，就是盗窃这种不道德行为引发的社会成本。盗窃行为越猖獗，这方面的社会成本就越高。还比如，商业

---

[1] ［英］汤因比：《文明经受着考验》，浙江人民出版社 1988 年版，第 23 页。

欺诈这种不道德行为，它也会引发社会资源的浪费性使用。人们为防止被骗，就要花费人力、财力，去了解对方的信息，去鉴定商品的真伪与质量，去签订更加详细的交换合同，在被骗之后还要去打官司等。如果有良好的商业道德，这方面的费用就可以大大减少。总之，一个道德水准很低的社会，必然是一个社会成本很高、社会资源浪费性使用较多的社会；而一个由道德人组成的社会，则可大量节约社会成本，使有限的社会资源得到充分有效的利用，从而更有利地推动市场经济的快速发展。

在理性认识的基础上，特区建设者们深刻认识到，社会成员整体道德素质的优劣，对社会主义市场经济的健康发展至关重要。一个社会，越是具有良好的道德氛围，对其进行管理就越容易。这正是道德素质对降低社会成本作用的体现，同时也是转型时期人们呼唤思想道德建设和良好道德秩序的深层次的社会原因。因此，在建设市场经济过程中，特区建设者高度重视思想道德建设，大力加强思想道德建设，普遍提高人们的思想道德素质，营造公平、诚信的社会经济环境，维护正当的财产权、契约关系和交换活动，避免不道德行为带来的外部负效应，降低社会成本，推动特区市场经济健康、高速的发展。

综上所述，特区高速的经济发展对思想道德建设提出了新的挑战，同时也提供了新的机遇，促使特区思想道德建设在新形势、新情况、新问题面前，不断改革和完善，从而有力地促进特区人思想道德观念的更新和思想道德素质的普遍提高，有效地指导和推动特区市场经济的健康发展和社会主义现代化建设的顺利进行。

三、深圳特区高新科技的发展与思想道德建设的思考

科学技术是一把双刃剑，既可造福人类，也可危害人类，引发各种伦理道德问题，对思想道德建设产生直接的冲击和挑战，尤其是现代高新科技的发展，包括生物技术、信息技术和纳米技术的出现和运用，对人类的生存和发展产生了前所未有的影响。如克隆技术的问世，运用于牲畜则可优化品种，运用于人类自身则将造成现代伦理道德秩序的严重混乱。再如，信息技术和互联网的使用，一方面大大提高了工作效率，给人们的生活带来方便，同时也出现了网络安全和网上道德问题。人们虽然在理性上对高新科技的负面影响有所了解，但在实际工作中却不以为然、置之度外，以

占领科技制高点为由，极力鼓吹高新科技的决定性作用，甚至由崇尚科技发展到迷信科技。于是，在这场“经济热”引发的“高新科技热”中，形成了一个重大误区，即“科技万能”，并由此造成了对人文科学和人文关怀的漠视，以致产生反主体性效应，这亦可以说是人类发展过程中的一种异化现象。这种危害人类的反主体性效应和科技异化现象的出现，对当代的思想道德建设提出了严峻的挑战，不能不引人深思。

深圳作为邓小平同志亲自创建的经济特区，改革开放特别是进入20世纪90年代以来，紧紧把握世界经济发展的脉搏，积极实施“科教兴市”战略，大力发展高新技术产业，逐步走出了一条科技与经济紧密结合的新路子。2008年深圳市高新技术产品产值8710.95亿元，居全国大中城市前列。高新技术产业正在成为深圳的特色经济，并呈现出十分迅猛的发展态势。

深圳特区在高新技术方面所取得的成就和良好的发展态势，固然令人兴奋。但俗话说：生于忧患，死于安乐。日本成德大学教授王敏在谈到日本现状时，指出：“当今的日本社会很少讲伦理、道德，对人们的精神、思想并无要求，更没有衡量的标准和尺度。哲学和伦理全部演化为单纯的知识和情报信息，人也大多形成了技能性质的人，而不是思想的人。”[1] 日本《朝日新闻》的梅本重一先生曾对日本现代教育进行深刻反省：“造成人心的贫困的原因何在？不能否定这是由于伦理的缺欠，战后的日本教育从对战前的教育的反思出发，也就是说，是对人文教育的忽视。”[2] 可见日本的前车之鉴使我们清醒认识到：高新技术的发展并不能解决一切问题，尤其是人的思想道德和精神领域的问题。因此我们必须居安思危，富有忧患意识，在大力发展高新技术的同时，深入研究高新科技的发展对人们的思想道德观念的影响，探讨特区思想道德建设的对策和措施。

（一）深圳特区高新科技的迅猛发展

从当前的国际竞争和国内开放格局来看，大力发展高新科技是深圳未来的优势所在、希望所在、形象所在。增强科技创新能力，全力发展高新技术产业，赶超世界先

[1] ［日］王敏：《儒教在日本》，转引自《儒家伦理与公民道德》，中华工商联出版社1996年版，第279页。
[2] ［日］梅本重一：《日本现状的反省与儒教的再认识》，转引自《儒家伦理与公民道德》，第283页。

进水平，形成规模优势、品牌优势、市场竞争优势，是深圳经济特区增创新优势的重要内容，也是在新形势下深圳经济特区继续发挥示范作用和带动作用的重要表现。在30年的实践和探索中，深圳把大力发展高新技术产业作为第一经济增长点；政府积极推动和引导，营造促进高新技术产业发展的良好的综合环境；充分发挥率先建立社会主义市场经济体制和适应社会主义市场经济的企业经营机制优势；建立起以企业为主体的高新技术开发体系，走出一条科技与经济紧密结合的新路子。[1] 具体而言，深圳高新技术发展所取得的成就，主要表现在如下几个方面：

1. 建立了科技开发体系

20世纪90年代以来，深圳特区高新技术的发展，从小到大、从少到多、从慢到快，逐步建立起以企业为主体的技术开发体系，实现了知识产权资本化和产权主体多元化，加快了特区现代化、国际化的步伐。

第一，建立起以企业为主体的技术开发体系。深圳是一座新兴的移民城市，没有众多的高校和科研院所。但是，通过扬长避短和大胆创新，深圳已初步建立起以企业为主体、以市场为导向、以全国高等院校和科研院所为依托的技术开发体系。2008年深圳市科学研究与试验发展经费支出260.39亿元，全年落实科技研发资金7.50亿元，共支持科技项目1551个。到2008年末全市累计认定高新技术企业3086家，2008年登记科技成果254项。年末三项专利申请受理量36249个，其中发明专利18757个。研发经费和发明专利主要来自企业。另外，深圳的企业还与国内的130多家高等院校和科研院所建立了稳定的合作关系，从产品技术开发和科技应用研究等方面促进了科技经济一体化的发展。

第二，实现企业产权多元化和知识产权资本化。30年来，深圳大胆探索公有制的实现形式，建立了一批国有资本与集体资本、私营资本和外国资本互相渗透的股份制企业，改变了计划经济体制下单一形式的公有制模式。产权制度的改革，实现了企业所有权与企业经营权的分离，建立和不断完善企业法人治理结构，初步建立起现代企业制度，实现了企业产权主体的多元化。如公私合营的深圳中兴公司，由国有资本控股，授权私营产权代表组织管理班子经营，经营者以所持股本和分配权益作抵押，

[1] 许明达：《决胜21世纪》，海天出版社1999年版，第8页。

保证国有资本按一定比例增值。仅5年时间，国有净资产总额就增加了10多倍。

在大力发展高新技术的过程中，深圳非常重视知识、技术和科技人员的价值，逐步建立起技术入股制度和科技人员持股经营制度，实现知识产权资本化。技术入股制度，是把技术视为重要的生产要素定价入股，参与分配。如中外合资的深圳开发科技公司，通过国有资本与国外先进技术以股权方式的结合，企业的技术不断更新，产品不断换代，管理更加科学，产品销往欧、美市场，磁头产量居世界第三。科技人员持股经营制度的实施是重知识、重人才的表现，它规定企业中的技术骨干和管理骨干可以按其对企业价值的大小持有股份，使其利益与企业利益紧密相连，从而吸引和留住企业的骨干。如深圳民营企业华为公司，实行员工持股制度，充分调动企业员工的积极性和创造性，经过9年的高速增长，在国内外通信产业的激烈竞争中脱颖而出，1998年的销售收入近90亿元，其产品占领了国内市场20%—30%的份额，并进入俄罗斯、保加利亚、香港等11个国家和地区的市场。

第三，加快深圳现代化、国际化的步伐。1996年底，深圳市政府制定了高新技术产业的国际化发展战略。这一战略的思路是：引进国外高新技术大公司并促成本地化，将一批民族品牌高新技术产品推向国际市场，推动高新技术企业的经营国际化，形成一批跨国经营的高新技术大企业。十几年来，深圳对国外高新技术企业的引进卓有成效。现在，全球500强跨国公司已有数十家在深圳投资兴办高新技术企业。外资高新技术企业的设立，带动了深圳的产品出口，促进了深圳外向型经济的发展，也给深圳培养了人才，带来了信息，加快了深圳进入世界市场和走向国际性城市的进程。1998年6月27日，英国《经济学家》杂志在介绍深圳高新技术产业时冠以“中国硅谷”的美誉。显然，正是高新技术的国际化发展，为深圳企业逐步参与国际分工并融入国际高科技经济体系，为深圳实现现代化国际性城市的目标奠定了良好的基础。

2. 形成了特区的新优势

近20年来，深圳市委、市政府高度重视发展高新技术产业，不断完善高新技术产业的发展环境，从建立市场体制、制定扶持政策和吸引高级人才等方面入手，逐步形成了有利于高新科技发展的体制优势、环境优势和人才优势。

第一，体制优势。发展高新技术产业，目的是要在激烈的国际竞争中，占有一定的市场份额，因此必须以市场需求为导向。经过30年的经济体制改革探索，深圳走出了一条社会主义基本制度与市场经济体制相结合的路子，初步建立起包括资本市场、技术市场、人才市场、信息市场、产权交易市场和建筑市场等生产要素市场。一个竞争有序，分工合理，企业、政府动作规范，能够促进高新技术产业发展的市场经济体制已经基本形成，早期的政策优势正逐渐转化为体制优势。

第二，环境优势。深圳迅速崛起为全国综合实力最强的城市之一，市容市貌优美整洁，是国家首批环保模范城市。深圳供水、供电、通讯、海港、机场、铁路、公路等基础设施良好，为高新技术的发展解除了“瓶颈”之忧。深圳信息网络发达，已确认的 120 多家高新技术企业中有 40 多家通过香港工业科技中心进入因特网，深圳已形成进入国内外市场的便捷通道，从而为高新技术产业的高速发展创造了日趋完善的投资环境。另外，深圳市还运用全国人大授予的立法权，遵循有利于市场经济发育和高新技术发展的原则，根据国家有关法律法规的精神和本地的实际，制定了一系列地方性法规、政府规章和规范性文件，为高新技术产业的发展创造了平等、规范的法制环境。

第三，人才优势。高新技术产业竞争的实质是人才的竞争。谁有人才优势，谁就占有发展高新技术产业的主动权。深圳的现代化氛围及较好的生活条件，对于吸引高科技人才前来创业是一项很重要的条件，脱颖而出的人才成长环境、蓬勃发展的建设事业吸引着海内外各种专业人才。1996 年来，深圳每年引进国内外的大学毕业生、研究生近万名，目前在深圳工作的各类专业技术人员 94.01 万人，其中具有中级技术职称及以上的专业技术人员 33.14 万人。深圳市还建立了各类专业人才市场，吸引了国内外的企业人才资源，从而形成了企业人才培养、选择、评价、配置的市场化运作机制，为深圳高新技术的发展创造了人才资源优势。

3. 转变了以往的发展战略

短短 30 年间，深圳发展成为中国高新技术产业的一个重要基地，实现了经济发展战略和经济增长模式的重大转变，为深圳特区率先实现社会主义现代化的宏伟目标奠定了良好的思想理论基础。

第一，经济发展战略的转变。深圳特区建立初期，主要依靠中央给予的特殊优惠政策，创造了被誉为“中国奇迹”的“深圳速度”。但随着全国改革开放的不断深入，20 世纪 80 年代深圳的一枝独秀已发展为上海浦东、经济特区、沿海城市百花齐放的新格局，并开始向中西部推进；原来只有特区才享有的优惠政策已逐步普惠到全国，全国一些地方如上海浦东还拥有比特区更加优惠的政策措施。在这种新形势下，深圳市委、市政府及时转变观念、调整发展战略，变政策优势为体制优势，变依靠外在优惠政策为主要依靠自身内在的体制优势，在建立和完善社会主义市场经济体制的同时，确立了以高新技术产业为龙头的新的发展战略，把发展高新技术企业作为深圳经济的新的增长点。几年来的实践和探索证明，深圳这一经济发展战略的转变是及时的、有效的、正确的。

第二，经济增长模式的转变。20 世纪 90 年代，在经济全球化、现代化的形势下，深圳市领导正确地分析了深圳经济发展的优势和劣势，并适时地做出了转变经济增长模式的抉择，有计划地收缩了在当时发展势头很好的“三来一补”企业，集中财力、人力、物力发展以电子信息、新能源、新材料和生物技术为代表的高新技术产业。不管当时有多少人不理解，不管当时和后来有多少人为失去“三来一补”企业的一些产值和利税而感到惋惜，深圳市领导的决心没有动摇，而且做出了不懈的努力，使高新技术产业成为深圳经济的第一增长点。事实证明，发展高新技术产业，是深圳市领导在历史机遇面前所做出的明智的战略抉择，显示出崭新的创新意识、开拓精神和把握经济发展机遇的决断能力，标志着经济增长模式的根本转变。

(二) 深圳特区高新科技发展对人们思想道德观念的影响

深圳特区高新技术发展所取得的成就是有目共睹的，它不仅在物质上和技术上使人们的社会经济生活发生了巨大的变化，而且在精神上和认识上使人们的知识经济观念、科技伦理观念和教育观念发生了根本的转变。

1. 知识经济观念

特区建设者们为了实现“增创新优势，更上一层楼”的二次创业，在 20 世纪 90 年代便制定了高新科技发展战略。高新科技的特点是周期短、更新快，知识和技术的创新成为经济发展的基础，而这正是知识经济的基本特点。于是，特区人以发展高新科技为契机，开启了知识经济的大门，逐渐认识和接受了知识经济观念。

第一，知识财富观念。在高新技术产业发展过程中，特区人不仅深刻认识到“知识就是财富”，而且以技术入股的形式使其制度化，使知识和技术的价值在企业中得到充分体现，从而使知识财富观念在特区深入人心。

第二，知识产权观念。知识和技术的创新与应用成为高新技术产业的生命线。具有知识和技术创新能力的企业蒸蒸日上，缺乏知识和技术创新能力的企业逐渐被淘汰。高新技术企业之间的竞争归根结底是知识与技术创新能力的竞争。于是知识和技术创新的专利权、所有权问题，亦即知识产权问题凸现了。为此深圳市政府较早出台了《深圳市知识产权保护条例》，并通过广泛的科普宣传，使知识产权观念在特区企业和市民中逐渐树立起来。

第三，知识人才观念。知识和技术的创新离不开人才，高新技术企业之间的竞争，知识和技术创新能力的竞争，最终是人才的竞争。掌握高新科技、具有知识和技术创新能力的人才，在特区受到高度重视。早在20世纪80年代，深圳特区政府就制定了《关于有突出贡献科技人才的奖励办法》。重奖有突出贡献和创新能力的科技人才，使“尊重知识、尊重人才”在特区蔚然成风。

2. 科技伦理观念

特区建设者们不仅重视高新科技发展，而且关注高新科技中的伦理道德问题，并把它作为特区思想道德建设的重要内容，在进行科普教育的同时，积极引导人们树立正确的科技创造观和科技应用观。

第一，科技创造观。科技创造、发明看似一本万利的事情，但实际上却需要长期的积累、研究、试验和探索才可能有所收获、有所突破、有所成就。因此科技创造、发明是科技人员心血和智慧的结晶，它不仅是科技人员个人的财富，同时也是科技人员所属单位的财富、国家的财富。这种知识财富和其他财富一样，神圣不可侵犯。特区政府在颁布《深圳市知识产权保护条例》的同时，严厉打击盗版、剽窃等侵权行为，在特区营造良好的科技创造的法制环境和道德氛围。

第二，科技应用观。如果说科技创造主要涉及人与物的关系的话，那么科技应用则要涉及人与自然、人与社会的关系。科技应用不能只注重经济效益，而且要关注它的社会效益和社会影响。居于上述认识，特区建设者们在实际工作中提出“以人为本、与自然和谐发展”的原则，避免在科技应用过程中出现影响和危害人的发展的生态问题和社会问题，避免走发达国家“先破坏、后治理”的老路，避免陷入后发国家和地区“建设难、治理更难”的困境，使科技应用有利于特区的可持续发展，为特区的现代化建设创造良好的人文环境和生态环境。

3. 终身教育观念

高新科技周期短、更新快的特点，要求科技人员不断更新知识，学习最新理论，获取最新信息，把握世界科技进步和发展的趋势，否则就会落伍，甚至被淘汰。因此传统教育体系中把人一生的时间相对分为两个阶段（即在校接受教育阶段和工作阶段）的做法已不能适应高新科技发展的需要。随着知识经济时代的到来和高新科技的发展，特区建设者们深刻认识到：在知识社会中，学习和教育是任何人适应社会的最重要的方式，是人生的基础；学习和教育不仅仅是人生的一个阶段，而且贯穿人的一生，伴随人的始终。这就是终身教育的理念。

深圳特区建设者们以终身教育理念为基础，提出建构全民参与的学习型社会。要求不论干部和一般群众，所有市民都有终身参加、接受教育的义务；建立基础教育与高等教育、职业教育与在职教育、专门学校教育与单位培训等多层次、多形式的网络型教育体系；建立完备的继续教育体系，要求每个市民都需要接受或进入终身教育体系，强化市民的知识和技术的创新与应用能力；给所有 3 岁以上的特区常住居民颁发终身教育手册，建立终身教育档案。

深圳特区政府还加大力度，加快提供终身教育的环境、条件和机会。解放思想，深化教育体制改革；实行四条腿走路，即政府办学、社会力量办学、单位办学、个人自修一齐上；推动教育产业化，形成多元化、多层次教育投资体制，加快对学生实施教育贷款；进一步形成市场化人才和劳动力流通制度，促进教育面向社会需求，促进学以致用；研究和制订教育发展战略，建构适应特区高新科技发展需要，有利于特区社会发展和人的自身发展的终身教育体系和全民参与的学习型社会。[1]

随着高新科技的迅猛发展及其对社会生产力极大推动作用的显现，人们由崇尚科学，重科学、讲科学，发展到迷信科学，试图用自然科学去匡正人文科学，使其科学化，甚至设想用自然科学的方法去解决现实社会生活中的一切问题，出现了唯科学主义思潮。与此同时，人们在不知不觉中忽视了人文精神的培养，忽视了以人的内在精

---

[1] 深圳市委编：《跨世纪发展的历史使命》，广东经济出版社 2000 年版，第 80 页。

神为基础、以文化传统为负载的人文世界和人文现象的存在，产生了一些不良的思想倾向。

1. 重自然科学研究，轻人文科学研究。

近20年来，深圳市大力投资于高新科技的开发与研究，仅2008年政府和企业的投资金额就达260.39亿元，而同期人文科学研究的经费还不到科技研究经费的百分之一。其结果造成人文研究萎缩和人文成果匮乏，难以为人文教育提供必要的资源，无法满足特区人民精神生活的需要。

2. 重科技现代化，轻观念现代化。

深圳特区通过制定促进高新技术发展的战略规划和优惠政策，大力引进国内外的优秀人才和名牌企业（跨国公司），大幅度增加对高新技术产业的投资（1998年深圳市政府投资达1.5亿元，比1991年增长了70多倍）。高新技术产业的发展已成为深圳经济的第一增长点，1998年占全市工业总产值的35.4%，居全国大中城市首位，开始步入科技现代化的行列。

但在科技现代化的同时，却出现了观念滞后的现象。我们知道，深圳是一个新兴的移民城市，城市化速度十分惊人，2008年年末全市常住人口876.83万人，其中户籍人口228.07万人，非户籍人口648.76万人。显然非户籍人口是百分之百的移民，而且绝大部分是蓝领打工族。这部分蓝领大多来自经济欠发达的内陆地区，文化程度较低，但经过岗前培训后掌握了必要的技术和知识，迅速进入高新技术企业的生产第一线，对高新技术产业的发展和特区的现代化建设起了积极的推动作用。然而掌握了有限的知识和技术，能够进入现代化企业的移民，并不意味着就具备了适应现代城市生活的现代化的思想道德观念。事实上，这部分穿着打扮与城市人无异的新移民，在思想道德观念上却存在着很大的差异性，不仅他们互相之间存在着差异性，更重要的是与现代化的需要之间存在着一定的差距，即观念的滞后性，从而严重影响了特区现代化的进程。

3. 重科技创造，轻科学精神。

深圳市2008年科学研究与试验发展经费支出260.39亿元，共支持科技项目1551个。专利申请受理量36249个，其中发明专利18757个，成果转化率达80%以上，对深圳高新技术的发展和企业的技术改造起到了重要作用。但这些看似立竿见影的科技创造背后却潜藏着对科学精神的忽视，包括科学价值的引导和科学态度的培养。在大力发展高新科技的过程中，如果忽视了科学精神的培养，将会导致只顾经济效益而无视社会影响的严重后果。

(三) 深圳特区思想道德建设的对策和措施

特区高新科技的迅猛发展，一方面使人们的思想道德观念发生根本变化，形成了与特区社会经济发展相适应的知识经济观念、科技伦理观念和终身教育观念；另一方面也产生了一些负面影响，给特区思想道德建设提出了严峻的挑战。面对这一高新科技发展过程中出现的新情况、新问题，特区建设者们及时采取有效对策和措施，充分发挥特区高新科技的优势，克服其消极因素，促进特区思想道德建设的顺利进行。

1. 加强自然科学与人文科学的对话与交流，使自然科学与人文科学互相渗透。

自然科学与人文科学的融合是现代科学发展的必然；科学教育与人文教育的有机结合是现代教育整体性的需要。在科技至上的社会，在以科技促生产力发展、以科技增强国际竞争能力、以科技增强综合国力的时代，对人文精神的忽视不是没有深层原因的。然而我们需要科技发展，更需要人文关怀。国际竞争和社会竞争的结果是优胜劣汰，败者心情沉重，充满疑虑和困惑；胜者亦不无心理压力，难保常胜不败，同样存在精神负担。人世间总有捉摸不透的必然性存在，而这正是制约人们取胜的关键。加上人类自身的非理性因素的作用，更使竞争变得胜负难料。于是人们在忙忙碌碌的工作中，在变化不定的未知数面前，可能不时遭遇新的挑战、挫折和困惑。此时人们最需要的是心理的治疗和精神的安慰。这恐怕是现代宗教乃至邪教得以存在和流行的社会根源所在。

深圳作为我国改革开放的试验场，较早地引入竞争机制，有力地促进经济的发展，同时也加剧了社会的不平衡。尤其是在极力发展高新科技的年代，知识和技术的掌握成为制胜的关键。而客观上存在的知识财富的差别将使文化程度较低的移民打工族处于极其不利的竞争地位。这批为数不少，足以影响城市形象、经济发展和社会安定的移民，他们将面临比普通人更多的心理压力和精神负担。那么，他们最需要的是什么呢？当然他们需要钱，这是他们出来打工的主要目的之一。但从人性的发展和人格完善的角度来看，他们更需要的是代表城市精神文明的人文关怀。善恶本无根，而在陶冶之间。他们在特区工作和生活中感受到的人文关怀和人情冷暖，很可能会影响他们的一生。他们需要赖以谋生的技术手段，需要代表科学文化的“真”，但更需要充实人性、完善人格的人文情怀，需要代表人文精神的“善”和“美”。只有真善美的统一，尽善而尽美，才是圆满的人格，完善的人生。有了科学技术与人文精神相结合的真善美理念，这些移民们留在深圳则能繁荣特区、美化城市、安定社会，回到家乡则能影响一片、辐射全国、造福后代。可见，人文教育、人文关怀和人文精神绝非可有可无，科学只有与人文相结合，高新科技只有与人文精神相统一，才能创造出先进的特区文化，真正形成“开拓、创新、团结、奉献”的深圳精神。

2. 加强科学精神的教养，形成严谨的科学态度，树立正确的科学价值观。

思想巨人马克思曾说过：“在科学上没有平坦的大道，只有不畏劳苦沿着陡峭山路攀登的人，才有希望到达光辉的顶点。”[1] 他告诉人们从事科学研究必须脚踏实地，一步一个脚印，刻苦钻研，一丝不苟才可能取得成功。著名思想家胡适先生也说过，在科学研究中要大胆假设，小心求证。科学史上没有永恒不变的权威，每一次科学的进步都是在突破原有理论的基础上取得的。正如证伪主义的创始人、著名的科学哲学家波普所说，任何一个经过无数次推敲的科学真理，只要有一个反例就可以把它推翻。这就要求我们的科学工作者一方面要敢于怀疑、大胆假设，另一方面又要潜心钻研，不断深入，反复实验，千锤百炼，小心求证。高新科技的发明创造更是如此。高新科技的特点是：周期短，更新快。这就要求从事高新科技研究的人，不但要刻苦钻研，大胆怀疑他人，还要勇于否定自己，精益求精，不断推陈出新。在科技创造过程中，任何轻浮的做法和试图走捷径的行为，都必将遭到失败；任何妄想轻而易举地剽窃和占有他人成果的人，都必将被人们所唾弃。科学的事业需要科学的态度。只有态度严谨的科学工作者，才可能走在高新科技的前沿。

如果科技成果的发明和创造总会给人带来成功的喜悦，那它的利用和转化则喜忧参半。例如，原子弹的发明和使用，既可成为拥有国的强大威慑力量和安全保证，又可成为其他国家乃至全人类的潜在威胁。原子核的利用，可以为人类提供巨大的能源，但如果不慎泄漏则将给周围生态造成严重破坏，甚至危及人类的生命安全。炸药的发明和使用，为人类改造自然增添了无穷的力量，但在穷兵黩武的统治者手中则成了摧残生命的恶毒工具。信息高速公路的建设，为现代人的生活、工作提供了极大的硬利，但网上“黑客”的出现又给人们增加了许多的烦恼，甚至造成巨大的损失。可

[1] 《马克思恩格斯全集》第 23 卷，第 26 页。

见，在大力发展高新科技过程中，我们不仅要重视科技发明和创造，更要关注科技成果的运用，关注人们在运用科技成果时的科学态度、科学价值观和科学道德观，培养和提升其科学精神。

3. 充分利用现代高科技手段加强思想道德建设，建构适应特区市场经济发展的思想道德新体系，促进特区移民思想道德观念的现代化。

占深圳人口三分之二、被称为现代“新客家”的移民是特区现代化建设的生力军，在各行各业起着十分重要的作用。深圳特区肩负着率先实现社会主义现代化的光荣使命，而特区现代化的一个重要方面就是人的思想道德观念的现代化。这就需要加强特区移民文化与思想观念现代化的研究。2000 年 5 月深圳大学成立的道德文化研究中心及其已立项的国家社科规划项目“特区移民文化与市场经济伦理”，正是以探索特区市场经济伦理的建构、促进特区移民思想道德观念的现代化为目的的。我们知道，深圳作为移民城市，其居民来自全国各地，民族传统、风俗习惯和道德观念不尽相同，各种观念互相撞击，融为一体，形成了类似于美国和新加坡的“熔炉式”的移民文化，对移民思想道德观念的现代化产生重大影响。因此加强特区移民文化的研究是实现特区移民思想道德观念现代化的首要任务。

特区移民文化不仅包括移民迁出地的传统文化，而且包括移民们生活于其中的社区文化和企业文化，同时还受到外来文化的影响。因此要加强特区思想道德建设，纠正“重科技现代化，轻观念现代化”的不良倾向，促使观念现代化与科技现代化同步发展，就必须在大力发展高新科技的同时，做好如下几方面的工作：第一，深入研究特区移民的传统文化，实现其传统观念的现代转化，建构特区的市场经济伦理和思想观念新体系。第二，加强企业文化建设，以形成“企业精神”为核心，促进移民思想道德观念的现代化。第三，增强社区的凝聚力，以建设高度文明的真善美社区为中心，在和谐的社区氛围中形成特区移民的新思想、新观念、新道德和新风尚。第四，充分利用现代高科技手段，加强移民新生代的思想道德建设。20 世纪后期，我们已经面对了在电视机前长大的一代，21 世纪初期我们还将面临在计算机前长大的新一代。现代科技的发展日新月异，而且深圳的计算机普及率远远高于内地，从而使特区思想道德建设面临新情况和新挑战。在教育网络化的信息时代，网上教育将成为思想道德建设的重要形式。因此，充分利用现代网络技术，扬长避短，实现思想道德建设的网络化改革，是特区思想道德建设的紧迫任务。

四、深圳特区快速的城市化与移民的思想道德建设

深圳的城市化速度可谓亘古罕见，在短短的30年里走过了别的城市需要数十年乃至上百年才能走完的路程。究其根源是改革开放后大批移民的涌入，使深圳一跃成为数百万人口的大都市。这些闯荡特区的移民，除少数来自内地城市的干部和工人外，绝大多数是农村的剩余劳动力，即进城民工。随着城市化过程中生产方式和生活方式的变化，移民的思想道德观念和行为方式必然发生嬗变，加上移民流动性大的特点，对传统的“上传下达”的思想道德教育模式提出了严峻的挑战。因此要搞好特区思想道德建设，就必须深入研究特区城市化的特点，全面把握移民思想道德观念的变化。

（一）深圳特区的城市化及其特点

深圳特区的城市化既具有一般城市化的共性，又具有特区城市化特有的个性特点；它既是现代城市化的一个缩影，又是中国改革开放过程中城市化的特例。

1. 城市化

城市化是随着工业化而发生的经济和人口分布重心向城市转移、城市数量和城市人口迅速增加、城市在国民经济和社会生活中的作用逐渐强化的历史过程。[1]

如果说工业化是人类社会发展的必然阶段，那么城市化就是工业化的必然结果。工业化对城市化的促进作用具体表现在：首先，工业化促使农业劳动生产率迅速提高，使农产品和农村剩余劳动力大量出现，而这些就为城市以及第二产业、第三产业的发展提供了可能性和现实基础。其次，工业化为城市提供了大量的就业机会，进步的生产方式和优越的生活条件，对广大农村产生强烈的吸引力，促使农村人口向城市转移和集中。再次，工业化除了引起人口和产业的聚集以外，还相应地促进交通、建筑、科学、技术、文化、教育、信息，以及为工商服务的各种事业的聚集。这种聚集从客观上形成与上述产业和人口集中相适应的城市。可见，由于工业化而引起社会生产的发展和社会生产方式的变化；由此而引起第二、三产业在城市的聚集，这样便加

[1]　王章辉：《农村劳动力的转移与城市化》，社会科学文献出版社1999年版，第6页。

快了人口向城市的集中；以及由此决定人类生存发展条件的改变，经济结构和社会结构的巨大变化。因此，城市化以及城市生产方式和生活方式在社会广泛推广普及的过程，是工业化发展的必然结果。[1]

恩格斯曾提出城市化的根本原因是工业现代化的著名论点，而且指出：像（当时）伦敦市“250 万人这样集聚在一个地方，使这 250 万人的力量增加了 100 倍”，这就是有名的“集聚效应”学说。事实上，现代城市化对推动社会经济高速发展不单纯是人口集聚的作用，而是多种因素的集聚作用，其中最主要的有四个方面：第一，现代城市是现代科技、现代工业和掌握这些技术的人才茁壮成长的“沃土”，也就是城市在推动生产力发展方面产生着重大的作用；第二，现代城市是生产专业化、社会化大协作不断发展的“基地”，也就是说城市在推动生产关系不断变革方面产生了重大作用；第三，现代城市是形成市场经济的基本条件，通过市场经济的“优胜劣汰”，技术落后和经济效益差的单位及时被淘汰，技术先进和经济效益好的单位不断发展壮大，从而不断推动技术更新和经济效益的提高，不断为社会发展积累资金；第四，现代城市把以上因素结合在一起，并在发展中不断优化，使之有机、有序，结构合理，从而不断释放出推动社会进步的巨大能量。[2]

城市化不仅是生产方式和物质文明的进步，更重要的是它带来了人的行为模式、交往方式、人际关系的变化，促进了人的思想和精神面貌的现代化。城市的主体——广大市民在城市化进程中发挥了主导作用。城市文化，包括物质文明和精神文明的进步并向乡村扩散渗透，从而推动整个社会的进步。

2. 深圳特区的城市化

深圳特区的城市化是指从 20 世纪 80 年代开始，随着经济特区的建立、改革开放的实行和工业化的发展，外地移民大量涌入，城市人口迅速增加，社会经济高速增长，生活水平不断提高，逐渐迈向现代化、国际化的过程。

深圳特区的城市化与工业化的发展密不可分。1979 年到 1998 年，工业总产值由 0.7 亿元增加到 1848.4 亿元，年增长率为 49.6%。高速的工业化带动高速的经济增长，

---

[1] 罗正齐：《中国城市化的道路及其发展趋势》，学苑出版社 1993 年版，第 32 页。

[2] 包宗华：《中国城市化道路与城市建设》，中国城市出版社 1995 年版，第 3 页。

1979年到1998年，国内生产总值由1.96亿元增加到1289.28亿元，年增长32.2%。高速的经济增长使人民的生活水平迅速提高，1979年到1998年人均国内生产总值由606元增加到3.3万元。同时第三产业呈现出蓬勃发展的势头，由1979年的0.8亿元增加到1998年的632.5亿元。第二、三产业的崛起和人民生活水平的大幅度提高使特区的吸引力不断增强，移民大量涌入，1979年到1998年城市人口由31.4万增加到394.9万。在不到20年的时间里，深圳一跃而成为闻名中外的大都市。

由此可见，深圳特区的城市化具有如下几方面的特点：第一，以特区的建立为契机。中央赋予特区改革的试验场和对外开放窗口的光荣使命，使特区能充分利用其地利之便，迅速崛起。深圳位于广东省中南部，濒临南海，与国外的联系条件十分优越，港口众多，毗邻港澳。香港是一个自由港，亚洲和太平洋地区的商业中心、海运中心和金融中心。深圳利用香港之间便利的铁路、公路、海运和航空运输，使信息更为灵通，促进了其自身的经济发展，因而具有中国其他沿海地区无法比拟的优越性，有利于实施对外开放政策，更有利于发展外向型经济。经济的发展为特区城市化提供了极有利的条件。第二，以改革开放为动力。作为全国体制改革的试验场，深圳特区发挥敢闯、敢试的首创精神，率先改革干部人事制度，采取多样化的干部人事调配形式。以公开招聘、招考为主，自荐、推荐为辅的多样化调配方式，为特区大规模建设吸收了大量急需的人才；建立干部聘任制，废除职务终身制。这种制度，率先在外商投资企业中实行，体现为在董事会领导下的经理（厂长）聘任制，尔后，在不同所有制的企业和行政机关中推行，并逐步规范化、制度化。通过招聘制，为建立选优汰劣和能上能下的干部人事制度探索新路子，并为特区开创了一个让人才脱颖而出的平等竞争的环境。同时改革传统的劳动制度和用工形式，建立以劳动合同制为主要特征的劳动用工和双向选择的就业制度，要求特区的企业管理按照国际惯例运作，实行“契约式”的用工，企业自主选择用工形式和工资分配形式，劳资双方有解聘和辞职的双向选择等。这些灵活多样、规范有序的新型人事制度和用工制度，为不断涌入的移民提供了自主就业、各尽所能的机会，与高速发展的工业化一道，成为深圳特区城市化的重要动力。第三，以外来移民为主体。深圳特区快速的城市化，从人口统计的角度来看，1979年只有31.4万人，到2008年增加到876.83万人，其间人口自然增长率远远低于全国的平均水平，但人口数量的增长却远远高于全国其他地区，毫无疑问，这是大批移民的不断涌入所至，移民已成为特区这座新兴城市的主体。历史证明，移民流向在城市化中具有举足轻重的作用。工业化和城市化的勃兴应以充足的劳动力为前提，否则，资本的积累、技术的传播、生产的分工和经济的发展就会停滞不前。移民作为特区劳动力的主要来源之一，他们既是生产者和消费者，又是技术的传播者，其流向不仅是简单的人口流动，而且是以社会生产和技术为核心的经济重心的移动。同时，由于不同的民族群体在文化背景和技术方面各有所长，其四方汇聚，五方杂处，既赋予了特区思想道德的多样性，也为各群体相互借鉴，推进技术和经济发展创造了良好的条件。

(二) 深圳特区的城市化对移民思想道德观念的影响

深圳是以移民为主体的新兴城市，外来移民占全市人口的95%以上，而外来移民中，除少数从内地调入的干部和工人，绝大多数来自农村的剩余劳动力，即进城民工。因此，要搞好特区的思想道德建设，应该且必须了解和把握这部分移民在城市化过程中各方面的变化，以及这些变化对其思想道德观念的影响。笔者认为，这些进城民工在特区城市化过程中的变化，大致包括如下几方面：

第一，生产方式和劳动方式的变化及其影响。

到特区闯天下的进城民工中，来自湖南、湖北、江西、四川等省山区农村的剩余劳动力为最多。进城之前，他们主要从事家庭承包责任田的手工生产；进城后，他们主要在企业里从事集体协作的大机器生产。这种从手工生产到大机器生产的转变，对移民个人来说，不亚于是一场技术革命和产业革命。在某种意义上说，这些移民从农村到城市、从手工生产到机器大生产的过程，既是一个城市化的过程，又是一个技术革命和产业革命的过程。在这场对移民来说天翻地覆的革命性变革中，进城民工真正感受到了知识和技术的价值，开始形成终身教育和学习化生活的意识；开始改变散漫随意、各自为政的劳动习惯，逐渐树立起竞争协作的劳动观念。

移民们进城前以土地承包、独立自主的生产为主，进城后以劳动力为商品投入到契约条件下的雇佣劳动过程中。这种角色、身份和自身属性的变化所引发的生产方式和劳动方式的变化，使进城民工改变了农村生产中“日出而作，日落而息”、认为时间不值钱的观念，改变了农村生活中“劳动力取之不尽，用之不竭”、“只有实物才是商品”的意识，经过城市化的洗礼，开始认识到“劳动力也可以变成商品”、“时间就是金钱，效率就是生命”，逐渐形成与市场经济相适应的商品意识和时效观念。

第二，生活环境和生活方式的变化及其影响。

特区移民中的进城民工，从农村社区到城市社区，这种生活环境的变化使其家庭观念发生根本性改变。在农村社区中，家庭是最基本的生产单位，是家庭联产承包的主体，其主要功能是维持全家的生产和生活。因此在某种意义上，家庭是农村劳动力的组合体，家庭成员的结构和组合对家庭经济的发展具有至关重要的作用。这不能不影响到农村社区中的婚姻家庭观念，影响到对配偶的选择、衡量和评价标准。因为农村社区中的家庭是以生产单位和经济单位的形式存在，所以在选择配偶时，首先从生产和劳动力的角度来考虑，而不是以感情的融洽性和生活的协调性为基础。离婚被看作是家庭经济的“破产”。(在一定程度上，这使得农村社区的婚姻家庭比城市社区的婚姻家庭更为稳定。）移民进城以后，这种情况发生了截然的变化。在崭新的城市社区中，移民各自以劳动力为商品，赚取生活费用，男女都有独立的经济来源。因此，在这里家庭不再是主要的生产单位，而主要是生活单位。配偶的选择以一定的感情为基础，家庭的建立以生活的协调性为准则。离婚不再被看作经济的“破产”，而只是感情的决裂和生活的不协调。

移民进城后，由于工作性质的变化，生活方式也随之改变。在农村社区中，劳动是不计时的，有时早出晚归，有时整日休闲，一切随季节和心情而定，因而日常生活没有业内和业余之分，显得平淡且单调。而在城市社区中则完全不同，定时上下班，上班时间由雇主支配，下班后的业余时间由自己安排。加上城市社区提供了比较完善的生活设施和比较多样的文化活动，因此移民们不再满足于温饱型的物质生活，开始追求生活质量，追求丰富多彩的文化生活和精神生活。这种生活方式和生活理念的变化对他们的人生观产生深远的影响。

第三，交往方式和行为方式的变化及其影响。

特区移民的生产方式和生活环境的变化，导致其交往方式和行为方式的变化。在农村社区中人际关系相对简单。农业生产一个人就可以做，即使有时一群人在一起做，也大都是亲属关系。而城市社区中的生产劳动，几乎每一环节、每一步骤，劳动者都要同许多原来不熟悉的人用各种不同的方式打交道。开电梯、当售货员，上上下下、来来往往的人都不认识，每天要同各种陌生人打交道。在这里，中国传统的人伦观念受到了挑战，不再局限于君臣、父子、夫妻、兄弟和朋友的五伦关系，在更多的场合出现的是一种新型的人际关系，即与陌生人的关系。有的学者将它称之为前“五伦”之后的第六伦，当代急需建构与之相适应的社会公德和职业道德来加以规范。

在农村社区中人际关系虽然简单，但人际交往的方式却颇为复杂多样，既可以是物物交换，包括劳动力与劳动力之间的交换，也可以是财物与货币的交换，甚至可以赊账，因为买卖双方都是熟人乡亲，没钱可以先拿去用。而城市社区中的人际交往在一定意义上说却简单得多。衣、食、住、行、用都需要用金钱来支付，体现为一种货币关系。这就很容易产生“没钱万万不能”的拜金主义思想。另一方面，移民背井离乡之后，处于一种不确定的漂泊之中。这种漂泊和不确定性，既给人带来新的希望，也使人对自已的命运把握不定。因此，这样的人群必然要求寻找某种寄托和依靠，希望能够获得友谊和友情，对友谊和友情的渴望更强烈。当然，如果这种渴望得不到有效疏导，就可能会使一些涉世不深的青年误入歧途，交上损友，甚至陷入黑社会的魔掌。

移民进城之前，其道德观念和行为准则主要是从农村社区中获得的。在一个农村社区，是非对错，总有一套传统的、比较稳定的、大家公认的行为道德准则。大家公认的东西，如重男轻女，即便不好，也没有人反对；某种行为可能是对的，如上门女婿，但大家认为不好，那么在这个社区里就行不通。而当他们离开农村的社区，进城之后，这种原社区对他们的影响力必然日益淡化，无论是对的影响或是不对的影响，但一时又难以被城市社区的陌生环境所接纳和认同。这样，从农村社区到城市社区，从熟悉环境到陌生环境，原有道德规范的影响力显然削弱了。具体而言，大多数人在陌生人面前是不知道难为情的。有许多事情，如果在一个熟人群体当中，他绝对做不出来，但在谁也不认识他的公共汽车上，他可以做出来。道德对行为的约束，舆论对行为道德的监督，在陌生人的群体中效果甚微。而城市社区对各种人群行为道德的影响和监督，主要是通过现代舆论工具，如电视、广播、报纸、刊物等。这些现代舆论工具，这些渠道，对这部分进城民工，尤其是居无定所、不订报纸、不订杂志、收入较低、文化不高的劳动者，很难发挥其影响和作用。于是在这里出现了传统影响渠道和现代影响渠道难以衔接的“真空地带”。这是城市社区思想道德建设中出现的新情况和新问题，有待深入的研究和逐步的解决。[1]

(三) 深圳特区移民的思想道德建设

2008 年人口普查的结果表明，深圳市的 870 多万人中，外地移民（区别于特区建立之前的深圳本地人及其后来所生子女）就有 800 万人。这些移民包括按计划调入的干部和工人、以集团形式有组织地进入特区的劳动者（如包工队）、自发性到特区务工的移民，以及到特区投资的外籍人士及其外籍雇员等。其中以自发性移民为最多，占移民总数的一半以上。可见，移民已成为深圳特区人的主体。做好这些移民的思想政治工作，对他们进行有效的思想道德教育，促进其思想道德观念的现代转化，是推动特区城市化，实现特区现代化，搞好特区思想道德建设，真正把物质文明和精神文明“两手抓、两手都要硬”落到实处的关键。那么，面对层次不一、结构复杂且流动性大的移民社会和移民群体，特区思想道德建设应如何进行呢？笔者认为，搞好特区思想道德建设，不仅要从宏观上高度重视，从整体上改进工作方法和手段，更重要的是区分对象、因材施教。

1. 按计划调入特区机关事业单位的干部和工人的思想道德建设。对这部分移民的思想政治工作，可以接收单位为依托，结合深圳市的党风廉政建设和本单位的干部队伍建设来进行。第一，加强党员干部党风教育和廉政教育，提高共产党员的思想修养和道德素质，继续发挥党的先进性和党员干部的先锋模范作用。第二，加强一般干部的理想教育，实行正面的说服教育。既强调以理服人，坚持马克思主义的真理性、科学性教育，引导群众，又要从实际出发，注重用社会主义革命和建设的事实说服人，用共同理想动员和团结干部群众，明确奋斗目标和努力方向，形成强大的精神动力和凝聚力。[2] 第三，加强普通工人的社会主义、集体主义和爱国主义教育，使之坚定社会主义方向，形成集体主义观念，铸就爱祖国、爱深圳的思想情操。

2. 以集团形式有组织进入特区的劳动者的思想道德建设。这部分移民一般劳动、居住都比较集中，有一定的组织、管理和教育。如包工队，有的发包单位与承包队相配合，对移民进行一些法制和安全生产方面的教育，为移民的文化学习和娱乐活动创

---

[1] 徐惟诚：《市场经济与道德建设》，教育科学出版社 2000 年版，第 237 页。

[2] 郑永廷：《现代思想道德教育理论与方法》，广东高等教育出版社 2000 年版，第 194 页。

造一定的条件。有些工程较长的包工队还建立了工会和党团组织。这些都在思想教育方面收到良好效果。[1]

3. 自发性到特区务工的移民的思想道德建设。这部分移民一般从事个体工商业经营，摆摊倒卖，或受雇于“三资”、私营企业和个体“老板”，基本上处于居无定所、无人管理的状况，工作、生活极不稳定，并且相当一部分流窜犯罪分子混迹其中，一边干活，一边伺机作案。由于这个群体的数量巨大，居住分散，流动性强，所以他们的思想道德建设将是一项长期、复杂而艰巨的任务。只有在加强管理，努力做到有序流动的同时，重视这部分移民的就业培训和特区精神的陶冶，帮助他们不断提高自身素质，才能减少矛盾和痛苦，有利于社会安定，促进特区的精神文明建设。在此基础上，指定专门部门负责，或成立新的专门管理机构，有关各单位分工协作，共同制定统一协调的规划，采取若干有利于这些移民思想道德建设的办法和措施。例如，制定移民临时党团组织关系转移办法、移民工会组织办法；规定使用移民较多的单位必须承担对其进行思想道德教育的责任，为移民提供读书阅报、收听广播、收看电视的方便和学习、进修、子女受教育的机会，出版适合他们需要的书籍和报刊，表彰优秀移民，等等。只要切实有效地做好这个群体的思想政治工作，大量的有用人才就会从移民中涌现出来，特区的现代化建设事业将不断增添闯劲十足、勇于创新、思想道德素质过硬的生力军。

当然，在进行特区移民思想道德建设的同时，还要继续抓好特区在校学生的思想政治工作，完善大中小学生思想道德教育一体化机制；不能忽视且不断加强深圳本地人的思想道德建设，尤其是“四不”青年（不务农、不务工、不经商、不学习）的教育和转变工作，不断提高他们的科学文化和思想道德素质，使其成为特区现代化建设的有用人才。

五、移民文化背景下深圳特区市场经济伦理的建构

深圳特区移民文化为特区的思想道德建设和市场经济伦理的建构提供了重要资

[1] 徐惟诚：《市场经济与道德建设》，第 233 页。

源。因此，特区建设者在特区现代化建设过程中，始终把特区市场经济伦理的建构与特区移民文化资源的开发利用相结合，充分发挥特区所处的中西文化碰撞、交流的地缘优势和改革开放、开拓创新的有利条件，在特区市场经济蓬勃发展和市场经济体制日益完善的基础上，依据主体性原则、开放性原则、公平原则、诚信原则和新集体主义原则，建构全球化与本土化相结合、主导性与多样性相结合、先进性与广泛性相结合的特区市场经济伦理。

深圳特区社会主义市场经济健康、正常的运行和发展，需要相应的社会主义市场经济的伦理精神。特区利用改革开放的先行优势，率先探索确立中国特色社会主义的市场经济伦理，为现代市场经济体制的有效发挥，以及市场经济的发展提供道德环境和精神动力。因此，建构特区市场经济伦理，不仅具有必要的社会基础，而且有重大的现实意义。

(一) 深圳特区市场经济伦理的社会基础

深圳特区建立以来不断改革开放、开拓创新的大好形势，建设中国特色的社会主义和率先基本实现现代化的历史使命，社会主义市场经济蓬勃发展和市场经济体制日益完善的有利条件，特区地处中西文化交汇点的得天独厚的地缘优势以及特区移民文化在中西文化碰撞、交流中的产生与发展，这些都为特区市场经济伦理的建构奠定了良好的社会基础。

1. 建构深圳特区市场经济伦理的政治基础

20 世纪八九十年代特区作为经济体制改革的“试验场”和对外开放的“窗口”，不断改革开放、开拓创新，迅速成为珠江三角洲乃至全国最发达的地区之一；进入新世纪后特区又以建设中国特色的社会主义和率先基本实现现代化的示范市为发展目标，增创新优势，更上一层楼。这种大好形势和政治局面，成为建构特区市场经济伦理的政治基础。

特区从创办之日起就肩负着重大的历史性任务。创办经济特区，绝不仅仅是为繁荣当地的经济，解决劳动就业和赚取一定的外汇，更重要的是为了发挥特区的区位优势，并通过特殊的政策，更加有效地利用外资，开展多种形式的对外经济合作，引进先进技术，吸收社会化大生产的管理经验；通过对外经济合作和交流活动，观察和研究国际经济、技术的发展态势，掌握国际市场的各种信息，培养干部，造就人才；通过特区的实践，探索和积累改革开放的经验，以便为全国提供有益的借鉴。

经过30年的发展，深圳特区作为改革开放的“试验场”，为全国的改革发展探路、开道，积极探索、大胆实践，敢闯敢试，带头冲破计划经济旧体制和原有的社会主义模式，尝试建立新体制和新机制，闯出了一条新的社会主义的发展道路，并取得了举世瞩目的成就。国民经济持续快速健康发展，人民生活水平大幅度提高。2008年深圳市国内生产总值7806.54亿元，人均生产总值为89814元；三次产业结构达到0.1∶48.9∶51.0；全年高新技术产品产值8710.95亿元，其中具有自主知识产权的高新技术产品产值5148.17亿元，占全部高新技术产品产值比重59.1%；全年居民人均可支配收入26729.31元；恩格尔系数为36.0%；全市人均公园绿地面积16.2平方米。总之，深圳特区社会经济发展正朝着社会主义现代化迈出了坚实的步伐。特区的迅猛发展，要求人们的思想觉悟和道德水平与之相适应，因此建构与特区发展相适应的伦理道德和价值观念体系迫在眉睫。

然而，在世纪之交，在过去改革发展取得巨大成就的基础上，深圳如何走向新世纪，她的新的发展目标和努力方向又是什么呢？如果找不到新的发展目标和努力方向，我们将会延误发展时机。在深圳建设发展的重要关头，特区建设者们根据党中央和广东省委的指示精神，及时提出了要把深圳建设成为中国特色社会主义和率先基本实现现代化示范市的伟大构想，为深圳的改革发展和现代化建设指出了新的目标，为特区指明了奔向新世纪的发展方向。

把深圳建设成为中国特色的社会主义和率先基本实现现代化示范市，不仅是特区深化发展的需要，而且具有全局性的重大政治意义。20世纪晚期，前苏联瓦解和东欧剧变以后，世界社会主义运动遭受了重大挫折和局部失败，跌入了低潮。发达资本主义国家占据了科技、经济、军事等方面的优势，这给中国社会主义的发展带来很大的压力和挑战。而深圳完全是在新时期，在中国共产党人探索社会主义的新模式、新的发展道路的实践中走出的一条新路、建立起来的一个新地区，把这样一块地区发展好了、建设好了，会产生重大的影响。也就是说，我们可以拿出一个中国特色社会主义的“样板”，向国内外展示什么是中国特色的社会主义，使人们看到，中国特色社会主义是经济欣欣向荣、人民安居乐业、社会文明不断进步这么一个美好的前景。这对邓小平理论，对中国特色的社会主义道路，对世界社会主义运动，无疑具有重大的政治意义。

因此深圳特区的现代化建设不仅在国内具有辐射作用，而且具有国际性影响。从经济发展的角度来看，深圳所取得的成就和人均收入状况，已接近基本实现现代化的水平。但特区的现代化不单指经济的现代化，更重要的是人的现代化，尤其是人的思想道德观念的现代化。显然，建构适应特区现代化建设和市场经济发展需要的现代市场经济伦理，促进特区人思想道德观念的现代化，不仅是提高特区人综合素质和道德水平的需要，而且是确保特区市场经济沿着社会主义的政治方向快速、健康、稳步发展的需要。

2. 建构深圳特区市场经济伦理的经济基础

深圳特区已初步建立起社会主义市场经济体制，并不断完善，社会经济快速、健康发展，人民生活水平大幅度提高。这是建构特区市场经济伦理的经济基础。

深圳特区建立之初，就明确提出经济运行机制“以市场调节为主”和“以市场为取向”的改革目标，从而在全国范围内率先进行了经济体制和管理体制的改革。首先，围绕转换企业经营机制、搞活企业的目标，率先在全国进行了国有企业股份制改革的试点，并成功地完成了深圳国有大中型企业的股份制改造工作和国有中小企业的产权转让工作。其次，在培育市场体系方面，深圳大胆地进行了一系列改革，冲破了许多“禁区”。当全国还在激烈争论生产资料市场该不该放开、土地和劳动力是不是商品的时候，深圳已放开了生产资料市场，通过公开拍卖的方式出让了第一块国有土地，标志着我国房地产市场的真正出现；通过设置人才市场的办法，解决了特区经济发展与人才不足的矛盾，实行人才招聘制和新型的劳动用工制度；建立外汇调剂中心，使企事业单位及个人的外汇余缺按供需双方共同接受的价格在政府的调控和管理下自主进行调剂；发行股票、债券并上市交易，开放证券市场，为企业筹集长期发展资金提供融资渠道；培育各类市场中介组织，促使市场功能渐趋完善。第三，在国有资产管理方面，建立了国有资产管理委员会、国有资产（投资）控股公司和国有企业的三级组织架构，为建立起适应市场经济的国有资产管理新体制提供了有益的探索。第四，在转变政府职能方面，实行新设企业核准登记制，从而结束了计划经济体制下实行的行政审批制，使政府职能转变迈出了重要的一步。第五，在社会保障方面，实行社会共济与自我保障有机结合的新型保障制度。总之，深圳在企业制度改造、市场体系发展、政府职能转变以及分配制度和社会保障制度改革等方面进行了大胆的探索，初步建立起社会主义市场经济体制。

随着经济体制改革的顺利进行，深圳特区社会主义市场经济迅猛发展，城市的经济实力和市民生活水平不断提高。2008 年国内生产总值 7806.54 亿元，其中：第一产业增加值 6.66 亿元、第二产业增加值 3815.78 亿元、第三产业增加值 3984.10 亿元；人均生产总值为 89814 元，按人民币对美元折算率计算，人均生产总值为 13153 美元。全市从业人员 670.42 万人，失业率为 2.3%。全年进出口总额 2999.55 亿美元，其中：出口总额 1797.20 亿美元，占全国出口总额的 12.6%、占全省出口总额的 44.5%，进口总额 1202.35 亿美元；深圳外贸出口总额连续 16 年位居全国大中城市榜首。全市在岗职工年平均工资 43454 元，增长 12.0%。全年居民人均可支配收入 26729.31 元，人均消费性支出 19779.09 元，恩格尔系数为 36.0%。在短短 30 年的时间里，深圳一跃成为闻名中外的国际性大都市。

深圳的迅速崛起被誉为“一夜城”，但我们知道在伦理文化和价值观念上绝不存在一夜从天而降的问题，换句话说，这是离不开文化底蕴和伦理精神作为支撑的。市场经济具有自身的理性与价值，它本身的内涵伦理秩序，只是需要我们去研究、认识和把握。因此必须从理论上对这种正在形成中的特区价值观念和市场经济伦理进行研究和整理，探究其内容和形式，把握其本质和规律。这不仅可以使之成为特区进一步发展的有效动力，而且可以推动整个社会伦理秩序的重建，逐渐形成与市场经济发展相适应的伦理精神和道德价值观。

3. 建构深圳特区市场经济伦理的文化基础

深圳特区地处中西文化的交汇点，在中西文化的碰撞和交流中，特区移民文化得以产生和发展，并逐渐渗透到社会生活的各个领域，对人们的思想道德观念产生深远影响，为特区市场经济伦理的建构奠定了文化基础。

特区移民文化是指在特区移民社会中产生的思想意识、伦理道德和价值观念，是对特区人生活方式、行为方式和精神状况的反映。具体而言，它具有如下几方面特点：

1. 试验性与创新性

深圳特区是建设中国特色社会主义的“试验场”。特区经济体制与政治体制改革，客观上要求文化改革与之相适应。因此，建设中国特色的社会主义新文化，也应该包括在深圳特区的改革试验中。实际上，深圳早已开始这方面的探索和实践。比如在思想文化观念方面，深圳率先提出“时间就是金钱，效率就是生命”等口号，反映出工业化社会对与之相适应的新文化观念的呼唤；尔后，以社会主义市场经济相适应的时效观念、人才观念、竞争观念、知识经济观念等一系列新观念，形成一个巨大的冲击波，迅速向内地辐射，在全国引起强烈反响。这种思想观念的创新使深圳的文化发展也像其经济发展一样，不断涌现出新的生长点，形成了“团结、奉献、开拓、创新”的深圳精神，展示出深圳人的精神世界，成为特区移民文化的核心。

2. 开放性与兼容性

深圳特区濒临大海，毗邻香港。深圳海关和口岸进出人员和车辆之多，在全国是少有的。与内地和境外频繁的交往与人员流动，是特区移民文化具有开放性的客观基础。特区移民文化以世界性的现代文化为追求目标，变被动渗透为主动引进世界各地先进的思想道德文化，经过吸收、消化与扬弃，建构了既有利于生产力的发展，又有助于深、港、台文化交流和“一国两制”的实现；既继承中华民族传统文化，又吸取外来有益文化；既能满足特区移民不同层次的文化需求，又能为台港澳同胞及海外华人所能接受的一种开放、兼容、多层次的新文化。

3. 经济性与产业性

市场经济的发展，促进了特区经济与文化的相互渗透，逐渐形成了一种经济与文化紧密结合、协调发展的经济文化。特区建设者认识到，市场经济是一种高文化类型的经济，尤其是知识经济时代的到来，使它不仅倚重体力和经验，更靠智力因素和文化知识。因此越来越多的企业家增强了文化意识，自觉地把文化作为塑造企业形象和提高企业品质的重要手段，甚至将文化当做一种资源来开发，形成与市场经济紧密相关的文化产业。如深圳华侨城就是一个成功的范例。它使旅游与文化相结合，在文化旅游的实践中走出了一条独具特色的文化产业发展之路，反映了特区移民文化的经济性和产业性特点。

4. 大众性与实用性

深圳特区的移民文化虽然是雅俗共存，但基本上是以大众文化和实用文化为主体的。深圳的文化设施、文化企业、文化产品、文化活动，具有极强的大众性和实用性。因此从某种程度上说，特区移民文化是一种大众文化和实用文化。大众文化是现代文化的一个重要特征。形成深圳特区移民文化大众性与实用性的原因在于：其一，移民文化的消费主体是文化层次和文化鉴赏能力相对较低的数百万流动性极强的移民打工族；其二，文化的经济追求离不开大众，是以规模经济效益为目标的经济文化；其三，特区人的活动十分注意务实，具有极浓的实用色彩。

正是在这种特殊的移民文化氛围中，形成了特区市场经济伦理的基本原则和自身特点。

(二) 深圳特区市场经济伦理的基本原则

深圳特区在建立和完善社会主义市场经济体制方面的先行优势和地缘优势，为建构特区市场经济伦理奠定了坚实的社会基础。但特区市场经济伦理的建构光有社会基础是不够的，具备了社会基础只是必要条件，而不是充分条件。要建构特区市场经济伦理，还必须确立和明晰其基本原则。而特区市场经济伦理的基本原则并不是从中国传统伦理中衍生出来的，它需要从特区改革开放的实践和特区人的现实道德生活中来概括和提炼。根据特区的伦理道德状况和市场经济发展的要求，笔者认为特区市场经济伦理应涵盖如下几个基本原则。

1. 主体性原则

主体性原则既是特区市场经济伦理的一个重要原则，又是移民文化背景下的一种新型伦理精神的反映。

作为劳动力市场的主体，特区移民从内地和海外来到深圳，本身就是依据市场价值规律作出的自主选择的结果，是自主意识的体现；作为社会生活的主体，特区移民的职业选择和生活方式（包括道德生活方式）的选择，是在摆脱了原居住地的就业观念、道德规范和生活习俗的束缚，怀抱着对新的美好生活的向往和憧憬而作出的自主选择，是在新的工作和生活环境中对实现人生价值方式的选择，因而体现了一种自主的价值意识和道德意识。它不只是一种知识的把握或逻辑的把握，也不只是对特区环境的一种“能动反映”，而是特区移民把握自我世界和人生价值的一种特殊方式，是一种价值认识和道德评价方式。它内涵着特区移民对价值取向和道德理想选择的充分自觉。

深圳特区移民的道德自觉基于对道德自由和道德责任的充分认识。道德自由是人的意志自由的一种表现。它不是指人们随心所欲地选择行为的自由，而是指人们在对道德领域的必然性认识基础上所获得的辨别和选择道德行为的能力。人们只有深刻地认识社会道德关系和道德规范体系的内容、意义及其发展的规律性，并把它变成个人内心信念，这时外在的道德要求才会变成内在的道德需要，社会的道德规范才会变成个人自觉遵守的行为准则。只有这时，人们才具有选择道德行为的意志自由。

道德自由意味着自主地选择道德行为。但人们在现实道德生活中常常处于两难境地，面临道德选择的矛盾或困惑，这就是所谓的道德的两难选择。比如说，移民们只身到特区闯天下，具有追求人生理想实现的道德自由，但同时又必须背负着远离内地亲人的痛苦和赡养亲人的社会义务与道德责任；他们既有到特区“淘金”，实现其人生价值的道德自由，但同时又担负着为特区的繁荣发展奉献青春、才智和力量的道德责任。

正是在处理这种道德自由与道德责任的两难选择中，形成了特区移民对道德自由与道德责任的充分认识，促发了特区移民的道德自觉。可见，主体性原则不仅反映了特区移民的道德状况，而且是特区市场经济发展的必然要求。

2. 开放性原则

深圳特区是全国改革开放的试验场，特区社会主义市场经济体制正是在这种改革开放的环境中率先建立起来的。因此开放性必然成为建构和完善与特区开放环境和市场经济发展需要相适应的特区市场经济伦理的重要原则。

特区市场经济伦理是对特区现实道德生活的反映，但它不是凭空产生的。它的产生得益于特区处在中西文化交汇点的地缘优势，是中西道德文化碰撞、交流的结果。

正是在中西道德文化的碰撞、交流中，“时间就是金钱，效率就是生命”的时效观念、“今天借你一滴水，明天还你一桶油”的契约观念、“按国际惯例办事”的全球观念、“利人又利己”的义利观念、“人才就是资本，英雄不问出处”的人才观念、

"空谈误国、实干兴邦"的务实观念，还有相应的平等观念、民主观念、竞争观念等等，这些与特区市场经济发展需要相适应的新型伦理观念，逐渐得到特区人的普遍认同，成为特区市场经济伦理的基本内容。正是特区人在建构特区市场经济伦理过程中表现出来的兼容并包、海纳百川的精神造就了特区市场经济伦理的开放性原则。

3. 公平原则

市场经济提倡自由竞争，而自由竞争要求公平、公正、公开。公平原则是市场经济发展的必然要求，当然也是市场经济伦理的应有之义。

深圳特区在改革开放过程中，适应社会主义市场经济发展的需要，率先改革劳动合同制度和工资制度，推行合同工资制、浮动工资制和结构工资制，打破"铁饭碗"、"大锅饭"；通过利益驱动，以物质奖励的形式充分调动劳动者的积极性和主动性，创造了建设国贸大厦三天一层楼的"深圳速度"，告别了计划体制下显示公平的平均主义。

进入新世纪，2008 年深圳特区人均 GDP 超过 1 万美元，社会的贫富分化日益明显，于是特区建设者提出要营造"公平、互助、自律的社会命运共同体"，建立社会管理的公平机制，确保社会分配的合理性和创造社会公平，把经济增长创造的物质财富转化成为社会进步的物质依托，具体要求：按劳分配与多种分配形式共存；按劳分配与按生产要素分配相结合；保护合法收入，打击非法收入；启动多种分配调节杠杆，调节过高收入。同时，健全社会保障机制，具体包括：完善社会保险制度，促进居民收入稳定；完善社会救济制度，发展社会福利，提高困难群众的基本社会保障；完善抚恤补助、优待制度，强化优待特殊群体的社会保障。

如果说特区率先打破"铁饭碗"和平均主义，主要是出于经济上的动机（即提高劳动效率）的话，那么，建立健全社会管理的公平机制和社会保障机制，缩小社会贫富差距，则具有特别的伦理意义。它是市场经济和社会发展迈上一个新台阶后，特区人的道德情怀和人文关怀的体现，是特区市场经济伦理的公平原则在社会生活中的反映。

4. 诚信原则

诚信是中华民族的传统美德，同时也是特区社会主义市场经济由无序到有序、由自发到自觉的道德坐标。

深圳特区移民在早期的特区建设和发展中，对诚信重视不够，以致出现坑蒙拐骗的黑色经济和次品市场，在政府官员中亦不乏权钱交易的欺诈行为和腐败现象。随着社会主义市场经济体制在特区的日益完善，特区建设者逐渐认识到，只有建立健全与特区发展相适应的信用制度，提高广大移民的思想道德素质，普遍树立起信用意识，才能杜绝腐败现象和消除黑色经济，推动特区市场经济向更高阶段、更高层次的健康、有序发展。因此，特区人很快在全市范围内着手建立信用征信体系，从不同领域、不同行业广泛征集市场主体、企业法人、政府官员和普通个人的信用资料，并通过网络实现信息共享，从而有效地监督和规范社会主体的市场行为，为特区市场经济的良性发展和市民正常的社会生活提供了一个良好的信用环境。

深圳特区信用制度和征信体系的建立，是特区市场经济发展的必然要求。它要求特区市场主体提高道德素质，树立信用意识，培养诚信品德。因此，毫无疑问，诚信原则成为特区市场经济伦理的当然之则。

5. 新集体主义原则

深圳特区社会主义市场经济的发展要求人们反思传统的集体主义，重新认识和阐释集体主义的道德原则。

传统集体主义要求人们“无条件地”将特殊利益从属于共同利益、个人利益从属于集体利益，“不讲价钱”，任由安排。这一要求在计划体制下经常表现为企业的人、财、物等随时听从上级主管部门的任意调配。而在社会主义市场经济体制下，情况就完全不同了，企业或个人不再接受那种“无条件”的交换；不是“不讲价钱”，而是“等价交换”。作为市场主体，企业或个人的特殊利益不再可以利用行政手段任意侵占，而是得到严格的界定和保障。特殊利益当然是要最终从属于共同利益，但这种从属的要求在这里绝不是像计划体制下那样具有主观随意的性质，而主要是遵从市场经济的正常秩序和统一规则，这种秩序和规则反映了市场主体活动所蕴涵的内在要求。只有这种经济必然性意义上的从属，才是可以接受的，而企图无视或超越这种经济必然性的强制性的从属——除少数特殊场合之外——都是不能接受的。因此在特区市场经济体制下，传统集体主义的道德原则陷入了矛盾和困境之中。

但是，传统集体主义的困境终究不等于集体主义原则的危机，特区社会主义市场经济体制对传统集体主义的否定也不等于对集体主义原则本身的否定。相反，一种新的生长契机在这里出现了，集体主义原则得以摆脱传统的、绝对的、过时的形式，进而演变出新的、更合理的表现形式，即新集体主义。

新集体主义与传统集体主义的根本分歧在于，传统集体主义把集体利益和共同利益抽象化、绝对化，以致淹没和否定了市场主体的特殊利益和个人利益；而新集体主义在保证集体共同利益这一前提的同时，充分肯定和确认市场主体的特殊利益，承认追求这种特殊利益的合理性，并主张寻求共同利益和特殊利益的真正的有机统一，力求实现二者的和谐与一致，而不是要求可有可无的"兼顾"。传统集体主义所讲"兼顾"，不仅具有很大的主观随意性，而且一开始就是把共同利益和特殊利益作为两个异化的乃至对立的东西加以对待；而新集体主义则着眼于排除它们之间的简单对立，一开始便把它们的关系确立在和谐一致的基础上，而且在市场经济领域，还确认了共同利益与特殊利益有机统一的客观尺度，即遵从统一的市场规则和秩序。当然，新集体主义虽然与传统集体主义有重大分歧，但终究属于集体主义的范畴，在个体特殊利益从属于集体共同利益这一原则问题上，是明确无疑的；它的特征只是在于将这种从属关系以尽可能合理的形式规定下来。

新集体主义的出现是特区市场经济发展在道德层面上的必然要求。由传统集体主义走向新集体主义，是集体主义原则演变中的一大进步，它将使特区市场经济伦理更加完善、丰满和充实，使集体主义原则在特区市场经济条件下获得新生，在社会道德领域中更好地发挥其核心和主导作用。

(三) 深圳特区市场经济伦理的主要特点

深圳特区市场经济伦理深受特区移民文化的影响，作为对外开放的窗口，又首先遭遇全球化的冲击，一方面特区市场经济伦理要适应全球化发展的趋势，另一方面又要保留其民族特色和本土特点；一方面特区市场经济伦理要确立其主导性原则，另一方面又要确保市民在道德取向上的多样性选择；一方面特区市场经济伦理要具有先进性、超前性，另一方面又要能够被不同层次市民普遍接受，具有广泛性。这样，就形成了特区市场经济伦理的主要特点，即全球化与本土化相结合、主导性与多样性相结合、先进性与广泛性相结合。

1. 全球化与本土化相结合

所谓全球化，是指随着现代信息技术发展而出现的一种包括政治、经济、文化等多方面的综合性的发展趋势。就文化领域而言，伴随着全球信息革命的发生，电子图书馆、出版物以及远程教育和便捷的信息网络的发展，各国、各民族文化和思想道德观念之间的相互交流愈来愈密切、频繁和深入，各文化之间的互补、互渗现象愈来愈扩大、深刻，外来文化对本土文化的冲击愈来愈激烈，这便促使各民族文化的融突与和合的力度愈来愈强劲，使文化的认同性、融合性增强，从而加速了各国、各民族本土文化的全球化进程。

在本土文化全球化的同时，也存在着全球文化本土化的趋势。因为在世界范围内既然存在着多种民族，都有各自的文化特点，这不限于东西方的划分，即使同属东方民族，如中国、日本、朝鲜都有自身文化的特点，虽然中国古代对它们影响很深，但是不能代替，始终存在着多元民族文化，这是思想文化的差异性和民族性。至于西方英、法、德的民族文化也莫不如此。要消除多元民族文化来实现所谓的全球化和一体化是不可能的，各种文化都是以民族本位文化为主进入全球一体化的。同时，地区、区域经济的形成和发展，为多民族、多元文化的存在及其互渗互补，为全球文化的本土化，创造了土壤和根基。

因此，在信息时代全球化的过程中，同时存在着本土文化的全球化和全球文化的本土化两种趋势。就全球文化的形式而言，可以是一元的、世界化的；但就其内涵而言，又是多元的、本土化的。如全球都采用电子出版物取代原来的印刷书刊，光盘也在全球通用，但内容上受传统文化、道德观念和价值取向的影响；东方的中医、藏药、针灸、气功等民族文化，可以与西医互补，却不可能以西医的全球化而取消各民族的多元医药学；各国、各民族均有自身的哲学思维，企图用一种哲学思维和文化学说去统一各国、各民族的文化，不仅不可能，而且也做不到。可见，形式上本土文化的全球化与内容上全球文化的本土化是共生共存，并行不悖的。

深圳特区建设者顺应信息时代本土文化全球化与全球文化本土化的发展趋势，一方面充分利用特区地处中西文化交会点的有利条件，广泛吸收和借鉴世界各国先进的思想道德文化，建构特区市场经济伦理，加快与国际接轨的步伐，面向世界，促成特区市场经济伦理形式的全球化。另一方面，充分利用背靠内地的优势，深入研究和广泛宣传中华传统美德，弘扬爱国主义、社会主义和集体主义的主旋律，促成中国古代传统道德文化和革命传统思想道德文化在特区的现代转化，形成特区市场经济伦理的本土特色，在全球化的大潮中，在特区人身上突显中华民族的传统美德和建设有中国特色社会主义的价值取向。

2. 主导性与多样性相结合

所谓主导性，就是要坚持以新集体主义作为特区市场经济伦理的主导原则。改革开放以来，虽然特区的经济社会结构发生了很大变化，已经形成了一个多种经济成分并存的格局，但公有制仍居主导地位，社会主义的根本性质并没有改变，这就决定了特区的市场经济伦理必须坚持集体主义——新集体主义而不是传统集体主义——的主导原则。遵循这一原则，就是要把国家和集体利益放在首位，同时又充分尊重公民个人特殊利益的义利统一观；视国家和集体利益高于个人利益，当三者利益发生矛盾时，个人利益必须服从国家和集体利益；肯定个人对正当利益的追求，国家依法保护个人正当利益。

所谓多样性，则是指特区市场经济伦理在内容方面的全面批判吸收和具体道德取向的多样性。也就是说，特区的市场经济伦理必须在中国传统美德、革命传统道德和现代西方伦理多元并存的格局面前兼收并蓄，充分吸取各种养料，发展成为一种新型的伦理道德体系。同时，在这种新型的伦理道德体系中，只要居民能遵守法纪，遵守社会公德和职业道德，维护国家和集体利益，对于具体的道德价值和道德取向可以允许有自己的多样性选择，允许人们有不同层次的道德境界和道德理想，而不是不分具体情况强求一致。

主导性与多样性相结合的特点，反映了特区公有制占主导地位的社会主义制度和多元化的经济格局对特区市场经济伦理的要求。

3. 先进性与广泛性相结合

所谓先进性，就是指特区市场经济伦理不能局限于特区伦理道德的现状，必须具有超前性；同时它还要反映特区先进群体、先进人物的道德要求和道德理想，具有导向性。先进群体，一般指共产党员。共产党员在入党时，思想道德水平就比较高，加入党组织之后，就要用党员的条件要求自己，就要同一般群众的要求相区别，表现出先进性。先进人物，是指可以作为学习榜样，在群众中具有示范作用的人物，这样的先进人物能够自觉用高标准、严要求对待自己、约束自己，具有很高的思想道德境界，对群众具有强烈的感染作用。超前性和先进性预示着特区市场经济伦理的发展方向和特区人的道德前景。

所谓广泛性，则是指特区市场经济伦理的内容要反映特区普通群众的道德水平和道德理想，适应社会不同阶层的道德价值取向，能够被广大市民普遍接受和认同。

深圳特区市场经济伦理的先进性和广泛性是互为条件的。一方面，先进性以广泛性为基础，先进性的产生、发展及其作用的发挥都要以广泛性为基础，没有广泛性就没有先进性。另一方面，广泛性以先进性为导引，广泛性的存在、发展及其发挥作用的方向和程度，都要以先进性为导引，没有先进性的导引，广泛性就可能改变方向和性质。总之，先进性与广泛性的结合，反映了特区人不同层次的道德追求和道德理想，决定着特区市场经济伦理内容的层次性和多样性。

（四）深圳特区市场经济伦理的辐射作用

深圳特区是全国经济体制改革的试验场和对外开放的窗口，在全国率先建立起社会主义市场经济体制。随着特区市场经济体制的日益完善和发展，与之相适应的特区市场经济伦理也不断完善、发展，这无疑对那些将要建立和正在建立市场经济体制的地区及其伦理道德建设具有辐射作用和导向作用。

1. 改革开放的先行优势为特区市场经济伦理发挥辐射作用奠定基础

深圳特区经济体制改革在全国领先一步，已建立起社会主义市场经济体制，并逐渐走向成熟和完善，极大地推动了生产力的发展，取得了举世瞩目的伟大成就，成功地实现了由计划体制向市场体制的转型，为建设中国特色的社会主义探索出了一条新路子。而内地许多的地区正沿着改革开放的特区之路往前走。可以说，深圳特区的今天，就是内地许多地区的明天。与特区社会主义市场经济发展相适应，特区的市场经济伦理也在逐渐地走向成熟和完善，从而为内地许多准备建构和正在建构市场经济伦理的地区提供理论参考和实践经验。

2. 外引内联的桥梁地位为特区市场经济伦理发挥辐射作用提供条件

作为全国对外开放的窗口，深圳特区担负着让世界了解中国和让中国了解世界的双重任务，成为中国经济走向世界、与国际经济接轨和国际资本进入中国、带动中国经济发展的纽带和桥梁。经济的纽带也必然会成为伦理的纽带。因为经济与伦理是不可分的。市场经济伦理的出现便是经济与伦理互动的结果。深圳特区的这种纽带作用和桥梁地位为特区市场经济伦理向外辐射提供了有利条件。

3. 蓬勃发展的移民文化是特区市场经济伦理发挥辐射作用的重要载体

跨入21世纪，深圳特区移民文化建设的目标是建构以马克思主义、毛泽东思想、邓小平理论和江泽民同志“三个代表”重要思想为指导的，以人类共同社会理想为支柱，承传和超越中华民族传统文化，包含社会主义的人文价值精神、科学理性精神、民主法制精神、市场经济伦理精神的现代精神文化体系。显然，特区市场经济伦理是特区移民文化的组成部分，特区移民文化是特区市场经济伦理的重要载体。特区市场经济伦理正是通过特区移民文化这一有效载体，发挥其向内地和周边地区的辐射作用。

后记

作为“特区移民文化与市场经济伦理”的研究成果，《移民文化及其伦理价值》是课题组成员共同钻研、分工合作的结果。课题组成员承担的研究内容和撰写的相关部分如下：田启波，第一章；吕元礼、郑一省，第二章；刘国红，第三章；马云驰，第四章；刘志山，第五章。徐道稳参与了课题的问卷调查和统计工作，韩望喜参与了课题的设计论证和讨论工作，课题的研究方案由刘志山和马云驰共同完成，刘志山作为项目主持人还负责了课题研究的组织工作和全书的统稿工作。

我衷心感谢为本课题研究提供了大力支持和帮助的所有的人。特别要感谢作为深圳大学道德文化研究中心名誉主任和本课题研究顾问的徐惟诚同志的关心和指导，感谢深圳大学副校长李凤亮教授、深圳大学道德文化研究所所长梁桂麟研究员、深圳大学社科处处长姜安教授、深圳大学社会科学教研部主任徐海波教授、深圳大学当代中国政治研究所所长黄卫平教授的支持和帮助，感谢深圳大学社会科学教研部全体教师和同事在我的学习和研究中给予的热情支持、关心和照顾，最后还要感谢我的夫人周萍梅女士对我的学习和研究工作的大力支持和充分理解。

学习是我们永恒的使命。让我们在国内外同行们的指导和帮助下，在学习中，在研究中，在锻炼中，不断成长和进步。

刘志山

深圳大学道德文化研究所

2010 年 2 月 20 日

深圳大学学术著作出版基金资助
Subsidized by Shenzhen University Foundation for the Production of Scholarly Monographs